Die Herstellung dieser Arbeitshilfe wurde gefördert aus Mitteln des Kommunalverbandes für Jugend und Soziales Baden-Württemberg (KVJS).

Impressum

 Evangelisches
Jugendwerk in Württemberg

© 2. überarbeitete Auflage 2018
buch+musik ejw-service gmbh, Stuttgart 2016
Printed in Germany. All rights reserved.

ISBN Buch 978-3-86687-148-9
ISBN E-Book 978-3-86687-149-6

Lektorat: buch+musik – Claudia Siebert, Kassel
Umschlaggestaltung: buch+musik – Heidi Frank, Stuttgart
Gestaltung und Satz: Claudia Siebert, Kassel
Gestaltung Deckblätter: buch+musik – Daniela Buess, Stuttgart
Bildrechte Umschlag, Deckblätter: pixabay, BarbareALane; Fotolia, mucft
Bildrechte Autorenfotos: Wilka: Archiv EJW; Schmidt: privat
Druck und Gesamtherstellung: Kösel GmbH & Co. KG, Altusried-Krugzell

www.ejw-buch.de

Wolfgang Wilka
unter Mitarbeit von Peter L. Schmidt

RECHT –
GUT INFORMIERT SEIN

Rechtsfragen in der christlichen
Kinder- und Jugendarbeit

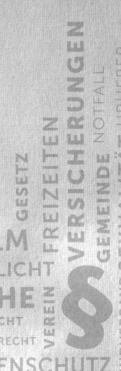

GESETZ
FREIZEITEN
VERSICHERUNGEN
GEMEINDE NOTFALL
SEXUALITÄT URHEBER
INTERNET FILM
AUFSICHTSPFLICHT
VERANSTALTUNGEN KIRCHE
BUNDES- UND LANDESRECHT
HAFTUNG
BILDER ELTERNRECHT
VEREIN
§
JUGENDVERBAND
EHRENAMT
REISEN
FINANZEN JUGENDSCHUTZ DATENSCHUTZ
ÖFFENTLICHKEITSARBEIT MUSIK

buch+
musik

ZU DIESEM BUCH

Dieses Buch ist ein Nachschlagewerk und Praxisbuch, das sowohl die juristischen Grundkenntnisse für die Kinder- und Jugendarbeit bereitstellt als auch zahlreiche Detailfragen klärt, das Hintergrundwissen des erfahrenen Profis erweitert und Ehrenamtlichen wie Hauptamtlichen Rechtssicherheit im Umgang mit Kindern und Jugendlichen verschafft.

Es ist schwer, die immer komplexer werdenden Rahmenbedingungen vollständig im Blick zu behalten, weshalb es hilfreich ist, diese in einem kompakten Werk griffbereit zu haben.

Ein Akrobat am Trapez kann seine Kunststücke nur dann völlig angstfrei in schwindelerregender Höhe vollbringen, wenn er weiß, dass kurz über dem Boden ein Auffangnetz zur Sicherheit gespannt ist. So soll es mit dieser Arbeitshilfe auch sein. Sie soll den Mitarbeitenden die akrobatischen Grundschritte beibringen, damit sie sich sicher aufs Seil wagen, um dem Fall eines „Falles" vorzubeugen. Aber auch wer bereits in den Seilen hängt, kann in diesem Buch über das Stichwortverzeichnis gute Anregungen finden, wie er wieder einigermaßen sicher festen Boden unter die Füße bekommt.

Das World Wide Web informiert zu vielen Fragestellungen und Themen. Ein Fundus, eine Fülle von Antworten und die Frage: Ist dieser oder jener Internettext aktuell und gibt er die aktuelle Rechtslage wieder? Warum steht in den ersten zwanzig Google-Suchergebnissen immer derselbe Text? Schreibt hier einer vom anderen ab? Ist der „Urtext" der Weisheit letzter Schluss? Eine Antwort findet man häufig erst nach einem beträchtlichen Zeitaufwand und oft bleibt doch die Unsicherheit: Bin ich jetzt verlässlich richtig informiert? Hier möchte dieses Buch Mitarbeitenden in der (nicht nur) christlichen Kinder- und Jugendarbeit eine sachgerechte Hilfestellung geben.

Hierbei wird weitgehend auf bundesweit geltende Gesetze zurückgegriffen. Wo notwendig, wird auf die länderspezifischen Besonderheiten hingewiesen und dem Leser, der Leserin Hinweise gegeben, wo man sich bezüglich der Situation im eigenen Bundesland näher informieren kann. Die Unterschiede sind im Bereich der Kinder- und Jugendarbeit aber oft vernachlässigbar.

Die erste Auflage dieses Buches wurde 1992 gedruckt. Mit der vorliegenden Veröffentlichung liegt eine völlige Neubearbeitung und Erweiterung der bisherigen sechs Auflagen vor. Bei dieser Buchausgabe hat Rechtsassessor Peter L. Schmidt mitgearbeitet. Damit wurde unsere langjährige vertrauensvolle Zusammenarbeit nach meinem hauptamtlichen Ausscheiden aus dem Evangelischen Jugendwerk in Württemberg fortgesetzt. Vielen Dank, Peter.

WOLFGANG WILKA

HINWEISE ZUR 2. ÜBERARBEITETEN AUFLAGE 2018

2018 treten neue europarechtliche Vorgaben in Kraft, die auch in der Kinder- und Jugendarbeit ihre Auswirkungen haben:

- Nach zwei Gesetzesänderungen im Urheberrechtsgesetz (UrhG) im Jahr 2017 gab es zum 1. März 2018 weitere Angleichungen, die v. a. der wissenschaftlichen Arbeit an Bildungseinrichtungen wie Hochschulen zugutekommen sollen. Es wurden die Themen berücksichtigt, die die Kinder- und Jugendarbeit tangieren.
- Ab dem 25. Mai 2018 gilt in Deutschland die Datenschutz-Grundverordnung (DS-GVO) der EU zusammen mit einem geänderten Bundesdatenschutzgesetz (BDSG) sowie den Datenschutzgesetzen der beiden Kirchen (EKD-Datenschutzgesetz (DSG-EKD) und Gesetz über den Kirchlichen Datenschutz (KDG) der katholischen Kirche).
- Ab dem 1. Juli 2018 wird nach Vorgaben der EU-Pauschalreiserichtlinie diese im geänderten Bürgerlichen Gesetzbuch (BGB) gültig umgesetzt.

Die vorliegende überarbeitete Auflage berücksichtigt diese Änderungen sowie die neuere einschlägige Rechtsprechung.

HAFTUNGSAUSSCHLUSS

Die Autoren und der Verlag weisen ausdrücklich darauf hin, dass die Informationen in diesem Buch keine Rechtsberatung im Sinne des Gesetzes über außergerichtliche Rechtsdienstleistungen darstellen.

Alle Angaben und Beiträge in diesem Buch wurden unter Anwendung größter Sorgfalt nach genauen Recherchen verfasst. Eine Haftung der Autoren und des Verlags für die Richtigkeit der gemachten Angaben ist jedoch ausgeschlossen. Ebenso sind Haftungsansprüche ausgeschlossen, die sich auf Schäden aufgrund der Nutzung der Angaben in diesem Buch beziehen. Gleiches gilt für Schäden aufgrund Nutzung fehlerhafter und/oder unvollständiger Informationen.

Die Autoren und der Verlag übernehmen keine Gewähr und somit keine Haftung für die Korrektheit, Vollständigkeit und Aktualität der bereitgestellten Informationen. Druckfehler und Falschinformationen können nicht vollständig ausgeschlossen werden. Dies gilt auch für die Inhalte der im Buch genannten Internetseiten. Auf Veränderungen, die nach dem genannten Zugriffszeitpunkt vom Betreiber der Seite vorgenommen wurden, haben die Autoren und der Verlag keinen Einfluss.

Redaktioneller Stand der 2. überarbeiteten Auflage: März 2018

DANKSAGUNG

Folgende Autoren haben das Buch mit eigenen Texten bereichert:

CHRISTIAN HÜHN, Jahrgang 1983, Volljurist und Pädagoge (M.A.), engagiert sich seit vielen Jahren in diversen Bereichen des Evangelischen Jugendwerks in Württemberg und anderer Organisationen. Neben seiner Tätigkeit am Zentrum für Management-simulation an der DHBW Stuttgart promoviert er im Bereich des Lernens Erwachsener.

MARTIN GUTBROD, Jahrgang 1956, Fachlicher Leiter und Mitglied der Geschäftsführung der Evangelischen Jugend Stuttgart. Ausbildung zum Kaufmann, Diakon/Jugendreferent, Zusatzausbildung als Sozialwirt und in Sozialmanagement. Erfahrung im Bereich Jugendreisen sammelte er bei der Leitung und Organisation zahlreicher Kinder- und Jugendfreizeiten im In- und Ausland sowie in der Aus- und Fortbildung ehrenamtlich Mitarbeitender in der Freizeitarbeit.

Wir haben unser Manuskript erfahrenen ehren- und hauptamtlich Mitarbeitenden vorgelegt, um sachkundige Rückmeldungen aus der Praxis der Kinder- und Jugendarbeit zu erhalten. Bedanken möchten wir uns für all die Anmerkungen und Hinweise bei

STEFAN BRANDT, ehemaliger Geschäftsführender Jugendreferent im CVJM Ulm, jetzt Geschäftsführer einer evangelischen Einrichtung für Jugendhilfe, Notfallseelsorger und langjährig ehrenamtlich im Rettungsdienst aktiv

MIKE CARES, bis 2017 Referent für Jugendpolitik und Internationale Jugendarbeit in der Evangelischen Landeskirche in Baden und in verschiedenen jugendpolitischen Gremien in ganz Deutschland unterwegs

ORTWIN ENGEL-KLEMM, Landesjugendreferent und Leiter des Projekts „Alle Achtung! Grenzen achten – vor Missbrauch schützen" der Evangelischen Landeskirche in Baden

HELMUT GAMER, ehemaliger Bezirksjugendreferent und später Landesreferent im Evangelischen Jugendwerk in Württemberg mit dem Schwerpunkt Freizeiten und Häuser

ACHIM GROSSER, Diakon, Sozialmanager, Outdoortrainer und jetzt Bereichsleiter Freizeiten, Häuser und Innenorganisation im Evangelischen Jugendwerk in Württemberg

URSEL SCHAUPPEL, ehrenamtliche Mitarbeiterin mit Erfahrungen in der Gruppen- und Freizeitarbeit

und bei all denen, die ihre Ideen und Anregungen zu den einzelnen Themen gegeben haben. Last but not least gilt unser Dank unserer Lektorin CLAUDIA SIEBERT, die fachkompetent das Manuskript durchgesehen hat und aufgrund ihrer eigenen ehrenamtlichen sowie nebenberuflichen Tätigkeit hilfreiche Texte, Anmerkungen und Ideen einbringen konnte.

GELEITWORT

Der Bolzplatz um die Ecke, ein Ball, vier Jacken zum Abstecken der Tore: Mehr war nicht nötig, um für uns Grundschüler die Voraussetzungen für stundenlange Fußballspiele in den Schulferien zu schaffen. Allerdings merkten wir rasch, dass es Regeln braucht, wenn das Spiel laufen soll. Ist der letzte Mann automatisch Torwart? Wo endet das Spielfeld? Drei Ecken, ein Elfer? All diese Fragen regelten wir einvernehmlich – und entschieden uns manchmal auch bewusst dagegen, alles noch genauer festzulegen. Schließlich ließ es sich auch ohne „Abseits" fröhlich kicken. Mit der Zeit entstand unser eigenes kleines Regelwerk und garantierte den Spaß am Spiel.

Dass Regelwerke für Spaß sorgen können – diese Ansicht teilen wohl nicht alle, die mit einem Seufzen das dicke Rechtsbuch für die Kinder- und Jugendarbeit aufschlagen. Rechtsfragen gehören nicht gerade zu den Lieblingsthemen ehren- und hauptamtlich Verantwortlicher in der Kinder- und Jugendarbeit. Allzu oft werden die vielen Paragrafen und Ordnungen als Gängelung empfunden. Ein gutes Regelwerk lässt sich daran erkennen, dass einerseits Grenzen abgesteckt sind, andererseits aber Freiräume gewahrt bleiben. Spielregeln sollen das Spiel nicht lähmen, sondern ermöglichen und erleichtern – darauf weisen die Jugendverbände den Gesetzgeber zu Recht immer wieder hin.

Das beste Regelwerk nützt allerdings nichts, wenn die Spieler und Spielerinnen keinen Zugriff darauf haben oder (wie in der Kinder- und Jugendarbeit gar nicht so selten) aus Unwissenheit geraunt wird, man stehe stets mit einem Fuß im Gefängnis. Rechtskenntnis bewahrt vor falschen Ängsten und ermutigt, Kinder- und Jugendarbeit in guter und verantwortbarer Weise umzusetzen.

Das vorliegende Buch bietet eine hervorragende Zusammenstellung aller wichtigen Rechtsfragen in der Kinder- und Jugendarbeit und trägt zur Rechtssicherheit wesentlich bei. Es gehört zum unverzichtbaren Handwerkszeug für alle, die Verantwortung in der Kinder- und Jugendarbeit tragen. Nicht zuletzt für angehende Hauptamtliche empfehle ich es sehr.

Der aktualisierten 2. Auflage, die auch umfangreiche Veränderungen bei den Themen Reiserecht, Datenschutz sowie Urheberrecht aufnimmt, wünsche ich einen ähnlichen Erfolg wie der 1. Auflage – und den Verfassern Wolfgang Wilka und Peter L. Schmidt weiterhin viel Freude und Beharrlichkeit bei den Rechtsfragen zur Kinder- und Jugendarbeit. Wer recht gut informiert ist, kann den Ball im Spiel und die Kinder- und Jugendarbeit am Laufen halten!

PROF. DR. WOLFGANG ILG
Evangelische Hochschule Ludwigsburg

INHALTSVERZEICHNIS

KAPITEL B
ELTERNRECHT · AUFSICHTSPFLICHT

KAPITEL C
FREIZEITEN UND REISEN

KAPITEL D
NOTFALLSITUATIONEN UND IHR MANAGEMENT

KAPITEL E
URHEBERRECHT · MEDIENRECHT · DATENSCHUTZ

ANHANG

ABKÜRZUNGSVERZEICHNIS UND HINWEISE

Abs.	Absatz	f./ff.	folgender/folgende
Art.	Artikel	i. V. m.	in Verbindung mit
Az.	Aktenzeichen	Nr.	Nummer
AZR	Aktenzeichen Recht	S.	Satz

aej	Arbeitsgemeinschaft der Evangelischen Jugend in Deutschland e. V.
AG	Amtsgericht
AGG	Allgemeines Gleichbehandlungsgesetz
AHB	Allgemeine Versicherungsbedingungen für die Haftpflichtversicherung
AMG	Arzneimittelgesetz
AO	Abgabenordnung
ArbStättV	Arbeitsstättenverordnung
AUB	Allgemeine Unfallversicherungsbedingungen
BAG	Bundesarbeitsgericht
BDKJ	Bund der Deutschen Katholischen Jugend e. V.
BDSG	Bundesdatenschutzgesetz
BG	Berufsgenossenschaft
BGB	Bürgerliches Gesetzbuch
BGH	Bundesgerichtshof
BGHZ	Entscheidungen des Bundesgerichtshofs in Zivilsachen
BGW	Berufsgenossenschaft für Gesundheitsdienst und Wohlfahrtspflege
BImSchG	Bundes-Immissionsschutzgesetz
BSG	Bundessozialgericht
BtMG	Betäubungsmittelgesetz
BVerfG	Bundesverfassungsgericht
BVerwG	Bundesverwaltungsgericht
BZRG	Bundeszentralregistergesetz
CCLI	Christian Copyright Licensing Deutschland GmbH
CVJM	Christlicher Verein Junger Menschen
DBJR	Deutscher Bundesjugendring e. V.
DGUV	Deutsche Gesetzliche Unfallversicherung e. V. (Spitzenverband)
DLRG	Deutsche Lebens-Rettungs-Gesellschaft e. V.
DS-GVO	EU-Datenschutz-Grundverordnung
DSG-EKD	Datenschutzgesetz der Evangelischen Kirche in Deutschland (EKD)
D&O	Directors & Officers (D&O-Versicherung)
EC	Jugendbewegung „Entschieden für Christus"
EG	Europäische Gemeinschaft
EGBGB	Einführungsgesetz zum Bürgerlichen Gesetzbuch
EhrBetätV	Verordnung über die ehrenamtliche Betätigung von Arbeitslosen
EJW	Evangelisches Jugendwerk in Württemberg KdöR
EKD	Evangelische Kirche in Deutschland KdöR
ErwG	Erwägungsgrund
EStG	Einkommensteuergesetz
EU	Europäische Union
EuGH	Europäischer Gerichtshof
EWG	Europäische Wirtschaftsgemeinschaft
FeV	Verordnung über die Zulassung von Personen zum Straßenverkehr (Fahrerlaubnis-Verordnung)

FIS	Federation Internationale de Ski
FrStllgV	Verordnung über die Befreiung bestimmter Beförderungsfälle von den Vorschriften des Personenbeförderungsgesetzes (Freistellungs-Verordnung)
FSK	Freiwillige Selbstkontrolle der Filmwirtschaft GmbH
GbR	Gesellschaft bürgerlichen Rechts
GEMA	Gesellschaft für musikalische Aufführungs- u. mechanische Vervielfältigungsrechte
GewO	Gewerbeordnung
GG	Grundgesetz für die Bundesrepublik Deutschland
GKV	Gesetzliche Krankenversicherung
GVL	Gesellschaft zur Verwertung von Leistungsschutzrechten mbH
HeilprG	Gesetz über die berufsmäßige Ausübung der Heilkunde ohne Bestallung (Heilpraktikergesetz)
IfSG	Infektionsschutzgesetz
JArbSchG	Jugendarbeitsschutzgesetz
JGG	Jugendgerichtsgesetz
JMStV	Jugendmedienschutz-Staatsvertrag
JuSchG	Jugendschutzgesetz
KDG	Gesetz über den Kirchlichen Datenschutz der katholischen Kirche in Deutschland
KdöR	Körperschaft des öffentlichen Rechts
KErzG	Gesetz über die religiöse Kindererziehung
KfzPflVV	Verordnung über den Versicherungsschutz in der Kraftfahrzeug-Haftpflichtversicherung (Kraftfahrzeug-Pflichtversicherungsverordnung)
KindArbSchV	Verordnung über den Kinderarbeitsschutz
KJHG	Kinder- und Jugendhilfegesetz im SGB VIII
KJP	Kinder- und Jugendplan des Bundes
KonsG	Konsulargesetz
KSK	Künstlersozialkasse
KSVG	Künstlersozialversicherungsgesetz
KUG	Kunsturhebergesetz
LDSG	Datenschutzgesetze der Länder
LFGB	Lebensmittel-, Bedarfsgegenstände- und Futtermittelgesetzbuch
LG	Landgericht
LMHV	Lebensmittelhygiene-Verordnung
LMIV	Lebensmittel-Informationsverordnung
NJW	Neue Juristische Wochenschrift
OLG	Oberlandesgericht
PAngV	Preisangabenverordnung
PBefG	Personenbeförderungsgesetz
PflVG	Pflichtversicherungsgesetz
PKV	Private Krankenversicherung
ProdHaftG	Produkthaftungsgesetz
RStV	Rundfunkstaatsvertrag
SGB	Sozialgesetzbuch
StGB	Strafgesetzbuch
StPO	Strafprozessordnung
StVO	Straßenverkehrsordnung
TMG	Telemediengesetz
UrhG	Gesetz über Urheberrecht und verwandte Schutzrechte (Urheberrechtsgesetz)
USK	Freiwillige Selbstkontrolle Unterhaltungssoftware GmbH
UStG	Umsatzsteuergesetz
UVV	Unfallverhütungsvorschriften

UWG	Gesetz gegen den unlauteren Wettbewerb
VBG	Verwaltungsberufsgenossenschaft
VCP	Verband Christlicher Pfadfinderinnen und Pfadfinder e. V.
VDD	Verband der Diözesen Deutschlands
VereinsG	Gesetz zur Regelung des öffentlichen Vereinsrechts
VG	Verwertungsgesellschaft
VG Bild-Kunst	VG zur Verwaltung von Nutzungsrechten an Bildwerken
VG Musikedition	VG zur Verwaltung von Nutzungsrechten an Musikwerken
VG Wort	VG zur Verwaltung von Nutzungsrechten an Textwerken
VorlLMIEV	Vorläufige Lebensmittelinformations-Ergänzungsverordnung
VSBG	Verbraucherstreitbeilegungsgesetz
VVG	Gesetz über den Versicherungsvertrag (Versicherungsvertragsgesetz)
WaffG	Waffengesetz
WRV	Weimarer Reichsverfassung

Gesetze

Die bundesdeutschen Gesetze können in der jeweils aktuellen Fassung unter www.gesetze-im-internet.de (Linkzugriff im März 2018) abgerufen werden.

Begriffe

In diesem Buch werden häufig bestimmte (Ober-)Begriffe verwendet, die hier erläutert werden:

Organisationen können juristische Personen, Personengesellschaften bzw. Körperschaften des privaten oder des öffentlichen Rechts sein (z. B. Vereine, Gemeinschafts- oder Jugendverbände, Kirchengemeinden). Wenn es um Themen des Sozialrechts geht, wird statt Organisation der Begriff des Trägers verwendet (z. B. Träger der Jugendarbeit).

Veranstalter kann eine Organisation oder eine Kooperation mehrerer Organisationen sein (z. B. wenn eine Reise von einem Verein und seinem Verband zusammen durchgeführt wird).

Mitarbeitende sind ehren- oder hauptamtlich Tätige. Bestehen rechtliche Unterschiede zwischen Ehren- und Hauptamt, ist dies im Text deutlich formuliert.

Sorgeberechtigte sind nach dem Leitbild des Gesetzes beide Eltern zusammen, es kann aber auch nur bei einem Elternteil das alleinige Sorgerecht bestehen. Im Grundsatz kann die eine sorgeberechtigte Person von der anderen (der eine von dem anderen Elternteil) mit der Abgabe der entsprechenden Erklärungen beauftragt sein und in deren Kenntnis und mit ihrem Einverständnis handeln. Wird das Sorgerecht den Eltern ganz oder teilweise entzogen, so muss das zuständige Familiengericht einen Vormund oder Pfleger (meist einen Verwandten oder das Jugendamt) bestellen, der dann die elterliche Sorge ausübt. Um diesem Sachverhalt gerecht zu werden, steht im Text immer „die Sorgeberechtigten".

Lesehinweis

In unseren Veröffentlichungen bemühen wir uns, die Inhalte so zu formulieren, dass sie Frauen und Männern gerecht werden, dass sich beide Geschlechter angesprochen fühlen, wo beide gemeint sind, oder dass ein Geschlecht spezifisch genannt wird. Nicht immer gelingt dies auf eine Weise, dass der Text gut lesbar und leicht verständlich bleibt. In diesen Fällen geben wir der Lesbarkeit und Verständlichkeit des Textes den Vorrang. Dies ist ausdrücklich keine Benachteiligung von Frauen oder Männern.

KAPITEL A

ORGANISATIONSFORMEN
UND IHRE MITARBEITENDEN

FINANZEN

VERSICHERUNGEN

1 ORGANISATIONEN UND IHRE VERANSTALTER-EIGENSCHAFTEN

1.1 Kinder- und Jugendarbeit ist in der Jugendhilfe tätig

1.1.1 Rechtliche Grundlage der christlichen Kinder- und Jugendarbeit

Das Grundgesetz für die Bundesrepublik Deutschland (GG) gewährleistet auch die christliche Kinder- und Jugendarbeit. Zu den Grundrechten gehört u. a. die Glaubens- und Gewissensfreiheit: *„(1) Die Freiheit des Glaubens, des Gewissens und die Freiheit des religiösen und weltanschaulichen Bekenntnisses sind unverletzlich. (2) Die ungestörte Religionsausübung wird gewährleistet"* (Art. 4 Abs. 1 u. 2 GG). Die Möglichkeit der Religionsausübung geschieht üblicherweise in organisierten Zusammenkünften, deren Mitglieder sich in privatrechtlichen Organisationen wie Vereinen, Gemeinschaften oder in Kirchengemeinden zusammenfinden.

Die Jugendverbände sind in der Jugendhilfe tätig und als Träger der freien Jugendhilfe nach § 75 SGB VIII anerkannt (siehe Kapitel A 1.1.3):

„(1) Als Träger der freien Jugendhilfe können juristische Personen und Personenvereinigungen anerkannt werden, wenn sie
1. auf dem Gebiet der Jugendhilfe im Sinne des § 1 tätig sind,
2. gemeinnützige Ziele verfolgen,
3. auf Grund der fachlichen und personellen Voraussetzungen erwarten lassen, dass sie einen nicht unwesentlichen Beitrag zur Erfüllung der Aufgaben der Jugendhilfe zu leisten imstande sind, und
4. die Gewähr für eine den Zielen des Grundgesetzes förderliche Arbeit bieten.
(2) Einen Anspruch auf Anerkennung als Träger der freien Jugendhilfe hat unter den Voraussetzungen des Absatzes 1, wer auf dem Gebiet der Jugendhilfe mindestens drei Jahre tätig gewesen ist.
(3) Die Kirchen und Religionsgemeinschaften des öffentlichen Rechts sowie die auf Bundesebene zusammengeschlossenen Verbände der freien Wohlfahrtspflege sind anerkannte Träger der freien Jugendhilfe."

1.1.2 Stellung des Staates zur Kinder- und Jugendarbeit

Der Staat steht der Kinder- und Jugendarbeit positiv gegenüber. Das Sozialgesetzbuch VIII (SGB VIII) zur Rolle der freien Jugendhilfe: *„In Jugendverbänden und Jugendgrup-*

pen wird Jugendarbeit von jungen Menschen selbst organisiert, gemeinschaftlich gestaltet und mitverantwortet. Ihre Arbeit ist auf Dauer angelegt und in der Regel auf die eigenen Mitglieder ausgerichtet, sie kann sich aber auch an junge Menschen wenden, die nicht Mitglieder sind. Durch Jugendverbände und ihre Zusammenschlüsse werden Anliegen und Interessen junger Menschen zum Ausdruck gebracht und vertreten" (§ 12 Abs. 2 SGB VIII).

Entsprechende Strukturen haben sich gebildet. Die Kinder- und Jugendarbeit im Verein, in der Gemeinde oder im Jugendverband ist sowohl auf Orts- als auch Landkreisebene verbunden und setzt sich auf der Bundesebene fort. Auch in der christlichen Kinder- und Jugendarbeit ist das so.

1.1.3 Forderungen des Kinder- und Jugendhilfegesetzes und öffentliche Anerkennung

Jugendhilfe und -pflege ist einem ständigen historischen Wandel unterworfen. Das Kinder- und Jugendhilfegesetz (KJHG) wurde in das SGB VIII integriert und umschreibt die Jugendhilfe folgendermaßen: *„Die Jugendhilfe ist gekennzeichnet durch die Vielfalt von Trägern unterschiedlicher Wertorientierungen und die Vielfalt von Inhalten, Methoden und Arbeitsformen"* (§ 3 Abs. 1 SGB VIII). Unterschieden wird deshalb zwischen öffentlichen Trägern der Jugendhilfe (Jugendämter) und freien Trägern der Jugendhilfe (z. B. Verein, Jugendverband, Jugendring, Wohlfahrtsverband, Kirche). Die „öffentliche Jugendhilfe" hat dabei die Selbstständigkeit der „Träger der freien Jugendhilfe" und „Träger der Jugendsozialarbeit" in Zielsetzung und Durchführung ihrer Aufgaben sowie in der Gestaltung ihrer Organisationsstruktur zu achten bzw. von *„eigenen Maßnahmen"* (§ 4 Abs. 2 SGB VIII) abzusehen, wenn die „freie Jugendhilfe" diese wahrnehmen kann. In § 11 SGB VIII werden die Schwerpunkte der Kinder- und Jugendarbeit aufgezählt. Die Jugendverbände und Kinder-/Jugendgruppen, die auch die Voraussetzungen des § 11 SGB VIII erfüllen, sollen *„... unter Wahrung ihres satzungsgemäßen Eigenlebens ..."* gefördert werden (§§ 12 Abs. 1, 74 SGB VIII). Die Bundesländer, der Bund und die Europäische Union haben entsprechende Förderprogramme, die für die Kinder- und Jugendarbeit bestimmt sind (Landesjugendpläne, Kinder- und Jugendplan des Bundes, „Jugend für Europa" usw.). Die Förderprogramme der Bundesländer werden in deren jeweiligen Jugendbildungsgesetzen geregelt.

1.1.4 Auswirkungen auf die Gestaltung von Satzungen

Das SGB VIII hat Auswirkungen auf die Gestaltung von Satzungen in der Kinder- und Jugendarbeit. Vereine, die öffentliche Förderungen (z. B. aus Landesjugendplan, Stadt- und Landkreisförderung, Bundesmitteln) einfordern, müssen folgende grundsätzliche Bedingungen erfüllen:

- *„Gewährleistung des Rechts auf Selbstorganisation und Selbstgestaltung in der Satzung des Erwachsenenverbandes,*
- *eigene Jugendordnung oder -satzung,*
- *selbstgewählte Organe,*

- *demokratische Willensbildung und demokratischer Organisationsaufbau innerhalb des Jugendverbandes bzw. der Jugendgruppe,*
- *eigenverantwortliche Verfügung über die für die Jugendarbeit bereitgestellten Mittel."*[1]

Aufgrund dieser Regelung müssen Vereine mit Schwerpunkt Kinder- und Jugendarbeit und Kinder-/Jugendbildung diese Grundsätze der Partizipation von Jugendlichen erfüllen. Die Vereine, die erwachsenenorientiert sind, müssen diese Auflagen natürlich nicht umsetzen. Ein Sportverein mit einer Kinder-/Jugendabteilung sollte neben seiner Satzung eine Jugendordnung für die Kinder und Jugendlichen haben. Dieser durch die Jugendordnung abgedeckte Jugendarbeitsbereich kann dann kommunal und öffentlich gefördert werden.

1.2 Selbstorganisierte Treffs

Von Jugendlichen selbstorganisierte Treffs oder Jugendinitiativen finden sich aus eigenen Interessen oder aus Langeweile zusammen (z. B. eine Dorfclique, ein Spielplatztreff am Abend, Treffpunkt im Bauwagen, in der Hütte). Einige Gruppen entwickeln ein hohes Maß an Identifikation und geben sich auch Namen; durch das Einrichten einer Bude, eines Bauwagens oder einer Hütte, in die sie Geld und Engagement investieren, verwirklichen sie sich und ihre Wertvorstellungen. Je nach Gestaltung eines Treffpunkts gibt es auch Vereinbarungen zwischen den „Sprechern" des Treffs und dem Eigentümer des Grundstücks (z. B. Kirche, Verein, Kommune, Stadt- oder Landkreis); oftmals werden solche Gruppen jedoch nur „geduldet". Zu diesen Treffs gehören zwar oft Jugendliche, die bereit sind, Verantwortung zu übernehmen, insgesamt wird diese Verantwortung aber eher wechselhaft und unterschiedlich wahrgenommen. Die Treffs sind durch ein Kommen und Gehen der Jugendlichen geprägt und es gibt sozusagen einen „harten Kern", der den Treff zusammenhält und die Regeln aufstellt. Ein Vertragspartner (wie es z. B. ein Verein ist) sind diese Jugendlichen für die Sorgeberechtigten i. d. R. nicht. Sorgeberechtigte haben nur die Möglichkeit, persönlich mit einzelnen volljährigen Personen aus diesem Treffpunkt Kontakt aufzunehmen und individuell zu vereinbaren, die Personensorge für das Kind wahrzunehmen. Praktisch dürfte die Übertragung der Aufsichtspflicht selten „in dauerhaft fest geregelten Bahnen" umzusetzen sein.

Nachweise und weiterführende Praxistipps
- Arbeitshilfe „Hütten, Buden und Bauwagen": www.kvjs.de/fileadmin/dateien/jugend/kinder-_ und_jugendarbeit_jugendsozialarbeit/kommunale_jugendreferate/buden_broschuere_bw.pdf (Linkzugriff im März 2018)

---

1 Grundsätze für die Anerkennung von Trägern der freien Jugendhilfe nach § 75 SGB VIII der Arbeitsgemeinschaft der Obersten Landesjugendbehörden vom 7. September 2016; Zitat unter Nr. 3.1 im Dokument „Grundsätze für die Anerkennung" unter www.kvjs.de/jugend/anerkennung-freie-traeger-jugendhilfe (Linkzugriff im März 2018)

1.3 Gesellschaft bürgerlichen Rechts (GbR)

Schließen sich mindestens zwei natürliche (i. d. R. volljährige) oder juristische (z. B. Verein, Firma, Kleinbetrieb) Personen zum Erreichen eines gemeinsamen Zwecks zusammen, wird dieser Zusammenschluss „Gesellschaft bürgerlichen Rechts" (abgekürzt GbR oder BGB-Gesellschaft) genannt.

Beispiel 1: Zusammenschluss von unterschiedlichen Gruppen und Vereinen zu einer Jugendveranstaltung (Open-Air-Fest, Jugendtag usw.).

Beispiel 2: Ein Zeltlagerplatz wird von drei Vereinen angemietet. Jeder Verein bringt sein Zeltmaterial ein. Jeder der drei Beteiligten nutzt diesen Zeltplatz mit dem eigenen Zeltmaterial nach einem vereinbarten Zeitplan.

Rechtsgrundlage für die GbR sind die §§ 705 – 740 BGB (Bürgerliches Gesetzbuch). Wenn sie nur auf kurze Dauer angelegt ist, wird die GbR als Gelegenheitsgesellschaft bezeichnet. Die GbR besitzt eine eigene Rechtsfähigkeit. Die zusammengeschlossenen natürlichen oder juristischen Personen (die sog. Gesellschafter) haften mit dem Vermögen dieser GbR sowie als Gesamtschuldner mit ihrem Privatvermögen, eine generelle Haftungsbeschränkung ist nicht möglich. Die Leitung der GbR steht allen Gesellschaftern gemeinschaftlich zu. Der Zusammenschluss der Gesellschafter zur Gründung der GbR kann mündlich, schriftlich oder auch stillschweigend erfolgen. Die Vereinbarung bedarf keiner besonderen Form. Um Missverständnisse zu minimieren, sollten Vereinbarungen schriftlich festgehalten werden. Die Gesellschafter sollten auch die steuerlichen Gegebenheiten im Blick haben und sich entsprechend sachkundig machen.

Im Bereich der Kinder- und Jugendarbeit werden die Aufgaben unter den Akteuren (Gesellschaftern) aufgeteilt. Diese schließen die notwendigen Verträge im Namen ihrer Organisation ab. Jede Organisation handelt für sich in Absprache mit den anderen Gesellschaftern. Unter den Gesellschaftern wird auch abgesprochen, welche Organisation welche Aufgaben z. B. bei einer Veranstaltung wahrzunehmen hat. Dieses Agieren der Gesellschafter untereinander ist auf das Innenverhältnis der Gesellschaft bezogen. Nach außen tritt die GbR mit ihrem Gesellschafts- oder Veranstaltungsnamen usw. in Erscheinung. Das geschäftliche und rechtliche Risiko tragen alle Gesellschafter gemeinsam.

Beispiel 3: Eine Jugendgruppe aus einem Verein und eine Jugendgruppe der Kirchengemeinde verabreden, eine gemeinsame Freizeit in einer Jugendherberge durchzuführen. Die Gruppe aus dem Verein schließt den Vertrag mit dem Freizeitheim ab. Die Freizeit kommt leider nicht zustande und es muss ein Stornierungsbetrag an die Jugendherberge bezahlt werden, den diese vom Verein einfordert. Da beide Gruppen gesamtschuldnerisch haften, muss die Kirchengemeinde die Hälfte des Betrages tragen.

Bei diesen Beispielen handelt es sich jedes Mal um eine GbR, die durch juristische Personen errichtet wurden. Wenn nichts anderes vereinbart wurde, haften alle Gesellschafter (also alle beteiligten Gruppen, Vereine usw.) zu gleichen Teilen. Grundsatz: *„Sind die Anteile der Gesellschafter am Gewinn und Verlust nicht bestimmt, so hat jeder Gesellschafter ohne Rücksicht auf die Art und die Größe seines Beitrags einen gleichen Anteil am Gewinn und Verlust"* (§ 722 Abs. 1 BGB).

Bei gemeinsamen Veranstaltungen (wie in den Beispielen 1 und 3) müssen die Zuständigkeiten und Verantwortungsbereiche eindeutig abgesprochen werden. Geklärt werden muss, wer das Hausrecht ausübt, die Aufsichtspflicht wahrnimmt usw. Dies sind Regelungen im Innenverhältnis. Im Außenverhältnis haften alle Gesellschafter gesamtschuldnerisch. Vertragspartner für die Sorgeberechtigten ist zwar die GbR, eventuelle Forderungen können sie jedoch gegen einzelne Gesellschafter geltend machen, die intern eine Forderung umlegen (§ 426 Abs. 2 BGB).

1.4 Verein

Die Organisation und die Zusammenführung von Interessen wird in Deutschland sehr häufig in der Rechtsform „Verein" umgesetzt, denn *„die Bildung von Vereinen ist frei (Vereinsfreiheit)"* (§ 1 Abs. 1 VereinsG). Auf die Fragen der Haftung von Vorstands- und Vereinsmitgliedern wird hier in Grundzügen eingegangen.

1.4.1 Vereinstypen

Das BGB benennt verschiedene Vereinstypen (§§ 21 – 79 BGB):

- den „nicht wirtschaftlichen" Verein (§ 21 BGB), der auch als „Idealverein" bezeichnet wird und i. d. R. (aber nicht immer) auch „eingetragener" Verein (e. V.) ist,
- den „wirtschaftlichen" Verein (§ 22 BGB),
- den „rechtsfähigen" (eingetragenen) Verein (§ 55 BGB) und
- den „nicht rechtsfähigen" (nicht eingetragenen) Verein (§ 54 BGB).

Außerdem gibt es noch die Form des „altrechtlichen" Vereins, die nicht im BGB geregelt ist, da diese Vereine vor Inkrafttreten des BGB entstanden sind.

In der Arbeit mit Kindern und Jugendlichen sind überwiegend die „nicht wirtschaftlichen eingetragenen" Vereine aktiv. Diese rechtsfähigen Vereine sind im Vereinsregister beim Amtsgericht eingetragen (§ 55 BGB) und führen den Zusatz „e. V." (eingetragener Verein) und sind damit juristische Personen, die unter ihrem Namen Rechtsgeschäfte tätigen können (§§ 21 – 89 BGB). Eine Sonderrolle nehmen die „nicht rechtsfähigen" Vereine ein (§ 54 BGB), die nicht beim Amtsgericht eingetragen sind. Diese Vereine sind beim Abschluss von Rechtsgeschäften eingeschränkt, können aber unter dem Namen des Vereins verklagt werden.

1.4.2 Satzung

Die Organisationsform des rechtsfähigen (e. V.) und des nicht rechtsfähigen Vereins hat ihre Grundlage in der Satzung. Die Satzung ist die Arbeitsgrundlage für seine Mitglieder. Sie ist vergleichbar mit dem Gesellschaftsvertrag einer GmbH. Die Mindestinhalte einer Satzung sind gesetzlich vorgeschrieben (§§ 57 – 58 BGB). Weitere Regelungen betreffen zum einen Gemeinnützigkeitsvorschriften nach dem Steuerrecht (§§ 51 ff. AO), soweit der Verein gemeinnützig ist, zum anderen optionale Vorschriften wie solche zum Stimmrecht der Mitglieder, zur Vereinskasse, zu Ämtern im Verein, zu Ausschüssen, zu Leitungsgremien, zu den Aufgaben der einzelnen Gremien, zur Auflösung des Vereins usw.

Der Verein muss als Organe mindestens die Mitgliederversammlung und einen Vorstand haben. Weitere Gremien sind möglich, aber nicht zwingend (z. B. ein oder mehrere Ausschüsse, ein Geschäftsführender Vorstand), diese können in der Satzung auch zu Vereinsorganen erklärt werden.

Sowohl eingetragene Vereine als auch nicht eingetragene Vereine können vom Finanzamt als gemeinnützig anerkannt werden.

Bei Rechtsunsicherheiten im Verein ist immer zuerst die Vereinssatzung heranzuziehen und, wenn darin keine Klärung (z. B. durch Auslegung) möglich ist, ergänzend die Regelungen des BGB.

1.4.3 Haftung

1.4.3.1 Haftung des Vereins

Der „rechtsfähige" (eingetragene) Verein haftet mit seinem Vereinsvermögen für den Schaden, den ein Vorstandsmitglied oder ein Vertreter des Vereins einem Dritten zufügt (§ 31 BGB). Die Mitglieder haften normalerweise nicht, es sei denn sie handeln vorsätzlich oder grob fahrlässig (§ 31b BGB). Auch der Vorstand kann in Ausnahmefällen (bei Vorsatz und grober Fahrlässigkeit) zur persönlichen Haftung herangezogen werden (§ 31a BGB, siehe Kapitel A 1.4.3.1). In der Satzung wird festgeschrieben, welche Vorstandsmitglieder den Verein nach § 26 Abs. 1 BGB gerichtlich und außergerichtlich vertreten. Ein Vorstand kann aus mehreren Mitgliedern bestehen. Im Außenverhältnis (z. B. beim Abschluss von Verträgen) dürfen bei Rechtsgeschäften nur die Vorstandsmitglieder für den Verein handeln, die diesen nach außen vertreten können (§ 26 Abs. 1 BGB). Dagegen kann jede Person im Vorstand Willenserklärungen (z. B. Austrittserklärung eines Mitgliedes) empfangen (§ 26 Abs. 2 BGB), die dann für den Verein Gültigkeit haben.

Bei Rechtsgeschäften im „nicht rechtsfähigen" Verein sind alle Mitglieder verpflichtet, für diesen (z. B. bei Verbindlichkeiten) zu haften, und nicht allein die Person, die das Rechtsgeschäft veranlasst hat. Beim nicht rechtsfähigen Verein gelten die Bestimmungen für die Gesellschaft bürgerlichen Rechts entsprechend (§ 54 BGB). Alle Mitglieder haften als Gesamtschuldner (§§ 54 S. 2, 427 BGB). Die Mitglieder haften auch mit ihrem Privatvermögen (§§ 54 S. 1, 714, 720 BGB). Bei der gesamtschuldnerischen Haftung kann sich ein Gläubiger an jedes Mitglied wenden und seine Forderungen geltend machen/einklagen. Im Innenverhältnis müssen dann i. d. R. alle Mitglieder den finanziellen Schaden anteilig ausgleichen. In der Satzung können Regelungen über den Umfang der Rechtsgeschäfte getroffen werden, die der Vorstand ohne Einbeziehung der Mitgliederversammlung tätigen kann.

1.4.3.2 Persönliche Haftung des Vorstandes

Die Mehrheit der Vereine wird jeweils durch einen ehrenamtlichen Vorstand geleitet. Es liegt deshalb nahe, der Frage nachzugehen, unter welchen Umständen die Vorstandsmitglieder persönlich haften, wenn sie z. B. bei Rechtsgeschäften Fehler machen u. Ä. Ein Vorstand als Organmitglied entfaltet seine Tätigkeiten im Rahmen von Rechtsgeschäften entweder nach innen (Innenhaftung, interne Haftung im Verein) oder nach außen gegenüber Dritten (Außenhaftung). Der Gesetzgeber entlastet die Vorstandsmitglieder (§ 31a BGB) bei der persönlichen Haftung im Innenverhältnis durch eine Haftungsbeschränkung und indirekt auch im Außenverhältnis durch einen ähnlich gelagerten Freistellungsanspruch. Voraussetzungen sind:

- Organmitglieder oder Vertreter (z. B. Finanzausschuss, Leitungskreis, Ausschuss, Geschäftsführender Ausschuss, Verantwortlichenrat) des Vereins müssen unentgeltlich tätig sein (Ehrenamtsvergütung von max. 720 Euro jährlich ist möglich).
- Es darf kein durch Vorsatz oder grobe Fahrlässigkeit verursachter Schaden vorliegen.

Diese Regelung bezieht sich nur auf den ehrenamtlichen Vorstand. Es geht hierbei lediglich um die Haftung des Vorstands im Innenverhältnis. Für Fehler des Vorstandes im Außenverhältnis dagegen haftet der Verein (§ 31 BGB). Bei Vorsatz und grober Fahrlässigkeit haften die Vorstandsmitglieder in bestimmten Fällen auch im Außenverhältnis – unabhängig von den Regelungen zur Ehrenamtspauschale – persönlich und können sich regresspflichtig machen. Hier seien beispielhaft die Insolvenzverschleppung, grobe Pflichtverletzung beim Abführen von Steuer- oder Sozialbeiträgen, Falschausstellung von Zuwendungsbestätigungen, Verstoß gegen die Pflicht zur ordnungsgemäßen Buchführung usw. genannt (die straf- und ordnungswidrigkeitsrechtlichen Folgen bleiben hierbei ganz außen vor). Neben den oben aufgeführten zivilrechtlichen Haftungsfragen können auch strafrechtlich relevante Verhaltensweisen eine Rolle spielen, die zu einer Strafverurteilung führen können, z. B. durch Betrug, wirtschaftliche Schädigung des Vereins, unterlassene Angaben gegenüber den Finanzbehörden, Nichtabführung von Sozialversicherungsbeiträgen. Strafbar macht man sich bei diesen Straftaten nicht nur, wenn man sie allein begeht, sondern auch bei gemeinschaftlicher Begehung oder wenn man dazu anstiftet oder Beihilfehandlungen tätigt. Ebenso kann ein Unterlassen strafbar sein.

1.4.3.3 Risikominimierung bei der Organhaftung im Verein

Um die Risiken der Vorstandsmitglieder im Verein zu minimieren, bieten sich u. a. folgende Möglichkeiten an:

- Qualifizierte Hilfe einholen, z. B. durch einen Steuerberater oder ggf. einen spezialisierten Rechtsanwalt.
- Ressortaufteilung im Vorstand. Hier muss eine schriftliche Vereinbarung (Geschäftsordnung) getroffen werden, wenn in der Satzung keine Regelung vorliegt oder ein Beschluss der Mitgliederversammlung noch erfolgen muss. Durch eine Ressortaufteilung wird geregelt, wie die Zuständigkeiten und Verantwortlichkeiten im Vorstand verteilt sind. Einzelne Vorstandsmitglieder verantworten dann regelmäßig nur ihren jeweiligen Bereich. Die anderen Vorstandsmitglieder haben ihren Kollegen gegenüber allerdings eine Überwachungspflicht, die auch stichprobenartig umgesetzt werden muss. Wenn sich bei einer solchen Prüfung Hinweise auf Unregelmäßigkeiten ergeben, dann entsteht bei den anderen Vorstandsmitgliedern aufgrund ihrer Gesamtverantwortung für den Verein dringender Handlungsbedarf. Eine schriftliche Ressortabgrenzung ist daher ein hilfreiches Mittel, aber kein „Persilschein" für alle anderen.
- In der Satzung die Haftungsrisiken des Vorstandes begrenzen. Neben der gesetzlichen Haftungserleichterung des § 31a BGB (s. o.) kann das Haftungsrisiko in der Vereinssatzung auch bei grober Fahrlässigkeit begrenzt werden (z. B. Haftung bis zu einer Höchstsumme X), während die Haftung für Vorsatz nie eingeschränkt werden kann.
- Abschluss einer Versicherung. Der Vorstand und damit der Verein kann sich durch eine Vermögensschadens-Haftpflichtversicherung absichern. Die Directors und Officers Liability Insurances („D&O-Versicherung", siehe Kapitel A 6.3) ist eine zusätzliche Versicherungsmöglichkeit.

1.4.3.4 Haftung bei ehrenamtlich und angestellt Mitarbeitenden im Verein

Der Verein haftet für Personen- und Sachschäden, die seine ehrenamtlich oder angestellt Mitarbeitenden verursachen. Bei vertraglichen Haftungsschäden, die durch die Mitarbeitenden (Erfüllungsgehilfen) verursacht wurden, kann ein Geschädigter seine Ansprüche an den Verein aus dem bestehenden Vertragsverhältnis geltend machen. Unabhängig von vertraglichen Vereinbarungen haftet ein Verein auch für Schäden, die von ihm eingesetzte Personen (Verrichtungsgehilfen) in Ausführung der ihnen zugewiesenen Tätigkeit einem Dritten widerrechtlich zufügen (siehe Kapitel A 2.1.1). Zur Haftung von einfachen (sonstigen) Vereinsmitgliedern wurde 2013 die Vorschrift des § 31b BGB eingefügt: Wenn Vereinsmitglieder für ihren Verein tätig sind, haften sie im Innenverhältnis nur bei Vorsatz und grober Fahrlässigkeit; nach außen haftet der Verein für diese Schäden. Das gilt aber nur, wenn sie im Auftrag des Vereins handeln und dies unentgeltlich tun oder nur eine geringe Vergütung von höchstens 720 Euro im Jahr erhalten (vgl. die Regelung zu den Vereinsorganen, § 31a BGB, s. o.).

1.4.4 Jugendordnung

Vereine, die Kinder- und Jugendarbeit als Vereinszweck haben und damit in der Jugendhilfe tätig sind, müssen ihre Satzung so gestalten, dass diese den Anforderungen des SGB VIII für die Kinder- und Jugendhilfe gerecht wird. Entspricht die Satzung nicht den Anforderungen des SGB VIII für die öffentliche Anerkennung (siehe Kapitel A 1.1.1), muss der Verein die Satzung so ändern, dass es eine Jugendordnung für die Kinder/Jugendlichen gibt. Mit der Jugendordnung können die Kinder/Jugendlichen im Gesamtverein mitbestimmen und den Bereich der Kinder- und Jugendarbeit selbst (mit-)gestalten und (mit-)bestimmen. Bei Bestehen einer Jugendordnung oder wenn ein Verein in der Jugendhilfe tätig ist, so liegt eine wichtige Voraussetzung für eine Jugendförderung durch die Kommunen, die Landkreise, die Länder oder den Bund vor. I. d. R. sind diese Vereine Mitglied in Jugendverbänden auf Landes- oder Bundesebene.

1.4.5 Minderjährige im Verein

1.4.5.1 Minderjährige können Mitglied werden

Der/die Minderjährige kann Mitglied in einem Verein sein. Nach § 106 BGB ist der/die Minderjährige ab dem vollendeten siebten Lebensjahr beschränkt geschäftsfähig. Der/die Minderjährige hat bei einer Mitgliedschaft keinen lediglich rechtlichen Vorteil, sondern zumindest auch den Nachteil, Verpflichtungen eingegangen zu sein (z. B. Hilfe bei Veranstaltungen), und evtl. auch regelmäßig Beiträge entrichten zu müssen. Deshalb müssen die Sorgeberechtigten der Mitgliedschaft (nicht zuletzt wegen der Teilnahme an der Mitgliederversammlung sowie der Berechtigung, an den Abstimmungen teilzunehmen, was jedoch durch die Satzung genauer zu regeln ist) zustimmen (§§ 107 – 108 BGB). Der berühmte „Taschengeldparagraph" (§ 110 BGB), der für überschaubare einzelne Geschäfte gedacht ist, ist auf einen Mitgliedsbeitrag nicht anwendbar, da eine Mitgliedschaft i. d. R. auf längere Zeit angelegt ist.

1.4.5.2 Minderjährige müssen Mitgliedsbeitrag zahlen

Der/die Minderjährige wird Mitglied im Verein, nicht die Sorgeberechtigten. Bei der Geltendmachung interner Vereinsforderungen, z. B. Mitgliedsbeitrag, ist grundsätzlich der/die Minderjährige selbst anzuschreiben und nicht die Sorgeberechtigten persönlich. Der Verein muss ggf. den Minderjährigen / die Minderjährige verklagen – natürlich wiederum vertreten durch seine gesetzlichen Vertreter. Dieses Problem kann umgangen werden, indem bei der Vereinsaufnahme des/der Minderjährigen dessen/deren Sorgeberechtigten sich schriftlich verpflichten, für Mitgliedsrückstände einzustehen und diese Schulden zu übernehmen. Solche Vereinbarungen zwischen Sorgeberechtigten des minderjährigen Vereinsmitgliedes und dem Verein sind zulässig.

1.4.5.3 Minderjährige können Vereinsämter übernehmen

In der Satzung sind die Rechte des minderjährigen Mitglieds zu regeln. Wenn in der Satzung nichts anderes festgelegt ist, stehen dem/der Minderjährigen dieselben Rechte zu wie jedem volljährigen Vereinsmitglied. Der/die Minderjährige kann darum auch Vereinsämter übernehmen (z. B. Leitung einer Jugendgruppe, Mitarbeit in Ausschüssen und Vorstandsgremien). Der Aufnahmeantrag des/der Minderjährigen ist von den Sorgeberechtigten mit zu unterschreiben und wird von dem zuständigen Gremium (i. d. R. der Vorstand) entschieden. Wenn der Aufnahmeantrag positiv entschieden ist, stehen dem/der Minderjährigen die Rechte als Vereinsmitglied zu. Die Rechte und Pflichten des Vereinsmitglieds sind in der Satzung festgeschrieben, der die Sorgeberechtigten für ihr Kind zugleich mit dem Aufnahmeantrag zugestimmt haben. Es empfiehlt sich daher, immer auch eine Abschrift der Satzung mit auszuhändigen. Möglich ist auch, minderjähriges Mitglied im Vorstand zu sein, wenn in der Satzung nicht ausdrücklich festgelegt ist, dass die Mitglieder des Vorstandes, die den Verein nach § 26 BGB gerichtlich und außergerichtlich vertreten, volljährig sein müssen. Ist in einer Satzung keine Volljährigkeitsregelung beim Vorstand vorgesehen, dann kann auch ein Minderjähriger / eine Minderjährige gemäß § 26 BGB Vorstandsmitglied sein, sofern die Sorgeberechtigten der Übernahme dieses Vereinsamts zugestimmt haben (§§ 106 – 107 BGB). Inwieweit das im Einzelfall sinnvoll ist, muss individuell beurteilt werden.

1.4.5.4 Minderjährige können vom Verein ausgeschlossen werden

Auch bei Minderjährigen ist ein Vereinsausschluss möglich, wenn das Vereinsmitglied der Satzung des Vereins zuwider handelt oder durch Äußerungen oder Handlungen den Verein schädigt. Der/die Minderjährige muss dazu angehört werden. Da die Sorgeberechtigten der Vereinsmitgliedschaft ihres Kindes zugestimmt haben und der Ausschluss zum Nachteil ihres Kindes wäre, muss der Verein auch die Sorgeberechtigten anhören. Sollte der Verein den Ausschluss vornehmen, ohne die Sorgeberechtigten des/der Minderjährigen angehört zu haben, so liegt ein Formfehler vor und der Ausschluss ist unwirksam. Bevor ein Verein Minderjährige ausschließt, sollten die Verantwortlichen alternative Lösungen prüfen, in deren Rahmen eine Mitgliedschaft unter bestimmten Auflagen weiterhin möglich ist.

1.4.5.5 Der Verein muss für seine minderjährigen Mitglieder die Aufsichtspflicht wahrnehmen

Durch den Vereinsbeitritt (durch Vertrag im Sinne des § 832 Abs. 2 BGB) des/der Minderjährigen wird dieser/diese Mitglied. Der Verein hat die Aufsichtspflicht über die minderjährigen Vereinsmitglieder bei Teilnahme an den Vereinsangeboten und -aktivitäten durch seine volljährigen (oder zumindest jeweils älteren) Mitarbeitenden „automatisch" wahrzunehmen.

1.4.6 Gemeinnütziger Verein und Steuer

Vereine, die gemeinnützig anerkannt sind, verfolgen gemeinnützige, mildtätige oder kirchliche Zwecke. Bei der Besteuerung der Vereine wird zwischen rechtsfähigen und nicht rechtsfähigen Vereinen kein Unterschied gemacht. Nach dem Steuerrecht sind das „ideelle Vereine", üblicherweise als „Idealvereine" bezeichnet. Diese Vereine haben nach dem Steuerrecht Vorteile. In der Abgabenordnung (AO) sind die Regelungen der Vereinsbesteuerung aufgeführt.

Das Steuerrecht ist zu komplex, um hier all seine Details und Facetten darstellen zu können. Eine Orientierung geben entsprechende Informationsbroschüren für Vereine, die die Finanzministerien der jeweiligen Bundesländer bereithalten.

Nachweise und weiterführende Praxistipps

- Informationen zur Vereinsbesteuerung: www.vereinsbesteuerung.info (Linkzugriff im März 2018)

1.5 Kirche – Körperschaft des öffentlichen Rechts (KdöR)

Religions- und Weltanschauungsgemeinschaften sind nach dem Grundgesetz (GG) nicht-staatliche Körperschaften des öffentlichen Rechts (KdöR) (Art. 140 GG). Dieser Sonderstatus kommt aus der Weimarer Reichsverfassung (WRV), die mit Art. 137 Abs. 5 und Abs. 7 WRV (dem sog. Weimarer Kirchenkompromiss vom 11.08.1919) die Trennung von Staat und Kirche festschrieb: *„Die Religionsgesellschaften bleiben Körperschaften des öffentlichen Rechtes, soweit sie solche bisher waren. Anderen Religionsgesellschaften sind auf ihren Antrag gleiche Rechte zu gewähren, wenn sie durch ihre Verfassung und die Zahl ihrer Mitglieder die Gewähr der Dauer bieten. Schließen sich mehrere derartige öffentlich-rechtliche Religionsgesellschaften zu einem Verbande zusammen, so ist auch dieser Verband eine öffentlich-rechtliche Körperschaft."* Diesen Sonderstatus für Religionsgemeinschaften hat das GG als geltendes Verfassungsrecht übernommen (Art. 137 Abs. 5 WRV i. V. m. Art. 140 GG).

So ist zu verstehen, dass Landeskirchen, Diözesen, Kirchenkreise und -bezirke sowie Kirchengemeinden den rechtlichen Status als KdöR haben. Dieser ermöglicht den Kirchen die Selbstverwaltung, die durch die Verträge zwischen den einzelnen Bundesländern und den jeweiligen Landeskirchen näher ausgestaltet wird. Die Kirche als KdöR nimmt ihre Selbstverwaltungsaufgaben innerkirchlich wahr und übt diese gleichzeitig öffentlich aus. Sie kann jedoch keine staatliche Gewalt ausüben und ist an das Recht der Bundesrepublik Deutschland gebunden.

Der Staat verleiht den Status einer KdöR auch an Organisationen, die wichtige Aufgaben in der bürgerlichen Gemeinschaft wahrnehmen. Diese Organisationen sind zwar öffentlich-rechtlich, aber dennoch kein Teil des Staates. Hierunter fallen z. B. das Bayerische Rote Kreuz, der Bayerische Jugendring (Landesjugendring) und die Evangelische Brüder-Unität (Herrnhuter Brüdergemeinde).

Die Kinder- und Jugendarbeit ist in vielen Kirchengemeinden beheimatet. Die örtlichen Verantwortlichkeiten sind strukturell sehr verschieden aufgestellt. Diesbezüglich kann allgemein nur festgestellt werden, dass die Kirchengemeinden auf allen Ebenen von gewählten Personen in den Vertretungsorganen geleitet werden. In der Kirchengemeinde ist das rechtlich verantwortliche Leitungsgremium der Kirchengemeinderat (auch Ältestenkreis, Gemeindekirchenrat, Kirchenvorstand, Pfarrgemeinderat, Presbyterium genannt). In diesem Gremium wirken und entscheiden gewählte Ehrenamtliche gleichberechtigt zusammen mit Theologinnen und Theologen der Kirchengemeinde. Den Vorsitz dieses Gremiums kann auch eine Theologin oder ein Theologe wahrnehmen.

In Rechts- und Verwaltungsgeschäften sowie in gerichtlichen Verfahren vertritt der Kirchengemeinderat (bzw. das entsprechende Gremium) die Kirchengemeinde, wobei dieser wiederum vertreten wird durch den Vorsitzenden oder die Vorsitzende, der oder die bei Verhinderung von dem oder der stellvertretenden Vorsitzenden vertreten wird. Z. B. erhält bei einem Schaden, der durch das Verschulden der Jugendgruppe verursacht wurde und gerichtlich eingeklagt wird, der/die Vorsitzende dieses Gremiums die Klageschrift. Dieses Gremium verantwortet auch die Kinder- und Jugendarbeit in der Kirchengemeinde. Damit die Kinder- und Jugendarbeit nicht isoliert in der Kirchengemeinde praktiziert wird, haben in den Landeskirchen Vernetzungen dieses Arbeitsbereiches stattgefunden. Es gibt Kinder- und Jugendordnungen, die die strukturelle Einbindung in die Kirchengemeinde sowie auf Kirchenkreis-, Bezirks- und Landesebene in eigene selbstständige Strukturen einschließt und damit eine Selbstverwaltung der Jugendarbeit garantieren soll.

Nachweise und weiterführende Praxistipps
- Religionsverfassungsrecht: www.bmi.bund.de/DE/Themen/Gesellschaft-Verfassung/Staat-Religion/Religionsverfassungsrecht/religionsverfassungsrecht_node.html (Linkzugriff im März 2018)

2 ORGANISATIONEN UND IHRE MITARBEITENDEN

Die Kinder- und Jugendarbeit geschieht in einem Rahmen, der verschiedene Organisationsformen haben kann. Diese Organisationen werden durch ihre jeweiligen rechtlichen Vertreter (z. B. Geschäftsführer, Vorstand, Kirchenvorstand, Vorsitzender/Vorsitzende des Kirchengemeinderats) vertreten. Weitere Handelnde der Organisationen sind die hauptamtlich angestellten Mitarbeitenden (Hauptamtlichen) und die Ehrenamtlichen, die auf freiwilliger und (i. d. R.) unentgeltlicher Basis mitarbeiten. Diese Ehren- und Hauptamtlichen (Mitarbeitenden) sind nach dem Bürgerlichen Gesetzbuch (BGB) – je nach Tätigkeit – Verrichtungs- und Erfüllungsgehilfen der Organisation. Das bedeutet, dass eine Organisation von ihren Mitarbeitenden „beeinflusst, bewegt und gesteuert" wird. Das Engagement, das Umsetzen ihrer Ideen und insbesondere das Ziel, die Kinder und Jugendlichen mit ihren Fragen, Bedürfnissen und Unsicherheiten abzuholen, bestimmt das Image einer Organisation und zeichnet die Mitarbeitenden aus.

2.1 Die Mitarbeitenden in einer Organisation

Die ehren- und hauptamtlich Mitarbeitenden stehen zu ihrem Verein, Jugendverband, ihrer Kirchengemeinde usw. (im Folgenden: Organisation) in einem Vertrauensverhältnis. Zwischen der Organisation und den Mitarbeitenden gibt es ein „Geben und Nehmen". Es besteht aber ein Unterschied, ob eine Person ehrenamtlich oder hauptamtlich tätig ist. Die Hauptamtlichen sind in der jeweiligen Organisation angestellt und daher ihrem Arbeitgeber gegenüber weisungsgebunden. Hauptamtliche müssen ihre mit dem Arbeitgeber vereinbarte Arbeit leisten und haben Nebenpflichten (Treuepflicht, Verschwiegenheitspflicht, pfleglicher Umgang mit Materialien, Geräten usw.). Zu den Ehrenamtlichen siehe Kapitel A 2.2. In der christlichen Kinder- und Jugendarbeit kommen noch der Verkündigungsauftrag und die Vorbildfunktion hinzu.

Das Arbeitnehmer-Arbeitgeber-Verhältnis und die damit verbundenen Rechte und Pflichten werden in diesem Buch nicht vertieft – mit einer Ausnahme: Die Problematik der Haftung von Hauptamtlichen wird ebenso betrachtet wie die von Ehrenamtlichen. Es geht um die Frage, wann und wie diese Mitarbeitenden in besonderen Haftungssituationen selbst finanziell einstehen müssen (siehe Kapitel A 2.2.6).

2.1.1 Die Mitarbeitenden und ihr Rechtsverhältnis zur Organisation: Erfüllungsgehilfen und/oder Verrichtungsgehilfen

Das BGB gebraucht im Schuldrecht an ganz verschiedenen Stellen und in rechtlich unterschiedlichen Zusammenhängen die Begriffe „Verrichtungsgehilfe" und „Erfüllungsgehilfe". Es ist nicht einfach, die Begriffe zu verstehen und auseinanderzuhalten, daher wird das an dieser Stelle etwas vertieft, denn es handelt sich um eine für die Kinder- und Jugendarbeit ganz zentrale Unterscheidung. Die begriffliche Problematik rührt daher, dass der Gesetzgeber von zwei Seiten her denkt, er sieht zwei verschiedene rechtliche Situationen, in der jeweils eine Hauptperson (Schuldner oder Geschäftsherr) und eine Hilfsperson im Spiel ist. Im einen Fall schuldet ein Mensch (Schuldner) einen Vertrag (eine Verbindlichkeit) zu „erfüllen". Bedient er sich dabei einer Hilfsperson (ehren- oder hauptamtlich), ist sie automatisch „Erfüllungsgehilfe". Im anderen Fall wird für einen Unternehmer, Arbeitgeber oder auch einen Verein (Geschäftsherr) eine Hilfsperson in irgendeiner Form tätig, wobei sie an die Weisungen des Geschäftsherrn gebunden ist. Es muss keine Weisungsgebundenheit im Sinne des Arbeitsrechts sein, auch wer freiwillig, ehrenamtlich tätig ist, kann sich z. B. im Rahmen eines Vereins den Weisungen des Vorstands (soweit satzungsmäßig begründet) unterwerfen. Diese Hilfsperson „verrichtet" (erledigt) irgendetwas für den Geschäftsherrn, ist also sein „Verrichtungsgehilfe".

Nehmen wir den ersten Fall, in dem eine schuldrechtliche Bindung eines Schuldners dessen Hilfsperson zum **Erfüllungsgehilfen** macht. Da es sich in der Kinder- und Jugendarbeit in aller Regel um die (vertragliche!) Übernahme der Aufsichtspflicht handelt, ist somit jeder/jede Mitarbeitende fast automatisch Erfüllungsgehilfe. Es geht um die Hilfe bei der Erfüllung eines Vertrages zwischen der Organisation und einem Dritten (z. B. den Sorgeberechtigten, einer Jugenderholungseinrichtung, einem Busunternehmer). Begeht der Erfüllungsgehilfe hierbei eine Pflichtverletzung und kommt es zu einer schlechten Erfüllung des Vertrages (wenn z. B. durch eine schlechte Beaufsichtigung die Kleidung oder Brille eines Kindes beschädigt wird) oder die Erfüllung sogar völlig misslingt, gilt § 278 BGB: *„Der Schuldner hat ein Verschulden seines gesetzlichen Vertreters und der Personen, deren er sich zur Erfüllung seiner Verbindlichkeit bedient, in gleichem Umfang zu vertreten wie eigenes Verschulden."* Beim Erfüllungsgehilfen kann sich eine Organisation also nicht entlasten (zumindest eben, solange es nur um die Vertragserfüllung geht).

Anders beim **Verrichtungsgehilfen.** Dieser kann natürlich ebenso eine vertragliche Pflicht (oder eine sonstige interne Pflicht) erfüllen, entscheidend ist jedenfalls, dass er von seiner Organisation beauftragt wird, bestimmte Aufgaben auszuführen oder zu erledigen. Wenn diesem Verrichtungsgehilfen nun beim Ausführen seiner Pflichten ein Fehler unterläuft und dabei ein **unbeteiligter Dritter** (nicht der Vertragspartner!) einen Schaden erleidet (weil er z. B. den Hammer fallen lässt und dieser einem Passanten auf den Kopf fällt), dann hat er in Ausführung irgendeiner Verrichtung einen Dritten widerrechtlich geschädigt und es gilt § 831 Abs. 1 S. 1 BGB: *„Wer einen anderen zu einer Verrichtung bestellt, ist zum Ersatz des Schadens verpflichtet, den der* *andere in Ausführung der Verrichtung einem Dritten widerrechtlich zufügt."* Auch hier muss also grundsätzlich die Organisation haften und den Schaden ersetzen. Das BGB sieht in diesem Fall aber keine Ersatzpflicht der Organisation vor, wenn der Verrichtungsgehilfe fachlich qualifiziert ist und *„... die im Verkehr erforderliche Sorgfalt beobachtet [hat] oder wenn der Schaden auch bei Anwendung dieser Sorgfalt entstanden sein würde"* (§ 831 Abs. 1 S. 2 BGB). In diesem Fall haftet nicht die Organisation, sondern der Verrichtungsgehilfe. Die Organisation haftet nur für einen Verrichtungsgehilfen, wenn sie nicht nachweisen kann, dass sie ihn sorgfältig ausgewählt und überwacht hat. In diesem Fall haften gemäß § 840 Abs. 1 BGB Verrichtungsgehilfe und Geschäftsherr als Gesamtschuldner (§ 421 BGB), d. h. der Gläubiger kann sich wahlweise an den einen oder anderen halten.

Grundsätzlich gilt im Schuldrecht: Der Schuldner einer Forderung (sei sie nun aus Vertrag oder aus unerlaubter Handlung) haftet nur bei „Vorsatz" oder „Fahrlässigkeit" (das sog. „allgemeine Verschuldensprinzip" des § 276 BGB). Das gilt natürlich auch im Falle der Haftung für die Hilfspersonen (diese muss schuldhaft im Sinne des § 276 BGB gehandelt haben).

Beispiel 1: Der Mitarbeiter eines CVJM unternimmt mit der Jugendgruppe ein Fußballspiel vor der Kirche, ohne die Hausordnung der Kirchengemeinde gelesen zu haben, in der steht, dass Fußballspielen auf dem Kirchplatz wegen der unter Denkmalschutz stehenden Fenster nicht erlaubt ist. Beim Fußballspiel wird die Glasscheibe des Schaukastens der Kirchengemeinde zerstört. Wer aus der Gruppe den Ball geschossen hat, lässt sich nicht mehr ermitteln. In diesem Fall handelt der Mitarbeiter fahrlässig. Er ist nicht nur vertraglicher Erfüllungsgehilfe des CVJM, sondern haftet auch deliktisch, weil er bei einer Tätigkeit als Verrichtungsgehilfe eine Eigentumsverletzung eines Dritten (Kirchengemeinde) begangen hat (durch mangelhafte Aufsicht und Organisation). Sofern der CVJM sich nicht entlasten kann, haftet er gemeinsam mit dem Mitarbeiter für den entstandenen Schaden.

Beispiel 2: Eine Jugendgruppe fährt auf einem Fluss Kajak. Die Kajaks gehören einem Bootsverleih. Die Gruppe wird von einer im Kajakfahren erfahrenen Mitarbeiterin der Organisation angeleitet. Ein Jugendlicher, der sich nicht an die Anweisungen hält, kentert, fällt aus dem Kajak und schwimmt an Land, ohne sich um das Kajak zu kümmern. Die Mitarbeiterin fährt voraus und bemerkt zu spät, dass das Kajak untergeht, weil die Auftriebskörper vergessen wurden. In diesem Fall haftet die Organisation für den Schaden nicht, weil die Mitarbeiterin entsprechend qualifiziert ist. Die Mitarbeiterin haftet als Verrichtungsgehilfe für den entstandenen Schaden. Wäre es aufgrund einer Aufsichtspflichtverletzung (z. B. mangelhafte Einweisung und Überwachung) zu einem (finanziellen) Schaden beim Jugendlichen selbst gekommen, käme ggf. noch die Haftung durch die Qualifizierung als Erfüllungsgehilfe hinsichtlich der Pflichten des Trägers der Jugendgruppe gegenüber den Eltern hinzu.

Zu diesen Beispielen: Bei beiden Veranstaltungen bestehen Verträge (zwischen Organisation und Sorgeberechtigten), wonach die Aufsichtspflicht wahrzunehmen ist.

Die Schäden sind im Rahmen der „Erfüllung" dieser Verträge entstanden, wobei in beiden Fällen auch ein Dritter bei der „Verrichtung" der Tätigkeit geschädigt wurde. Die Organisationen müssen für den Fehler ihrer Mitarbeitenden einstehen, soweit sie sich nicht entlasten können, und die entstandenen Schäden ersetzen. I. d. R. schließen Organisationen daher entsprechende Haftpflichtpolicen mit Versicherungen ab, um diese Risiken abzudecken (siehe Kapitel A 6.2.7).

Analoge Anwendung der Regeln zur Arbeitnehmerhaftung: Nach einer Entscheidung des Bundesgerichtshofs (BGH), dem sog. „Pfadfinder-Urteil" vom 05.12.1983 (BGHZ 89, S. 153 ff., Az. II ZR 252/82), sind die arbeitsrechtlichen Grundsätze der beschränkten Haftung von Arbeitnehmern auch auf ehrenamtliche Tätigkeiten und die daraus resultierende Haftung anzuwenden. Demnach kann ein Mitarbeiter / eine Mitarbeiterin bei Vorsatz und grober Fahrlässigkeit zum vollen Schadensersatz herangezogen werden, in den übrigen Fällen wie normaler und leichter Fahrlässigkeit haftet immer die Organisation. In der Praxis der Schadensregulierung bei Aufsichtspflichtverletzungen hat dies jedoch eine untergeordnete Bedeutung. Im Grundsatz haftet immer die Organisation. Die Verantwortlichen einer Organisation müssen deshalb für den notwendigen Versicherungsschutz ihrer haupt- und ehrenamtlichen Mitarbeitenden sorgen. Bei schwerwiegenden Personenschäden, die Pflegebedürftigkeit oder Vollinvalidität einer oder mehrerer Personen zur Folge haben, ist die Höhe der Versicherungssumme und -leistung entscheidend, um die Kosten der Langzeitfolgen erstatten zu können. Sollten die Leistungen der Versicherungssumme erschöpft sein, ist es möglich, den Mitarbeitenden / die Mitarbeitende in die Haftung einzubeziehen.

2.1.2 Haftung der Mitarbeitenden für Personen- und Sachschäden untereinander

Eine Haftung für **Personenschäden**, die sich Mitarbeitende einer Organisation untereinander zufügen, ist i. d. R. nach § 105 Abs. 1 SGB VII ausgeschlossen. Kommt es bei einer Dienstfahrt (Auftragsfahrt), die die Organisation veranlasst hat, zu einem Autounfall und mehrere verletzte Insassen des Fahrzeuges sind Mitarbeitende, dann gelten die Haftungsregeln des SGB ebenfalls (siehe Kapitel A 6.1.1.4). Nur wenn der Personenschaden vorsätzlich begangen wurde, ist der Schadensverursacher in der Haftung und muss für den Schaden finanziell einstehen.

Beispiel: Das Zeltlager wird aufgebaut. Der Mitarbeiter A haut mit einem Vorschlaghammer einen 80 cm langen Zelthering in die Erde und die Mitarbeiterin B hält diesen Zelthering. Bei einem Schlag verfehlt der Vorschlaghammer den Zelthering und trifft die Mitarbeiterin B an der rechten Hand. Diese Mitarbeiterin muss ärztlich behandelt werden. Sie verlangt nun vom Mitarbeiter A Schmerzensgeld. Der Schmerzensgeldanspruch lässt sich wegen § 105 Abs. 1 SGB VII nicht durchsetzen.

Sachschäden, die sich Mitarbeitende untereinander zufügen (z. B. an persönlichen Gegenständen und Sachen wie Kleidung, Musikinstrumente, Notebooks u. Ä.), sind nicht über die Organisation zu regeln. Die Mitarbeitenden müssen den Schaden untereinander regulieren. Der Schadensverursacher haftet immer selbst gemäß § 823 BGB. Den betroffenen Mitarbeitenden ist aber zu raten, ihre Organisation zu informieren. Einige Organisationen haben diesbezüglich Versicherungen abgeschlossen, die diese Schäden abdecken (meistens mit einer Eigenbeteiligung).

Beispiel: Die Kindergruppe hat mit Farben gemalt. Zwei Mitarbeitende räumen nach Programmende auf. Eine Mitarbeiterin hält den Müllsack und der andere Mitarbeiter wirft die Papierreste und die Pappbecher, die noch etwas mit Farbe gefüllt sind, in diesen Sack. Dabei entweicht aus einem Becher Farbe und beschmutzt die Bluse einer Mitarbeiterin. Die Mitarbeitenden müssen den Schaden untereinander regulieren. Die Organisation muss für diesen Schaden nicht haften.

2.1.3 Haftung der Mitarbeitenden für Personen- und Sachschäden gegenüber der Organisation

I. d. R. geht es um Sachschäden, wenn die Organisation geschädigt wird. Z. B. kommt das häufig beim Kaffeetrinken während der Arbeit vor: Neben der Computertastatur steht die Tasse Kaffee, wird umgestoßen, der Kaffee ergießt sich über die Tastatur und diese muss ersetzt werden. Für die Organisation ist ein Sachschaden entstanden, sicherlich nicht sehr hoch, aber wie wäre es im gleichen Fall bei einem Notebook? Die Organisation hat einen Ersatzanspruch aus § 823 BGB gegen den Schädiger, egal, ob dieser ehren- oder hauptamtlich für sie tätig ist.

Bei Arbeitnehmern und Arbeitnehmerinnen (Hauptamtlichen) greift das Arbeitsrecht. Der Arbeitsvertrag begründet ein Schuldverhältnis (§ 611 BGB). Im Arbeitsrecht besteht nun aber die Besonderheit, dass der Arbeitgeber darlegen und beweisen muss, dass der Schadensersatzanspruch gegenüber dem Arbeitnehmer / der Arbeitnehmerin gerechtfertigt ist (§ 619a BGB, eine sog. Beweislastumkehr, siehe Kapitel A 6.2.7.1). Bei einer gerichtlichen Auseinandersetzung muss ein Arbeitgeber also deutlich machen, welches Rechtsgut verletzt wurde bzw. welche Pflichtverletzung vorliegt und warum vorsätzlich oder fahrlässig gehandelt wurde. Das Bundesarbeitsgericht hat deshalb vor Jahren Haftungsgrundsätze zum Schutz des Arbeitnehmers / der Arbeitnehmerin entwickelt (sog. Haftungsprivilegierung). Damit diese Privilegierung greift, ist Voraussetzung, dass es sich um eine betrieblich veranlasste Tätigkeit handelt und ein Verschulden des Arbeitnehmers / der Arbeitnehmerin vorliegt. Bei Vorsatz, grober und mittlerer Fahrlässigkeit kann eine Organisation bei dem Arbeitnehmer / der Arbeitnehmerin Regress nehmen. Die Geldsumme, die ein Arbeitnehmer / eine Arbeitnehmerin an dem von ihm/ihr verursachten Schaden zahlen muss (Schadensersatz gemäß § 249 BGB), richtet sich nach dem Verschuldensgrad. Das Verschulden kann in der Form des Vorsatzes oder mehrerer Abstufungen der Fahrlässigkeit vorliegen:

Vorsatz bzw. grobe Fahrlässigkeit

Vorsatz: Dem Schädiger / der Schädigerin ist bewusst, dass durch sein/ihr Verhalten möglicherweise ein Schaden verursacht wird und nimmt diesen billigend in Kauf. Formel: Vorsatz ist „Wissen und Wollen der Tatbestandsverwirklichung".

Grobe Fahrlässigkeit: Der Schädiger / die Schädigerin hält sich in einem sehr hohen Maß nicht an die „im Verkehr übliche" Sorgfalt, die nach den gesamten Umständen von ihm/ihr zu erwarten ist (§ 276 Abs. 2 BGB), er/sie nimmt nicht einmal die naheliegenden Überlegungen und Sorgfaltsmaßnahmen vor.

Folge: Der Schädiger / die Schädigerin haftet komplett für den entstandenen Schaden. Im Einzelfall muss aber geprüft werden, ob die Forderung, den Schaden komplett zu ersetzen, in angemessener Relation zum Verdienst steht und ob dadurch die (wirtschaftliche) Existenz der Person gefährdet ist.

Mittlere Fahrlässigkeit

Mittlere Fahrlässigkeit gibt es als Rechtsfigur nur im Arbeitsrecht (analog also auch beim Ehrenamt). Hier unterlässt der Schädiger / die Schädigerin die normal-übliche Sorgfalt (§ 276 Abs. 2 BGB). Bei Betrachtung der gesamten Umstände liegt weder grobe noch leichte Fahrlässigkeit vor.

Folge: Der Schädiger / die Schädigerin haftet je nach Verschuldensgrad nur für einen Teil der Schadenshöhe (Quotelung der Haftungssumme). Der Einzelfall muss unter den Gesichtspunkten betrachtet werden, wie bzw. unter welchen Bedingungen der Schaden entstanden ist (Gesamtumstände) und wie „gefahrgeneigt" die Tätigkeit war usw. Die Rechtsprechung orientiert sich bisher bei der Beurteilung dieser Fälle am Bruttomonatsentgelt des Arbeitnehmers / der Arbeitnehmerin und nimmt anhand dessen eine Haftungsbegrenzung vor. Nach einer üblichen Faustformel soll die Haftungssumme bei mittlerer Fahrlässigkeit ein Bruttomonatsentgelt nicht übersteigen, bei grober Fahrlässigkeit nicht mehr als drei Bruttomonatsentgelte.

Leichte Fahrlässigkeit

Die leichte, leichteste oder einfache Fahrlässigkeit ist der gesetzliche Normalfall des § 276 BGB. Der Schädiger / die Schädigerin verursacht den Schaden aus Unkonzentriertheit, greift daneben, verspricht sich usw. Es liegt dann ein geringfügiger Sorgfaltsverstoß vor.

Folge: Der Schädiger / die Schädigerin haftet für den eingetretenen Schaden nicht. Der/die Geschädigte hat den Schaden selbst zu tragen.

Die hier vorgestellten Haftungsgrundsätze des Arbeitnehmers / der Arbeitnehmerin werden auch bei Ehrenamtlichen angewandt (z. B. bei Schäden anlässlich einer Auftragsfahrt mit dem Pkw). Mangels eines Arbeitsverhältnisses mit Ehrenamtlichen gelten die Haftungsgrundsätze nicht unmittelbar. Der/die ehrenamtlich Tätige steht aber in einem besonderen Verhältnis zur Organisation, deshalb sind die im Arbeitsrecht entwickelten Haftungsgrundsätze analog anzuwenden (Urteil des OLG Saarbrücken vom 18.03.1994 [Az. 4 U 315/93-56]).[2]

---

2 Klocke, Manfred (Hg.): Versicherungsschutz für Ehrenamtliche in Kirche – Caritas – Diakonie, Detmold Ecclesia Versicherungsdienst GmbH, Detmold ³2012, 13

2.1.4 Die Mitarbeitenden bringen persönliche Gegenstände und Sachen in die Organisation ein

Vielfach werden von Mitarbeitenden eigene Gegenstände und Sachen (Musikinstrumente, Notebooks u. Ä.) für die Kinder- und Jugendarbeit zur Verfügung gestellt. Die Mitarbeitenden leihen der Organisation ihre Gegenstände und Sachen im Sinne der §§ 598 ff. BGB zur Nutzung. Nach den vertragstypischen Pflichten der Leihe hat der „... *Entleiher [...] die gewöhnlichen Kosten der Erhaltung der geliehenen Sache, bei der Leihe eines Tieres insbesondere die Fütterungskosten, zu tragen*" (§ 601 Abs. 1 BGB). Da die Gegenstände und Sachen in der Organisation im Gebrauch sind, hat die Organisation dem/der Mitarbeitenden bei bestimmungsgemäßem Gebrauch die „*Veränderungen oder Verschlechterungen der geliehenen Sache ...*" (§ 602 BGB) nicht zu ersetzen. Entsteht dagegen ein Schaden an einem geliehenen Gegenstand oder einer geliehenen Sache, muss dieser Schaden vom Schädiger oder von der Organisation ersetzt werden.

Beispiel: Viele Mitarbeitende bringen regelmäßig die eigene Gitarre zur Gruppe mit. Da kann es leicht dazu kommen, dass diese (oder das Notebook, die Kamera usw.) beschädigt wird. Nun kommt es für die Haftung darauf an, wer der Schädiger / die Schädigerin ist. In Frage kommt:

- ein Teilnehmer / eine Teilnehmerin: er/sie muss den Schaden ersetzen
- ein anderer Mitarbeiter / eine andere Mitarbeiterin: er/sie muss den Schaden ersetzen, wenn er/sie ihn selbst, also unmittelbar, verursacht hat
- ein Teilnehmer / eine Teilnehmerin, nachdem ein anderer Mitarbeiter / eine andere Mitarbeiterin die Aufsichtspflicht über diesen/diese verletzt hat: die Organisation muss den Schaden ersetzen
- der Mitarbeiter / die Mitarbeiterin, der/die die Sache mitgebracht hat, verursacht den Schaden selbst: er/sie muss den Schaden i. d. R. nicht komplett übernehmen, denn die Organisation ist in der Verpflichtung, ihre Mitarbeitenden von diesen Schäden möglichst ganz freizustellen (in entsprechender Anwendung des § 670 BGB).

Durch das Einbringen von Gegenständen durch Mitarbeitende spart eine Organisation Geld, denn eigentlich muss diese die Voraussetzungen schaffen, dass ihre Mitarbeitenden tätig werden können. Darunter fallen auch die Fahrten für die Organisation mit dem privaten Pkw (siehe Kapitel A 6.5). Praxisempfehlung: Die Mitarbeitenden einer Organisation sollten mit den Verantwortlichen im Zweifelsfall abklären, wie die Haftungsübernahme geregelt ist.

2.1.5 Arbeitssicherheit bei ehren- und hauptamtlicher Tätigkeit

Für die Mitarbeitenden im Verein, Jugendverband oder in kirchlichen Einrichtungen gelten die allgemeinen Regelungen der Arbeitssicherheit, nämlich die Arbeitsstättenverordnung (ArbStättV) und die Unfallverhütungsvorschriften (UVV).

2.1.5.1 Arbeitsstättenverordnung

Die ArbStättV *„... dient der Sicherheit und dem Schutz der Gesundheit der Beschäftigten beim Einrichten und Betreiben von Arbeitsstätten"* (§ 1 Abs. 1 ArbStättV). Die ArbStättV legt fest, was der Arbeitgeber beim Einrichten und Betreiben von Arbeitsstätten in Bezug auf die Sicherheit und den Gesundheitsschutz der Mitarbeitenden zu beachten hat. Diese Verordnung tangiert nicht nur Arbeitnehmer/Arbeitnehmerinnen (Hauptamtliche), sondern auch Ehrenamtliche, wenn diese für die Arbeitsstätten verantwortlich sind. Beispielsweise kann ein Verein auch Arbeitgeber sein, dann ist der ehrenamtliche Vorstand dafür verantwortlich, die Vorgaben der ArbStättV umzusetzen.

2.1.5.2 Unfallverhütungsvorschriften

Die UVV werden von den Berufsgenossenschaften (BG) im Sinne des § 15 SGB VII festgelegt. Sowohl Arbeitgeber als auch Arbeitnehmer/Arbeitnehmerinnen müssen diese Vorschriften beachten. Für die verschiedenen Bereiche und Tätigkeiten im beruflichen Alltag gibt es jeweils entsprechende Vorschriften. Zur Umsetzung dieser Vorschriften siehe weiterführende Praxistipps.

Beispiel 1: Wird die Außenwand des Freizeitheims durch Ehrenamtliche neu gestrichen, dann müssen die Vorschriften für den Gerüstbau und die Gefahrstoffe (Farbe, Lösemittel usw.) beachtet werden.

Beispiel 2: Hat das Fahrzeug eines Mitarbeiters bei einer dienstlichen Fahrt eine Reifenpanne, so muss der Mitarbeiter bei deren Behebung eine Warnweste tragen, den fließenden Verkehr im Auge behalten usw. Die Ehrenamtlichen werden von den Unfallvorschriften erfasst, da auch diese bei einem Unfall Leistungen aus der BG erhalten können (siehe Kapitel A 6.1.1).

Ein weiteres Problemfeld ergibt sich in diesem Zusammenhang durch die Gebäude und Gebäudeeinrichtungen der Vereine, Verbände und Kirchengemeinden, in denen ehrenamtliche und angestellte (hauptamtliche) Mitarbeitende ihre Aufgaben und Arbeiten erledigen. Denn damit sind es Arbeitsstätten und es gelten die arbeitsrechtlichen Vorschriften der BGs. Das bedeutet z. B., dass die Organisation bezüglich ihrer Arbeitsstätten die Vorgaben zum sog. E-Check umsetzen muss. Hierbei geht es um die regelmäßige Überprüfung von Elektrogeräten und elektrischen Anlagen (z. B. Computer, Kaffeemaschinen, Elektroherde, Steckdosen, Lichtanlagen u. Ä.) durch eine Fachkraft (Unfallverhütungsvorschrift BGV A3 für elektrische Anlagen und Betriebsmittel). Je nach Größe der Organisation und Anzahl der Arbeitsstätten muss ggf. ein Sicherheitsbeauftragter benannt werden. Grundsätzlich liegt die Verpflichtung, Elektrogeräte und elektrische Anlagen zu prüfen, beim Arbeitgeber bzw. bei der Organisation. Jede Organisation ist bei einer BG Mitglied und kann sich entsprechend beraten lassen. Damit gelten auch die Vorschriften der BGs bei allen ehrenamtlich Mitarbeitenden (Ausnahmen beachten, siehe Kapitel A 6.1.1.3) und geben ihnen denselben Versicherungsschutz wie angestellten (hauptamtlichen) Mitarbeitenden.

Nachweise und weiterführende Praxistipps
- Informationsmaterial, Lehrgänge und Seminare zu den Unfallverhütungsvorschriften: www.vbg.de und www.bgw-online.de (Linkzugriff im März 2018).

2.1.6 Schutz vor Diskriminierung

Kinder- und Jugendarbeit hat auch den Auftrag, die Mitarbeitenden und Teilnehmenden vor Diskriminierung zu schützen und ggf. Maßnahmen zu ergreifen, um diese zu verhindern. Ein wichtiger Themenbereich des Diskriminierungsschutzes ist das Gender Mainstreaming, das zum Ziel der Chancengleichheit der Geschlechter beiträgt. Gender Mainstreaming (www.gender-mainstreaming.net – Linkzugriff im März 2018) ist ein langfristiger Prozess zur Förderung der Gleichstellung zwischen Frauen und Männern und hat auch im Blick, dass es keine geschlechtsneutrale Wirklichkeit gibt. Die Mitarbeitenden sollten deshalb in Planungs- und Entscheidungsprozessen von vornherein die Aspekte der Gleichstellung beachten und für deren Umsetzung sorgen, damit negative Auswirkungen der Geschlechterverhältnisse auf Frauen, aber auch auf Männer überwunden werden; eine herausfordernde Aufgabe für die Kinder- und Jugendarbeit. Auch das SGB VIII sieht als Aufgabe der Jugendhilfe vor, *„... die unterschiedlichen Lebenslagen von Mädchen und Jungen zu berücksichtigen, Benachteiligungen abzubauen und die Gleichberechtigung von Mädchen und Jungen zu fördern"* (§ 9 Nr. 3 SGB VIII). Das jugendpolitische Anliegen, diesen Gender Mainstreaming-Prozess voranzubringen, äußert sich in Richtlinien der Jugendarbeitsförderung der Bundesländer oder Stiftungen sowie der Richtlinie des Kinder- und Jugendplan des Bundes (KJP).

Die Denkweise des Diversity Management geht einen Schritt weiter. Der Begriff „Diversity" umschreibt die Vielfalt und Verschiedenheit der Menschen. Das Antidiskriminierungsforum (www.antidiskriminierungsforum.eu – Linkzugriff im März 2018) fasst Vielfalt mit *„Vertrauen + Miteinander + Teilhabe + Fairness + Chancengleichheit + Toleranz + Gerechtigkeit = Vielfalt"* zusammen. Diese Vielfalt ist sehr individuell in den Menschen vorhanden und hat Auswirkungen auf das Zusammensein. Diese individuelle Verschiedenheit der Menschen (z. B. Geschlecht, Herkunft, Alter, Kultur, Religion) haben diese untereinander zu tolerieren und wertzuschätzen. Die Mitarbeitenden in der Kinder- und Jugendarbeit nehmen diese individuelle Vielfalt wahr und fördern diese im Zusammensein. Davon ausgehend ändert sich das Sozialverhalten positiv, verhindert Diskriminierungen und die Chancengleichheit verbessert sich dadurch.

Ein weiterer Bereich ist das Allgemeine Gleichbehandlungsgesetz (AGG), das in der Arbeitswelt eine wichtige Rolle einnimmt. Das AGG bezieht sich aber nur auf das Arbeitsrecht und wird daher hier nicht weiter vertieft. Allerdings ist die Frage berechtigt, ob auch Ehrenamtliche vom AGG erfasst werden. Tatsächlich betrifft das AGG in seltenen Fällen auch Ehrenamtliche, nämlich dann, wenn die ehrenamtliche Tätigkeit für das Erwerbsleben, wenn auch nur mittelbar, von erheblicher Bedeutung ist. Das sind die Fälle, in denen es – neben dem unmittelbaren Effekt durch die ehrenamtliche Tätigkeit – auch noch zu dem angenehmen Nebeneffekt kommt, dass der/die Ehrenamtliche z. B. bekannter oder angesehener wird und dadurch z. B. in seinem/ihrem Gewerbe mehr Kunden bekommt. Gleiches gilt, wenn ehrenamtlich engagierte Künstler bei (kostenpflichtigen) Ausstellungen mehr zahlende Besucher bekommen oder Musiker mehr Abnehmer der CDs. In diesen Fällen könnte der Anwendungsbereich des AGG gemäß § 2 AGG eröffnet sein und das Benachteiligungsverbot gilt dann auch für die selbstständige und die unselbstständige Erwerbstätigkeit (z. B. Künstler, Dozierende in der Bildungsarbeit, § 2 Abs. 1 Nr. 1-4 AGG). Ein anderer denkbarer Fall ist, dass eine ehrenamtlich tätige Person durch hohe Aufwandsentschädigungen in einer gewissen wirtschaftlichen Abhängigkeit von der Tätigkeit ist, sodass sie (wenn die Gegenleistung den Wert der Tätigkeit erheblich übersteigt) im Ergebnis als arbeitnehmerähnliche Person i. S. d. § 6 Abs. 1 Nr. 3 AGG einzuordnen ist. Sind Vorstandsmitglieder von Vereinen betroffen, so muss differenziert werden zwischen ehrenamtlichen und hauptamtlichen Vorständen. Soweit aber Ehrenamtliche kein Entgelt oder nur eine nach § 3 Nr. 26, 26a EStG steuerfreie Übungsleiterpauschale oder Aufwandsentschädigung (siehe Kapitel A 2.2.10) erhalten, liegt ein „klassisches" Ehrenamt vor. Nach derzeitiger Rechtslage haben diese klassischen Ehrenamtlichen keinen Schutz nach dem AGG.

2.1.7 Die Mitarbeitenden und das Führungszeugnis

Nichts war aus Sicht der Kinder- und Jugendarbeit so umstritten wie die Einführung einer Pflicht oder eines Rechts zur Einholung von Führungszeugnissen von hauptamtlich und insbesondere ehrenamtlich Mitarbeitenden. Das Bundeskinderschutzgesetz (Gesetz zur Stärkung eines aktiven Schutzes von Kindern und Jugendlichen, BKiSchG) trifft selbst gar keine eigene originäre gesetzliche Regelung, vielmehr regelt es die Änderung anderer Gesetze, so auch die des Sozialgesetzbuch VIII (SGB VIII) und weiterer Gesetze.Von Hauptamtlichen in der Kinder- und Jugendarbeit und unter bestimmten Bedingungen auch von Ehrenamtlichen wird die Vorlage eines erweiterten Führungszeugnisses nach § 30a BZRG in Verbindung mit § 72a SGB VIII verlangt, um Kinder und Jugendliche vor dem Missbrauch durch Mitarbeitende zu schützen. Das SGB VIII unterscheidet zwischen Trägern der öffentlichen Jugendhilfe (Jugendamt, offene Jugendhilfe usw.) und der freien Jugendhilfe (Verein, Jugendverband, Kirchengemeinde usw.).

2.1.7.1 Mitarbeit in der öffentlichen Jugendhilfe nur ohne Eintrag im erweiterten Führungszeugnis möglich

Nach § 72a Abs. 1 S. 1 SGB VIII sind die Träger der öffentlichen Jugendhilfe verpflichtet sicherzustellen, dass sie „... keine Person beschäftigen oder vermitteln, die rechtskräftig wegen einer Straftat ..." verurteilt worden ist. Bei Verurteilungen wegen folgender Straftatbestände darf eine Person nicht mitarbeiten:

- Verletzung der Fürsorge- oder Erziehungspflicht und Verletzung des höchstpersönlichen Lebensbereiches durch Bildaufnahmen (§§ 171, 201a Abs. 3 StGB)
- Straftaten gegen die sexuelle Selbstbestimmung (§§ 174 – 174c, 176 – 181a, 182 – 184g, i StGB)
- Misshandlung von Schutzbefohlenen, Menschenhandel, Entziehung Minderjähriger (§§ 225, 232-233a, 234, 235 oder 236 StGB)

Damit der Träger sich entsprechend absichern kann, soll er sich „... *bei der Einstellung oder Vermittlung und in regelmäßigen Abständen von den betroffenen Personen ein Führungszeugnis nach § 30 Abs. 5 und § 30a Abs. 1 des Bundeszentralregistergesetzes vorlegen lassen"* (§ 72a Abs. 1 S. 2 SGB VIII).

2.1.7.2 Vereinbarung zwischen Trägern der öffentlichen und der freien Jugendhilfe

Die Norm des § 72a SGB VIII regelt die Aufgabe der öffentlichen Jugendhilfe in diesem Zusammenhang und sieht vor, die freien Träger der Jugendhilfe entsprechend vertraglich zu verpflichten, „... *dass unter deren Verantwortung keine neben- oder ehrenamtlich tätige Person, die wegen einer Straftat [...] rechtskräftig verurteilt worden ist, in Wahrnehmung von Aufgaben der Kinder- und Jugendhilfe Kinder oder Jugendliche beaufsichtigt, betreut, erzieht oder ausbildet oder einen vergleichbaren Kontakt hat ..."* (§ 72a Abs. 4 SGB VII). Der Gesetzgeber hat hier eine Sollregelung (keine Mussregelung) geschaffen, die den Trägern der Jugendhilfe ein eigenes Ermessen ermöglicht. Auch wenn einzelne Jugendämter die Rechtslage anders interpretieren und die Vereinbarung mit dem Hinweis auf eine Pflicht einfordern, ist davor zu warnen, dem voreilig nachzukommen. Träger der freien und der öffentlichen Jugendhilfe sollen auf Augenhöhe verhandeln (siehe Kapitel A 1.1.3) und der freie Träger darf durchaus seine Vorstellungen in die Verhandlung und ggf. Vereinbarung einfließen lassen. Ein freier Träger hat nicht die Pflicht, sondern die Möglichkeit (man beachte den feinen Unterschied), eine Vereinbarung mit den öffentlichen Trägern abzuschließen, die zum Inhalt hat, bei welchen Tätigkeiten in der Kinder- und Jugendarbeit das erweiterte Führungszeugnis als notwendig betrachtet wird.

2.1.7.3 Notwendigkeit eines Führungszeugnisses

Die Tätigkeiten der Mitarbeitenden in der freien Jugendhilfe variieren von pädagogischen bis zu technischen Aufgaben. In § 72a Abs. 4 S. 2 SGB VIII wird deshalb ein Gefahrenkatalog beschrieben, der verschiedene Kontaktarten der Mitarbeitenden zu Kindern und Jugendlichen bis 18 Jahren definiert. Demnach dürfen bestimmte Tätigkeiten „... *auf Grund von Art, Intensität und Dauer des Kontakts dieser Personen mit Kindern und Jugendlichen nur nach Einsichtnahme in das Führungszeugnis [...] wahrgenommen werden [...].*" Das bedeutet: Mitarbeitende müssen bei einem hohen Gefährdungspotenzial dem Träger ein erweitertes Führungszeugnis vorlegen, weil ein besonderes Vertrauensverhältnis zwischen den Mitarbeitenden und den Kindern und Jugendlichen entsteht und entsprechend missbraucht werden kann. Die gesetzlich vorgeschriebenen Kriterien **Art**, **Intensität** und **Dauer** des Kontakts können als Prüfschema verwendet werden. Deutlich wird, dass das Gefährdungspotenzial von den jeweiligen Aufgaben und Tätigkeiten beeinflusst wird. Ein freier Träger kann für seine Organisation einen entsprechenden Katalog festlegen, damit transparent wird, wer ein erweitertes Führungszeugnis benötigt (dieser könnte auch in die Vereinbarung mit dem öffentlichen Träger aufgenommen werden – s. o.). Viele öffentliche Träger haben hierzu Vorlagen erstellt (s. weiterführende Praxistipps).

Beispiel eines Kataloges von Aufgaben und Tätigkeiten Ehrenamtlicher in einer Organisation mit Prüfschema

Art der Tätigkeit	Beschreibung der Tätigkeit	Führungs- zeugnis?	Begründung nach Art, Dauer und Intensität
Leitung einer Jugendgruppe	Treffen/Zusammenkünfte finden regelmäßig und dauerhaft statt. Gruppenzusammen- setzung ist konstant. Zusammenkunft in geschlossenen Räumlich- keiten oder abgetrennten Bereichen.	Ja	Es liegt ein Autoritäts- verhältnis vor, das durch das regelmäßige Zusam- mensein in ein Vertrauens- verhältnis übergeht.
Kassier im Verein	Es finden keine pädagogi- schen Angebote statt.	Nein	Hat aufgrund der Auf- gabenstellung keine regel- mäßigen oder dauerhaften Kontakte zum gefährdeten Personenkreis.
usw.			

Eine echte Pflicht zur Vorlage eines erweiterten Führungszeugnisses besteht lediglich für alle hauptamtlich Mitarbeitenden (auch Teilzeit- und Honorarkräfte sowie neben- amtlich Tätige) in der öffentlichen und freien Jugendhilfe. Die arbeitsrechtlichen Regelungen für Arbeitnehmer/Arbeitnehmerinnen (Datenschutz, Personalakte, Bewer- bungsunterlagen usw.) werden hier nicht weiter ausgeführt.

Unabhängig von einer Vereinbarung können Förderrichtlinien (einer Kommune, eines Landkreises usw.) die Voraussetzung beinhalten, dass die neben-, ehren- und hauptamtlichen Mitarbeitenden im Verein, im Jugendverband usw. im Besitz eines erweiterten Führungszeugnisses sein müssen. I. d. R. werden diese Förderrichtlinien im Jugendhilfeausschuss beschlossen, in dem die Träger der freien Jugendhilfe vertre- ten sind. Sie können damit ihre Vorstellungen entsprechend einbringen. Wenn keine Vereinbarung mit der öffentlichen Jugendhilfe besteht, haben die Träger der freien Jugendhilfe lediglich die Pflicht, sicherzustellen, dass keine einschlägig Vorbestraften in der Kinder- und Jugendarbeit des freien Trägers tätig sind. Der freie Träger kann seine Mitarbeitenden hierzu eine Selbstverpflichtung (siehe Kapitel B 3.2.4.3) unter- schreiben lassen, um sich abzusichern.

2.1.7.4 Beantragung des erweiterten Führungszeugnisses durch Ehrenamtliche

Das erweiterte Führungszeugnis kann von Ehrenamtlichen (Mindestalter: 14 Jahre) nur persönlich bei der Meldebehörde (i. d. R. das Einwohnermeldeamt) beantragt werden. Der Träger der freien Jugendhilfe (Verein, Jugendverband oder die betreffende kirchliche Stelle) muss dem/der Ehrenamtlichen schriftlich bestätigen, dass das erweiterte Führungszeugnis nach § 30a BZRG benötigt wird. Dieses Schreiben muss bestätigen, dass der Antragsteller / die Antragstellerin das erweiterte Führungszeugnis für die Prüfung seiner/ihrer persönlichen Eignung nach § 72a SGB VIII benötigt oder weil er/sie mit einer Tätigkeit betraut werden soll, die die Beaufsichtigung, Betreuung, Erziehung Minderjähriger beinhaltet oder mit einer Tätigkeit, bei der er/sie in vergleichbarer Weise Kontakt zu Minderjährigen aufnehmen kann. Wenn diese Bestätigung dem Antrag beigefügt ist, erhalten die Ehrenamtlichen das erweiterte Führungszeugnis kostenfrei. Das erweiterte Führungszeugnis wird per Post zugestellt. Viele öffentliche Träger (Jugendämter) halten eine Mustervorlage bzw. einen Vordruck dieser Bestätigung für die Träger der freien Jugendhilfe bereit.

2.1.7.5 Umgang mit dem erweiterten Führungszeugnis

Enthält das erweiterte Führungszeugnis Eintragungen über rechtskräftige Verurteilungen wegen einer in § 72a Abs. 1 SGB VIII genannten Straftat, so ist eine haupt-, neben- oder ehrenamtliche Mitarbeit bei und mit Kindern und Jugendlichen nicht möglich. Eine bestehende Mitarbeit ist sofort zu beenden.

Nach Einsichtnahme durch die verantwortliche Person des Trägers wird das erweiterte Führungszeugnis an den Mitarbeiter / die Mitarbeiterin zurückgegeben. Das erweiterte Führungszeugnis soll nicht älter als drei Monate sein. Die verantwortliche Person des Trägers führt eine vertrauliche Liste (Datenschutz siehe Kapitel E 3) über die Mitarbeitenden, die das Zeugnis vorgelegt haben. Ausgeschiedene Ehrenamtliche sind aus der Liste zu löschen. Bei hauptamtlich Mitarbeitenden (auch Teilzeit- und Honorarkräfte sowie nebenamtlich Tätige) gelten die arbeitsrechtlichen Regelungen.

Die Mitarbeitenden, deren Engagement über mehrere Jahre besteht, sollten nach fünf Jahren wieder ein aktuelles erweitertes Führungszeugnis vorlegen. Der Fünf-Jahres-Rhythmus ist in den Mustervereinbarungen zwischen Trägern der öffentlichen und der freien Jugendhilfe aufgenommen.

Beispiel für ein Dokumentationsblatt über die Einsichtnahme in das erweiterte Führungszeugnis bei ehrenamtlich tätigen Personen (gemäß § 72a Abs. 5 SGB VIII)

Lfd. Nr.	Vor- und Nachname	Liegt eine Verurteilung nach einer in § 72a Abs. 1 SGB VIII genannten Straftat vor?	Darf insofern eine Mitarbeit erfolgen?	Datum Ausstellung	Datum Vorlage	Datum Gültigkeit
1	Max Muster	O ja O nein	O ja O nein	19.04.2015	02.05.2015	01.05.2020
2	Katja Freundlich	O ja O nein	O ja O nein	14.01.2016	28.02.2016	27.02.2021

Ein alternatives Modell wird i. d. R. vom Jugendhilfeausschuss beschlossen: Der öffentliche Träger benennt eine Vertrauensperson (z. B. Stadt- oder Kreisjugendpfleger, Notar), die Einsicht in das erweiterte Führungszeugnis der Ehrenamtlichen nehmen darf. Diese Vertrauensperson stellt den Ehrenamtlichen eine Unbedenklichkeitsbescheinigung aus. Mit dieser Bescheinigung wird nur mitgeteilt, ob eine einschlägige Eintragung vorliegt oder nicht. Die Unbedenklichkeitsbescheinigung erhält dann die verantwortliche Person des Trägers. Mit dieser Lösung ist der Datenschutz optimal gewährt. Im kirchlichen Bereich ist diese Art von Vertrauensregelung leicht umsetzbar (z. B. kann der Jugendpfarrer / die Jugendpfarrerin, der Jugendseelsorger / die Jugendseelsorgerin als Vertrauensperson fungieren und die Bescheinigung ausstellen).

Inzwischen gibt es Bestrebungen im Bundestag, diese Regelung zu ändern. Angedacht wird die Einführung einer vereinfachten, auf das Ehrenamt abgestimmten „bereichsbezogenen Auskunft" des BZRG. Im Bericht über die Evaluation des Bundeskinderschutzgesetzes für den Bundestag vom Dezember 2015 steht hierzu: *„Vielfach wurden im Rahmen der Evaluation der hohe bürokratische Aufwand und die ‚Entblößung' auch der ehrenamtlich Tätigen durch die Vorlagepflicht des erweiterten Führungszeugnisses kritisiert – hier wird die Bundesregierung prüfen, ob ein sogenanntes ‚Negativ-Attest' im Bundeszentralregistergesetz eingeführt werden sollte."*[3]

Nachweise und weiterführende Praxistipps
- Führungszeugnisse bei Ehrenamtlichen und Vereinbarungen mit der öffentlichen Jugendhilfe: www.juleica.de/uploads/media/dbjr_ah-bkischg_web.pdf (Linkzugriff im März 2018)
- Kommunalverband für Jugend und Soziales Baden-Württemberg (KVJS): www.kvjs.de/jugend/kinderschutz/schutzauftrag-materialpool.html (Linkzugriff im März 2018)
- Familienportal Landkreis Günzburg: www.familie.landkreis-guenzburg.de/index.php?id=269 (Linkzugriff im März 2018)

2.2 Die Ehrenamtlichen

Die Kinder- und Jugendarbeit in der freien Jugendhilfe ist ohne ehrenamtliches Engagement nicht möglich. Eine amtliche Definition des Begriffs Ehrenamt ist zu finden in der Verordnung über die ehrenamtliche Betätigung von Arbeitslosen (EhrBetätV). Demnach ist ehrenamtliche Mitarbeit *„... eine Betätigung, die*
1. unentgeltlich ausgeübt wird,
2. dem Gemeinwohl dient und
3. bei einer Organisation erfolgt, die ohne Gewinnerzielungsabsicht Aufgaben ausführt, welche im öffentlichen Interesse liegen oder gemeinnützige, mildtätige oder kirchliche Zwecke fördern" (§ 1 Abs. 1 EhrBetätV).

---

3 Bericht über die Evaluation des Bundeskinderschutzgesetzes: http://dipbt.bundestag.de/doc/btd/18/071/1807100.pdf, S. 4 (Linkzugriff im März 2018)

In der verbandlichen und kirchlichen Kinder- und Jugendarbeit gehört das freiwillige Ehrenamt schon immer dazu. Da es auch noch die hauptamtlich Mitarbeitenden gibt, sind Abgrenzungen zwischen Ehrenamt und Hauptamt im Bezug auf eine Entlohnung notwendig. Ehrenamtliche sind an keinen Arbeitsvertrag gebunden, aber es besteht dennoch ein (nicht gegenseitiger, aber unvollkommen zweiseitiger) Vertrag in der speziellen vertraglichen Form des Auftragsverhältnisses. Die Tätigkeiten der Ehrenamtlichen sind einseitige Leistungen ohne Gegenleistung, die für andere erbracht werden (bei Hauptamtlichen dagegen findet ein Leistungsaustausch „Arbeitskraft gegen Arbeitslohn" statt). Ehrenamtliche sind bereit, sich freiwillig als Person mit den eigenen Möglichkeiten in der Organisation einzubringen und mitzuarbeiten. Die Organisation vereinbart mit den Ehrenamtlichen den Umfang und Rahmen der Mitarbeit. Die Ehrenamtlichen sind jedoch nur bedingt „weisungsungebunden", soweit ein Auftragsverhältnis im Sinne der §§ 662 ff. BGB vorliegt. Der Auftragnehmer ist zwar nicht fremdbestimmt wie der Arbeitnehmer / die Arbeitnehmerin, unterwirft sich jedoch freiwillig dem Weisungsrecht des Auftraggebers, da der Auftrag ohne Weisungen und Rücksprachen mit dem Auftraggeber nicht durchgeführt werden kann. Der Auftrag an sich ist die „Weisung", die ggf. noch detailliert bzw. konkretisiert werden muss. Ein solches bedingtes Weisungsrecht ist also auch beim Ehrenamt denkbar (vgl. § 665 BGB).

Die Vereinbarung über die ehrenamtliche Mitarbeit kann mündlich oder schriftlich geschehen. Wie bereits erwähnt (siehe Kapitel A 2.1), werden auf das Ehrenamt die Vorschriften über das Auftragsverhältnis angewandt, welches das BGB folgendermaßen umschreibt: „Durch die Annahme eines Auftrags verpflichtet sich der Beauftragte, ein ihm von dem Auftraggeber übertragenes Geschäft für diesen unentgeltlich zu besorgen" (§ 662 BGB). Für ehrenamtlich Mitarbeitende besteht somit eine Beauftragung bezüglich einer Geschäftsbesorgung, die besonders gekennzeichnet ist durch ihre Unentgeltlichkeit. Zwischen ehrenamtlich Mitarbeitenden und der Organisation besteht eine vertragliche Einigung (z. B. eine Jugendgruppe leiten, eine Freizeit organisieren). Sollte der Auftrag mit Kosten verbunden sein, dann können Ehrenamtliche für die „... zur Ausführung des Auftrags erforderlichen Aufwendungen ..." (§ 669 BGB) einen Vorschuss verlangen.

Bei ehrenamtlichen Tätigkeiten handelt es sich nicht um bloße Gefälligkeiten, sondern es handelt sich um Vereinbarungen, einen bestimmten Auftrag auszuführen. Bei Gefälligkeiten kommt keine vertragliche Bindung zustande, deshalb sind Gefälligkeiten unverbindlich und bestehen i. d. R. nur bei einer sozialen Nähe (z. B. Familie, Freundeskreis, Nachbarschaft).

In den christlichen Organisationen arbeiten die Ehrenamtlichen unter sehr verschiedenen Rahmenbedingungen mit. Die Vereine fördern, qualifizieren und führen ihre Ehrenamtlichen auf verschiedene Art und Weise in ihre Aufgaben ein. In einigen Kirchen gelten Regelungen über den Dienst, die Begleitung und die Fortbildung von Ehrenamtlichen. Alle Organisationen sehen es als ihre Aufgabe an, die Wertschätzung des Ehrenamts zu fördern.

In diesem Buch werden Themen wie Freiwilligenarbeit, freiwilliges Engagement oder Bürgerschaftliches Engagement (siehe Kapitel A 2.2.13) nicht vertieft, denn diese Mitarbeitsformen sind nicht direkt vergleichbar mit dem ehrenamtlichen Engagement in der Kinder- und Jugendarbeit.

2.2.1 Persönliche Aufgabenerledigung und Vertretung

Durch die Zusage des/der Ehrenamtlichen, eine Aufgabe zu übernehmen, hat er/sie die Pflicht, die übernommene Aufgabe persönlich auszuführen. Sollte er/sie verhindert sein, dann darf er/sie diese Aufgabe nur mit Erlaubnis bzw. Absprache mit dem Auftraggeber an einen Dritten delegieren (§ 664 Abs. 1 S. 1 BGB). Sollte von vornherein die Notwendigkeit bestehen, sich ab und zu vertreten zu lassen, ist es ratsam, dies mit den Verantwortlichen abzuklären (z. B. wenn man wegen eines regelmäßigen anderen Termins alle vier Wochen nicht zur Verfügung steht). Auch sollten von Anfang an Vertretungsoptionen für den Krankheitsfall überlegt und vereinbart werden. Ehrenamtliche, die sich vertreten lassen, müssen die Fehler des/der Vertretenden verantworten (§ 664 Abs. 1 S. 3 BGB). Der/die Vertretende ist Erfüllungsgehilfe des/der Ehrenamtlichen, dieser/diese muss für Fehler des Gehilfen einstehen wie für eigenes Verschulden (§ 278 BGB). Ehrenamtlichen sind hier also enge Grenzen gesetzt, weshalb eine Vertretungsregelung sehr empfehlenswert ist. Was ist, wenn z. B. ein Mitarbeiter / eine Mitarbeiterin kurz vor einer Freizeit ausfällt, die er/sie selbst geplant hat und leiten soll? Wenn er/sie nun ohne Rück- und Absprache mit der Organisation eine andere Person für die Leitung bestimmt, kann man sich leicht ausmalen, welche Probleme dann aufkommen können.

2.2.2 Aufgabenerledigung und Entscheidungsspielräume der Mitarbeitenden

Der Arbeitsauftrag der Ehrenamtlichen wird im Rahmen der Auftragsannahme umschrieben (z. B. Jugendgruppe leiten, Sommerfest organisieren). Ehrenamtliche können soweit von dem Arbeitsauftrag abweichen, dass sie annehmen dürfen: der Auftraggeber akzeptiert bei Kenntnis der Sachlage diese Abweichung und trägt diese Änderung mit (§ 665 S. 1 BGB). Soweit möglich, sollten sie jedoch vorher die Organisation informieren: „.... *Der Beauftragte hat vor der Abweichung dem Auftraggeber Anzeige zu machen und dessen Entschließung abzuwarten, wenn nicht mit dem Aufschub Gefahr verbunden ist*" (§ 665 S. 2 BGB).

Beispiel 1: Beim Sommerfest zieht ein Gewitter auf und der Verantwortliche dieses Festes schickt die Besucher zum Schutz vor Regen und Blitzschlag ins Vereinsheim. In diesem Fall muss wegen Gefahr im Verzug der Vorstand nicht zuerst befragt werden.

Beispiel 2: Ein Mitarbeiterausflug ist geplant. Der Vereinsvorstand hat ein Vorbereitungsteam beauftragt, diesen zu organisieren. Eine Vorgabe des Vorstands ist, den Ausflug mit einem Omnibus zu organisieren. Aufgrund weniger Teilnehmender entscheidet das Vorbereitungsteam, die Fahrt mit zwei Kleinbussen durchzuführen. In diesem Fall muss Rücksprache mit dem Vorstand genommen werden, denn vom Auftrag wird abgewichen ohne dass „Gefahr im Verzug" bestünde.

2.2.3 Aufgabenerledigung und Transparenz gegenüber dem Auftraggeber

Ehrenamtliche sind auskunfts- und rechenschaftspflichtig gegenüber dem Auftraggeber. *„Der Beauftragte ist verpflichtet, dem Auftraggeber die erforderlichen Nachrichten zu geben, auf Verlangen über den Stand des Geschäfts Auskunft zu erteilen und nach der Ausführung des Auftrags Rechenschaft abzulegen"* (§ 666 BGB). Die beauftragten Ehrenamtlichen dürfen also nicht vor sich hin wursteln, sondern müssen zu gegebener Zeit den Auftraggeber über den Stand ihrer Tätigkeit sowie die vorhandenen Probleme und Erfolge informieren. Auf Verlangen des Auftraggebers müssen die finanziellen Angelegenheiten des Auftrages offengelegt werden. Am Ende eines Auftrags müssen die Ehrenamtlichen auf Verlangen eine genaue Abrechnung (Einnahmen und Ausgaben) vorlegen und über den Verlauf der Auftragserledigung berichten.

Die Ehrenamtlichen sind zur Verschwiegenheit gegenüber Dritten verpflichtet (siehe Kapitel A 2.1). Die Transparenz besteht nur im Innenverhältnis. Die Ehrenamtlichen haben über vertrauliche Angelegenheiten, die ihnen in der ehrenamtlichen Tätigkeit bekannt werden, Stillschweigen zu bewahren. Bei seelsorgerlichem Tätigwerden ist das Seelsorgegeheimnis zu wahren. Die Verschwiegenheitpflicht gilt auch über die Dauer der Beauftragung hinaus.

Beispiel 1: Eine Mitarbeiterin führt die Kasse des Jungbläserposaunenchores im Verein. Rechtlich gesehen ist diese Kasse eine Nebenkasse des Vereins. Die Rechnungsprüfer des Vereins müssen diese Kasse prüfen können, die Mitarbeiterin kann die Einsicht in die Kassenführung durch die Rechnungsprüfer nicht verweigern.

Beispiel 2: Der Verantwortliche des Jungscharsports berichtet einmal im Jahr im Leitungskreis der Organisation.

Gesetzliche Zeugnis- oder Auskunftsverweigerungsrechte vor Gerichten oder Untersuchungsausschüssen sind jedoch nicht statuiert. Hier sollte im Einzelfall anwaltlicher Beistand hinzugezogen werden.

2.2.4 Ende des Auftrags / der Mitarbeit

Ist der Auftrag erfüllt bzw. beendet oder beenden Ehrenamtliche ihre Mitarbeit, so sind sie verpflichtet, alles an den Auftraggeber herauszugeben (Unterlagen, Daten usw.), was sie zur Ausführung des Auftrages erhalten oder erlangt haben (§ 667 BGB).

Beispiel 1: Ein Mitarbeiter beendet seine Mitarbeit und übergibt an seinen Nachfolger alle Unterlagen, die er zu Hause aufbewahrt hat. Das kann z. B. die Gruppenkasse mit Belegen und Abrechnungen sein, die Teilnehmendenliste der Gruppenmitglieder, die Jahresplanung usw.

Beispiel 2: Die Freizeit ist beendet. Die ehrenamtliche Leitung übergibt dem Vorstand alle Teilnehmerunterlagen, Belege, Abrechnungen und das restliche Bargeld.

2.2.5 Anderweitige Verwendung des zur Verfügung gestellten Geldes

Verwenden Ehrenamtliche das zur Erfüllung des Auftrages erhaltene Geld vorübergehend für andere Zwecke, dann ist dieses zu verzinsen (§ 668 BGB).

Beispiel: Eine Freizeit ist zu Ende. Eine Mitarbeiterin hat wenig Motivation, umgehend eine Abrechnung über diese Freizeit zu erstellen. Erst nach acht Monaten legt sie die Abrechnung und das Bargeld vor. In der Kasse waren 1.000 Euro. Der Auftraggeber kann über den Zeitraum von acht Monaten von den 1.000 Euro Zinsen (zum gesetzlichen Zinssatz des § 246 BGB, also 4%) dazuberechnen.

Wer Gelder jedoch nicht zeitnah ordentlich abrechnet, bewegt sich ohnehin auf einem sehr schmalen Grad zu strafrechtlich relevantem Verhalten. Dies sollte jedem klar sein, dem fremde Geldmittel bzw. Vermögenswerte anvertraut werden.

2.2.6 Auftraggeber ist zum finanziellen Ersatz verpflichtet

Ehrenamtliche erhalten vom Auftraggeber ihre finanziellen Aufwendungen erstattet. Es werden die Aufwendungen erstattet, die die Ehrenamtlichen für notwendig erachten durften. Der Grundgedanke des § 670 BGB ist, dass Ehrenamtliche keine Eigenmittel aus ihrem Vermögen aufwenden müssen. Erfolgen aus dieser Tätigkeit auch Schäden, die die Ehrenamtlichen zu tragen haben, kann der Auftraggeber zum Ersatz herangezogen werden. In diesem Fall greifen die Regeln der Arbeitnehmerhaftung (siehe Kapitel A 2.1.1)

Beispiel 1: Einkauf für ein Gruppenfest. Während des Transports der eingekauften Materialien ereignet sich ein Verkehrsunfall. Die auftraggebende Organisation muss den Schaden am Fahrzeug der Mitarbeiterin ersetzen (Dienstreisefahrzeugversicherung siehe Kapitel A 6.5).

Beispiel 2: Einem Mitarbeiter fällt seine Gitarre auf den Fußboden und wird beschädigt. Der Auftraggeber ist zum Schadensersatz verpflichtet.

In beiden Fällen ist eine Haftungsprivilegierung (siehe Kapitel A 2.1.1) in Betracht zu ziehen.

2.2.7 Auftraggeber und Ehrenamtliche können ihre Zusammenarbeit kündigen

Sowohl Auftraggeber als auch Ehrenamtliche können die vereinbarte Zusammenarbeit jederzeit kündigen (§ 671 Abs. 2 BGB). Das Gesetz sieht hierzu keine Fristen vor, aber eine rechtzeitige Mitteilung der Ehrenamtlichen an den Auftraggeber. Die Rückgabe eines Auftrags muss geordnet erfolgen, damit der Auftraggeber entsprechende Lösungen finden kann, um den Auftrag fortzusetzen. Der Rücktritt darf nicht „zur Unzeit" erfolgen. Eine Unzeit liegt vor, wenn der Organisation durch eine (kurzfristige) Kündigung gerade zu diesem Zeitpunkt erhebliche Kosten oder erheblicher Aufwand entstehen würden. I. d. R. müssen noch weitere Umstände hinzukommen, nur unter Würdigung aller relevanten Gesamtumstände kann festgestellt werden, ob nun wirklich zur „Unzeit" gekündigt wurde und ggf. Schadensersatzforderungen auf die Ehrenamtlichen zukommen.

Ein Auftrag endet bei Tod der Ehrenamtlichen (§ 673 BGB), dagegen besteht bei Tod oder Geschäftsunfähigkeit des Auftraggebers der Auftrag weiter (§§ 672 – 673 BGB).

Beispiel 1: Zwei Ehrenamtliche sind beauftragt, ein Zeltlager zu leiten. Zwischen den beiden kommt es zum Streit. Ein Ehrenamtlicher packt sofort seine Koffer und reist ab – zur Unzeit, denn ein wichtiger Posten ist auf einmal nicht besetzt. Die betroffene Organisation muss nun kurzfristig eine Lösung finden. Sie kann von dem abgereisten Ehrenamtlichen den Ersatz der entstandenen Kosten für die „Ersatzlösung" fordern.

Beispiel 2: Eine Ehrenamtliche arbeitete acht Jahre mtl. zehn Stunden in der Telefonseelsorge mit. Für diesen Dienst erhielt die Ehrenamtliche mtl. 30 Euro Kostenersatz. Am Ende eines Telefondienstes teilte ihr der Verein mit, dass sie nicht mehr gebraucht würde und gleich auch ihren Schlüssel abgeben müsse. Darüber hatte das Bundesarbeitsgericht (Urteil vom 29.08.2012, 10 AZR 499/11) zu befinden. Dieses stellte sehr deutlich heraus, dass kein Arbeitsverhältnis vorliegt, sondern ein ehrenamtliches Auftragsverhältnis. Den Auftrag ohne eine Frist zu kündigen ist rechtens. Der Stil der Kündigung und der Umgang mit Ehrenamtlichen sind eine andere Sache.

Merkmale der Ehrenamtlichkeit
§§ 662 ff. BGB
Freiwilligkeit
keine oder nur bedingte Weisungsgebundenheit
Unabhängigkeit

Auftraggeber:
Organisation
(Verein, Jugendverband,
Kirchengemeinde usw.)

Vereinbarung
über ehrenamtliche
Mitarbeit
§ 662 BGB

Beauftragte
ehrenamtliche
Person
(Auftragnehmer)

Widerruf des Auftrags
§ 671 Abs. 1 BGB

Vertragliche
Einigung über Auftrag
der Mitarbeit

Kündigung
des Auftrages
§ 671 Abs. 1-2 BGB
bei Tod § 673 BGB

Die Verantwortlichen
der Organisation
müssen sich bei den
Ehrenamtlichen über
ihre Aktivitäten,
Arbeitsinhalte und
-weisen informieren.

Sollte der Auftrag sich
über die Absprache
hinaus entwickeln,
müssen die Ehrenamt-
lichen eine Entschei-
dung der Organisation
herbeiführen.

Auftrag ausführen
(Gruppe leiten, Freizeit
leiten, Kinderbibelwoche
organisieren usw.)

Aufgabe der
Organisation
Qualifizierung und
Ausbildung der ehrenamt-
lich Mitarbeitenden

Aufgabe der
Ehrenamtlichen
Informationspflicht ge-
genüber der Organisation
über die inhaltliche und
praktische Arbeit

Ehrenamtliche sind an
den Auftrag gebunden
§ 665 BGB

Delegation
des Auftrages
nur nach Absprache
§ 664 BGB

Pflicht zur Auskunft
und Rechenschaft
§ 666 BGB

Kein Zurück-
behaltungsrecht
von Unterlagen usw.
§ 667 BGB

Erstattung
der entstandenen
Kosten

Anspruch auf
Kosten- und
Aufwendungsersatz
§ 670 BGB

2.2.8 Minderjährige Mitarbeitende

Bei minderjährigen Mitarbeitenden müssen im Hinblick auf eine mögliche eigene Haftung des Mitarbeitenden die Sorgeberechtigten über Art und Umfang der Mitarbeit ihres Kindes in einer Organisation unbedingt informiert sein und dieser zustimmen. Eine schriftliche Vereinbarung muss zwar nicht vorliegen, ist jedoch aus Beweisgründen empfehlenswert. Juristisch genügt auch eine Zustimmung durch schlüssiges (konkludentes) Handeln (siehe Kapitel B 1.2.1) der Sorgeberechtigten, im Streitfall können sich dann jedoch nicht unerhebliche Beweisprobleme ergeben. Die Organisation sollte je nach Aufgabenstellung der minderjährigen Mitarbeitenden prüfen, ob ggf. ein schriftliches Einverständnis der Sorgeberechtigten notwendig ist. Je verantwortungsvoller und risikoreicher die Aufgabe bzw. die Umstände sind, desto eher sollte man sich für ein schriftliches Einverständnis entscheiden, im Zweifel immer. So haben schon einige Organisationen bei Aufgaben wie der Mitarbeit bei Freizeiten, Großveranstaltungen usw. routinemäßig schriftliche Vereinbarungen mit den Sorgeberechtigten eingeführt.

Im Innenverhältnis zwischen Organisation und minderjährigen Mitarbeitenden können die Mitarbeitenden der Organisation gegenüber allein haften. In diesen allerdings seltenen Fällen, wohl nur bei grob fahrlässigem oder vorsätzlichem Handeln der Mitarbeitenden, könnte deshalb die Organisation, die einem Geschädigten gegenüber Schadensersatz geleistet hat, die Mitarbeitenden in Regress nehmen. Es versteht sich von selbst, dass Mitarbeitende neben der persönlichen Reife und Qualifizierung nicht zu jung sein sollten, auch wenn es keine gesetzliche Regelung gibt, die festschreibt, ab welchem Alter eine Person Mitarbeiter/Mitarbeiterin sein kann. Eine Orientierungshilfe kann sein, ab welchem Alter es öffentliche Zuschüsse für die Ausbildung der Mitarbeitenden gibt (z. B. durch den Landesjugendplan); einen guten Richtwert bietet der Qualifikationsnachweis der „Juleica" (Jugendleitercard, siehe Kapitel A 3.1.1): Das Mindestalter für deren Erlangung beträgt 16 Jahre, in besonderen von der Organisation zu begründenden Fällen kann die Juleica bereits für Mitarbeitende im Alter von 15 Jahren ausgestellt werden.

Die Übertragung von Aufgaben an die minderjährigen Mitarbeitenden muss gut geplant sein. Die Aufgaben und der Einsatzbereich müssen überschaubar und anforderungsgerecht für die jeweiligen Mitarbeitenden sein. Die Organisation hat durch ihre volljährigen Mitarbeitenden auch die Aufsichtspflicht über die minderjährigen Mitarbeitenden wahrzunehmen (siehe Kapitel B 2.1).

Zum Betreuungsschlüssel zwei Faustregeln, eine einfache und eine qualifizierte. Die einfache Faustregel sollte im konkreten Anwendungsfall immer im Lichte der qualifizierten gesehen und – je nach faktischer Möglichkeit – entsprechend modifiziert angewandt werden:

Einfache Faustregel: Die „normale" Gruppenzusammenkunft leiten mindestens zwei minderjährige, aber qualifizierte Mitarbeitende. Spätestens wenn die Gruppe „besondere" Unternehmungen (Wochenendfreizeit, Radtour usw.) durchführt, kommt noch ein erfahrener volljähriger Mitarbeiter / eine erfahrene volljährige Mitarbeiterin hinzu.

Qualifizierte Faustregel: Der Betreuungsschlüssel sollte sich an Maß und Intensität der notwendigen Aufsichtspflicht orientieren, weshalb ein Schlüssel zwischen mindestens 1:6 (bei sehr kleinen Kindern oder bei Jugendgruppenfahrten) und 1:11 bei entsprechend älteren und reiferen Kindern und Jugendlichen zu empfehlen ist. Maßstab hierfür können die Zuschussrichtlinien für die Pädagogische Betreuung bei Jugenderholungsangeboten für Kinder und Jugendliche der jeweiligen Bundesländer sein. Der Landesjugendplan des Landes Baden-Württemberg definiert z. B. bei Jugenderholungsaufenthalten mit behinderten Teilnehmenden einen Schlüssel zwischen 1:3 und 1:1. Letztlich ist das jedoch in das pflichtgemäße Ermessen der jeweiligen Verantwortlichen gestellt. Wissenschaftlichen Untersuchungen zufolge sollte sogar ein Betreuungsschlüssel zwischen 1:4 und 1:5 angesetzt werden.

Das Jugendarbeitsschutzgesetz (JArbSchG) und die Verordnung über den Kinderarbeitsschutz (Beschäftigung von Personen von 13 bis 18 Jahren, KindArbSchV) findet bei ehrenamtlichen Tätigkeiten keine Anwendung, denn es sind Tätigkeiten ohne Entlohnung. Bei den ehrenamtlichen Tätigkeiten handelt es sich um *„... geringfügige Hilfeleistungen ..."*, die *„... gelegentlich aus Gefälligkeit ..."* erledigt werden. Die Jugendarbeit fällt in den Bereich des Kinder- und Jugendhilferechts (SGB VIII). Auch im JArbSchG sind die ehrenamtlichen Mitarbeitenden in *„... Einrichtungen der Jugendhilfe ..."* ausgenommen (§ 1 Abs. 2 Nr. 1 JArbSchG).

2.2.9 Entschädigung Ehrenamtlicher

I. d. R. werden die Dienste Ehrenamtlicher nicht bezahlt. Der Dank an Ehrenamtliche soll in besonderer Weise zum Ausdruck gebracht werden (z. B. durch Mitarbeitendenfeste, Ausflüge, Geschenke, Ehrungen). Besondere Aufwendungen für bestimmte Aufgaben können jedoch ersetzt werden, solange es sich nicht um eine Entlohnung im Sinne einer Gegenleistung für die geleistete Arbeit handelt. Voraussetzung für den Aufwendungsersatz ist, dass sich die Ehrenamtlichen zuvor mit dem jeweiligen Auftraggeber (Kirchengemeinde, Verein usw.) abgesprochen haben, welche Kosten dieser trägt bzw. übernimmt (Fahrtkosten, Schulungskosten, Arbeitsmaterial usw.).

2.2.10 Steuerfreiheit – Ehrenamtspauschale und Übungsleiterfreibetrag

Das Ehrenamt zu stärken ist auch eine politische Aufgabe. Die Ehrenamtlichen, die in gemeinnützig anerkannten Vereinen oder in Körperschaften des öffentlichen Rechts (siehe Kapitel A 1.4.6 und A 1.5) mitarbeiten, können unter bestimmten Umständen steuerliche Vorteile nutzen, wenn sie für ihr Engagement über den bloßen Aufwendungsersatz hinaus „entlohnt" werden. Ob hier noch von einer ehrenamtlichen Tätigkeit im ideellen Sinne (z. B. der Kirchen) gesprochen werden kann, sei dahingestellt, das Steuerrecht ist hier jedenfalls relativ aufgeschlossen. Es stellt mit speziellen Regelungen steuerliche Freibeträge für Übungsleiter und Ehrenamtliche zur Verfügung: den **Übungsleiterfreibetrag** von jährlich bis zu 2.400 Euro (§ 3 Nr. 26 EStG) und die **Ehrenamtspauschale** von jährlich bis zu 720 Euro (§ 3 Nr. 26 a EStG).

Ist eine Person als Übungsleiter tätig (Trainer, Ausbilder, Chorleiter) oder erhält eine ehrenamtlich tätige Person einen Betrag als Anerkennung, so bleibt dieser im Rahmen des jeweiligen Freibetrages steuerfrei. Andere pauschale Aufwandsentschädigungen (z. B. für die Erledigung von Verwaltungsaufgaben) sind grundsätzlich einkommenssteuerpflichtig.

Anders verhält es sich in der gesetzlichen Sozialversicherungspflicht. Hier ist nach der Rechtsprechung des Bundessozialgerichts (BSG) jedwede Aufwandsentschädigung grundsätzlich beitragsfrei, wenn diese Aufgabe unmittelbar mit dem Ehrenamt verbunden ist, selbst wenn sie nicht einem der Freibeträge zuzuordnen ist (Urteil vom 16.08.2017, Az. B 12 KR 14/16 R). Die Pressemitteilung des BSG zum genannten Urteil fasst zusammen, dass sich Ehrenämter nach Auffassung des Gerichts wegen der Verfolgung eines ideellen, gemeinnützigen Zweckes grundlegend von beitragspflichtigen, erwerbsorientierten Beschäftigungsverhältnissen unterscheiden. Die Gewährung von Aufwandsentschädigungen ändere daran nichts, auch die Wahrnehmung von Verwaltungsaufgaben sei unschädlich, soweit sie unmittelbar mit dem Ehrenamt verbunden seien, wie zum Beispiel die Einberufung und Leitung von Gremiensitzungen (Pressemitteilung 38/2017 des BSG vom 16.08.2017).

Der Unterschied zwischen Übungsleiterfreibetrag und der Ehrenamtspauschale:

- Die Übungsleiterpauschale ist an bestimmte Tätigkeiten mit pädagogischer Ausrichtung oder vergleichbare Tätigkeiten gebunden, also z. B. an nebenberufliche Tätigkeiten wie Übungsleiter, Ausbilder, Erzieher, Betreuer, nebenberufliche Dozenten (an Volkshochschulen, Fachhochschulen und Universitäten) u. Ä. Ebenfalls begünstigt sind künstlerische Tätigkeiten als Chorleiter, Orchesterdirigent usw. Hat die ehrenamtliche Tätigkeit keinen pädagogischen Bezug, kann regelmäßig immerhin die Ehrenamtspauschale in Anspruch genommen werden.
- Die Ehrenamtspauschale kann für jede Art von Tätigkeit im Bereich der gemeinnützigen Vereine, Kirchen oder öffentlichen Einrichtungen in Anspruch genommen werden.

2.2.11 Sonderurlaub und Freistellung für die ehrenamtliche Tätigkeit

Ehrenamtliche, die bei öffentlichen und anerkannten freien Trägern der Jugendhilfe tätig sind, haben die Möglichkeit, für die Teilnahme an Jugendhilfemaßnahmen (Freizeiten, Zeltlager, Jugendbegegnungen usw.) und für eine Mitarbeiteraus- und fortbildung (Juleica, Kletterlehrgänge, Kanuschulungen usw.) von ihrem Arbeitgeber freigestellt zu werden. Bezüglich der Gewährung von Freistellungen (auch Sonderurlaub genannt) für Mitarbeitende in der Jugendpflege besteht kein bundeseinheitliches Gesetz, sondern sie ist durch Landesgesetze geregelt. Die Freistellung erfolgt meistens ohne Lohnfortzahlung. Abhängig vom jeweiligen Arbeitgeber werden die

Gesetze durch Urlaubsverordnungen und Ausführungsanweisungen ergänzt und teilweise auch unterschiedlich ausgelegt. So kommt es zu differierenden Verfahrensweisen, die aufgrund der Rechtslage i. d. R. akzeptiert werden müssen. Für Arbeitnehmer und Beamte, deren Arbeitgeber eine Landes- oder Bundesbehörde ist, gibt es separate Sonderurlaubsverordnungen, die die Anspruchsberechtigungen für Sonderurlaub/Freistellung regeln. Vgl. auch „Bildungszeit" in Kapitel A 3.2.

2.2.12 Schulbefreiung für die ehrenamtliche Tätigkeit

In den Bundesländern gibt es Schulbesuchsverordnungen oder Erlasse der Kultusministerien über die Freistellung vom Unterricht für Zwecke der Jugendpflege und des Jugendsports. Eine Befreiung vom Unterricht ist auch für kirchliche Veranstaltungen, Gedenktage oder sonstige Veranstaltungen von Religions- oder Weltanschauungsgemeinschaften möglich. Ehrenamtliche, die diesbezüglich die Freistellung vom Unterricht möchten, müssen einen der jeweiligen Verordnung oder dem Erlass entsprechenden Antrag stellen und ggf. eine schriftliche Bestätigung über die Veranstaltungsteilnahme beifügen. Hier ist auf das jeweilige Landesrecht zu verweisen.

2.2.13 Freiwilligenagenturen

Freiwilligenagenturen sind Anlaufstellen für alle Menschen, die in Organisationen mit anderen Freiwilligen zusammen mitarbeiten wollen. Sie sorgen für Rahmenbedingungen und schaffen Netzwerke und Partizipationsmöglichkeiten, damit das bürgerschaftliche Engagement des Einzelnen verwirklicht werden kann.

Nachweise und weiterführende Praxistipps

- Landesspezifische Regelungen: www.juleica.de/bundeslaender.0.html (Linkzugriff im März 2018)
- Freiwilligenagenturen: www.bagfa.de (Linkzugriff im März 2018)

3 AUFWERTUNG DES EHRENAMTS DURCH QUALIFIZIERUNG

3.1 Ausweise für Mitarbeitende

3.1.1 Die amtliche Card für Jugendleiterinnen und Jugendleiter (Juleica)

Die Jugendleiter/In-Card (Juleica) ist der bundesweit einheitliche Ausweis für Mitarbeitende in der Kinder- und Jugendarbeit. Sie dient der Legitimation und als Qualifikationsnachweis des/der jeweiligen Mitarbeitenden. Zusätzlich soll die Juleica auch die gesellschaftliche Anerkennung für das Engagement in der Kinder- und Jugendarbeit zum Ausdruck bringen. Die Einführung der bundeseinheitlichen Card wurde von den Obersten Landesjugendbehörden (i. d. R. die Sozialministerien) beschlossen.[4] Dabei wurden Mindestanforderungen an die Qualifizierung festgelegt, die zum Erwerb der Juleica berechtigen (www.juleica.de/600.0.html – Stand März 2018).

Antragsberechtigt sind Ehren- und Hauptamtliche, die in der Kinder- und Jugendarbeit tätig sind. Der Antrag auf Ausstellung der Juleica ist online im Internet unter www.juleica.de zu stellen. Der Antrag muss von dem Träger, bei dem die antragstellende Person mitarbeitet, geprüft und befürwortet werden. Im Rahmen dieser Prüfung muss der Träger auch versichern, dass die Person über die notwendige geistige Reife verfügt, um die verantwortungsvolle Aufgabe gut ausüben zu können.
Bei den meisten Vereinen, Jugendverbänden und in der kirchlichen Kinder- und Jugendarbeit ist die Juleica-Ausbildung die Voraussetzung dafür, dass junge Menschen selbstverantwortlich eine Kinder- oder Jugendgruppe leiten oder auf einer Freizeit mitarbeiten dürfen. Auffallend ist die geringe Zahl der ausgestellten Ausweise angesichts der hohen Teilnehmerzahlen an der Juleica-Ausbildung. Daraus kann gefolgert werden: Im Jugendarbeitsalltag benötigen Mitarbeitende die Juleica nicht, weil die gesellschaftliche Akzeptanz fehlt.

Häufig werden schon jüngere Mitarbeitende auf anderem Weg geschult. Das faktische Einstiegsalter in die Kinder- und Jugendarbeit beginnt nämlich im Schnitt bereits im Alter von 14 Jahren, deshalb sind neben der Juleica örtliche oder regionale Nachweise für diese Mitarbeitenden entstanden wie Junior-Juleica, Greencard, Teamercard, KonfiTeamer usw.

---

4 Von der Arbeitsgemeinschaft der Obersten Landesjugendbehörden am 12./13. November 1998 in Kraft gesetzt, geändert und ergänzt durch den Beschluss der Arbeitsgemeinschaft der Obersten Landesjugend- und Familienbehörden vom 17./18.September 2009, www.jfmk.de (Linkzugriff im März 2018)

Die Obersten Landesjugendbehörden der Bundesländer erhoffen sich durch die Juleica-Regelung eine Stärkung und verstärkte gesellschaftliche Anerkennung des Ehrenamtes. Als „kleines Dankeschön" für das Engagement in der Kinder- und Jugendarbeit honorieren einige Veranstalter und Geschäfte (z. B. Schwimmbäder, Kinos, Museen) die Inhaber der Juleica mit Vergünstigungen. In die Juleica-Plattform im Internet ist eine Datenbank integriert, in der Juleica-Inhaber nach Vergünstigungen suchen können (www.juleica.de/970.0.html – Stand März 2018).

3.1.2 BAFA-Juleica

Mitarbeitende, die im Bereich des deutsch-französischen Jugendaustauschs tätig sind oder werden wollen, können die Ausbildung für die „BAFA-Juleica" (www.dfjw.org/bafa-juleica – Linkzugriff im März 2018) mitmachen und damit diese Qualifikation (BAFA: Brevet d'Aptitude aux Fonctions d'Animateur) erhalten. Das Mindestalter für diese Ausbildung beträgt 17 Jahre; es werden die notwendigen interkulturellen Kompetenzen vermittelt, um Kinder- und Jugendgruppen in einem deutsch-französischen bzw. internationalen Rahmen zu leiten.

3.1.3 Ehrenamtskarte, Freiwilligenkarte

Die weniger bekannte Ehrenamts- oder Freiwilligenkarte hat vor allem symbolische Bedeutung. Sie soll ein sichtbares Zeichen für die Anerkennung ehrenamtlichen Engagements auch im Erwachsenenbereich sein. I. d. R. genügt bei Erreichen des jeweiligen Mindestalters der Nachweis der ehrenamtlichen Tätigkeit, die schon über einige Jahre stattfindet. Diese landesweiten und regionalen Bestrebungen haben die Wertschätzung des bürgerschaftlichen Engagements zum Ziel. Teilweise erhalten auch die Inhaber dieser Karten Vergünstigungen.

3.2 Bildungszeit

Arbeitnehmer/Arbeitnehmerinnen haben in allen Bundesländern bis auf Bayern und Sachsen die Möglichkeit, unter bestimmten Voraussetzungen „Bildungsurlaub" bzw. „Bildungsfreistellung" oder „Bildungszeit" von fünf bis zehn Tagen zu erhalten. In einigen Bundesländern beschränkt sich diese Weiterbildungsmöglichkeit auf den beruflichen und politischen Bereich. Immerhin gibt es auch in den Bundesländern mit diesen Einschränkungen Bestrebungen, die Bildungszeit nicht nur für eine berufliche Weiterbildung, sondern auch für eine Weiterbildung im Rahmen des ehrenamtlichen Engagements einzuführen. Auf Bundesebene findet man alle Angebote der Weiterbildung im „InfoWeb Weiterbildung" (www.iwwb.de – Linkzugriff im März 2018), einer Suchmaschine des Deutschen Bildungsservers für Weiterbildungen. Vgl. auch „Sonderurlaub" in Kapitel A 2.2.11.

3.3 Qualifizierungs- und Kompetenznachweis

Die Mitarbeitenden in der Kinder- und Jugendarbeit besuchen i. d. R. verschiedene Fortbildungs- und Qualifizierungsangebote, sammeln praktische Erfahrungen in der Gruppenarbeit sowie auf Freizeiten usw. Mit diesen Kompetenzen und Qualifikationen sollen sich die Ehrenamtlichen bei Bewerbungen und im beruflichen Werdegang nicht zurückhalten, sondern sie entsprechend einbringen. Es gibt verschiedene Standards, die sich in den Bundesländern und in Jugendverbänden entwickelt haben. Beispielhaft sei der Qualipass in Baden-Württemberg genannt, das Zeugnisbeiblatt für Schüler in Nordrhein-Westfalen oder der Nachweisgenerator der Arbeitsgemeinschaft der Evangelischen Jugend in Deutschland e. V. (aej).

Nachweise und weiterführende Praxistipps
- Qualipass Baden-Württemberg: www.qualipass.info (Linkzugriff im März 2018)
- Zeugnisbeiblatt für Schüler, Beispiel Bayern: www.km.bayern.de/download/11124_stmbw_zeugnis_beiblatt_ehrenamt_web2_ausfuellbar.pdf (Linkzugriff im März 2018)
- Nachweisgenerator der aej: www.nachweisgenerator.de (Linkzugriff im März 2018)
- Überblick über die ehrenamtsfördernden Maßnahmen der Bundesländer: www.buergergesellschaft.de/mitgestalten/foerderung-von-engagement-ehrenamt/bundeslaender (Linkzugriff im März 2018)

4 KINDER- UND JUGEND-ARBEIT UND FINANZEN

Beim Thema Finanzen wirft dieses Buch den Blick auf die einzelne Gruppe. Das Thema Buchhaltung und Finanzen im Verein, im Verband oder in der Kirchengemeinde kann aufgrund seiner Komplexität nur angerissen werden.

4.1 Gruppenkasse

Die zuständigen Mitarbeitenden müssen über die ordnungsgemäße Verwendung der Geldmittel der Gruppe Rechenschaft ablegen können (siehe Kapitel A 2.1.1). Durch das Aufschreiben der Einnahmen und Ausgaben kann die Gruppe nachweisen, wie ihre Geldmittel verwendet wurden. Eine kaufmännische Buchführung kann nicht verlangt werden. Dennoch muss die Buchführung so gestaltet werden, dass sie einem sachverständigen Dritten innerhalb angemessener Zeit einen Überblick über die Geschäftsvorfälle und über die Vermögenslage der Gruppe vermitteln kann. Die Geschäftsvorfälle müssen sich in ihrer Entstehung und Abwicklung verfolgen lassen (z. B. Nachprüfung eines Sachverhalts vom Beleg über die Verbuchung auf dem Konto bis zum Rechnungsabschluss oder umgekehrt). Die Buchungen und die erforderlichen Aufzeichnungen sind vollständig, richtig, zeitnah und geordnet vorzunehmen.

Die Aufzeichnung der Ein- und Ausgaben der Gruppe kann anhand eines vorgedruckten Kassenbuches oder auch digitalisiert mit einem Tabellenprogramm oder einem speziellen Buchungsprogramm vorgenommen werden. Online werden viele einfache Lösungen angeboten, die auch für die Finanzverwaltung einer Kinder-/Jugendgruppe geeignet sind.

Die Quittungen, Belege und Rechnungen werden in einem Ordner gesammelt. Kleine Belege werden auf einem A5-Bogen aufgeklebt. Die Belege werden durchnummeriert und diese Nummern werden auch bei der Buchung als Belegnummer übertragen. Kasseneinnahmen und Kassenausgaben sollen immer zeitnah im Kassenbuch festgehalten werden. Eine Buchung oder eine Aufzeichnung darf nicht in der Weise verändert werden, dass der ursprüngliche Inhalt nicht mehr feststellbar ist.

Die Aufbewahrungsfrist für Belege dauert i. d. R. zehn Jahre und beginnt mit dem Schluss des Kalenderjahres.

Den Mitarbeitenden und Teilnehmenden muss bewusst sein, dass eine Gruppenkasse immer eine Kasse des Vereins, des Jugendverbandes oder der Kirchengemeinde ist (wenn es sich nicht gerade um eine völlig autarke, private Gruppe handelt). Die gewählten Kassenprüfer müssen die Kassenunterlagen jährlich prüfen. Sind die Geldbestände sehr hoch, ist es ratsam, ein Konto bei einer Bank anzulegen.

4.1.1 Tipps zur Kassenführung

- Private Gelder oder Gelder aus fremden Kassen müssen absolut getrennt geführt und aufbewahrt werden.
- Für die Kassenführung ist (möglichst nur) eine verantwortliche Person zu benennen.
- In der Gruppenkasse (also z. B. in der Geldkassette) bewahrt man i. d. R. nur wenig Bargeld auf. Auch wenn eine Gruppenunternehmung durchgeführt wird, bei der größere Geldbeträge zusammenkommen, sollte wenig Bargeld dabei sein. Um auf Nummer sicher zu gehen, ist es ratsam, entweder mit der Bankkarte (idealerweise sollte die Organisation Kontoinhaber sein) oder mit Reiseschecks zu bezahlen. Nach Ende einer durchgeführten Maßnahme muss natürlich sorgfältig abgerechnet werden, nicht zuletzt, um einen finanziellen Nachweis zu führen und um die Einnahmen/Ausgaben auf einen Blick zu sehen.

4.2 Taschengeldverwaltung bei Freizeiten

Die Kinder und Jugendlichen haben bei Freizeiten meistens keine Möglichkeit, ihr Taschengeld oder ihre Wertsachen einzuschließen. Manche Organisationen übertragen daher bestimmten Mitarbeitenden die Aufgabe, das Taschengeld in einer Art „Freizeitbank" aufzubewahren. Für diese Freizeitbank sollten zwei Mitarbeitende verantwortlich sein, da durch das Vier-Augen-Prinzip weniger Fehler bei der Kassenverwaltung vorkommen. Außerdem erleichtert die geteilte Verantwortungslast die Tätigkeit. Denkbar ist auch eine Hand-in-Hand-Aufgabenteilung, indem z. B. eine Person Geld auszahlt oder entgegennimmt, während die andere Person die Geldbeträge ins Kassenbuch einträgt und das Konto führt. Ein weiterer Vorteil dieser Taschengeldverwaltung ist, dass beide Personen ggf. die Kinder oder Jugendlichen bei den Geldabhebungen beraten können. Selbstverständlich haben die Mitarbeitenden diese Taschengeldverwaltung getrennt von der Freizeitkasse zu führen.

Die Teilnehmenden zahlen ihr Taschengeld bei der Freizeitbank ein und können nach Bedarf über dieses Geld verfügen. Bewährt haben sich Öffnungszeiten am Morgen und am Abend (restliches Geld, das tagsüber nicht benötigt wurde, kann und sollte abends wieder eingezahlt werden). Jede Geldabhebung oder Einzahlung zeichnen die Teilnehmenden mit ihrer Unterschrift ab. Für alle Teilnehmenden sollte eine persönliche Taschengeldliste geführt werden, in die nach Abhebungen der jeweils aktuelle „Kontostand" eingetragen wird. Die Taschengeldliste kann auch mit der „Teilnehmendenkarte" (siehe Kapitel B 5.6) kombiniert werden.

Von der Aufbewahrung des Taschengelds in einem mit dem Namen des/der Teilneh-menden versehenen und verschlossenen Umschlag ist eher abzuraten. Die Verwal-tung ist umständlich, da nach jeder Entnahme der Briefumschlag wieder verschlossen werden muss oder ein neues Kuvert notwendig wird. Zwar können die Geldaus-zahlungen auch auf die Umschläge notiert werden; wenn ein Briefumschlag jedoch abhandenkommt, fehlt sowohl das Geld als auch die Information über den aktuellen Taschengeldbestand.

Der Veranstalter ist für die Aufbewahrung des Taschengelds und ggf. der Wertgegen-stände (z. B. Smartphone oder Geldbeutel) verantwortlich und haftet bei Verlust. Wenn über die Geldbeträge keine „Buchführung" vorliegt, ist der Haftungsbeweis und ggf. der Entlastungsbeweis gegenüber Forderungen von Geschädigten beson-ders schwierig. Es kann lediglich versucht werden, die Haftung dem Grunde nach zu widerlegen (indem man z. B. nachweist, alle notwendigen Sicherungsmaßnahmen umgesetzt zu haben), jedoch kann weder bewiesen noch widerlegt werden, wie viel Geld tatsächlich abhandengekommen ist.

Teilnehmende, die ihr Taschengeld komplett selbstständig verwalten wollen, sollten über das Risiko eines Diebstahls oder Abhandenkommens informiert werden und dar-über, dass ein Verlust vom Veranstalter i. d. R. nicht ersetzt wird. Die Sorgeberechtig-ten sollten über die jeweilige Taschengeldregelung informiert sein.

Wenn durch das Zusammenlegen des Taschengelds größere Geldbeträge zusammen-kommen, kann der Veranstalter hierfür eine eigene Versicherung abschließen. Versi-chert werden können Bargeld und geldwerte Gegenstände, die die Mitarbeitenden auf Freizeiten in Verwahrung nehmen. Teilweise wird Abhandenkommen auch durch Haftpflichtversicherungen gedeckt, diese greifen allerdings nur bei einem (Mit-)Ver-schulden des Veranstalters (siehe Kapitel A 6.2.5).

4.3 Sparbuch oder Bankkonto

Viele Gruppen haben ein eigenes Sparbuch oder Bankkonto. Sehr häufig sind diese Konten auf Privatpersonen ausgestellt, was aber vermieden werden sollte. Im un-günstigsten Fall könnte es nämlich sein, dass ein persönlich Verfügungsberechtigter das Sparbuch nicht mehr an die Gruppe herausgibt und diese nicht mehr über ihr Geld verfügen kann. Grundsätzlich sollte ein Bankkonto daher unter dem Namen der Organisation geführt werden. Wenn öffentliche Gelder in Anspruch genommen wer-den, ist das zwingend notwendig. Gegebenenfalls muss über die jeweilige Organisa-tion abgerechnet werden. Näheres ist mit den zuständigen Personen in der Organi-sation abzuklären.

5 FINANZIERUNG DER KINDER- UND JUGENDARBEIT

Die Finanzierung der Kinder- und Jugendarbeit kann sehr vielfältig gestaltet sein. Zum einen sind es Mitglieds- oder Gruppenbeiträge, Zuschüsse des Erwachsenenverbandes oder der Kirchengemeinde, zum anderen sind es Spenden, Gelder von Sponsoren und Einnahmen durch Veranstaltungen. Vielen Städten und Gemeinden liegt daran, ihre örtlichen Kinder- und Jugendgruppen, Vereine und Verbände finanziell zu unterstützen. Es lohnt sich, sich über diese Fördermöglichkeiten zu informieren. Zusammengefasst stehen folgende Finanzierungsquellen zur Verfügung:

- Gruppen- oder Teilnahmebeiträge sowie eigene Haushaltsmittel
- Zuschüsse kirchlicher Stellen (Kirchengemeinde oder Kirchenbezirk) oder kirchliche Jugendpläne
- Einnahmen aus eigenen Aktionen (Flohmarkt, Altpapiersammlung, Nachbarschaftshilfe usw.)
- Zuschüsse der Kommunalgemeinden und Landkreise (werden sehr häufig über die Stadt- und Kreisjugendringe ausbezahlt)
- Landeszuschüsse des jeweiligen Bundeslandes zur Förderung der Jugendarbeit (z. B. Landesjugendplan); nähere Informationen erteilen die Landesverbände oder Landesjugendringe
- Geldmittel aus dem Kinder- und Jugendplan des Bundes (KJP); der Bund fördert im Rahmen des KJP Projekte wie internationale Begegnungen im bundesdeutschen Rahmen; bei den Landes- und Bundesförderungen ist darauf zu achten, dass sich Förderungen i. d. R. gegenseitig ausschließen
- Zuschüsse der Europäischen Gemeinschaft; für die Kinder- und Jugendarbeit gibt es interessante Aktionsprogramme unter dem Titel „Jugend für Europa"
- Zuschüsse vom Deutsch-Französischen Jugendwerk (www.dfjw.org) und Deutsch-Polnischen Jugendwerk (www.dpjw.org) sowie von der Fachstelle für Internationale Jugendarbeit der Bundesrepublik Deutschland e. V. (www.ijab.de)
- Spenden; gemeinnützig anerkannte Vereine, Jugendverbände und Kirchengemeinden können Spendenbescheinigungen (Zuwendungsbestätigungen) ausstellen; bei der Ausstellung einer Spendenbescheinigung für eine Sachspende ist darauf zu achten, dass der Wert der Sachspende aus einem Schriftstück (Rechnung, Brief o. Ä.) ersichtlich ist; sämtliche Spenden (Geld- und Sachspenden) sind ordnungsgemäß zu buchen; Spender genießen Vertrauensschutz, deshalb haftet die ausstellende Person mit 30 v. H. des Spendenbetrags (§ 10b Abs. 4 EStG) bei folgenden Fehlern persönlich: vorsätzlich oder grob fahrlässig falsch ausgestellte Zuwendungsbestätigung und falsche Verwendung der gespendeten Mittel

- Förderung durch Stiftungen; es gibt Stiftungen, die Antragsteller aus dem ganzen Bundesgebiet fördern oder nur regionale Organisationen unterstützen; der Förderzweck der Stiftungen ist sehr unterschiedlich, deshalb muss entsprechend recherchiert werden
- Sponsoring; darunter wird die Gewährung von Geld oder geldwerten Vorteilen verstanden; der Empfänger dieser Leistungen erhofft sich vom Sponsor, die Aufgaben und Ziele des Vereins usw. besser erfüllen zu können; der Geber dieser Leistungen (Sponsor) verfolgt durch seine Unterstützung eigene Ziele, indem er durch sie Werbung (Imagebildung, Umsatzsteigerung usw.) betreibt; Sponsoringleistungen können vielfältig gestaltet sein, z. B. Werbung in der Vereinszeitung, im Internet, mit Bandenwerbung; nicht alle Leistungen sind steuerfrei: Werbeeinnahmen (Anzeigenwerbung, Bandenwerbung oder Trikotwerbung) sind steuerpflichtig (Steuersatz 19%) und gehören im Vereinsrecht zum wirtschaftlichen Geschäftsbetrieb; bei der Nutzung von Logos oder Verpachtung von Werberechten (sog. Duldungsleistungen) wird der ermäßigte Steuersatz von 7% berechnet; Geld- und Sachleistungen sind dagegen steuerfrei
- Fundraising; *„Fundraising ist die systematische Analyse, Planung, Durchführung und Kontrolle sämtlicher Aktivitäten einer steuerbegünstigten Organisation, welche darauf abzielen, alle benötigten Ressourcen (Geld-, Sach- und Dienstleistungen) durch eine konsequente Ausrichtung an den Bedürfnissen der Ressourcenbereitsteller (Privatpersonen, Unternehmen, Stiftungen, öffentliche Institutionen) zu möglichst geringen Kosten zu beschaffen"*[5]; möchte eine Organisation einen Schwerpunkt auf Fundraising setzen, muss hierfür eine qualifizierte Person angestellt oder eine ehrenamtliche Person gewonnen werden, die sich speziell für diese Aufgabe fortbildet; je nach Größe einer Organisation benötigt man entsprechende Soft- und Hardware

Nachweise und weiterführende Praxistipps
- Knublauch, B. / Krohmer, J. / Müller, I. / Otterbach, F. Ludwig (Hg.): Der Freizeitplaner. Freizeiten einfach gut planen, durchführen, nacharbeiten, buch+musik, Stuttgart 2014
- Informationen für die evangelische Jugendarbeit: www.evangelische-jugend.de/foerderung (Linkzugriff im März 2018)
- Informationen für die katholische Jugendarbeit: www.jugendhaus-duesseldorf.de/unser-angebot/jugendfoerderung/foerderungsabteilung (Linkzugriff im März 2018)
- BDKJ-Landesverband Oldenburg: www.jugendserver-niedersachsen.de/fileadmin/downloads/organisation/Kassenfuehrung_bdkj.pdf (Link-zugriff im März 2018)
- Förderung europäischer Jugendprojekte: www.jugendfuereuropa.de (Linkzugriff im März 2018)
- Liste von Stiftungen: www.stiftungen.org/verband/was-wir-tun/forschung-daten-und-wissen/stiftungssuche.html (Linkzugriff im März 2018)
- Beispiele für Sponsoringleistungen: www.stifter-helfen.de (Linkzugriff im März 2018)

5 Urselmann, Michael: Fundraising. Professionelle Mittelbeschaffung für steuerbegünstigte Organisationen, Springer/Gabler, Wiesbaden ⁶2014, 1

6 VERSICHERUNGEN

Die Arbeit mit Kindern und Jugendlichen ist rechtlich (und manchmal auch faktisch) riskant. Nicht nur für den organisierten Träger und seine Hauptamtlichen, sondern in bestimmten Fällen auch für die Ehrenamtlichen, insbesondere für Mitarbeitende, die Kinder- und Jugendgruppen leiten.

Nun ist im Rahmen dieser Arbeit immer wieder die bedenkliche Pauschalmeinung zu hören, dass alle Mitarbeitenden und Teilnehmenden (sei es nun in Verein oder Kirche) umfassend versichert sind, solange ein Schaden im Zusammenhang mit dieser Arbeit entsteht. Das ist jedoch quasi nie der Fall: Die Organisationen bemühen sich zwar meist, für ihre Mitarbeitenden und Teilnehmenden entsprechende Versicherungen abzuschließen, aber ein vollständiger, lückenloser Versicherungsschutz ist zum einen praktisch nicht machbar, zum anderen finanziell nicht leistbar. Dazu kommt, dass zwar viele Schadenssachverhalte dem Grunde nach von einer abgeschlossenen Versicherung erfasst sind, aber im Einzelfall dennoch nicht reguliert werden, da z. B. ein bestimmtes gesetzliches oder vertragliches Tatbestandsmerkmal nicht vorliegt (weil z. B. der Unfallbegriff nicht erfüllt ist, vgl. Kapitel A 6.1.1.1 und A 6.1.2.2, oder kein Verschulden vorliegt, vgl. Kapitel A 6.2.1). Es soll auch Organisationen geben, die überhaupt keine Versicherung für die Kinder- und Jugendarbeit abgeschlossen haben. Es ist deshalb wichtig, dass sich Mitarbeitende über ihren Versicherungsschutz beim Träger informieren. Die Organisationen sollten ihren Mitarbeitenden übersichtliche Information über ihren Versicherungsschutz zur Verfügung stellen.

6.1 Unfallversicherungen

Der Begriff der Unfallversicherung darf weder auf den Verkehrsunfall reduziert noch im Sinne einer umfassenden Versicherung zur Regulierung sämtlicher Unfallschäden erweitert werden. Unter den Begriff der Unfallversicherung werden gemeinhin zwei Versicherungsarten subsumiert:

- die gesetzliche Unfallversicherung (Berufsgenossenschaft)
- die private Unfallversicherung

Beide Versicherungsarten sind in ihren Versicherungsleistungen sehr unterschiedlich und haben verschiedene gesetzliche Grundlagen.

6.1.1 Gesetzliche Unfallversicherung (Berufsgenossenschaft)

Die gesetzliche Unfallversicherung hat ungefähr die Funktion einer Unternehmer-Haftpflichtversicherung, da durch sie Ansprüche des Arbeitnehmers / der Arbeitnehmerin wegen betriebsbedingter Personenschäden vom Arbeitgeber auf die Berufsgenossenschaften (BG) abgewälzt werden. So muss ein Unternehmen als Mitglied einer BG keine Schadensersatzansprüche von Arbeitnehmern wegen Arbeitsunfällen und Betriebskrankheiten fürchten, was sowohl Arbeitgebern als auch Arbeitnehmern/Arbeitnehmerinnen Rechtssicherheit bietet.

6.1.1.1 Ein Unfall in der gesetzlichen Unfallversicherung

Die gesetzliche Unfallversicherung versteht Unfälle als *„zeitlich begrenzte, von außen auf den Körper einwirkende Ereignisse, die zu einem Gesundheitsschaden oder zum Tod führen"* (§ 8 Abs. 1 SGB VII). Dieser Unfallbegriff bezieht sich auf Arbeitsunfälle und ist weiter als bei der privaten Unfallversicherung (vgl. Kapitel A 6.1.2.2). Die gesetzliche Unfallversicherung erfasst auch Unfälle auf

- direkten Wegen von und zur Arbeitsstätte,
- Abweichungen vom direkten Weg zum Anvertrauen von im gemeinsamen Haushalt lebenden Kindern,
- Abweichungen vom direkten Weg beim Bilden einer Fahrgemeinschaft (§ 8 Abs. 2 SGB VII)

sowie Berufskrankheiten.

6.1.1.2 Unternehmer als Versicherungsnehmer

Jedes Unternehmen (also auch jeder Verein, Förderverein, Jugendverband, jede Kirchengemeinde usw.) – im Folgenden Organisation genannt – ist Mitglied der fachlich jeweils zuständigen BG – so sehen es die §§ 121 ff. SGB VII vor. Daraus ergibt sich die Notwendigkeit, dass sich jede neu beginnende Organisation bei einer BG anmeldet (§ 192 Abs. 1 SGB VII). Die gemeldeten Beschäftigten werden je nach Tätigkeit einer Gefahrenklasse zugeteilt; diese ist Grundlage des Versicherungsbeitrages, den die Organisation an die BG zu zahlen hat. Neben dieser Mitteilung an die BG, hat eine Organisation die Pflicht, neu eingestellte Arbeitnehmer/Arbeitnehmerinnen innerhalb von zwei Wochen nach Aufnahme der Beschäftigung an den Träger der gesetzlichen Krankenversicherung (GKV) zu melden (gemäß § 28a SGB IV). Selbst wenn der Arbeitnehmer / die Arbeitnehmerin nicht bei der gesetzlichen, sondern bei einer privaten Krankenversicherung (PKV) versichert sein sollte, muss die Meldung an eine (und zwar die hypothetisch zuständige) GKV erfolgen.

Viele Organisationen wissen nicht, welcher BG sie zugeordnet sind; die Zuordnung erscheint oft willkürlich oder zumindest nicht ohne Weiteres nachvollziehbar. Wer hier Gewissheit haben will, kann kostenfrei die Hotline des Spitzenverbands der Deutschen Gesetzlichen Unfallversicherung (DGUV) anrufen (Telefon 0800 6050404, E-Mail info@dguv.de).

6.1.1.3 Versicherte Personen und Tätigkeiten

Der gesetzliche Unfallversicherungsschutz besteht automatisch (aufgrund geltenden Gesetzes) für jede Person, die in einem Arbeits-, Ausbildungs-, Dienst- oder Lehrverhältnis steht.

Da Hauptamtliche aufgrund ihres Anstellungsverhältnisses bei der BG versichert sind, ist im Folgenden der Fokus auf die Ehrenamtlichen gerichtet, bei denen wie folgt unterschieden wird:

Ehrenamtliche in öffentlichen Einrichtungen

Ehrenamtliche in öffentlichen, insbesondere kommunalen Einrichtungen (Bund, Länder, Gemeinden, Stiftungen und Anstalten) sowie in deren Verbänden oder Arbeitsgemeinschaften sind gesetzlich unfallversichert (§ 2 Abs. 1 Nr. 10a SGB VII).

Kirchen werden von dieser Norm nicht primär erfasst, obwohl sie Körperschaften des öffentlichen Rechts sind, da für sie speziell Nr. 10b des § 2 Abs. 1 greift:

Ehrenamtliche im kirchlichen Bereich

Ehrenamtliche im kirchlichen Bereich sind im Rahmen ihrer Tätigkeit für eine „öffentlich-rechtliche Religionsgemeinschaft" oder „deren Einrichtungen" (z. B. Jugendwerke, Diakoniestationen, kirchliche Kindergärten und Schulen) gesetzlich unfallversichert (§ 2 Abs. 1 Nr. 10b SGB VII). Auch spontan Mitarbeitende, die kurzfristig ehrenamtlich tätig werden, fallen unter den Schutz der BG.

Wichtig ist bei kirchlichen Ehrenamtlichen wie bei öffentlich-rechtlich Engagierten, dass tatsächlich ein Auftrag seitens der Kirchengemeinde bzw. ihrer Einrichtung vorliegt. Auch wenn dies nach aller Erfahrung unüblich ist, so müsste doch aus juristischer Sicht in möglichst allen relevanten Bereichen ehrenamtlicher Tätigkeit ein ausdrücklicher, aus Beweisgründen am besten schriftlicher Auftrag der Verantwortlichen für das konkrete ehrenamtliche Engagement erteilt werden. Ehrenamtliche in diesen Bereichen sollten die Gewissheit haben, dass ihre Gemeinde im Schadensfall hinter ihnen steht und nicht überraschend auf die Meldung verzichten wird.

Kommunen mit Kooperationspartnern

Ehrenamtliche, die sich im Auftrag oder mit Zustimmung von Gebietskörperschaften (insbesondere Kommunen) in Vereinen oder Verbänden ehrenamtlich engagieren, sind ebenfalls versichert (§ 2 Abs. 1 Nr. 10a SGB VII). Dies sind die Fälle, in denen die Kommune ein Interesse daran hat, dass sich privatrechtliche Vereinigungen (Sportverein, Pfadfinder, EC, CVJM, Katholische Jugend usw.) für die Kommune engagieren, z. B. bei der Mithilfe auf dem Weihnachtsmarkt, bei einer Waldputzaktion oder einer Sportveranstaltung.

Ehrenamtliche in Vereinen und Jugendverbänden

Der § 2 Abs. 1 Nr. 10b SGB VII erfasst auch ehrenamtlich Tätige in Vereinen, solange sie bei der fraglichen Tätigkeit keine mitgliedschaftliche Verpflichtung umsetzen. Mitgliederpflichten ergeben sich aus der Satzung, aus Beschlüssen von Vereinsorganen und aus allgemeiner Vereinsübung. Das Landessozialgericht Hessen führt hierzu aus: *„Zu den auf allgemeiner Vereinsübung beruhenden Mitgliedspflichten zählen nach der ständigen Rechtsprechung des BSG [Bundessozialgericht] die allgemeinen Tätigkeiten, die ein Verein von jedem seiner Mitglieder erwarten kann und die von den Mitgliedern dieser Erwartung entsprechend auch verrichtet werden. [...] Der Maßstab für die allgemeine Vereinsübung ist nicht notwendig für alle Mitglieder gleich. Hebt der Verein bestimmte Personen dadurch aus dem Kreis seiner Mitglieder heraus, dass er ihnen ehrenamtliche Vereinsfunktionen überträgt, treffen die Funktionäre auch qualitativ und quantitativ andere Mitgliedspflichten als ‚einfache Vereinsmitglieder'"* (Urteil vom 30.4.2013, Az. L 3 U 231/10). Hierunter fallen Vereinsämter wie Ausschussvorsitzende, Hausmeister, Kassenwarte, Materialwarte, Projektbeauftragte, Sportwarte, Vorstände usw. (sofern diese satzungsgemäß einem Mitglied übertragen wird), aber auch die Teilnahme an der Mitgliederversammlung oder ggf. die Mithilfe z. B. bei Ausflügen, Festen, beim Zeltaufbau oder bei der Instandhaltung des Vereinsheimes, sofern sich dies aus einem Vereinsbeschluss o. Ä. als „Pflicht" ergibt. Diese „gewählten oder beauftragten" Ehrenamtlichen können allerdings, wenn es sich um einen gemeinnützigen Verein handelt, auf Antrag freiwillig gesetzlich versichert werden (§§ 3 und 6 SGB VII). Der Jahresbeitrag ist sehr gering. Entweder versichern sich die Ehrenamtlichen selbst oder der Verein versichert alle Personen, die laut Satzung entsprechende Ämter oder Aufgaben wahrnehmen. Alle übrigen Ehrenamtlichen im Verein sind jedoch automatisch versichert. Das gilt gemäß § 2 Abs. 2 SGB VII auch, wenn Vereinsmitglieder bei einer Tätigkeit für den Verein „wie ein Beschäftigter" tätig werden („Wie-Beschäftigte").

Haben privatrechtliche Organisationen wie ein Verein eine Vereinbarung mit einer öffentlich-rechtlichen Religionsgemeinschaft, z. B. ein CVJM mit einer Kirchengemeinde, dann sind alle Ehrenamtlichen, die im Rahmen dieser Vereinbarung mitarbeiten, bei der BG versichert. Bei einem Berufsunfall muss dann die Unfallmeldung über die Vertragspartnerin, z. B. Kirchengemeinde, vorgenommen werden und nicht über den Beauftragten, z. B. den Verein.

Ehrenamtliche in der Wohlfahrtspflege
Auch die unentgeltlich im Gesundheitswesen oder in der Wohlfahrtspflege tätigen Personen sind versichert (§ 2 Abs. 1 Nr. 9 SGB VII). Zu den bekanntesten Wohlfahrtsverbänden gehört neben der Arbeiterwohlfahrt, dem Caritasverband und dem Diakonischen Werk das Deutsche Rote Kreuz.

Unentgeltliche Spontanhelfer in Rettungsunternehmen und Nothelfer
Auch Spontanhelfer, die von Unternehmen zur Hilfe bei Unglücksfällen oder im Zivilschutz (DRK, Freiwillige Feuerwehr usw.) um Unterstützung gebeten werden, sind versichert (§ 2 Abs. 1 Nr. 12 SGB VII). Für sog. Nothelfer (Menschen, die bei Unglücksfällen, allgemeiner Gefahr oder Not Hilfe leisten oder einen anderen aus erheblicher gegenwärtiger Gefahr für seine Gesundheit retten) greift über § 2 Abs. 1 Nr. 13 SGB VII die gesetzliche Versicherung.

Arbeitnehmerähnliche Beschäftigte in Kirche und Wohlfahrtspflege – „Wie-Beschäftigte"

Mitarbeitende, die sich unentgeltlich (z. B. bei bei Garten- oder Büroarbeiten) „wie" Hauptamtliche engagieren (§ 2 Abs. 2 S. 1 SGB VII), sind ebenfalls kostenfrei versichert. Man spricht auch von den „Wie-Beschäftigten", wenn diese ehrenamtliche Tätigkeit über das bloße Erfüllen von Mitgliederpflichten hinausgeht und es sich um Tätigkeiten handelt, die üblicherweise in einem Beschäftigungsverhältnis ausgeübt werden. Sie müssten von der Organisation ansonsten regulär über den freien Markt beschafft und dann in einem echten Beschäftigungsverhältnis ausgeübt werden. Im Unterschied zu „normalen" Ehrenamtlichen sind die „Wie-Beschäftigten" aber an Weisungen gebunden, es sind also keine Gefälligkeitsleistungen. Allerdings darf es sich hierbei nicht um Vereinsmitglieder handeln, die nur Verpflichtungen erfüllen, die sie ohnehin aufgrund der Vereinssatzung oder aufgrund von wirksamen Vorstandsbeschlüssen ausüben müssten (vgl. oben).

Bauhelfer

Die gesetzliche Unfallversicherung greift nur bei Bauhelfern, die als „Wie-Beschäftigte" oder als Mini-Jobber tätig werden. Der Bauherr muss sie innerhalb einer Woche nach Baubeginn bei der Bau-Berufsgenossenschaft (BG BAU) anmelden (§ 192 SGB VII). Nicht gesetzlich versichert dagegen sind reine Gefälligkeiten, wenn Freunde oder Verwandte „kurz mit anpacken", ohne längere Zeit „arbeitnehmerähnlich" auf dem Bau tätig zu sein. Die Abgrenzung kann zugegebenermaßen schwierig sein. Zuletzt sind auch unternehmerähnliche Personen auf dem Bau nicht gesetzlich versichert, wenn z. B. der Vater der Bauherrin als Elektrikermeister selbstständig die komplette elektrische Installation organisiert und umsetzt.

„Einfache" Mitglieder, Teilnehmende, Gäste und Besucher

Da die gesetzliche Unfallversicherung ihrem Wesen nach auf ein Arbeits- o. ä. Rechtsverhältnis hin konzipiert ist, sind bloße Teilnehmende und Gäste einer (Kinder-/Jugend-)Veranstaltung in diesem Rahmen leider nicht versichert, auch nicht, wenn sie Vereinsmitglieder sind (Ausnahme: ehrenamtliche Tätigkeit ohne mitgliedschaftliche Verpflichtung, s. o.).

Honorarkräfte

Auch Honorarkräfte, die auf Basis eines Honorarvertrages (und nicht auf der eines Arbeitsvertrages) arbeiten, also letztlich selbstständig sind, werden von der gesetzlichen Unfallversicherung nicht erfasst.

Geltungsbereich im Ausland

Das SGB VII gilt wie alle Normen des Sozialrechts nur auf dem Gebiet der Bundesrepublik Deutschland (jedoch unabhängig von der persönlichen Staatsangehörigkeit). Eine Ausnahme entsteht durch die sog. „Ausstrahlungswirkung" des inländischen Beschäftigungsverhältnisses bei Entsendung ins Ausland, „... *wenn die Entsendung infolge der Eigenart der Beschäftigung oder vertraglich im Voraus zeitlich begrenzt ist*" (§ 4 Abs. 1 SGB IV). Diese Ausstrahlungswirkung greift bei hauptamtlich und bei ehrenamtlich Tätigen nur, wenn sie bereits im Inland im selben Bereich tätig waren oder vor der Auslandstätigkeit feststand, dass sie im Inland weiter ausgeübt werden soll (Urteil des Landessozialgerichts Hessen vom 20.9.2011, Az. L 3 U 170/07). Wird aber nun eine Person, die nicht davor schon bei ähnlichen Aktionen im Inland tätig war, speziell für die Tätigkeit im Ausland angeworben (z. B. als Mitarbeiter/Mitarbeiterin bei einer Auslandsfreizeit), so fällt sie leider nicht unter den Schutz der gesetzlichen Unfallversicherung.

6.1.1.4 Aufgaben der Berufsgenossenschaften

Die Aufgaben der gesetzlichen Unfallversicherung gehen gemäß § 1 SGB VII deutlich über die der gesetzlichen Krankenkassen hinaus, die allerdings bei Arbeitsunfällen und Berufskrankheiten laut § 11 Abs. 5 SGB V ohnehin nicht zuständig sind.

Leistungen der gesetzlichen Unfallversicherung

Nach einem Arbeits- oder Wegeunfall sowie aufgrund einer Berufskrankheit (§ 7 SGB VII) werden die Behandlungs-, Pflege- und Rehabilitationskosten (auch Umschulung, Wohnungshilfe usw.) übernommen. Von praktischer Bedeutung in der Kinder- und Jugendarbeit ist z. B. auch die Kostenübernahme für medizinisch notwendige Brillenreparaturen oder Brillenersatz von Mitarbeitenden, deren Brille bei ihrer Tätigkeit zu Bruch ging – was nicht selten vorkommt. Weitere Leistungen sind der Verdienstausfall (sog. Verletztengeld, §§ 45 ff. SGB VII) und die Verletztenrente bei bleibenden Gesundheitsschäden (§§ 56 ff. SGB VII). Beim Tod des Versicherten zahlt die BG Hinterbliebenenrente, Überführungskosten, Sterbegeld usw.

Arbeitsunfälle

Arbeitsunfälle sind nach der Definition des § 8 Abs. 1 SGB VII zeitlich begrenzte, *„von außen auf den Körper einwirkende Ereignisse"*, die mit einer versicherten (also auch ehrenamtlichen) Tätigkeit in ursächlichem Zusammenhang stehen und zu einem Gesundheitsschaden oder dem Tod führen. Auch wenn Mitarbeitende Kolleginnen/ Kollegen im Rahmen betrieblicher Tätigkeiten fahrlässig Verletzungen zufügen, sind dies Arbeitsunfälle (siehe Kapitel A 2.1.2). Die Mitarbeitenden können sich nicht gegenseitig schadensersatzpflichtig machen (Ausnahme bei Vorsatz und Wegeunfällen).

Wegeunfälle

Es gibt verschiedene Fallgruppen von Wegeunfällen (§ 8 Abs. 2 Nr. 1-4 SGB VII); die wichtigsten sind Unfälle auf dem unmittelbaren Weg zu und von dem Ort der versicherten Tätigkeit (Nr. 1; vgl. Kapitel A 6.2.5).

Berufskrankheiten

Etwas kurios klingt die Definition von Berufskrankheiten (§ 9 Abs. 1 S. 1-2, Abs. 3 SGB VII). Demnach sind das solche Krankheiten, die die Bundesregierung (mit Zustimmung des Bundesrates) durch Rechtsverordnung als Berufskrankheiten bezeichnet. Grundlage dieser Entscheidungen sind Empfehlungen des Ärztlichen Sachverständigenbeirats „Berufskrankheiten" auf Grundlage medizinisch-wissenschaftlicher Erkenntnisse.

6.1.1.5 Meldepflicht nach Schadenseintritt

Eine Organisation muss einen Arbeits- oder Wegeunfall melden, wenn eine in der gesetzlichen Unfallversicherung versicherte Person durch einen Unfall getötet oder so verletzt wird, dass sie mehr als drei Tage arbeitsunfähig ist.

6.1.2 Zusätzliche private Unfallversicherung der Organisation

Die Möglichkeit, für die Mitarbeitenden und Teilnehmenden eine private Unfallversicherung abzuschließen, ist eine freiwillige Ergänzung der Organisationen zur gesetzlichen Unfallversicherung. Diese private Unfallversicherung ist keineswegs überflüssig, da die Höchstbeträge der gesetzlichen Unfallversicherung im Schadensfall erreicht sein können. Im Invaliditätsfall (unfallbedingte dauerhafte Beeinträchtigung der körperlichen oder geistigen Leistungsfähigkeit) zahlt die gesetzliche Unfallversicherung erst ab einer Erwerbsfähigkeitsminderung von zwanzig Prozent eine Rente (vgl. § 56 Abs. 1 S. 1 SGB VII), während private Unfallversicherungen schon bei geringsten (feststellbaren) Invaliditätsgraden leisten, und das zusätzlich zur Leistung der gesetzlichen Unfallversicherung, denn Unfallversicherungen sind Summenversicherungen; bei Bestehen mehrerer Unfallversicherungen können theoretisch die Leistungen sämtlicher „summierter" Versicherungen ausgeschöpft werden. Da die gesetzliche Unfallversicherung nicht bei allen im Ausland ehrenamtlich Tätigen leistet (vgl. Kapitel A 6.1.5) und viele Auslandsfreizeiten von Ehrenamtlichen betreut werden, empfiehlt sich auch aus diesem Grund der Abschluss einer privaten Unfallversicherung.

Beispiel 1: Skifreizeit im Ausland. Ein Mitarbeiter ist als Skilehrer tätig. Im Rahmen seines Unterrichtes stürzt er und erleidet einen Beinbruch. Er ist über die BG versichert.

Beispiel 2: Skifreizeit im Ausland. In seiner freien Zeit geht derselbe Mitarbeiter zum Souvenirkauf und stürzt auf dem Gehweg. Sein Beinbruch ist nicht über die BG versichert – hier würde jedoch eine private Unfallversicherung greifen.

6.1.2.1 Versicherter Personenkreis in der privaten Unfallversicherung

Wer zum versicherten Personenkreis gehört, wird im jeweiligen Versicherungsvertrag individuell vereinbart. In diesen Vertrag werden die Allgemeinen Unfallversicherungsbedingungen (AUB) einbezogen, die die Versicherungsleistungen und -regelungen detailliert benennen.

Normalerweise gehören alle Teilnehmenden zum Versichertenkreis und oft auch die Mitarbeitenden. Für letztere ist aber meist vereinbart, dass die BGs vorleistungspflichtig sind. Die landeskirchlichen Unfallversicherungsverträge versichern i. d. R. die Personen, die an kirchlichen Veranstaltungen teilnehmen sowie die, die sich im räumlichen Bereich der Kirchen bzw. ihrer mitversicherten Einrichtungen aufhalten.

6.1.2.2 Ein Unfall in der privaten Unfallversicherung

Der Unfallbegriff ist in der privaten Unfallversicherung enger gefasst als in der gesetzlichen. Demnach liegt ein Unfall vor *„... wenn die versicherte Person durch ein plötzlich von außen auf ihren Körper wirkendes Ereignis unfreiwillig eine Gesundheitsbeschädigung erleidet ..."* (gleichlautend in § 178 Abs. 2 S. 1 VVG und Nr. 1.3 AUB 2015). Als Unfall gilt auch, wenn sich die versicherte Person durch eine erhöhte Kraftanstrengung ein Gelenk an Gliedmaßen oder der Wirbelsäule verrenkt oder Muskeln, Sehnen, Bänder oder Kapseln an Gliedmaßen oder der Wirbelsäule zerrt oder zerreißt (Nr. 1.4 AUB).

Merkmale eines Unfalls

Das erste relevante Merkmal ist „plötzlich". Somit sind z. B. Erfrierungen kein Unfallereignis. Des Weiteren muss eine Einwirkung „von außen" stattfinden. Daher ist z. B. ein Zusammenbruch wegen Überanstrengung oder auch eine Lebensmittelvergiftung kein Unfall (das verdorbene Lebensmittel entfaltet seine fatale Wirkung erst im Inneren des Körpers). Außerdem muss es zu einer „unfreiwilligen Gesundheitsbeschädigung" kommen. Wer sich also selbst absichtlich verletzt oder gar tötet / töten will, erleidet auch keinen Unfall, selbst wenn er ein plötzlich von außen auf den Körper einwirkendes Ereignis provoziert. Zuletzt muss das Ereignis direkt „auf den Körper" einwirken, nicht erst über den Umweg z. B. der Psyche. Bricht jemand aufgrund einer schlimmen Botschaft zusammen, so ist auch dies noch kein Unfall. U. U. können allenfalls Verletzungen, die beim Auftreffen auf den Boden entstehen, als Unfall zu werten sein – dann darf aber keine Bewusstseinsstörung vorangehen, sondern es muss eine rein körperlich-motorische Schwäche sein, die zum Sturz führt.

Ausschlüsse von der Unfallversicherung

Diese eben genannte Bewusstseins- oder auch Geistesstörung als Unfallursache ist einer der wichtigsten Ausschlüsse (5.1.1 AUB). Er greift, wenn die Störung auf den Konsum von Medikamenten, Drogen oder Alkohol zurückzuführen ist. Wer also aufgrund einer Ohnmacht oder im Vollrausch stürzt und sich hierbei verletzt, erhält keine Leistungen von der privaten Unfallversicherung. Solche Ausschlüsse von der privaten Unfallversicherung können vorliegen, obwohl alle Merkmale des Unfallbegriffs gegeben sind. Die bei Freizeiten leider häufig vorkommenden Zeckenbisse oder Insektenstiche wurden früher nicht als Unfallereignisse anerkannt, mittlerweile gehen viele Unfallversicherer aber dazu über, FSME und Borreliose als Unfallfolge anzuerkennen.

6.1.2.3 Leistungen der privaten Unfallversicherung

Die konkret vereinbarten Leistungen und die Höhe der Versicherungssummen ergeben sich aus dem jeweiligen Versicherungsvertrag, den eine Organisation abschließt. Standardleistungen sind solche bei Invalidität (zum Begriff s. o.). Weiterhin können Kosten für Bergungen und kosmetische Operationen (bei Unfallentstellungen, also nicht Schönheitsoperationen ohne Unfallanlass) versichert sein. Man kann auch Todesfallleistungen vereinbaren, die dann den Hinterbliebenen zugutekommen. Häufig gehören auch die Zahlung von Krankentagegeld und Krankenhaustagegeld zu den Leistungen der Unfallversicherung. Krankentagegeld dient dem Ausgleich des Verlusts der Arbeitsfähigkeit, das Krankenhaustagegeld soll speziell die Mehrkosten ausgleichen, die durch einen stationären Krankenhausaufenthalt entstehen.

Nachweise und weiterführende Praxistipps
- Versicherungsbedingungen: www.gdv.de/downloads/versicherungsbedingungen (Linkzugriff im März 2018)

6.2 Haftpflichtversicherungen

Es herrscht allgemeine Einigkeit, dass die Haftpflichtversicherung sowohl für Privatpersonen als auch für Gruppen, Vereine oder Betriebe die wichtigste Versicherungssparte ist. Mit dem Haftpflicht-Versicherungsvertrag werden auch die Allgemeinen Versicherungsbedingungen für die Haftpflichtversicherung (AHB) mitvereinbart.

6.2.1 Allgemeines zur Haftung

Die Haftpflichtversicherung fragt nicht nur nach der Ursache eines Schadens, sondern auch nach der rechtlichen Bewertung der schadenverursachenden Handlung oder Situation. Wenn sich dabei ergibt, dass eine Person (ggf. in Vertretung einer Organisation) einer anderen schuldhaft und widerrechtlich einen Schaden an Leib, Leben, Freiheit, Eigentum oder sonstigen absoluten (gegenüber jedermann bestehenden) Rechten zugefügt hat, so muss sie diesen Schaden wiedergutmachen und darf dafür in juristische Verantwortung (in „Haftung") genommen werden – d. h. sie wird an die Wiedergutmachung gebunden, ihr verpflichtet. Hier setzt die Haftpflichtversicherung an: Sie darf zwar kein vorsätzliches deliktisches Verhalten (das mit Strafe bedroht ist) versichern und somit unterstützen, jedoch darf sie (und muss es meist auch) die Haftung für fahrlässige Schädigungen eines Dritten übernehmen.

6.2.1.1 Die gesetzliche Haftungsnorm (§ 823 BGB)

Wichtigste gesetzliche Haftungsnorm ist hierbei § 823 Abs. 1 BGB (siehe Kapitel B 3.2.1). Aus dieser Norm wird nicht nur deutlich, dass keine Haftungsgrenze der Höhe nach vorgesehen ist, sondern auch, dass das haftungsbegründende Handeln sowohl widerrechtlich als auch schuldhaft (vorsätzlich oder fahrlässig) erfolgen muss.

6.2.1.2 Vorsatz und Fahrlässigkeit

Vorsatz und Fahrlässigkeit sind zwei Formen des sog. Verschuldens; Verschulden ist kein objektiver Tatbestand, sondern eine (juristische, nicht moralische) Bewertung der schadenverursachenden Handlung. Um dieses Verschulden geht es bei der Haftung (und somit bei der Anzeige eines Haftpflichtschadens) ganz zentral: ohne Verschulden keine Haftung und ohne Haftung kein Schadensersatz.

Tut man sich schwer, nach einem Schaden sein Verschulden einzuräumen, obwohl man durchaus Interesse daran hat, dass die Haftpflichtversicherung den Schaden des Geschädigten reguliert, ist es gut zu wissen, dass auch die (deutlich harmloser klingende) „Fahrlässigkeit" genügt, um von einem Verschulden ausgehen zu können. Sofern eine Haftpflichtversicherung eingreifen soll, geht dies ohnehin nur bei Fahrlässigkeit; vorsätzliches Handeln schließt – je nachdem, auf was sich der Vorsatz bezieht – eine Leistungsverpflichtung der Haftpflichtversicherung aus (vgl. 7.1 AHB 2015). Unproblematisch ist in vielen Fällen noch der Vorsatz (das Wissen und Wollen) bezüglich der eigentlichen Handlung; diese kann als solche noch erlaubt sein und stört die Haftpflichtversicherung nicht. Erst wenn sich der Vorsatz auf den Eintritt des Schadens selbst bezieht, der als Folge der Tat gewollt ist, wird die Handlung zur „unerlaubten Handlung", zum „Delikt".

Beispiel: Bei einem Zeltlager hatten drei 15-jährige Jugendliche in einer programmfreien Phase Spaß daran, Steine ins Gebüsch des umgebenden Waldes zu werfen. Das war zwar höchst fahrlässig, konnte doch keiner wissen, ob sich hinter den Büschen Gegenstände oder gar Menschen befanden; solange die Jugendlichen jedoch kein Interesse daran hatten, irgendetwas oder irgendjemanden zu schädigen, wäre – wenn nun doch ein Motorrad hinter dem Busch geparkt war – die Haftpflichtversicherung vermutlich eingesprungen, wenn dieses anschließend Kratzer im Lack gehabt hätte. Auch dann, wenn die Jugendlichen zwar in Erwägung gezogen hätten, es „könnte" sich etwas hinter dem Busch befinden, aber „es wird schon gut gehen", läge noch ein Fall der sog. bewussten Fahrlässigkeit vor, den die Haftpflichtversicherung noch versichert. Selbst bei grober Fahrlässigkeit (wenn sie nicht mit einem Schaden gerechnet haben, obwohl sie wussten, dass hinter den Büschen ein Motorrad stand), hätte die Versicherung noch geleistet und je nach Schwere des Fahrlässigkeitsverschuldens (man kann auch sagen je nach Dummheit) die Leistung gekürzt. Etwas anderes wäre es gewesen, wenn den Jugendlichen der sog. „bedingte Vorsatz" vorzuwerfen gewesen wäre, sie also damit gerechnet hätten, dass sie mit ihren Steinen etwas Wertvolleres als Zweige beschädigen könnten, sich aber gesagt hätten „Und wenn schon ..." Hier müsste keine Versicherung leisten.

6.2.2 Allgemeines zur Haftpflichtversicherung

Zentrale Bedeutung bei der Schadensanzeige eines vermeintlichen oder tatsächlichen Haftpflichtschadens hat die Darstellung des Fahrlässigkeitsverschuldens (z. B. bei der Verletzung der Aufsichtspflicht). Fahrlässig handelt gemäß § 276 Abs. 2 BGB, wer die „im Verkehr erforderliche Sorgfalt außer Acht lässt". Mit „Verkehr" ist nicht nur der Rechts- und Geschäftsverkehr gemeint, sondern im umfassenden Sinn der Umgang von Menschen auf den verschiedensten gesellschaftlichen Ebenen miteinander.

6.2.3 Abgrenzung gesetzliche und vertragliche Haftung

Die Haftpflichtversicherung tritt grundsätzlich nur für die „gesetzliche Haftung" ein, also die Haftung aufgrund gesetzlicher Regelungen (hauptsächlich denen zum BGB-

Deliktsrecht, insbesondere § 823 BGB). Nicht Gegenstand eines Haftpflichtvertrages ist (von wenigen Ausnahmen abgesehen) gemäß Nr. 1.2 und 7.3 AHB die vertragliche Haftung, also die Haftung, die sich aus einer vertraglichen Vereinbarung zweier Parteien bzw. daraus ergibt, dass eine der Parteien eine Pflichtverletzung des Vertrages (§ 280 BGB) begeht. Solche Pflichtverletzungen können im Verzug der Leistung (§ 286 BGB), der Nichtleistung wegen Unmöglichkeit (§ 275 BGB) oder in einer mangelhaften Leistung (z. B. gemäß §§ 434, 435, 536 und 633 BGB) bestehen. Gehen Mitarbeitende jedoch vertragliche Verpflichtungen für ihre Organisation ein, aus denen sie ggf. vereinbarungsgemäß haften muss, so ist dies kein Fall für die Haftpflichtversicherung. Ausgeschlossen sind Haftpflichtansprüche (Nr. 7.3 AHB), soweit sie *„auf Grund Vertrags oder Zusagen über den Umfang der gesetzlichen Haftpflicht des Versicherungsnehmers hinausgehen"*.

Beispiel: Ein angemietetes Freizeithaus wird aufgrund zu weniger Anmeldungen abgesagt. Damit muss der Veranstalter den vertraglich vereinbarten Betrag bei Vertragsrücktritt bezahlen. Diesen Rücktrittsbetrag übernimmt eine Haftpflichtversicherung nicht.

Näheres zur Haftung ehrenamtlicher und angestellter (hauptamtlich) Mitarbeitender im Verein in Kapitel A 2.1.3.

6.2.4 Leistungen der Haftpflichtversicherung
Wenn ein Versicherer eine Haftpflichtpflichtversicherung anbietet, so ist er gemäß § 100 VVG (Versicherungsvertragsgesetz) verpflichtet,

- den Versicherungsnehmer von Ansprüchen freizustellen (also statt seiner zu bezahlen), die von einem Dritten aufgrund der Verantwortlichkeit des Versicherungsnehmers (also durch sein Verschulden) für eine während der Versicherungszeit eintretende Tatsache (also dem Schadensfall) geltend gemacht werden, und
- unbegründete Ansprüche abzuwehren (also dem Versicherten bei der rechtlichen Auseinandersetzung zu helfen, wenn tatsächlich keine Haftung gegeben ist – sozusagen „passiven Rechtsschutz" zu bieten – siehe Kapitel A 6.10).

6.2.5 Ausschlüsse von der Haftpflichtversicherung
Die AHB sehen einige Ausschlüsse vor, die manchmal vom individuellen Versicherungsvertrag wiederum einbezogen oder modifiziert werden; diesbezüglich muss der jeweilige Vertrag geprüft werden.

Haftpflichtansprüche Angehöriger untereinander
Haftpflichtansprüche aus Schadensfällen von Angehörigen (7.5 Abs. 1 AHB), die mit dem Versicherungsnehmer *„in häuslicher Gemeinschaft leben"* oder *„zu den im Versicherungsvertrag mitversicherten Personen gehören"* sind grundsätzlich ausgeschlossen.

Mitversicherte im selben Versicherungsvertrag

Der Ausschluss mitversicherter Personen (7.4 und 7.5 Abs. 1 AHB) spielt auch bei Sammelverträgen der Kinder- und Jugendarbeit eine Rolle, allerdings können Ausnahmen vereinbart werden. I. d. R. sind Schäden „untereinander" mitversichert, also sowohl Schäden, die verschiedenen Gruppen desselben Versicherungsvertrages untereinander passieren, als auch solche, die nur einer bestimmten Gruppe zuzuordnen sind.

Gemietete und geliehene Sachen

Kein Versicherungsschutz besteht gemäß 7.6 AHB bei Schäden an fremden Sachen (inkl. Vermögensschäden), die man unentgeltlich zum Gebrauch oder zur Verwahrung im Besitz hat (selbst wenn man den Besitz durch verbotene Eigenmacht erlangt hat). Allerdings beziehen viele Sammelversicherungsverträge solche nach den AHB ausgeschlossenen Schäden wieder ein.

Wegerisiko

Da Wegeunfälle grundsätzlich nicht dem Haftungsrisiko eines Veranstalters zuzuordnen sind, ist das Wegerisiko nicht haftpflichtversichert.

Sonderfall: Abhandenkommen, Diebstahl

Aus den Bestimmungen 2.2 der AHB ergibt sich, dass „Abhandenkommen" jeglicher Art grundsätzlich nicht von der Haftpflichtversicherung erfasst ist, dass dies jedoch durch den Vertrag einbezogen werden kann. Kommt es dann z. B. zu einem Diebstahl, so ist dieser dann versichert, wenn die Organisation ein Mitverschulden trifft, weil sie z. B. notwendige Sicherungsmaßnahmen unterlassen hat.

6.2.6 Schadenshöhe

Bei der schuldhaft-fahrlässigen Beschädigung fremder Sachen werden entweder die Reparaturkosten übernommen oder – wenn sich eine Reparatur nicht mehr lohnt – der sog. „Zeitwert". Der Zeitwert ist der Wert der beschädigten Sache zum Schadenszeitpunkt, also weder der ursprüngliche Anschaffungspreis noch der derzeitige Wiederbeschaffungswert oder gar der Neuwert. Die Höchstgrenze bei jedem Schadensfall bilden die vereinbarten Versicherungssummen. Oft ist die Versicherungssumme „maximiert", d. h. sie kann bei mehreren Schadenfällen mehrmals pro Jahr (2- oder 3-mal) zur Verfügung stehen. Durch die Vereinbarung einer Selbstbeteiligung (Selbstbehalt, Eigenbeteiligung) kann man zwar die Kosten (Versicherungsprämie) senken, sinnvoll ist das aber nicht unbedingt, denn die häufigen kleinen Haftungsfälle werden dann nicht reguliert. Bei großen Schäden dagegen fällt der Selbstbehalt nicht ins Gewicht.

6.2.7 Betriebshaftpflichtversicherung für Einrichtungen der Jugendhilfe

Auch ein Verein, Jugendverband oder eine Kirchengemeinde kann als Schadensverursacher haften, wenn bei Aktivitäten Schäden entstehen, die ihm/ihr zuzurechnen sind.

6.2.7.1 Versicherte

Die Sammelversicherungsverträge enthalten durchweg Versicherungsschutz für die gesetzliche Haftpflicht aus regelmäßiger Gruppentätigkeit, Durchführung von Freizeiten, verschiedensten Veranstaltungen, Spiel und Sport (ausgeschlossen ist meistens der extern organisierte Verbandssport).

Gesetzliche Regelung für Haftung bei Drittschäden

Im Rahmen der Arbeit mit Kindern und Jugendlichen geschieht es häufig, dass nicht die aufsichtsführende Person selbst einer dritten Person (z. B. dem Nachbarn, der sein Grundstück neben dem des Vereins oder der Kirchengemeinde hat) einen Schaden zufügt, sondern eine beaufsichtigte minderjährige Person. Nun kann neben die Haftung der minderjährigen Person (die ja durchaus selbst haften kann) die Haftung der aufsichtsführenden Person treten, nämlich dann, wenn sie die Aufsichtspflicht nach § 832 BGB oder eine Verkehrssicherungspflicht nach § 823 BGB verletzt hat und der Schaden bei Beachtung dieser Pflicht nicht entstanden wäre. In diesem Fall gilt eine sog. „Beweislastumkehr": Die aufsichtspflichtige Person muss darlegen und beweisen, was sie zur Erfüllung der Aufsichtspflicht unternommen hat. Man spricht von der Umkehr der Beweislast, weil normalerweise diejenige Person, die einen zivilrechtlichen Anspruch geltend macht, beweisen muss, dass die Voraussetzungen für den Anspruch vorliegen; auf ihr lastet die Pflicht, den Anspruch zu beweisen, die „Beweislast". In bestimmten Fällen ist die Beweislast jedoch umgekehrt, dann muss die Person, gegen die der Anspruch geltend gemacht wird, beweisen, dass die Voraussetzungen eben nicht vorliegen.

Verkehrssicherungspflicht

Von der Verkehrssicherungspflicht ist in diesem Buch an mehreren Stellen die Rede. Sie spielt im Rahmen des Deliktsrechts (für das die Haftpflichtversicherung zuständig ist) insofern eine Rolle, als eine „unerlaubte Handlung" (also eine fahrlässige Verletzung von Eigentum, Gesundheit usw. eines anderen) nicht nur durch aktives Tun, sondern auch durch ein Unterlassen geschehen kann, wenn nämlich Verkehrssicherungspflichten, die einen treffen, nicht oder nicht richtig berücksichtigt werden und es daher zu einem Schaden kommt. Jede Person hat im „Verkehr" (also überall dort, wo sich Menschen aufhalten oder unterwegs sind), die Gefährdung anderer zu vermeiden, insbesondere, wenn sie selbst diesen Verkehr „eröffnet" (also z. B. einen Weg oder eine Treppe anlegt). Das gilt auch für die Kinder- und Jugendarbeit: Wer Gruppenräume, Häuser, Plätze usw. nutzt und unterhält, muss diese Örtlichkeiten in einem Zustand halten, der andere nicht gefährdet. Unterlässt man dies, haftet man im Schadensfall aus den §§ 823 ff. BGB.

Minderjährige können auf eigene Gefahr handeln

Von einem Handeln auf eigene Gefahr spricht man dann, wenn davon auszugehen ist, dass sich ein Geschädigter / eine Geschädigte bewusst der Gefahr ausgesetzt hat – statt eines Mitverschuldens muss hier ein stillschweigender Haftungsausschluss angenommen werden. Dies gilt bei Minderjährigen zwischen 7 und 18 Jahren, angelehnt an die Deliktsfähigkeit (§ 828 BGB), sofern sie die entsprechende Einsichtsfähigkeit haben. Klassische Fälle sind die Brillenschäden bei der Teilnahme an Ballspielen oder auch z. B. bei Kanufahrten (vgl. Kapitel A 6.2.10.2).

Tätigkeitsschäden

Die AHB schließen sog. Tätigkeitsschäden (Bearbeitungsschäden) vom Versicherungs-schutz aus, manche Versicherungsverträge beziehen sie wieder ein. Hier geht es um Schäden, die an den fremden Sachen entstehen, während man sie aufgrund eines Auftrags bearbeitet. In der Kinder- und Jugendarbeit werden bisweilen Arbeiten für Dritte ausgeführt, um die Gruppenkasse aufzufüllen, z. B. Renovierungs- oder Au-topflegearbeiten. Werden nun z. B. bei Verputzarbeiten durch Zementputz Fenster und Türen beschädigt oder der Autolack bei der Fahrzeugreinigung zerkratzt, liegt ein Tätigkeitsschaden vor und es besteht laut AHB kein Versicherungsschutz. Grund-gedanke ist, dass man mit Schäden rechnen muss, die fast zwangsläufig an Sachen auftreten, die sich im unmittelbaren Tätigkeitsbereich befinden.

Drittschäden versus Eigenschäden

Ausgenommen vom Versicherungsschutz sind solche Schäden, die eine der mitver-sicherten Personen der Organisation selbst zufügt, während sie für diese tätig ist (sog. Eigenschäden). Werden derartige Eigenschäden von eigenen hauptamtlich angestell-ten Mitarbeitenden verursacht, so gelten die vom Bundesarbeitsgericht (BAG) ent-wickelten Grundsätze zur Arbeitnehmerhaftung. Demzufolge haften Hauptamtliche bei leichtester Fahrlässigkeit nicht, bei normaler (mittlerer) Fahrlässigkeit findet eine Quotelung (Arbeitnehmer/Arbeitgeber) statt und nur bei grober Fahrlässigkeit hat der Arbeitnehmer / die Arbeitnehmerin den gesamten Schaden selbst zu tragen.

Bei Eigenschäden dagegen, die ehrenamtlich Tätige verursacht haben, geht man von einer Kostentragungspflicht der Ehrenamtlichen nur dann aus, wenn sie vorsätzlich oder grob fahrlässig herbeigeführt worden sind (siehe Kapitel A 2.1.3 ff.).

6.2.8 Haftpflichtversicherung der Organisation und private Haftpflichtversicherung der Ehrenamtlichen

Kommt es zu einem Schaden, der dem Grunde nach sowohl von der privaten als auch von der betrieblichen Haftpflichtversicherung gedeckt wäre, greifen normalerweise Subsidiaritätsregeln, um zu klären, welche der beiden Versicherungen vorleistungs-pflichtig ist (Subsidiarität bedeutet in der Rechtssprache das Vorrang-Nachrang-Verhältnis zweier Regelungen). Allerdings leistet die Privathaftpflichtversicherung Ehrenamtlicher oft nur begrenzt. Der Gesamtverband der Deutschen Versicherungs-wirtschaft e. V. empfiehlt den Privathaftpflichtversicherern u. a., für Freiwilligentätig-keiten im Bereich der Kinder- und Jugendarbeit und im Verein eine Deckung nur dann zu gewähren, wenn es sich um nicht verantwortliche Betätigungen handelt.[6] Keine

---

6 Klocke, Manfred (Hg.): Versicherungsschutz für Ehrenamtliche in Kirche – Caritas – Diakonie, Detmold Ecclesia Versiche-rungsdienst GmbH, Detmold ³2012, 35

Deckung wird bei öffentlichen Ehrenämtern (z. B. Gemeinderatsmitgliedern, Mitgliedern der Freiwilligen Feuerwehr) und bei wirtschaftlichen/sozialen Ehrenämtern (z. B. Betriebs- oder Personalräten) empfohlen. Auch dies spricht dafür, dass Organisationen unbedingt ihre Ehrenamtlichen versichern sollten.

6.2.9 Regressnahme einer Krankenversicherung

Eine Krankenversicherung leistet zunächst einmal, ohne nach dem Verschulden zu fragen. Hat jedoch ein Dritter den Personenschaden schuldhaft verursacht, haftet er also, soll er nicht durch die Krankenkasse (oder den sonstigen eintrittspflichtigen Sozialversicherungsträger) entlastet werden. Vielmehr kommt es zu einem gesetzlichen Forderungsübergang der Schadensersatzansprüche an die Krankenkasse (§ 116 SGB X) — sie kann sich das gezahlte Geld vom Verursacher zurückholen. Ähnlich läuft es gemäß § 86 I VVG bei den PKV. Mit diesen Forderungen beschäftigt sich die Haftpflichtversicherung.

6.2.10 Sportangebote und Haftpflichtschäden

Skifahren, Klettern, Handball, Fußball, Volleyball, Radfahren und Radrennen, Paddeln, Schippern und Segeln, Schwimmen, Tauchen und Reiten — Kinder- und Jugendarbeit ist ohne Sport nicht denkbar. Allerdings birgt der Sport Risiken, auf die man vorbereitet sein muss.

6.2.10.1 Verkehrssicherungspflicht im Sport

Je nachdem, welcher Art das Sportangebot ist, muss die aufsichtsführende Person / der Übungsleiter / die Übungsleiterin für einen verkehrssicheren Zustand der Sportgeräte und der Örtlichkeit sorgen, um drohende Gefahren abzuwenden. Da es beim Sport, v. a. beim Mannschaftssport, aber auch beim Turnen, leider regelmäßig zu Verletzungen kommt, die (auch) auf ein entsprechendes Unterlassen der verantwortlichen Personen zurückzuführen sind, bleibt ihnen und dem Veranstalter ein erhebliches Haftungsrisiko. Auch diesbezüglich sollte man sich anhand einer Haftpflichtversicherung absichern.

6.2.10.2 Sonderfall: Brillenträger bei Freizeit, Spiel und Sport

Natürlich muss ein Brillenträger besonders Obacht geben z. B. bei sportlichen Aktivitäten oder beim Spiel in der Gruppe. Es ist selbstverständlich, dass Schäden an der Brille, die er selbst verursacht, nicht von der Haftpflichtversicherung ersetzt werden. Bei Ballsportarten greift oft die Rechtsfigur des „Handelns auf eigene Gefahr", s. o.

Nimmt ein Kind oder ein Jugendlicher / eine Jugendliche an einem Fußballspiel teil, kann man ihm/ihr — je nach Alter und Reife — i. d. R. unterstellen, dass er/sie sich der Gefahr für die Brille bewusst ist, die schnell von der Nase geschossen werden und zu Bruch gehen kann. Nur wenn dem Kind bzw. dem/der Jugendlichen nachweislich die Einsichtsfähigkeit fehlte, dass es zu so einem Schaden kommen kann, kommt die Haftung eines Dritten in Betracht. Im Rahmen der Kinder- und Jugendarbeit wird dies aber in aller Regel die zuständige aufsichtsführende Person (für den Veranstalter) sein, die die Kinder und Jugendlichen darauf aufmerksam machen muss, dass Brillen abzunehmen oder Sportbrillen zu tragen sind.

Nachweise und weiterführende Praxistipps
- Versicherungsbedingungen: www.gdv.de/downloads/versicherungsbedingungen/ private-und-gewerbliche-haftpflichtbedingungen (Linkzugriff im März 2018)

6.2.11 Kraftfahrzeugrisiko
Versicherungspflichtige Kraftfahrzeuge können in der Allgemeinen Haftpflichtversicherung generell nicht versichert werden (vgl. 3.1(2) AHB), für sie muss der Halter gemäß des Pflichtversicherungsgesetzes (PflVG) eine spezielle Kraftfahrzeug-Haftpflichtversicherung abschließen (siehe Kapitel A 6.5.2).

6.2.12 Mehrere Schadensverursacher
Sind mehrere Personen für einen Schaden verantwortlich, so haften diese entsprechend ihres Anteils an der Schadensverursachung; sind sie haftpflichtversichert, so müssen sich die verschiedenen Versicherer miteinander einigen. Handelt es sich jedoch um Personen derselben versicherten Gruppe, so entfällt dies, da nur ein Versicherer existiert, der lediglich prüfen muss, ob überhaupt eine Haftung gegeben ist, für die er (z. B. aufgrund Aufsichtspflichtverletzung) eintreten muss. Dasselbe gilt, wenn nicht sicher ist, welches konkrete Gruppenmitglied den Schaden verursacht hat, aber unstrittig zumindest eine Person aus der Gruppe definitiv der Schädiger sein muss.

6.2.13 Keine Schadensanerkennung ohne Genehmigung der Versicherung
Gerade wenn man gemeinnützige Kinder- und Jugendarbeit leistet und Gutes tun will, ist oft das spontane Bedürfnis da, zuzugestehen: „Ja, das war mein Verschulden, ich hafte für diesen Schaden – aber keine Angst, meine Haftpflicht zahlt!". Dies könnte aber aufgrund 5.1 S. 3 AHB zu Ärger führen: *„Anerkenntnisse [...], die vom Versicherungsnehmer ohne Zustimmung des Versicherers abgegeben [...] worden sind, binden den Versicherer nur, soweit der Anspruch auch ohne Anerkenntnis oder Vergleich bestanden hätte."* Zwar riskiert man so mittlerweile nicht mehr den Versicherungsschutz (aufgrund § 105 VVG gibt es kein Anerkenntnisverbot in den AHB mehr). Dennoch entsteht allein durch das Anerkenntnis noch keine Leistungspflicht des Versicherers; dieser hat das Recht, objektiv den Tatbestand zu prüfen. Zahlt die Versicherung nicht, könnte der geschädigte Dritte den versicherten Ehrenamtlichen / die versicherte Ehrenamtliche auf die Anerkenntnis festnageln und das Geld direkt verlangen.

6.3 Vermögensschadenhaftpflichtversicherungen, D&O-Versicherungen

Viele Vereinsvorstände machen sich bisweilen Sorgen wegen ihrer persönlichen Haftung, obgleich ehrenamtliche Vorstände seit einiger Zeit (2009) nur noch für Vorsatz und grobe Fahrlässigkeit haften (§ 31a BGB). Dennoch gibt es genügend Fallkonstellationen, in denen Mitglieder des Vorstands und andere Organmitglieder persönlich haften können, denn die Grenze zwischen leichter und grober Fahrlässigkeit ist schnell überschritten. Soweit es hier um Vermögensschäden geht, sind diese oft aufgrund zu niedriger Deckungssummen nicht ausreichend in der „normalen" Haftpflichtversicherung versichert. Wer also aufgrund seiner Vermögensbetreuungspflicht bei sich erhöhte Risiken für Vermögensschäden sieht (vgl. Kapitel A 6.2.7), kann von einer „Erweiterten Vermögensschaden-Haftpflichtversicherung" profitieren. Diese wird aktiv, wenn ein schuldhaft begangener Verstoß zu einem Eigenschaden des Vereins geführt hat (egal, ob ein Schadensersatzanspruch erhoben wird). Man muss nur vortragen, dass der Schaden vorliegt und darlegen, warum das Vorstandsmitglied schuld daran ist.

Daneben gibt es noch die Möglichkeit einer Directors&Officers-Versicherung (D&O-Versicherung): Diese ist in erster Linie eine Berufshaftpflichtversicherung für Entscheidungsträger, d. h. deren Interessen stehen im Vordergrund, nicht die des Vereins. Die D&O wird nur aktiv, wenn der Vorstand direkt von einem Dritten in Anspruch genommen wird (also offiziell mit Anspruchsschreiben, oft hat das gerichtliche Prozesse zur Folge).

6.4 Versicherungen bei Auslandsfreizeiten

6.4.1 Die Auslandsreisekrankenversicherung

Trotz bestehender GKV oder sogar einer durchschnittlichen PKV, die beide grundsätzlich auch im Ausland leisten, empfiehlt sich dennoch dringend der Abschluss einer zusätzlichen (ebenfalls privaten) Auslandsreisekrankenversicherung. I. d. R. leisten GKV und PKV nach deutschen Maßstäben – dies reicht oft nicht aus, die im Ausland entstandenen Kosten zu decken. Der Patient / die Patientin selbst muss dann die Mehrkosten tragen, die aufgrund eines teuren Gesundheitswesens bzw. hoher Arztkosten im Ausland entstehen, wenn dieselbe Behandlung in Deutschland kostengünstiger gewesen wäre.

Auslandsreisekrankenversicherungen sind sehr preiswert zu haben. Im Bereich der Kinder- und Jugendarbeit hat ein Veranstalter, der Reisen ins Ausland anbietet, zwei Möglichkeiten: Entweder fordert er die Mitreisenden ausdrücklich zum Abschluss einer solchen Auslandsreisekrankenversicherung auf (er kann dies vor Vertragsschluss sogar zum Kriterium der Teilnahme machen), oder er schließt selbst (als ausgeschriebenen Teil der Reiseleistung oder als kostenlosen Service) eine kurzfristige Auslandsreisekrankenversicherung ab.

6.4.2 Die Reiserücktrittsversicherung

Eine Reiserücktrittsversicherung (auch Reisekostenversicherung, Reiserücktrittskostenversicherung, Reisekostenrücktrittsversicherung) kann sowohl fürs Ausland als auch Inland abgeschlossen werden. Sie greift bei Nichtantritt der Reise (also vor Reisebeginn, im Gegensatz zur Reiseabbruchversicherung, die beim vorzeitigen Beenden einer bereits laufenden Reise zuständig ist) und ersetzt die zusätzlich entstandenen Rückreisekosten sowie die nicht in Anspruch genommenen Reiseleistungen, sofern der Rücktritt aus einem (vertraglich zuvor festgelegten) versicherten Grund erfolgt. Allerdings scheitern Regulierungsforderungen meist an diesem Punkt.

Im Rahmen der Kinder- und Jugendarbeit, die selten teure Reisen anbietet, ist diese Versicherung kaum empfehlenswert; bei rein touristischen, teuren Reisen kann sie dagegen hilfreich sein.

Wer vor Reiseantritt unerwartet vom Reisevertrag zurücktreten will/muss (u. a. wegen Unfall, Krankheit, Tod, Schwangerschaft, Brand), sieht sich oft mit erheblichen Stornoforderungen konfrontiert. Bei Bestehen einer Reiserücktrittsversicherung muss die versicherte Person im Falle eines Unfalls, einer Erkrankung usw. umgehend reagieren, denn eine heikle Besonderheit besteht darin, dass die Versicherungsbedingungen die Obliegenheit auferlegen, beim Eintritt einer unerwarteten Erkrankung sofort zu stornieren, damit die Stornokosten möglichst gering bleiben. Verständlicherweise ist dies jedoch bei einer plötzlichen schweren Erkrankung selten die erste Sorge, daher versäumen viele Versicherte die sofortige Stornierung.

6.4.3 Die Reisegepäckversicherung

Wer auf Reisen sein Gepäck verliert oder wem es beschädigt wird, hofft oft vergebens darauf, dass die Gepäckversicherung wie erwartet einspringt, denn die Versicherung erwartet erhebliche Sorgfaltspflichten beim Überwachen des Gepäcks. Daher ist eine solche Versicherung nur sehr bedingt zu empfehlen.

6.5 Fahrzeugversicherungen für Dienstreisen

Es besteht allgemeiner Konsens, dass Träger der Jugendhilfe für privateigene Fahrzeuge, die Mitarbeitende (sowohl Hauptamtliche als auch Ehrenamtliche) bei Dienstfahrten einsetzen, eine Fahrzeug- oder Kaskoversicherung abschließen sollten. Diese schützt Fahrer bzw. Halter des privaten Fahrzeugs, wenn es anlässlich einer solchen Auftragsfahrt durch Verschulden des Fahrers / der Fahrerin oder aufgrund höherer Gewalt (z. B. Sturm, Hagel, Blitzschlag, Überschwemmung) beschädigt wird. Da der Arbeitgeber bezüglich seiner hauptamtlich Mitarbeitenden nach gefestigter Rechtsprechung ohnehin verpflichtet ist, ihnen derartige Schäden zu ersetzen, ist es im höchsteigenen Interesse der Organisation, eine entsprechende Versicherung abzuschließen.

6.5.1 Haftung bei ehrenamtlichen Auftragsfahrten

Wer im Rahmen des Ehrenamts tätig wird, ist zivilrechtlich „Beauftragter" im Sinne der §§ 662 ff. BGB (vgl. Kapitel A 2.2). Beauftragten stehen gemäß § 670 BGB Aufwendungsersatzansprüche (keine Schadensersatzansprüche!) gegen den Auftraggeber (Verein, Kirchengemeinde usw., also die Organisation) zu, aber nur, soweit sie Aufwendungen gemacht haben, die sie den Umständen nach für erforderlich halten durften. Aufwendungen sind freiwillige Vermögensopfer, die die Beauftragten zum Zwecke der Erfüllung des Auftrages machen oder die sich als notwendige Folge der Ausführung ergeben (vgl. Palandt/Sprau, Bürgerliches Gesetzbuch, Kommentar, [71]2012, § 670 Rn. 3). Da jedoch selbst verschuldete Fahrzeugschäden weder freiwillig zur Auftragserfüllung verursacht werden noch notwendige Folge der Auftragsfahrt sind, besteht grundsätzlich weder ein Anspruch gegen die Organisation auf Ersatz der entsprechenden Schäden am eigenen Fahrzeug noch auf Versicherung derselben. Etwas anderes wäre es, wenn es aufgrund einer Pflichtverletzung des Auftraggebers zum Schaden käme, z. B. wenn der Auftraggeber wider besseren Wissens veranlasst, bei Dunkelheit einen Privatweg zu benutzen, der aufgrund kaum bemerkbarer Schlaglöcher nicht durch eine ortsunkundige Person befahren werden sollte; dann haftet der Auftraggeber gemäß § 280 BGB. Im Übrigen jedoch ist der ehrenamtliche Auftragsfahrer / die ehrenamtliche Auftragsfahrerin auf eigene Gefahr (bzw. die des Fahrzeughalters) unterwegs. Das bedeutet, dass Ehrenamtliche in aller Regel auch keinen Anspruch auf Ersatz der Selbstbeteiligung in der Dienstreisefahrzeugversicherung haben. Dennoch ist es empfehlenswert, den Ehrenamtlichen die Selbstbeteiligung je nach Verschuldensgrad zu erstatten, d. h. je geringer die Fahrlässigkeit beim Schaden, desto höher der Anteil, den die Organisation erstattet. Bei Bestehen einer Dienstreisefahrzeugversicherung muss die persönliche Fahrzeugvollversicherung (Kasko) des Fahrzeughalters nicht in Anspruch genommen werden.

6.5.2 Kfz-Haftpflichtversicherung

Die Kraftfahrzeug-Haftpflichtversicherung ist (im Gegensatz zur allgemeinen Privathaftpflicht) gesetzlich vorgeschrieben, so das Pflichtversicherungsgesetz (PflVG). Zuständig sind hier aber nicht die BGs, sondern die „normalen" privaten Haftpflichtversicherungen.

Alle Drittschäden (Fremdschäden) aufgrund der Benutzung eines Kraftfahrzeugs bei Dienstfahrten, egal von wem und mit welchem Fahrzeug, müssen über die für dieses Fahrzeug abgeschlossene Kfz-Haftpflichtversicherung abgewickelt werden. Sie übernimmt bei Forderungen Dritter den aufgrund des Betriebs des Fahrzeugs verursachten Schaden. Außerdem übernimmt sie bei einem selbst verschuldeten Unfall des Fahrers / der Fahrerin die Heilbehandlungs- und Folgekosten der verletzten Fahrzeuginsassen (siehe Kapitel C 3.1.11.1) und leistet auch trotz Vorhandensein einer privaten Unfallversicherung der Organisation (siehe Kapitel A 6.1.2). Da sie selbst dann greift, wenn es beim Betrieb des Fahrzeugs ohne Verschulden zu einem Schaden kommt (sog. Gefährdungshaftung, § 7 StVG), ist eine Insassenunfallversicherung in vielen Fällen nicht notwendig.

Die Kfz-Haftpflichtversicherung zahlt sogar bei Invalidität (vgl. A.4.5.1 AKB, Allgemeine Bedingungen für die Kfz-Versicherung), weshalb bei der Wahl des Kfz-Haftpflichtversicherers darauf geachtet werden sollte, dass die Versicherungssummen nicht zu niedrig sind. Die gesetzlich vorgeschriebenen Mindestdeckungssummen für Kfz (7,5 Millionen Euro bei Personenschäden, 1.120.000 Euro bei Sach- und 50.000 Euro bei Vermögensschäden – Stand März 2018) sind in vielen Fällen nicht ausreichend, weshalb eine deutlich höhere pauschale Versicherungssumme (50 bis 100 Millionen Euro) vereinbart werden sollte.

Im Schadensfall kommt es i. d. R. zur Hochstufung im Schadenfreiheitsrabatt, auch bei einer Auftragsfahrt. Dies geht zwar zu Lasten der Beauftragten (Ehrenamtliche), da sie höhere Versicherungsprämien zahlen müssen, allerdings soll dies dadurch ausgeglichen sein, wenn der Auftraggeber den Beauftragten die Kosten der Fahrt (sog. Kilometergeld für Kraftstoff, Verschleiß, Versicherung) erstattet. Fahren die Beauftragten dagegen unentgeltlich, so kann die Organisation auch eine Rückstufungsversicherung abschließen. Diese ersetzt die durch die Höherstufung entstehende Mehrbelastung.

6.6 Gruppenversicherungen, Sammelversicherungsverträge

Um möglichst viele Risiken in der Arbeit mit Kindern und Jugendlichen abzudecken, haben alle Organisationen die Möglichkeit, anhand einer Sammelversicherung einen Rahmen abzustecken, in dem die verschiedensten Versicherungssparten „versammelt" sein können. Es handelt sich hier meist um eine Art Dauerversicherung, die an 365 Tagen im Jahr gilt und nicht die Bereiche erfasst, die nur bei wenigen Gelegenheiten akut werden (z. B. Auslandsreisekrankenversicherungen). Organisationen sollten sich diesbezüglich von einem erfahrenen Dienstleister (Versicherungsmakler) beraten lassen. Die Evangelische und Katholische Kirche profitieren in Sachen Versicherungen v. a. von zwei Dienstleistern, deren Versicherungsangebote (inklusive der Sicherungsscheine für Pauschalreiseverträge, siehe Kapitel C 1.4) bequem übers Internet eingesehen und online abgeschlossen werden können:

Jugendhaus Düsseldorf
Die katholische Bundeszentrale für Jugendhilfe und Jugendarbeit unterhält eine Abteilung mit einer Versicherungsvermittlungs- und Service GmbH, die JHD Versicherungen (www.jhdversicherungen.de – Linkzugriff im März 2018).

Ecclesia Versicherungsdienst GmbH
Sie ist ein unabhängiger Versicherungsmakler, der Versicherungslösungen auch im Bereich der Kinder- und Jugendarbeit anbietet. Hinter diesem Unternehmen stehen der Deutsche Caritasverband, die Evangelische Kirche in Deutschland und die Evangelischen Werke für Diakonie und Entwicklung (www.ecclesia.de – Linkzugriff im März 2018).

Auch Jugendhäuser und Jugendclubs in kommunaler Trägerschaft können Sammelversicherungsverträge abschließen. Als professioneller Partner steht ihnen neben den oben genannten Versicherungsdienstleistern die erfahrene BERNHARD Assekuranzmakler GmbH & Co. KG zur Verfügung. Diese ist für einige Landesjugendringe Ansprechpartnerin in Haftungs- und Versicherungsfragen und kann der kommunalen Kinder- und Jugendarbeit empfohlen werden (www.bernhard-assekuranz.com/vereine-und-verbaende – Linkzugriff im März 2018).

6.7 Versicherungsschutz seitens der Bundesländer

Da nicht alle freiwilligen Tätigkeiten unter den gesetzlichen Unfallversicherungsschutz fallen, haben auch die Bundesländer Sammelversicherungsverträge (Unfall und/oder Haftpflicht) abgeschlossen, über die Ehrenamtliche kostenfrei versichert sind – allerdings sind die Verträge so gestaltet, dass wirklich nur diejenigen darunter fallen, die weder gesetzlich noch vertraglich (über einen Verein, die Kirche oder einen Dachverband) versichert sind (siehe Kapitel A 6.6). Für neun Bundesländer verwaltet die Ecclesia/Union diese Versicherungsverträge und bearbeitet die Schadensfälle (www.ecclesia.de/ecclesia-allgemein/service/ehrenamt/landkarte – Stand/Linkzugriff im März 2018); die anderen Bundesländer verwalten ihre Verträge selbst.

6.8 Gebäudeversicherungen

Die **Gebäudehaftpflichtversicherung** ist eine spezielle Variante der Haftpflichtversicherung, die sich auf Schäden bezieht, die von Immobilien ausgehen. Kirchengemeinden, kirchliche Einrichtungen und viele Vereine haben eigene Grundstücke und Gebäude, auf und in denen ihre Kinder- und Jugendarbeit stattfindet. Da sich hier somit oft Dritte (Teilnehmende, Gäste) aufhalten und der Eigentümer/Betreiber verkehrssicherungspflichtig ist, ist für sie der Abschluss einer Gebäudehaftpflichtversicherung eigentlich obligatorisch – wenn eine solche nicht bereits vertraglich in die Betriebshaftpflichtversicherung einbezogen wurde, was vielfach der Fall ist.

Die klassische **Gebäudeversicherung** dagegen deckt Schäden am Gebäude selbst (inkl. festem Inventar wie Heizungsanlage, Badewannen u. Ä.) ab, die durch Sturm, Hagel, Feuer oder Leitungswasser entstehen. Auch sie sollte für jede Organisation mit Gebäudeimmobilien obligatorisch sein, nicht zuletzt, weil sie regelmäßig auch Einbruch und Einbruchdiebstahl abdeckt. Sofern diese Versicherung keine erweiterte Elementarschadendeckung hat (Überschwemmung, Erdrutsch, Erdbeben, Hochwasser, Lawinen usw., also Risiken, denen nicht jedes Gebäude ausgesetzt ist), sollte man anhand der Lage des Gebäudes prüfen, ob sich der Abschluss einer zusätzlichen (erweiterten) Elementarschadenversicherung empfiehlt.

6.9 Hausratversicherungen = Inventarversicherungen

Auch diese Versicherung hat Feuer-, Wasser- und Sturmschäden im Blick. Während aber die Gebäudeversicherung die (feste) Bausubstanz des Gebäudes inkl. festem Inventar schützt, bezieht sich die Hausratversicherung auf das (bewegliche) Inventar eines Gebäudes. Zum sog. „Hausrat" gehören alle Einrichtungs-, Gebrauchs- und Verbrauchsgegenstände eines Haushaltes. Die oftmals bescheidene Einrichtung eines Vereinsheims erfordert meist nicht zwingend den Abschluss einer solchen Versicherung. Hier ist eine Risikoanalyse erforderlich, um eine sachgerechte Entscheidung fällen zu können.

6.10 Rechtsschutzversicherungen

Ob eine solche Anwalts- und Gerichtskostenversicherung für Organisationen der Kinder- und Jugendarbeit notwendig ist, hängt nicht zuletzt davon ab, ob schon eine Betriebshaftpflichtversicherung besteht. Diese bietet regelmäßig einen Abwehrrechtsschutz, den sog. passiven Rechtsschutz, der gegen Ansprüche Dritter verteidigt – d. h. die Haftpflichtversicherungen setzen sich unter Einschaltung ihrer Rechtsabteilung oder beauftragter Rechtsanwälte selbst vor Gericht für den Versicherten ein, wenn dieser mit (aus Versicherungssicht) ungerechtfertigten gesetzlichen Haftungsansprüchen konfrontiert wird. Dieser passive (im Sinne von „reagierende") Rechtsschutz genügt für die Belange der Kinder- und Jugendarbeit i. d. R. Wer jedoch zivilrechtlich „zum Angriff" übergehen oder sich auch in weiteren Rechtsgebieten Rechtsschutz gönnen will, sollte spezielle Rechtsschutzversicherungen in Erwägung ziehen. Hier dürfte in der Kinder- und Jugendarbeit jeweils eine Basisdeckung genügen.

6.11 Krankenversicherungen (außer Ausland)

Der Abschluss einer gesonderten Krankenversicherung fürs Inland ist für einen Veranstalter grundsätzlich nicht notwendig. Die Kinder und Jugendlichen sollten bei sämtlichen Reisen (wenn Übernachtungen stattfinden) die Versichertenkarte ihrer Krankenversicherung dabeihaben, auch im Ausland. Hierauf sollte im Rahmen eines Informationsbriefes unbedingt hingewiesen werden (siehe Kapitel C 1.3 und 1.6.4).

6.12 Weitere mögliche, ggf. kurzfristige Versicherungen

Die unter Kapitel A 6.6 genannten Versicherungen bieten auch Versicherungsmöglichkeiten für kurzfristige Veranstaltungen, Unternehmungen, Aktionen, Zeltlager und Freizeiten an.

Eine Organisation kann dadurch weitere Risiken ausschließen, die über eine Haftpflichtversicherung nicht gedeckt sind. So gibt es z. B. spezielle Sachversicherungen für eingebrachte Sachen der Mitarbeitenden sowie für eigene Sachen, Inventarien und Immobilien, elektronische Geräte, Musikinstrumente, Zelte, Boote, Kanus, Fahrräder usw.

6.13 Verhalten im Schadensfall

Bei der Schadensmeldung an die Versicherung (oder einen zwischengeschalteten Versicherungsdienst) kann man im Wesentlichen drei Fehler machen:

- Man lässt sich zu viel Zeit mit der Meldung.
- Man gibt sich keine besondere Mühe und macht eine ungenaue Meldung.
- Man „verbiegt" den Sachverhalt und andere Angaben,
  um zum gewünschten (Leistungs-)Ergebnis zu kommen.

6.13.1 Unverzüglichkeit der Meldung

Häufig steht in den Versicherungsbedingungen, dass ein Schaden „unverzüglich" zu melden ist. Was unverzüglich ist, wissen Juristen aufgrund § 121 BGB genau, nämlich *„ohne schuldhaftes Zögern"*. Was zur Folge hat, dass es meist keine festen Fristen für die Schadensmeldung gibt, sondern lediglich nachgewiesen werden muss, dass man eine Meldung nicht ohne Grund unterlassen hat. Für den Versicherungsnehmer bedeutet dies: ein Schaden muss „so schnell wie möglich" gemeldet werden.

6.13.2 Telefonische Meldungen

Es empfiehlt sich bei jedem juristisch relevanten Kontakt mit einer Versicherung, v. a. bei der Schadensmeldung, diese nicht oder nicht nur telefonisch, sondern (auch) schriftlich weiterzugeben. E-Mails haben sich in diesem Zusammenhang sehr bewährt und sind genauso zulässig wie original-unterschriebene Briefe oder Faxe. Inhalte von Telefonaten können nicht bewiesen werden (wenn sie nicht aufgezeichnet wurden, was nur mit ausdrücklicher Erlaubnis der Gesprächspartner möglich ist) und wenn der Sachbearbeiter, die Sachbearbeiterin am Telefon den Sachverhalt (akustisch oder inhaltlich) nicht verstanden hat oder vergisst, ihm weiter nachzugehen, könnte es zu einer Verfristung kommen, bei der man nicht beweisen kann, dass man ohne Schuld ist.

6.13.3 Sorgfältige und ehrliche Beschreibung des Schadenshergangs

Auch wenn eine Versicherung keine unabhängige Instanz wie ein Gericht ist, so ist sie zur Prüfung des Versicherungsfalles auf genaue, wahre und ausführliche Angaben angewiesen. Auch hier ist eine schriftliche Schadensbeschreibung gleich am Anfang hilfreich. Die Versicherung weiß so genau, wovon sie ausgehen muss, welche Angaben noch fehlen und wo die Knackpunkte sind.

KAPITEL B

ELTERNRECHT

AUFSICHTSPFLICHT

1 ELTERNRECHT, SORGERECHT UND AUFSICHTSPFLICHT

1.1 Elternrecht

1.1.1 Das elterliche Sorgerecht

Zu den Grundrechten gehört die elterliche Sorge, die nur Eltern innehaben. Dem Grundgesetz (GG) zufolge stehen Ehe und Familie *„... unter dem besonderen Schutze der staatlichen Ordnung ..."* (Art. 6 Abs. 1 GG). Bei diesem Anspruch wird den Eltern die *„... Pflege und Erziehung der Kinder ..."* (Art. 6 Abs. 2 GG) als oberste Pflicht zugesprochen. Unehelich geborene Kinder sind den ehelichen Kindern gleichgestellt. Ein Kind darf nur dann von der *„... Familie getrennt werden, wenn die Erziehungsberechtigten versagen oder wenn die Kinder aus anderen Gründen zu verwahrlosen drohen ..."* (Art. 6 Abs. 3 GG).

Weitere Einzelheiten über Rechtsverhältnisse und Pflichten von Eltern und Kindern sind im Bürgerlichen Gesetzbuch (BGB) §§ 1589 ff. verankert, u. a. Folgendes: *„Die Eltern haben die elterliche Sorge in eigener Verantwortung und in gegenseitigem Einvernehmen zum Wohle des Kindes auszuüben"* (§ 1627 S. 1 BGB). Kurz gesagt: Die gemeinsame elterliche Sorge (Sorgerecht) liegt bei den Eltern, ob verheiratet, nicht verheiratet oder nach einer Scheidung. Das umfassende Sorgerecht kann aber auch nur die Mutter oder nur der Vater allein ausüben; in besonderen Fällen kann auch ein vom Vormundschaftsgericht eingesetzter Vormund (§ 1789 BGB) oder Pfleger (§ 1630 BGB) hierfür zuständig sein. Das elterliche Sorgerecht ist ein höchstpersönliches Recht, das nur in Ausnahmefällen entzogen werden kann.

Die Eltern sind regelmäßig die gesetzlichen Vertreter des Kindes. Üben beide Elternteile das Sorgerecht aus, dann gilt das Gesamtvertretungsprinzip. Die Eltern müssen im Umfang ihrer elterlichen Sorge bei aktiven Handlungen für ihr Kind gemeinsam agieren (z. B. Verträge für das Kind unterschreiben, Zustimmung zu einer ärztlichen Behandlung oder zur Teilnahme an der Kinder-/Jugendgruppe erteilen). Diese gemeinschaftliche Vertretung bedeutet in der Praxis nicht, dass beide Personen zur gleichen Zeit auftreten und zustimmen müssen. Dem Gesamtvertretungsprinzip genügt die Zustimmung des nicht anwesenden Elternteils. Das Gleiche gilt bei Verträgen und Zustimmungen, die das Kind betreffen. Die Eltern müssen sich entweder zuvor abgestimmt haben (Einwilligung, § 183 BGB) oder nachträglich einigen (nachträgliche Genehmigung, § 184 BGB). Die Unterschrift eines Elternteils auf einer Freizeitanmeldung würde deshalb nur dann genügen, wenn der andere Elternteil der Teilnahme im Innenverhältnis vorher zugestimmt bzw. sie nachträglich genehmigt hat. Die Eltern haben das Sorgerecht grundsätzlich gemeinsam wahrzunehmen. Bei geschiedenen

Eltern ist es für Außenstehende oft nicht erkennbar, welchen Personen das elterliche Sorgerecht zusteht. Überprüfbar für den Veranstalter ist dies freilich nur schwer bis überhaupt nicht.

1.1.2 Umfang der Personensorge

Der Gesetzgeber umschreibt die elterlichen Pflichten für das Kind folgendermaßen: *„Die Eltern haben die Pflicht und das Recht, für das minderjährige Kind zu sorgen (elterliche Sorge). Die elterliche Sorge umfasst die Sorge für die Person des Kindes (Personensorge) und das Vermögen des Kindes (Vermögenssorge)"* (§ 1626 Abs. 1 BGB). Mit der Vollendung des 18. Lebensjahres (Volljährigkeit) endet das elterliche Sorgerecht gewöhnlich (§ 2 BGB).

Die elterliche Sorge umfasst regelmäßig die Personen- und die Vermögenssorge:

- Die **Personensorge** ist sehr umfassend und auf das Wohlergehen des Kindes gerichtet (Kindeswohl), weshalb die Arbeit mit Kindern und Jugendlichen sie besonders im Blick haben muss.
- Die **Vermögenssorge** bezieht sich z. B. auf das Taschengeld, das Kontoguthaben, den Grundbesitz und tangiert die Kinder- und Jugendarbeit nur in wenigen Fällen, wenn z. B. Mitgliedsbeiträge erhoben oder bei Ausflügen Eintrittsgelder verlangt werden. Veranstalter müssen in solchen Fällen lediglich prüfen und abwägen, ob die verwendeten Gelder nicht den vom „Taschengeldparagraph" 110 BGB vorgesehenen Rahmen sprengen; Einzelheiten siehe Kapitel A 4.2 und C 2.5.1.

Die elterliche Sorge hat großen Einfluss auf den Alltag der Minderjährigen, denn *„Die Personensorge umfasst insbesondere die Pflicht und das Recht, das Kind zu pflegen, zu erziehen, zu beaufsichtigen und seinen Aufenthalt zu bestimmen"* (§ 1631 Abs. 1 BGB).

Anwendungsfälle der Personensorge:

- Bestimmung des Kindes über seinen Aufenthalt (§ 1631 Ab. 1 BGB)
- Herausgabe des Kindes von Dritten,
  wenn diese das Kind widerrechtlich festhalten (§ 1632 Abs. 1 BGB)
- Bestimmung des Umgangs mit Dritten,
  z. B. Besuch einer Kinder-/Jugendgruppe (§ 1626 Abs. 3; § 1632 Abs. 2 BGB)
- Gestaltung der Freizeit und Erholung
- Schutz vor Grenzverletzungen,
  insbesondere vor körperlicher und emotionaler Gewalt, vor sexuellem Missbrauch und vor sexueller Belästigung (siehe Kapitel B 3.2.4)
- Schutz vor Gesundheitsgefahren
- Verhütung von Personen- sowie Sachschäden
- Sicherstellung von Pflege und ärztlicher Behandlung
  bei Krankheiten und Unfallschäden

- Recht auf gewaltfreie Erziehung; dazu gehört auch das Unterlassen und Verhindern von entwürdigenden Maßnahmen, Zufügen seelischer Verletzungen sowie herabsetzenden und verletzenden Verhaltensweisen (§ 1631 Abs. 2 BGB)
- Bestimmung der religiösen Erziehung sowie des Religionsbekenntnisses des Kindes bis zum 12. bzw. 14. Lebensjahr (§§ 1, 3 und 5 KErzG; hat das Kind das zwölfte Lebensjahr vollendet, darf es nicht zu einem Bekenntniswechsel gezwungen werden (§ 5 S. 2 KErzG), ab dem vollendeten vierzehnten Lebensjahr steht es dem/der Jugendlichen frei, über sein/ihr religiöses Bekenntnis selbst zu entscheiden (§ 5 S. 1 KErzG))
- Regelung der Angelegenheiten der schulischen Ausbildung, der Ausbildung und Berufswahl
- Bestimmung des Familien- und des Vornamens
- Vertretung in Rechtsstreitigkeiten

Diese Aufzählung ist nicht abschließend, sondern beispielhaft zu verstehen. Die Pflege und Erziehung von Minderjährigen soll dem Alter und dem Entwicklungsstand entsprechen. Das Ziel der elterlichen Sorge ist, den jungen Menschen *„... zu selbstständigem verantwortungsbewusstem Handeln ..."* (§ 1626 Abs. 2 BGB) zu führen, um eine mündige Person zu werden.

Das Erziehungsrecht der Eltern für die Kinder ist im GG verankert. Die weiteren gesetzlichen Bestimmungen, die das Rechtsverhältnis zwischen Eltern und Kinder (sog. Kindschaftsrecht) näher konkretisieren, finden sich in den §§ 1626 ff. BGB.

1.2 Das elterliche Erziehungs- und Sorgerecht kann teilweise delegiert werden

1.2.1 Delegation der Aufsichtspflicht

Das Erziehungs- und Sorgerecht der Eltern ermöglicht ihnen, u. a. ihre Personensorge (§ 1631 Abs. 1 BGB) und in sehr begrenztem Umfang auch ihr Erziehungsrecht teilweise zu delegieren. Die Delegation bedarf grundsätzlich keiner besonderen Form. Sie kann schriftlich oder mündlich oder stillschweigend/konkludent (durch schlüssiges Handeln) erfolgen. Wichtig ist, dass beide Seiten dasselbe meinen und ihre Willenserklärungen übereinstimmen (§ 130 BGB).

Beispiel für eine konkludente Einwilligung: Eltern akzeptieren stillschweigend den Besuch ihres Kindes in der Kinder-/Jugendgruppe und die Gruppenleitung ist mit der Teilnahme des Kindes in der Gruppe einverstanden.

Ausreichend ist also auch für viele vertragliche Übereinkünfte, dass die Sorgeberechtigten über die Tätigkeiten des Veranstalters angemessen unterrichtet sind und der Teilnahme ihres Kindes zugestimmt haben. Nimmt der Veranstalter die entsprechende Willenserklärung der Sorgeberechtigten an, kommt ein Vertrag zwischen den Sorgeberechtigten und dem Veranstalter zustande.

Beispiel: Eine Anmeldung zu einer Gruppenunternehmung wurde (nur) von einer sorgeberechtigten Person unterschrieben. Der Veranstalter muss darauf vertrauen, dass die unterzeichnende Person tatsächlich das Sorgerecht innehat und die Anmeldung ggf. mit dem anderen Elternteil abgesprochen wurde (s. o., §§ 183 ff. BGB).
Dem gesetzlichen Leitbild des § 1687 BGB folgend müssen genau genommen alle Sorgeberechtigten unterschreiben, da es sich bei einer Anmeldung nicht um eine „Angelegenheit des täglichen Lebens" handelt – das Aufenthaltsbestimmungsrecht ist gemeinsame Sache. Spätestens, wenn bestimmte Anhaltspunkte darauf hindeuten, dass es hier Unstimmigkeiten oder Ungereimtheiten gibt, sollte bei der unterzeichnenden Person die Bestätigung eingeholt werden, dass sie zur alleinigen Wahrnehmung des Sorgerechts befugt ist. In der Praxis geht man meist davon aus, dass ein Sorgeberechtigter / eine Sorgeberechtigte im Innenverhältnis Vollmacht zur Gesamtvertretung gegeben hat. Hat eine Person jedoch ohnehin das alleinige Sorgerecht, so kann sie einen Nachweis darüber beim Jugendamt beantragen und dem zweifelnden Veranstalter vorlegen.

Die von den Eltern (§ 1631 Abs. 1 BGB) an einen Veranstalter in der Kinder- und Jugendarbeit (bzw. der freien Jugendhilfe, siehe Kapitel A 1.1.3) delegierte Personensorge kann

- die Pflege (Verpflegung, Körperpflege, Kleidung usw.),
- die Unterstützung in der Erziehung (Begleitung zum Erwachsenwerden, Vermittlung von christlichen Werten, Religion, Förderung der sittlichen, geistigen und seelischen Entwicklung usw.),
- die Beaufsichtigung (Schutz des Kindes oder des/der Jugendlichen vor Gefahren aller Art, Vermeidung von Schädigung durch Dritte, Verhinderung der Schädigung Dritter usw.) und
- die Bestimmung des Aufenthaltes des Kindes oder des/der Jugendlichen (Wohnort, Wohnung, Schule, Jugendgruppe usw.)

umfassen.

1.2.1.1 Delegation der Aufsichtspflicht in der Kinder- und Jugendarbeit
Sorgeberechtigte können die Personensorge delegieren. Angesichts des umfassenden Katalogs der Anwendungsfälle der Personensorge umfassen die Bereiche der Kinder- und Jugendarbeit, die die Personensorge umsetzen, nur einen kleinen Bruchteil des Alltags eines Kindes oder eines/einer Jugendlichen. Deshalb wird sich die Delegation der Personensorge durch die Sorgeberechtigten auf die Beaufsichtigung konzentrieren.

1.2.2 Übernahme der Aufsichtspflicht[7]

In der Kinder- und Jugendarbeit Tätige (Ehren- und Hauptamtliche) üben die Aufsicht regelmäßig – anders als z. B. Lehrer oder Erzieher – aufgrund vertraglicher Vereinbarung aus. Bei der Delegation der Aufsichtspflicht spielt neben den grundlegenden vertraglichen Rechtsgrundsätzen v. a. § 832 BGB (Haftung des Aufsichtspflichtigen) hier eine zentrale Rolle:

„(1) Wer kraft Gesetzes zur Führung der Aufsicht über eine Person verpflichtet ist, die wegen Minderjährigkeit oder wegen ihres geistigen oder körperlichen Zustands der Beaufsichtigung bedarf, ist zum Ersatz des Schadens verpflichtet, den diese Person einem Dritten widerrechtlich zufügt. Die Ersatzpflicht tritt nicht ein, wenn er seiner Aufsichtspflicht genügt oder wenn der Schaden auch bei gehöriger Aufsichtsführung entstanden sein würde.
(2) Die gleiche Verantwortlichkeit trifft denjenigen, welcher die Führung der Aufsicht durch Vertrag übernimmt.“

Die vertragliche Vereinbarung kommt dabei zwischen den Sorgeberechtigten (also meist den Eltern) und dem jeweiligen Veranstalter, vertreten durch seine gesetzlichen Vertreter/Organe (z. B. Geschäftsführung, Vorstand), zustande. Der oder die gesetzlichen Vertreter des Veranstalters können ihre Erklärungen hierbei auch delegieren.

Beispiel: Veranstaltet eine Gemeinde oder ein Verein ein Zeltlager, geht mit der Annahme der durch die Sorgeberechtigten unterschriebenen Anmeldung des Kindes oder des/der Jugendlichen die Aufsichtspflicht während dieser Maßnahme auf die Gemeinde / den Verein als Veranstalter über (gleiches gilt, wenn der Vertrag ohne Unterschrift zustande kommt, z. B. bei einer offenen Veranstaltung wie einem Fest). Der Veranstalter wiederum delegiert die Wahrnehmung der Aufsichtspflicht „operativ" auf seine Mitarbeitenden. Zwischen Eltern und Veranstalter bzw. Geschädigten und Veranstalter spielen sich dann auch im Fall der Fälle die wesentlichen Rechtsstreitigkeiten ab. Das darf aber nicht als „Freifahrtschein" für alle Mitarbeitenden verstanden werden. Denn auch diese können bei gravierenden Verstößen gegen die ihnen obliegenden Pflichten in „Regress" genommen werden (siehe Kapitel A 2.1.3).

Ganz wesentlich für die praktische Umsetzung zu beachten ist bei § 832 BGB der Abs. 1 S. 2. Durch seinen Wortlaut wird eine sog. Beweislastumkehr normiert. Das bedeutet, dass die aufsichtspflichtige Person in einem Zivilprozess (im Strafprozess gelten andere Normen und andere prozessuale Grundsätze) darzulegen und zu beweisen hat, dass sie alles in ihrer Macht Stehende getan hat, um den Eintritt des Schadens zu verhindern oder dass der Schaden sowieso eingetreten wäre, egal was sie getan hätte (vgl. auch Kapitel A 2.1). Leider ist das oft mit gewissen praktischen Schwierigkeiten verbunden, weil es keine „Formel" für die (juristisch saubere) Einhaltung der Aufsichtspflicht gibt. Gefordert wird von aufsichtspflichtigen Personen salopp gesagt ein gesunder Menschenverstand, eine gute Portion Weitblick und dass sie das tut

---

7 Text von Rechtsanwalt Christian Hühn

(oder unterlässt), was eine objektive dritte Person in der jeweiligen Situation auch getan hätte (zur Konkretion der Aufsichtspflicht siehe Kapitel B 3.1). Eine aufsichtspflichtige Person hat für beides Sorge zu tragen: dass ihrem „Schützling" kein Schaden zugefügt wird und dass ihr „Schützling" keinem Dritten Schaden zufügt; sie ist Beschützergarant und Überwachergarant zugleich.

1.2.3 Eingrenzung der Aufsichtspflicht durch den Veranstalter

In bestimmten Bereichen kann der Veranstalter die Aufsichtspflicht einschränken. Die vertragliche Übernahme der Aufsichtspflicht kann ebenso vertraglich (völlig) ausgeschlossen werden, nicht jedoch die Aufsichtspflicht, die sich aus konkretem Anlass ergibt. Praxisrelevant dürfte durchaus das teilweise Ausschließen der Aufsichtspflicht sein oder das Eingrenzen der Aufsichtspflicht auf bestimmte Bereiche der Gruppen- oder Freizeitangebote.

Beispiel: Während einer Skifreizeit ist vom Veranstalter vorgesehen, Jugendliche in Kleingruppen ohne Aufsicht Ski fahren zu lassen. Diese Eingrenzung der Aufsichtspflicht muss in die Mitteilung an die Sorgeberechtigten zu einer Unternehmung oder Freizeitveranstaltung aufgenommen werden.

Zu beachten ist, dass es keinen Freifahrtschein für aufsichtspflichtige Personen gibt. Gibt es für sie im o. g. Beispiel Anhaltspunkte, dass die Jugendlichen konkret gefährdet sind oder andere gefährden würden, so dürfen sie nicht allein gelassen werden.

Ergibt sich erst bei der Vorbereitung (also nach der Anmeldung der Teilnehmenden) einer Freizeit, eines Seminars usw., dass ein bestimmter Bereich der Aufsichtspflicht nicht wahrgenommen werden kann, so bedarf es einer erneuten Einwilligung durch die Sorgeberechtigten. Gegebenenfalls können die Sorgeberechtigten ihr Kind abmelden, also vom Vertrag zurücktreten, ohne dass ihnen finanzielle Nachteile entstehen.

1.2.4 Gefälligkeitsaufsicht

Eine Gefälligkeitsaufsicht liegt vor, wenn ein Kind oder ein Jugendlicher / eine Jugendliche unregelmäßig, unentgeltlich, für kurze Zeit und ohne weitgehende Einflussmöglichkeit betreut wird. Bei dieser Form der Aufsicht kann die Aufsichtsperson regelmäßig nicht aus § 832 BGB haftbar gemacht werden (Ausnahme: vorsätzliches Handeln). Allerdings kann auch hier eine Haftung aus den §§ 823, 831 BGB vorliegen, wenn aus konkretem Anlass eine Pflicht zum Handeln besteht und das Unterlassen den Schaden verursacht hat (vgl. BGH in NJW 1968, 1874, Urteil vom 02.07.1968 – VI ZR 135/67). Eine gelegentliche Aufsicht aus Gefälligkeit üben oft Verwandte oder Bekannte aus. Bei Gemeinde-, Vereins- oder Straßenfesten können auch Mitarbeitende in so eine Situation kommen, z. B. wenn eine sorgeberechtigte Person darum bittet, kurz auf ihr Kind aufzupassen, weil sie z. B. zur Toilette gehen oder Speisen/Getränke holen will.

1.3 Rahmenbedingungen der Aufsichtspflicht

Bei einer vertraglichen Übernahme der Aufsichtspflicht gibt es eine Vereinbarung zwischen den Sorgeberechtigten und dem Veranstalter sowie eine zwischen dem Veranstalter und seinen Mitarbeitenden. Das Kind bzw. der/die Jugendliche steht sozusagen dazwischen. Die Mitarbeitenden haben die Aufsichtspflicht bei Teilnehmenden bis zum 18. Lebensjahr (Minderjährige) wahrzunehmen. Die Aufsichtspflicht lässt sich zum einen aus dem Bürgerlichen Gesetzbuch (BGB) und zum anderen aus dem Strafgesetzbuch (StGB) ableiten. Hierbei wurden im Gesetz verschiedene Altersregelungen festgelegt, um die Handlungen der Minderjährigen (und nicht zuletzt auch ihr Fehlverhalten) juristisch unter Berücksichtigung ihres Alters einordnen zu können (siehe folgendes Schaubild).

Zivilrechtlich ist ein Kind bis zum vollendeten siebten Lebensjahr *„... für einen Schaden, [den es] einem anderen zufügt, nicht verantwortlich"* (§ 828 Abs. 1 BGB). Es muss in diesem Fall also nicht haften. *„(2) Wer das siebente, aber nicht das zehnte Lebensjahr vollendet hat, ist für den Schaden, den er bei einem Unfall mit einem Kraftfahrzeug, einer Schienenbahn oder einer Schwebebahn einem anderen zufügt, nicht verantwortlich. Dies gilt nicht, wenn er die Verletzung vorsätzlich herbeigeführt hat. (3) Wer das 18. Lebensjahr noch nicht vollendet hat, ist, sofern seine Verantwortlichkeit nicht nach Absatz 1 oder 2 ausgeschlossen ist, für den Schaden, den er einem anderen zufügt, nicht verantwortlich, wenn er bei der Begehung der schädigenden Handlung nicht die zur Erkenntnis der Verantwortlichkeit erforderliche Einsicht hat"* (§ 828 Abs. 2, 3 BGB). Minderjährige sind bei mangelnder Einsichtsfähigkeit und Reife nicht für ihr Tun verantwortlich, wenn sie ihr (unerlaubtes oder gefährliches) Tun nicht absehen und einschätzen können. Ab dem vollendeten siebten Lebensjahr kann ein Kind also möglicherweise schon zivilrechtlich haften, ist aber strafrechtlich nach wie vor schuldunfähig, wenn es *„... bei Begehung der Tat noch nicht vierzehn Jahre alt ist"* (§ 19 StGB). Volljährige unterliegen grundsätzlich nicht mehr der Aufsichtspflicht. In Ausnahmefällen kann es sein, dass bei einem/einer nicht geschäftsfähigen Volljährigen (z. B. aufgrund einer Behinderung) ein gesetzlicher Vormund oder Betreuer bestellt wird, der das Sorgerecht und somit auch die Aufsichtspflicht wahrnimmt.

Auf dem Weg zum Erwachsensein bis zur Volljährigkeit hat der Gesetzgeber im Zivil- und Strafrecht verschiedene Altersgrenzen vorgesehen
In dem folgenden Schaubild sind die wichtigsten Altersstufen aufgeführt, die auf Haftungsansprüche und strafrechtliche Folgen Einfluss haben. Nicht berücksichtigt sind die Sozialgesetze, das Jugendschutzgesetz (JuSchG), die Ausnahmeregelungen im BGB und StGB sowie die Folgen einer Aufsichtspflichtverletzung.

Geburt:	DELIKTSFÄHIGKEIT		STRAFMÜNDIGKEIT
„Die Rechtsfähigkeit des Menschen beginnt mit der Vollendung der Geburt" (§ 1 BGB). Parteifähigkeit im Sinne des Zivilprozessrechts (§ 50 Abs. 1 ZPO)	• Ein Kind **unter 7 Jahren** ist nicht deliktsfähig und kann für seine unerlaubte Handlung nicht verantwortlich gemacht werden.		• Nach dem Strafgesetzbuch bzw. anderen strafrechtlich relevanten Gesetzen ist eine Bestrafung **bis zum Alter von 14 Jahren** nicht möglich.
Geburt bis zum 6. Lebensjahr: keine Schuldfähigkeit, keine Haftung *„Wer nicht das siebente Lebensjahr vollendet hat, ist für einen Schaden, den er einem anderen zufügt, nicht verantwortlich"* (§ 828 Abs. 1 BGB).	• Haftung der aufsichtsführenden bzw. erziehungsberechtigten Person *nur* bei einer Aufsichtspflichtverletzung • Ab dem **7. Lebensjahr** ist das Kind, der/die Jugendliche verantwortlich für das eigene Tun (§ 823 BGB). Um für sein/ihr Tun (schädigende Handlung)	**Geburt bis zum 14. Lebensjahr: strafunmündig** *„Schuldunfähig ist, wer bei Begehung der Tat noch nicht vierzehn Jahre alt ist"* (§ 19 StGB).	• **Jugendliche und Heranwachsende** sind strafmündig! Sie haben für ihre Tat einzustehen. Entscheidend ist die „persönliche Reife" des/der Jugendlichen zur Tatzeit (Unrecht der Tat einsehen und handeln nach dieser Einsicht).
Ab dem 7. Lebensjahr bis zur Volljährigkeit: beschränkte Geschäfts- und Schuldfähigkeit (beschränkte Handlungsfähigkeit) *„Wer das siebente, aber nicht das zehnte Lebensjahr vollendet hat, ist für den Schaden, den er bei einem Unfall mit einem Kraftfahrzeug, einer Schienenbahn oder einer Schwebebahn einem anderen zufügt, nicht verantwortlich. Dies gilt nicht, wenn er die Verletzung vorsätzlich herbeigeführt hat"* (§ 828 Abs. 2 BGB).	einstehen zu müssen, ist die „persönliche Reife" des/der Einzelnen entscheidend (Schuldfähigkeit), **sonst Aufsichtspflichtverletzung:** Haftung der Mitarbeitenden sowie der Veranstalter (§§ 31, 138, 278, 832 BGB)	**Strafmündig ab dem 14. Lebensjahr** nach dem Jugendgerichtsgesetz *„(1) ... wenn ein Jugendlicher oder ein Heranwachsender eine Verfehlung begeht, die nach den allgemeinen Vorschriften mit Strafe bedroht ist. (2) Jugendlicher ist, wer zur Zeit der Tat vierzehn, aber noch nicht achtzehn, Heranwachsender, wer zur Zeit der Tat achtzehn, aber noch nicht einundzwanzig Jahre alt ist"* (§ 1 JGG oder Anwendung nach dem StGB).	• **Bis 18 Jahren** bedingt strafmündig, danach nur noch unter bestimmten Voraussetzungen. • **Ab 21 Jahren** ist ausschließlich das Erwachsenenstrafrecht anwendbar.

Volljährigkeit
„Die Volljährigkeit tritt mit der Vollendung des achtzehnten Lebensjahres ein" (§ 2 BGB).

2 MITARBEITENDE IN IHRER VERANTWORTUNG

2.1 Zusammenspiel von Veranstalter und Mitarbeitenden

I. d. R. kann der Veranstalter, insbesondere wenn er eine juristische Person (z. B. eine Gemeinde oder ein Verein) ist, als solche die Aufsichtspflicht selbst nicht wahrnehmen. Vielmehr muss er die durch Vertrag von den Sorgeberechtigten übernommene Aufsichtspflicht an seine Mitarbeitenden delegieren (siehe Kapitel B 1.2.2). Über die Zusammenarbeit zwischen Veranstalter und Mitarbeitenden besteht ebenfalls eine Vereinbarung (siehe Kapitel A 2.1). Schon im eigenen Interesse des Veranstalters können nur solche Mitarbeitenden mit den Aufgaben der Kinder- und Jugendarbeit betraut werden, die die persönliche Reife und fachliche Qualifikation erworben haben, um Verantwortung wahrnehmen zu können. Der Veranstalter ist deshalb verpflichtet, seine Mitarbeitenden qualifiziert auszubilden. Die Mitarbeitenden wiederum müssen dem Veranstalter gegenüber der Pflicht nachkommen, über ihre Arbeit (z. B. Durchführung, Ort, Inhalt, Konzeption, Probleme einer Freizeit) zu informieren.

Dem Veranstalter kann es aber nicht nur darum gehen, dass die Mitarbeitenden mit den gesetzlichen Bestimmungen der Aufsichtspflicht vertraut sind. Das Gelingen einer Gruppenaktivität oder Freizeit erreicht man nicht nur durch Disziplinierung und Erfüllung gesetzlicher Vorschriften, sondern durch sachgerechtes, einfühlendes, auf die Minderjährigen pädagogisch abgestimmtes und eingehendes Handeln. Es versteht sich von selbst, dass noch andere „Techniken" von den Mitarbeitenden erlernt werden müssen, die für die jeweiligen Angebote des Veranstalters notwendig sind. Stets sollte ein ernsthaftes Bemühen um das Kind oder den Jugendlichen / die Jugendliche im Vordergrund stehen; dies erfordert ein pädagogisches Konzept, das auf dem jeweiligen Anliegen des Veranstalters (z. B. Vereinszweck oder Verkündigungsauftrag der christlichen Kinder- und Jugendarbeit) aufbaut, das in der Satzung oder in der Ordnung verankert ist. Viele Veranstalter haben zur Verdeutlichung ihres Anliegens eine Zielformulierung, ein Leitbild oder Leitmotiv entwickelt, um sowohl ihren Mitarbeitenden als auch Außenstehenden deutlich zu machen, welche Ziele die Organisation verfolgt.

Das Zusammenwirken von Sorgeberechtigten – Veranstalter – Mitarbeitenden

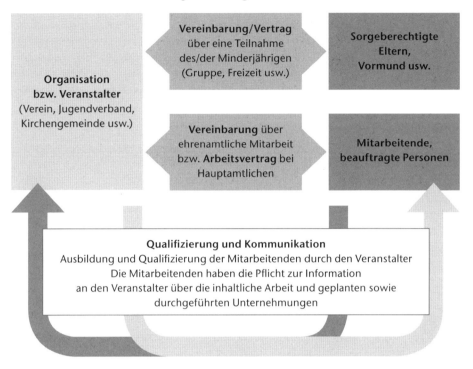

2.2 Einschätzung des Verhaltens von Kindern und Jugendlichen durch Mitarbeitende

Die Mitarbeitenden nehmen die Aufsichtspflicht wahr. Das Kind oder der/die Jugendliche soll nicht zu Schaden kommen oder einem Dritten einen Schaden zufügen. In der Rechtsprechung werden das Maß und der Umfang dieser Aufsichtspflicht grundsätzlich anhand der konkreten Umstände des besonderen Falles herausgearbeitet. Das bedeutet für die Mitarbeitenden, dass sie sich bei der Wahrnehmung und Ausübung der Aufsichtspflicht auf

- Alter
- Reife/Entwicklungsstand
- Eigenart
- Charakter

des Kindes oder des/der Jugendlichen einstellen müssen.

Die Angebote der Kinder- und Jugendarbeit sind überwiegend auf bestimmte **Altersgruppen** bezogen. Sie orientieren sich in diesem Rahmen zunächst am „durchschnittlichen" Kind oder Jugendlichen. Dennoch gibt es individuelle Unterschiede, die bei der Wahrnehmung der Aufsichtspflicht beachtet werden müssen: Welche Interessen bestehen? Was ist kognitiv leistbar? Was für eine Selbstständigkeit kann erwartet werden? Was kann vermittelt werden? Was kann ab einem bestimmten Alter erwartet werden? usw. Je nachdem wie stark die „Abweichungen" sind, muss die Aufsichtspflicht anders wahrgenommen werden.

Beispiel: Es kann sein, dass ein Jugendlicher, der sich nicht an die vorgegebenen Regeln hält, intensiver zu kontrollieren und zu betreuen ist, als ein 8-jähriges Kind, das sich wesentlich regelkonformer verhält.

Ein weiterer Faktor, der nicht zu unterschätzen ist, ist die konkrete **Situation** (z. B. Umgebung, Aktivität, Stimmung unter den Personen), in der sich die Kinder oder Jugendlichen befinden. Beim Zusammensein in der vertrauten Umgebung eines Gruppenraums im Gemeindehaus, wo die Gefahren und Probleme für die Mitarbeitenden bekannt und leichter beherrschbar sind, müssen diese die Aufsichtspflicht anders wahrnehmen als bei einer Fahrradtour, bei der die Teilnehmenden größeren und nur bedingt vorhersehbaren Gefahren ausgesetzt sind. Bei der Planung von Aktivitäten und Unternehmungen müssen deshalb potenzielle Gefahren für die Kinder und Jugendlichen wahrgenommen werden.

Beispiel: Wenn ein Lagerfeuer mit der Gruppe geplant wird, können die Mitarbeitenden sich in der Vorbereitung notieren, was den Kindern oder Jugendlichen mitgeteilt werden muss, um Gefahren, die beim Umgang mit offenem Feuer entstehen, abzuwenden.

Einen Einfluss hat auch die **Gruppengröße**. Es gibt keine gesetzlichen Vorschriften, auf wie viele Personen eine Betreuungsperson kommen soll. Eine Orientierungshilfe können die Betreuungsschlüssel für die Bezuschussung pädagogischer Betreuer gemäß den Landesjugendplänen sein. Als primärer Grundsatz gilt, dass mindestens zwei Mitarbeitende eine Gruppe leiten sollten (siehe Kapitel A 2.2.8).
Die maximal sinnvolle Zahl der Teilnehmenden einer Gruppe sollte sich nicht nur nach der tatsächlichen Nachfrage, sondern auch nach dem Alter und dem Sozialverhalten der Kinder oder Jugendlichen richten. So bedauerlich es ist, wenn man Kinder zurückweisen muss, weil zu wenig Mitarbeitende zur Verfügung stehen oder diese mit den Eigenheiten der Kinder oder Jugendlichen nicht zurechtkommen, so gefährlich wäre es auch, Aufsichtspflichten zu übernehmen, die man faktisch nicht adäquat wahrnehmen kann.

Zu beachten ist, dass es bei mehr als zwei Gruppenleitenden auch unter diesen Mitarbeitenden zu einem eigenen Gruppenprozess kommen kann. Konkurrenzverhalten und Machtdenken können sich einschleichen, es kann zum Streit unter den Mitarbeitenden kommen. Dieser Gruppenprozess wirkt sich wiederum auf das Gruppenverhalten aus. Gibt es unter den Mitarbeitenden keinen Konsens über aufgestellte Regeln, werden die Teilnehmenden dies vermutlich ausnutzen. Alle Mitarbeitenden haben ihre persönlichen Grenzen (in Bezug auf Pädagogik, Moral, Ängste usw.), die die Teilnehmenden u. U. ausreizen und den Mitarbeitenden die Kontrolle der Gruppe zusätzlich erschweren.

Die Mitarbeitenden sollten die individuellen Grenzen der zu beaufsichtigenden Personen erkennen und deren Verhalten einschätzen können. Die Mitarbeitenden bedürfen letztlich einer gewissen Portion Fingerspitzengefühl, wie viel pädagogische Freiräume den Teilnehmenden zugestanden werden können und wo es gefährlich wird.

Beispiel: Die Mitarbeitenden müssen damit rechnen, dass sich Jugendliche gefährliche Gegenstände wie Stilette, Schlagringe, Knallkörper usw. leicht beschaffen können. Sollen die Teilnehmenden vor der Gruppenstunde oder während des Zeltlagers „durchsucht" werden? Oder darf stets auf die „Harmlosigkeit" der Kinder und Jugendlichen vertraut werden?

Die Mitarbeitenden haben aber nicht das Recht, Minderjährige wie die Sorgeberechtigten zu „erziehen", sondern lediglich die Pflicht der Umsetzung der übertragenen Personensorge. Das Kind oder der/die Jugendliche soll seine/ihre Persönlichkeit entfalten können. Der pädagogische Ansatz muss sein, das selbstständige und verantwortungsbewusste Handeln zu fördern. Je mehr ein Kind oder ein Jugendlicher / eine Jugendliche einsichtsfähig und verantwortungsbewusst ist, umso weniger sind dauernde Kontrollen und Einschränkungen im Rahmen der Aufsichtspflicht wahrzunehmen, es besteht sozusagen eine Wechselbeziehung: *„Aufsicht und Überwachung müssen um so intensiver sein, je geringer der Erfolg der Erziehung ist"* (LG Bielefeld, Urteil vom 28.09.1995, Az. 22 S 184/95) Neben diesen pädagogischen Einschätzungen müssen die Mitarbeitenden umfassend die Regelungen der einschlägigen Gesetze kennen, z. B. des Jugendschutzgesetzes (JuSchG) oder von Teilen des Bürgerlichen Gesetzbuches (BGB) sowie Strafgesetzbuches (StGB). Das bedeutet nicht, dass sie diese Vorschriften auswendig zitieren können müssen, es genügt, wenn ihr Sinn verstanden, verinnerlicht und dann quasi automatisch umgesetzt wird.

3 ANFORDERUNGEN AN DIE ERFÜLLUNG DER AUFSICHTSPFLICHT

3.1 Konkretisierung der Aufsichtspflicht

In den Gesetzen steht nicht, wie die Aufsichtspflicht konkret wahrgenommen werden muss. Eine Orientierungsmöglichkeit sind aber die Gerichtsurteile, die zu einzelnen Fällen gesprochen wurden und aus denen sich meist allgemeine Regeln ergeben, die auf andere, ähnliche Situationen angewandt werden können.

So findet sich in einem Bundesgerichtshofsurteil aus dem Jahr 1984 ein grundsätzlicher Hinweis des Senats, wie die Aufsichtspflicht wahrzunehmen ist: *„Das Maß der gebotenen Aufsicht bestimmt sich nach Alter, Eigenart und Charakter des Kindes sowie danach, was Jugendleitern in der jeweiligen Situation zugemutet werden kann. Entscheidend ist, was ein verständiger Jugendleiter nach vernünftigen Anforderungen unternehmen muss, um zu verhindern, dass das Kind selbst zu Schaden kommt oder Dritte schädigt."* (Urteil des Bundesgerichtshofs (BGH) vom 10.07.1984, Az. VI ZR 273/82, in NJW 1984, S. 2574-2576)

3.1.1 Information, Belehrung und Warnung

Aufgrund der Vorbereitung und eventuellen Ortserkundung ist den Mitarbeitenden bekannt, auf welche Gefahren und Möglichkeiten die Teilnehmenden hingewiesen werden müssen.

In diesem Zusammenhang ist die sog. Verkehrssicherungspflicht zu erwähnen (vgl. Kapitel A 6.2.7.1): Es gibt Gefahrenquellen, die schon bestehen (z. B. nach winterlichem Regen Glatteis auf dem Weg zum Gemeindehaus und es ist nicht gestreut – Rutschgefahr), oder solche, die durch das Verhalten der Gruppe oder einzelner Personen erst geschaffen werden (wenn z. B. Teilnehmende Wasser verschütten und es nicht beseitigt wird – Rutschgefahr). Die Problematik der Verkehrssicherungspflicht hat u. U. Auswirkungen auf die Aufsichtspflicht, wenn die Gefahren bekannt sind und dennoch weder beseitigt werden noch wenigstens auf sie hingewiesen wird. Ein weiteres Urteil des BGH umschreibt die Verkehrssicherungspflicht folgendermaßen: *„... derjenige, der Gefahrenquellen ,schafft', d. h. sie selbst hervorruft oder sie in seinem Einflussbereich andauern lässt, [hat] alle nach Lage der Dinge erforderlichen Sicherungsmaßnahmen zu treffen, damit sich die potenziellen Gefahren nicht zum Schaden anderer Personen auswirken können"* (BGH, Urteil vom 21.05.1985, Az. VI ZR 235/83). Je nachdem wie sich die Gefahrenquelle darstellt, die nicht beseitigt werden kann, sind die Teilnehmenden und potenziellen Gäste, Besucher und Passanten zu warnen, evtl. müssen Warnhinweise angebracht oder das Gefahrengebiet sogar gesperrt werden.

Beispiel: Die Jugendleiterin führt mit ihrer Jugendgruppe auf dem kircheneigenen Außengelände ein Geländespiel durch. Einige Jugendliche verstecken sich auf einem alten Baum am Rande des Geländes, neben dem ein öffentlicher Weg vorbeiführt; die Jugendleiterin beobachtet sie und stellt fest, dass mehrere Äste des Baums offenbar morsch und kurz vor dem Abbrechen sind. Sie hat nun nicht nur dafür zu sorgen, dass die Jugendlichen um ihrer eigenen Sicherheit Willen sofort und vorsichtig wieder hinunterklettern, sie muss – auch wenn ihre primäre Aufgabe die Wahrnehmung der Aufsichtspflicht ist – als Mitarbeiterin des Grundstückseigentümers ebenfalls veranlassen, dass das zuständige Pfarrbüro sofort informiert wird und ggf. – je nach Gefährdungslage und ihren faktischen Möglichkeiten – mögliche Passanten auf dem Weg vor herabfallenden Ästen gewarnt werden. Auch wenn die Gemeindeleitung (oder eine speziell beauftragte Person) für die Verkehrssicherung zuständig ist, kann man der Jugendleiterin zumuten, ihre Gemeinde auf die von ihr erkannte Gefahrenquelle hinzuweisen. Was aber konkret und mit welcher Priorität zu tun ist, kann nur vor Ort in Kenntnis der Gesamtumstände entschieden werden.

Die Mitarbeitenden haben die Teilnehmenden umfassend auf mögliche Gefahren hinzuweisen, zu warnen und Risiken vorausschauend zu erkennen. Je gefährlicher oder ungewöhnlicher die Situationen sind, desto eindringlicher muss die Information und die Belehrung sein. Die Belehrung muss für die Teilnehmenden verständlich, umfassend, nachvollziehbar und inhaltlich richtig sein. Hierbei sind die Teilnehmenden dort abzuholen, wo sie mit ihrem Sozialverhalten (gemäß Alter, Reife, Einsichtsfähigkeit, Charakter usw.) stehen. Werden Belehrungen nicht ausreichend verstanden, so sind diese zu wiederholen. Zeigen sich die Teilnehmenden der Belehrung nicht zugänglich, so ist diese ebenfalls zu wiederholen. Außerdem sind Belehrungen regelmäßig „aufzufrischen", wenn damit gerechnet werden muss, dass in der speziellen Atmosphäre einer Veranstaltung Gebote und Verbote schnell in den Hintergrund geraten können. Das LG Landau hatte in einem Urteil zur Haftung im Rahmen einer Freizeit (mit 10- bis 13-Jährigen) ausgeführt, dass eine einmalige Belehrung (z. B. vor Unfallgefahren oder davor, keine strafbaren Handlungen wie Ladendiebstahl oder Beschädigung von Gegenständen zu begehen) nur zu Beginn dieser Freizeit nicht ausreichend ist, sondern öfters wiederholt werden muss (LG Landau, Urteil vom 16.06.2000, Az. 1 S 105/00).

Das Zusammensein in einer Gruppe oder auf einer Freizeit usw. funktioniert nur, wenn für die gemeinsame Zeit Regeln aufgestellt und Vereinbarungen getroffen werden. Die Regeln, die zwischen Mitarbeitenden und Teilnehmenden vereinbart sind, können auch schriftlich festgehalten und so aufbewahrt werden, dass sie von den Teilnehmenden jederzeit eingesehen werden können (z. B. auf einem Flipchart). Auch wenn dies keine echten rechtlichen Auswirkungen hat, können die minderjährigen Teilnehmenden diese Vereinbarungen aus pädagogischen Gründen unterschreiben. Dadurch fühlen sie sich ernst genommen und sind subjektiv eher an die Regeln gebunden. Oft gehen so einer Vereinbarung Diskussionen mit den Teilnehmenden voraus, in denen die hypothetischen oder faktischen Probleme benannt werden. Die Moderation durch die Mitarbeitenden erfordert rhetorisches Geschick, um Konsens unter den Betroffenen zu erreichen. Eine Vereinbarung basiert immer auf Gegenseitigkeit, d. h. auch die Mitarbeitenden müssen gewisse Verpflichtungen beisteuern. Wenn z. B. auf der Freizeit ein Alkohol- und Rauchverbot vereinbart wird, dann müssen sich nicht nur die Teilnehmenden, sondern auch die Mitarbeitenden daran halten.

Werden vereinbarte Regeln übertreten, müssen die Mitarbeitenden handeln. Die von den Mitarbeitenden bei Regelverstößen vorgenommenen Sanktionen müssen für die Teilnehmenden nachvollziehbar sein. Voraussetzung ist, dass sich die Mitarbeitenden zuvor untereinander abgesprochen haben, denn die Teilnehmenden merken sehr schnell, wenn Uneinigkeit unter ihnen herrscht. Ein „Gegeneinanderausspielen" ist zu vermeiden, denn dies untergräbt die Autorität der Mitarbeitenden gegenüber den Teilnehmenden. Die Gefahr von Aufsichtspflichtverletzungen steigt!

Von folgenden Überlegungen sollten sich Mitarbeitende leiten lassen, wenn sie auf einen Regelverstoß reagieren wollen:

- Wurde von mir in der Vorbereitung alles getan, um Schäden/Körperverletzungen zu vermeiden?
- Welche Regeln wurden mit den Teilnehmenden abgesprochen?
- Wurde von mir umfassend informiert?
- Habe ich auf mögliche Gefahren hingewiesen?
- Ist von den Teilnehmenden alles verstanden worden?
- Was muss wiederholt und in anderen Worten vermittelt werden?

3.1.2 Sorgfältige Überwachung

Die Mitarbeitenden müssen im Rahmen des Möglichen ständig überprüfen, ob die Belehrungen von den Teilnehmenden verstanden und Warnungen befolgt werden. Werden diese nicht befolgt, so sind sie umgehend zu wiederholen. Es wird dabei unterscheiden zwischen genereller Überwachungspflicht und der Überwachung aus konkretem Anlass:

Bei der **generellen Überwachungspflicht** müssen die Mitarbeitenden bei den Teilnehmenden präsent oder in erreichbarer Nähe sein. Zu berücksichtigen sind pädagogische Aspekte, denn ein Kind oder ein Jugendlicher / eine Jugendliche hat auch ein Recht auf Entfaltung seiner/ihrer Persönlichkeit. Eine generelle Überwachungspflicht äußert sich darin, das Verhalten eines Kindes oder eines/einer Jugendlichen ständig zu überwachen („Rund-um-die-Uhr-Überwachung"). Sie ist im Regelfall nicht geboten (vgl. nur BGH, Urteil vom 15.11.2012, Az. I ZR 74/12), pädagogisch nicht zu vertreten und den Mitarbeitenden auch nicht zumutbar. Das Ziel, einen jungen Menschen zum selbstständigen und verantwortungsbewussten Handeln heranzuführen, schließt im Prinzip eine umfassende Reglementierung aus. Die Mitarbeitenden haben deshalb immer abzuwägen zwischen der unbedingt notwendigen Überwachung und dem wünschenswerten Freiraum der Teilnehmenden. Das bedeutet, dass eine generelle Überwachungspflicht zwar immer Teil der Aufsichtspflicht ist, dieser jedoch nicht absolut und umfassend im Sinne einer dauerhaften „Beschattung" nachgekommen werden muss.

Dagegen ist für die Mitarbeitenden die **Überwachung aus konkretem Anlass** nicht nur leistbar, sondern auch geboten. Sie müssen beim Spiel in der Gruppe, bei der Radtour im Straßenverkehr, bei Bergtouren, beim Schwimmen, beim Geländespiel usw. die jeweils akuten Gefährdungen und die entsprechenden Ge- und Verbote benennen und überwachen. Dazu gehören die Beachtung von Verkehrsregeln, das Nichtverlassen von steilen Bergwegen, die Einhaltung von Bade- und Spielregeln usw. Zur Überwachung gehört auch, dass sich die Kinder und Jugendlichen beim aktuellen Programmangebot nicht selbst in Gefahr bringen oder überfordert sind. Wenn so etwas eintritt, muss entweder die Aktivität abgebrochen oder wenn möglich das Gefahrenpotenzial minimiert werden (z. B. durch Änderung der Spielregeln, Wahl eines anderen Abstiegs beim Bergwandern). Wenn nur Einzelne aus der Gruppe betroffen sind, müssen für diese gesonderte Lösungen gefunden werden. Es ist eine bewährte Grundregel, dass sich die Gruppe auf den Schwächsten / die Schwächste einstellt – übrigens auch ein pädagogischer Auftrag der Mitarbeitenden, der Gruppe dieses Solidaritätsprinzip zu vermitteln.

Von folgenden Überlegungen sollten sich Mitarbeitende leiten lassen, wenn sie Minderjährige überwachen müssen:

- Bin ich darüber informiert, wo die Teilnehmenden sich befinden und was sie aktuell tun?
- Werden die Informationen und Regeln, die ich mitgeteilt hatte, aktuell auch eingehalten?
- Muss ich eingreifen? Wenn ja, wie ist eine nachhaltige Korrektur möglich, damit die Teilnehmenden ihr Verhalten ändern?
- Müssen ich und die anderen Mitarbeitenden dauernd (im Sinne einer permanenten Überwachung) bei den Teilnehmenden sein?

3.1.3 Verbot

Ein Verbot ist von den Mitarbeitenden auszusprechen, wenn die Belehrung und Warnung von den Teilnehmenden aus Unfolgsamkeit nicht beachtet wird und sie daher sich selbst oder andere gefährden. Hier geht es vor allem um die Fälle, in denen Minderjährige bestimmte Handlungen nicht unterlassen, obwohl sie diesbezüglich objektiv überfordert sind, weil sie die notwendigen Fertigkeiten nicht besitzen (z. B. Kreissäge bedienen, Fahrradwettfahrten im Straßenverkehr, Messerwerfen).

Ein ausgesprochenes Verbot muss überprüft werden können und mit zumutbaren Mitteln durchsetzbar sein. Hier können die Mitarbeitenden bei Kindern oder Jugendlichen sicherlich an Grenzen stoßen. Daher kann es sinnvoll sein, schon in der Vorbereitung Rücksprache mit übergeordneten Stellen bzw. Leitungspersonen des Veranstalters zu halten, welche Konsequenzen einerseits pädagogisch gewünscht und andererseits rechtlich vertretbar gezogen werden dürfen.

Von folgenden Überlegungen sollten sich Mitarbeitende leiten lassen, wenn sie ein Verbot aussprechen wollen:

- Werden die Informationen und Regeln, die ich mitgeteilt hatte, nicht beachtet und Warnungen nicht befolgt?
- Ist ein Eingreifen durch ein Verbot angemessen? Wenn ja, wie ist das Verbot zu formulieren, dass es zu einer nachhaltigen Korrektur des Verhaltens der Teilnehmenden führt?
- Müssen ich und die anderen Mitarbeitenden die Einhaltung des ausgesprochenen Verbots permanent überwachen?
- Muss ich im Einzelfall (umsetzbare) Konsequenzen androhen, um dem Verbot Nachdruck zu verleihen?

3.1.4 Unmöglichmachen der schadensgeneigten Handlung

Hier geht es zwar um die sicherste Möglichkeit der Schadenverhütung, allerdings auch um den stärksten Eingriff in die Handlungsfreiheiten der Teilnehmenden. Eine gefährliche Handlung wird unmöglich gemacht durch körperliches Eingreifen, also z. B. das Sicherstellen eines Mofas, weil die jugendliche Fahrerin oder der jugendliche Fahrer zu viel Alkohol genossen hat. Auch das Nachhauseschicken von Teilnehmenden ist möglich. Diese Maßnahmen sind von den Mitarbeitenden nur zu ergreifen, wenn Teilnehmende für Belehrungen nicht empfänglich sind und Verbote permanent nicht beachtet werden oder wenn ein schwerer Schaden zu befürchten oder sehr wahrscheinlich ist. Teilnehmende können nur nach Hause geschickt werden, wenn sichergestellt ist, dass sie von den Sorgeberechtigten empfangen werden. In Kapitel C 2.5.3 wird erläutert, wie bei Freizeiten vorzugehen ist, wenn Teilnehmende nach Hause geschickt werden müssen.

Von folgenden Überlegungen sollten sich Mitarbeitende leiten lassen, wenn sie eine Handlung durch körperliches Eingreifen unmöglich machen wollen:

- Müssen die Teilnehmenden tatsächlich ihr Verhalten ändern oder gibt es eine andere Lösung?
- Welche Vorkehrungen muss ich zum Schutz der Teilnehmenden bzw. Dritter treffen, wenn ich feststelle, dass ausgesprochene Verbote nicht eingehalten werden?
- Muss ich sehr aktiv eingreifen oder genügt ein zurückhaltendes Tätigwerden?
- Habe ich Konsequenzen angedroht? Muss ich diese nur umsetzen, um meine Glaubwürdigkeit zu bewahren?
- Ist mein Handeln „ultima ratio" (das letzte verfügbare Mittel)?

3.2 Folgen einer Aufsichtspflichtverletzung

Trotz sorgfältigster und verantwortlicher Leitung und Führung einer Gruppe oder Freizeit kann es zu Personen- und Sachschäden kommen. Dann kann zum einen eine zivilrechtliche Schadensersatzverpflichtung bestehen (§§ 823 ff. BGB), zum anderen kann ein Straftatbestand erfüllt sein und der Staat seinen Strafanspruch verwirklichen. Juristisch sind Strafrecht und Zivilrecht getrennt zu behandeln.

Werden die oben beschriebenen Anforderungen an die Aufsichtspflicht von den Mitarbeitenden beachtet, so kann davon ausgegangen werden, dass sie ihrer Aufsichtspflicht genügen. Die Mitarbeitenden haben bei zivilrechtlichen Auseinandersetzungen aufgrund der Beweislastumkehr des § 832 Abs. 1 S. 2 BGB immer den Entlastungsbeweis zu führen, dass keine Aufsichtspflichtverletzung vorliegt (siehe Kapitel B 1.2.2). Im Strafrecht gilt selbstverständlich auch für Mitarbeitende die Unschuldsvermutung: Jede Person gilt als unschuldig, bis der Staat, vertreten durch die Recht sprechenden Gerichte, die Schuld festgestellt hat.

Ist ein Schaden entstanden, ohne dass sich ein Mitarbeiter / eine Mitarbeiterin einer Verletzung der Aufsichtspflicht schuldig gemacht hat oder weil der Schaden (trotz Aufsichtspflichtverletzung) auch sonst entstanden wäre, ist er/sie nicht schadensersatzpflichtig. Damit bestehen gute Chancen, dass er/sie auch strafrechtlich nicht zur Verantwortung gezogen wird; eine Garantie ist dies jedoch nicht.

3.2.1 Zivilrechtliche Haftung

Zu ersetzen sind grundsätzlich alle Schäden, die infolge der Verletzung der Aufsichtspflicht entstanden sind. Dabei ist in zweierlei Richtungen zu prüfen:

Zunächst ist zu differenzieren, wo bzw. bei wem der Schaden eingetreten ist. Der wichtigste Fall ist der, dass der Schaden bei einem Dritten oder an dessen Sachen eingetreten ist. Wenn dieser Schaden aufgrund einer Verletzung der Aufsichtspflicht durch Teilnehmende entstanden ist, ist das der klassische Fall, den § 832 BGB regelt (vgl. Kapitel B 1.2.2). Selbstverständlich darf aber auch an der Person der minderjährigen Teilnehmenden selbst und an ihren Sachen kein Schaden entstehen (z. B. Verletzung durch Unfall, Gesundheitsgefährdung durch vernachlässigte Hygiene, Drogenkonsum, Verleitung zu großzügiger Geldausgabe, Beschädigung der Kleidung). In diesen Fällen folgt eine Haftung des/der Mitarbeitenden unmittelbar aus § 823 BGB: *„Wer vorsätzlich oder fahrlässig das Leben, den Körper, die Gesundheit, die Freiheit, das Eigentum oder ein sonstiges Recht eines anderen widerrechtlich verletzt, ist dem anderen zum Ersatz des daraus entstehenden Schadens verpflichtet"* (§ 823 Abs. 1 BGB). *„Die gleiche Verpflichtung trifft denjenigen, welcher gegen ein den Schutz eines anderen bezweckendes Gesetz verstößt. Ist nach dem Inhalte des Gesetzes ein Verstoß gegen dieses auch ohne Verschulden möglich, so tritt die Ersatzpflicht nur im Falle des Verschuldens ein"* (§ 823 Abs. 2 BGB).

Daneben ist auch von Bedeutung, wer für den entstandenen Schaden haftet. Neben der Haftung des/der Mitarbeitenden aus §§ 823, 832 BGB wegen der Verletzung der

Aufsichtspflicht haftet grundsätzlich auch der Veranstalter den Geschädigten gegenüber aufgrund der deliktischen Haftungstatbestände der §§ 31, 831 BGB sowie im Rahmen der vertraglichen Haftung (über §§ 280, 278 BGB). Den Geschädigten, z. B. den Sorgeberechtigten minderjähriger Kinder oder Jugendlicher, steht es grundsätzlich frei, Ersatzansprüche wahlweise an den Veranstalter oder an die Mitarbeitenden zu richten; bei beiden tritt eine sog. gesamtschuldnerische Haftung ein (§§ 840 Abs. 1, 421 BGB).). I. d. R. werden zunächst aus prozesstaktischen Gründen und zur Vermeidung von Insolvenzrisiken alle Verantwortlichen gemeinsam in Anspruch genommen.

Eine Gesamtschuld liegt immer dann vor, wenn ein Gläubiger (also ein Anspruchsinhaber) seinen Anspruch aufgrund eines Vertrags oder einer gesetzlichen Regelung gegenüber mehreren Schuldnern geltend machen kann und jeder dieser Schuldner (solange noch kein anderer geleistet hat) verpflichtet ist, komplett zu leisten. Im Bürgerlichen Gesetzbuch (BGB) ist der wichtigste Fall (neben der Bürgenhaftung des § 769 und der Vormundhaftung gemäß § 1833 Abs. 2) der genannte Fall des § 840 Abs. 1, wenn ein Schaden durch eine unerlaubte Handlung mehrerer Personen entstanden ist. Dabei kann der Schaden nur einmal geltend gemacht werden. Natürlich müssen, wenn einer der Schuldner geleistet hat, die übrigen ihm dies dann „zu gleichen Teilen" ausgleichen (§ 426 BGB), soweit sie vertraglich nichts anderes vereinbart haben. Allerdings kann im Rahmen der Kinder- und Jugendarbeit der Veranstalter – was die Regel sein wird – auf den internen Ausgleich verzichten. Dem/der Mitarbeitenden steht insoweit sogar ein entsprechender Anspruch auf Freistellung von der Haftung gegenüber dem Veranstalter zu (siehe Kapitel A 2.1.3). Nur in Fällen vorsätzlicher oder grob fahrlässiger Verletzung der Aufsichtspflicht besteht dieser interne Ausgleichsanspruch nicht, vielmehr kann der Veranstalter sich dann den Schaden, den er dem Geschädigten ersetzt hat, von dem/der Mitarbeitenden vollständig erstatten lassen (Regress fordern).

3.2.2 Strafrechtliche Folgen

Unabhängig von der zivilrechtlichen Haftung der Mitarbeitenden ist eine strafrechtliche Verfolgung (i. d. R. aufgrund der Vorschriften des Strafgesetzbuches (StGB)) möglich, und zwar v. a. in folgenden Fällen:

- bei Unfällen mit Körperverletzung (z. B. §§ 223 ff. StGB) oder mit tödlichem Ausgang (z. B. fahrlässige Tötung, § 222 StGB)
- wenn Minderjährige eine strafbare Handlung begehen, weil sie nicht ausreichend beaufsichtigt wurden
- wenn Mitarbeitende selbst eine strafbare Handlung begehen (z. B. sexueller Missbrauch von Schutzbefohlenen, § 174 StGB)

Auch durch ein Unterlassen dort, wo (auch pädagogisches) Eingreifen durch den Mitarbeiter oder die Mitarbeiterin notwendig wäre, kann er/sie die Aufsichtspflicht verletzen und sich strafbar machen (z. B. Unterlassen trotz Nothilfepflicht, § 323c Abs. 1 StGB). Der oder die Mitarbeitende muss u. U. mit Freiheits- oder Geldstrafe rechnen.

Grundlagen der Aufsichtspflicht

Kinder oder Jugendliche
in der Gruppe, bei Veranstaltungen, Freizeiten bzw. Reiseangeboten usw.
mit ihrem **Alter,** ihrer **Reife,** ihrer **Eigenart** und ihrem **Charakter**

Kinder oder Jugendliche
**sollen selbst keinen
Schaden nehmen**

Kinder oder Jugendliche
**sollen niemandem
einen Schaden zufügen**

**Konkretisierung der Aufsichtspflicht
für mitarbeitende, beauftragte Personen**
> Belehrung und Warnung
> Sorgfältige Überwachung
> Verbot
> Unmöglichmachen
   der schadensgeneigten Handlung

**dennoch
Schadensereignis**

Folgen bei einer Aufsichtspflichtverletzung

Zivilrechtliche Haftung
Zu ersetzen sind grundsätzlich alle Schäden,
die infolge der Verletzung der Aufsichtspflicht entstanden sind.

Der Veranstalter
kann, sofern er sie
abgeschlossen hat,
entsprechende
Versicherungen
einschalten.

Der Veranstalter
kann bei Vorsatz
oder grober Fahrläs-
sigkeit in seltenen
Fällen Regress beim
dem/der Mitarbei-
tenden nehmen.

Den Entlastungsbeweis hat der oder die
Mitarbeitende zu führen. Unberührt von
der strafrechtlichen Seite kann allerdings
unter Umständen die vertragliche Haftung
bestehen bleiben.

Strafrechtliche Folgen
Unabhängig von der
zivilrechtlichen Haftung
kann eine strafrechtliche
Verfolgung möglich sein.

Beispiele
• Unfälle mit Körperver-
letzung oder tödlichem
Ausgang
• Mitarbeitende
begehen selbst eine
strafbare Handlung
• Mitarbeitende führen
eine Gefahr für die Teil-
nehmenden herbei

3.2.3 Betriebshaftpflichtversicherung

Bei einer Aufsichtspflichtverletzung können die finanziellen Folgen bei Personen- und Sachschäden sehr hoch sein (zivilrechtliche Haftung). I. d. R. haben Veranstalter bzw. ihre Organisationen verschiedene Versicherungen abgeschlossen (siehe Kapitel A 6.2.7), um sich gegen Ersatzansprüche finanziell abzusichern.

Kommt es zu einem strafrechtlichen Verfahren und ein Mitarbeiter oder eine Mitarbeiterin wird von einem Strafgericht rechtskräftig verurteilt, so ist in jedem Fall die vom Gericht ausgesprochene Strafe von der verurteilten Person selbst zu tragen. Eine Versicherung gibt es hierfür nicht. Der Veranstalter darf die Geldstrafe nicht übernehmen, da im rechtlichen Sinne dann Strafvollstreckungsvereitlung gemäß § 258 Abs. 2 StGB vorliegen und der Versicherer sich strafbar machen würde.

3.2.4 Schutzauftrag: das Wohl von Kindern und Jugendlichen fördern

Im Mittelpunkt des § 8a SGB VIII steht der Schutzauftrag bei Gefährdung des Wohles von Kindern oder Jugendlichen. Die Regelungen in diesem Paragraph richten sich an die Träger der offenen Jugendhilfe (Jugendämter) und weisen auf die Möglichkeit der Vereinbarungen mit den Trägern der freien Jugendhilfe hin (§ 8a Abs. 4 SGB VIII).

Die Jugendämter „müssen" solche Vereinbarungen nicht zwingend abschließen, „sollen" es aber – d. h. sie dürfen es nur im Ausnahmefall ablehnen, müssen hierbei aber eine (gerichtlich überprüfbare) Ermessensentscheidung zugrunde legen (vgl. Kapitel A 2.1.7.2). Die Träger der freien Jugendhilfe (z. B. Wohlfahrtsverbände, Jugendringe, Jugendverbände, Kirchen) dagegen sind in ihrer Entscheidung, zumindest juristisch betrachtet, frei. Die Vereinbarungen, die die Träger der offenen Jugendhilfe mit den Trägern der freien Jugendhilfe treffen, sind so gestaltet, dass die Inhalte des § 8a Abs. 4 SGB VIII (Schutzauftrag bei Kindeswohlgefährdung) und § 72a SGB VIII (Beschäftigung mit dem erweiterten Führungszeugnis) in einem Vertrag zusammengefasst werden.

Bei Bestehen einer Vereinbarung ist auch der Träger der freien Jugendhilfe (ohne Ermessensspielraum!) verpflichtet, bei Bekanntwerden einer Gefährdung von Kindern oder Jugendlichen mit dem Jugendamt zusammenzuarbeiten. In dieser Vereinbarung ist u. a. geregelt, dass die hauptamtlichen Fachkräfte des Trägers der freien Jugendhilfe bei Anhaltspunkten der Gefährdung von Kindern oder Jugendlichen eine Gefährdungseinschätzung vorzunehmen haben und eine weitere „... erfahrene Fachkraft beratend hinzugezogen wird ..." (§ 8a Abs. 4 Nr. 2 SGB VIII), um den wirksamen Schutz der Kinder oder Jugendlichen zu erzielen. Hat ein Träger staatlich anerkannte Sozialarbeiter/Sozialarbeiterinnen oder Sozialpädagogen/Sozialpädagoginnen angestellt, gelten gemäß § 4 SGB VIII zusätzlich die Regeln des Gesetzes „Kooperation und Information im Kinderschutz (KKG)". Eine erfahrene Fachkraft hat eine Zusatzausbildung als „Kinderschutzfachkraft". Entsprechende Informationen bzw. Listen dieser qualifizierten Personen erhält der Träger vom Jugendamt oder von den Verbandszentralen bzw. Kirchengemeinden. Nach § 8b Abs. 1 SGB VIII haben Hauptamtliche in der Jugendarbeit „... *bei der Einschätzung einer Kindeswohlgefährdung im Einzelfall gegenüber dem örtlichen Träger der Jugendhilfe [Jugendamt] Anspruch auf Beratung durch eine insoweit erfahrene Fachkraft.*" Ehrenamtliche wenden sich an die Vertrauensperson bzw. -stelle ihrer Organisation (siehe Kapitel B 3.2.4.4). Sollte diese Möglichkeit nicht vorhanden sein, dann ist es notwendig, Kontakt mit einer erfahrenen Fachkraft aufzunehmen.

Träger der freien Jugendhilfe, die keine Vereinbarung nach § 8a Abs. 4 SGB VIII haben, sind in Deutschland als Jugendverbände Mitglied im Deutschen Bundesjugendring e. V. Dieser hat im Jahr 2006 seinen Mitgliedern empfohlen, dass „... *die Kinder- und Jugendverbände auch weiterhin nachdrücklich ihre Präventionsmechanismen ausbauen und weiterentwickeln ...*"[8] sollen. Empfohlen wird, freiwillig das Anliegen und die Zielsetzungen der §§ 72a, 8a SGB VIII umzusetzen. Die Jugendverbände setzen diese Empfehlungen um und haben entsprechende Konzepte entwickelt. Dazu gehören:

3.2.4.1 Schulung der Mitarbeitenden
- Sensibilisierung für das Thema Kindeswohlgefährdung
- Schulung aller ehrenamtlich und hauptamtlich Mitarbeitenden, die mit Kindern und Jugendlichen sowie schutzbefohlenen Erwachsenen zu tun haben
- Aufnahme des Themas in die Juleica-Ausbildung (siehe Kapitel A 3.1.1).

3.2.4.2 Erweitertes Führungszeugnis
In Kapitel A 2.1.7 wurde schon auf das erweiterte Führungszeugnis für hauptamtlich und ehrenamtlich Mitarbeitende eingegangen, die mit Kindern und Jugendlichen sowie schutzbefohlenen Erwachsenen zu tun haben.

3.2.4.3 Verpflichtungserklärung
Nicht nur als Alternative zur Einholung des erweiterten Führungszeugnisses, sondern auch unabhängig davon ist es sehr empfehlenswert, dass alle ehrenamtlich und hauptamtlich Mitarbeitenden eine Verpflichtungserklärung unterschreiben.
Der Inhalt und die Wortwahl einer solchen Erklärung kann selbst entwickelt werden; es gibt keine Vorlagen für Verpflichtungserklärungen, die für die Organisationen verbindlich wären. Vielmehr hat jeder Verband seine eigenen Verpflichtungserklärungen und Richtlinien entwickelt. Im Alltag der Kinder- und Jugendarbeit werden diese Verpflichtungserklärungen hauptsächlich im Rahmen der Präventionsschulungen unterschrieben. Die Kursleitung bestätigt, welche Inhalte vermittelt wurden. Die Mitarbeitenden bestätigen ihre Teilnahme durch Unterschrift und versichern, dass keine strafrechtliche Verurteilung im Zusammenhang mit sexualisierter Gewalt besteht oder ein Strafverfahren anhängig ist. Diese Erklärung erhält der/die Mitarbeitende. Haupt-

---

8 Vorstandsbeschluss des DBJR vom 31.05.2006: www.dbjr.de/fileadmin/user_upload/pdf-dateien/Positionen/2006/2006_DBJR-Position_46_Empfehlung_KJHG.pdf (Linkzugriff im März 2018)

amtliche in der Kinder- und Jugendarbeit legen sie ihrem Arbeitgeber vor, der sie zur Personalakte nimmt. Ehrenamtliche legen sie ebenfalls den Verantwortlichen der Organisation vor, wenn sie aufgrund ihrer Aufgaben mit Kindern und Jugendlichen in direkten Kontakt kommen. Spontan Mitarbeitende, die an keiner Präventionsschulung teilnehmen konnten (z. B. bei einer Freizeit), sollten von den zuständigen Mitarbeitenden in die Grundsätze der Prävention eingewiesen und dazu belehrt werden und anschließend die Verpflichtungserklärung unterschreiben. Das jeweilige Konzept bezüglich des Schutzes des Kindeswohls kann ein Qualitätsmerkmal des Vereins, Jugendverbands oder der kirchlichen Jugendarbeit sein.

3.2.4.4 Vertrauensstelle

Die meisten Organisationen haben entweder auf lokaler oder auf Landesebene ein anonymes Vertrauenstelefon eingerichtet. Die Mitarbeitenden dieser Vertrauensstelle sind zur Verschwiegenheit verpflichtet und unterstützen die anrufenden Mitarbeitenden, Kinder und Jugendlichen mit ihrer Fachkompetenz. Das Telefon sollte möglichst dauerhaft besetzt sein oder zumindest zu Zeiten, in denen auch Ehrenamtliche anrufen können (z. B. am Abend). Eine weitere Möglichkeit ist das Aufsuchen von Fachberatungsstellen.

3.2.4.5 Frühzeitiges Handeln: Grenzverletzungen

Das Gewaltthema muss sehr differenziert betrachtet werden, da nicht alles strafrechtlich relevant ist. Eine wichtige Rolle spielen hier die Grenzverletzungen, die gar nicht durch einen Straftatbestand des StGB erfasst sind, z. B. Geringachtung: Sie liegen vor, wenn Minderjährige eine Situation erleben, in der sie sich subjektiv verletzt fühlen, obwohl eine tatsächliche (objektive) Gewalteinwirkung noch gar nicht unbedingt festgestellt werden kann. In der Gemeinschaft, beim Sport, beim Spiel lassen sich Grenzverletzungen manchmal nicht vermeiden. Es ist mit Situationen zu rechnen wie eine unbedachte Bemerkung, eine grobe Berührung, ein Schubsen, ein Auslachen, weil jemand sich ungeschickt verhalten hat. Auch alltägliche sexuelle Kontexte (Witze, Sprüche, Blicke, Frivolitäten u. Ä.) werden von Menschen und v. a. von Kindern und Jugendlichen manchmal verletzender oder intimer wahrgenommen, als sie gemeint sind. Entscheidend ist, wie Betroffene und Mitarbeitende mit solchen verletzlichen Situationen umgehen.

Wenn Mitarbeitende nicht reagieren und Grenzverletzungen Dritter tolerieren, nimmt das respektvolle Miteinander ab und die Grenzverletzungen nehmen zu. Die Mitarbeitenden haben deshalb eine wichtige pädagogische Aufgabe, solche Grenzverletzungen wahrzunehmen, zu verhindern oder adäquat mit ihnen umzugehen. Wird ein grenzverletzendes Verhalten (z. B. anzügliche Bemerkungen, häufiges Sprechen über sexuelle Intimitäten) trotz Widerstand des Betroffenen oder seiner Mitmenschen (wie das Ermahnen, das Zurechtweisen und Verbieten) nicht unterlassen, kann dies als sexueller Übergriff gewertet werden und auch arbeitsrechtliche Folgen haben bzw. zu einem Tätigkeitsverbot führen. Wenn Mitarbeitende ihre Vormachtstellung als Gruppenleitende gegenüber Minderjährigen ausnutzen, um diese zu sexuellen

Handlungen o. Ä. zu bewegen, könnte der Tatbestand des *„sexuellen Missbrauchs von Schutzbefohlenen"* (§ 174 StGB) vorliegen.

3.2.4.6 Konkretisierung der Gefährdung des Wohls von Kindern und Jugendlichen

Das Wohl von Kindern und Jugendlichen ist gefährdet, *„wenn das geistige, körperliche oder seelische Wohl eines Kindes oder Jugendlichen gefährdet ist, die Erziehungsberechtigten nicht bereit oder in der Lage sind, die Gefahr abzuwenden und so mit hoher Wahrscheinlichkeit schwere Schädigungen zu erwarten sind."*[9] Diese Definition bezieht die gesamten Probleme der Minderjährigen ein, die teilweise häufig sehr selektiv wahrgenommen werden; es geht aber nicht nur um sexuellen Missbrauch oder sexuelle Gewalt, sondern auch um sonstige körperliche Gewalt, psychisch-seelische Misshandlung, Vernachlässigung jeglicher Art und das Vorenthalten entscheidender Entwicklungschancen.

Bei vielen Selbstverpflichtungen, die Mitarbeitende eingehen, steht eher der sexuelle Missbrauch oder die sexuelle Gewalt im Fokus. Es müssen aber noch weitere Gefährdungen der Kinder und Jugendlichen von den Mitarbeitenden beachtet werden (s. o.). Zu den bereits genannten kommen Dinge wie die Drogenproblematik, Mobbing, Ritzen und dergleichen mehr. So etwas kann nur rechtzeitig festgestellt werden, wenn die Mitarbeitenden das soziale Verhalten und vor allem Auffälligkeiten der Minderjährigen beobachten. Viele Einrichtungen der offenen und freien Jugendhilfe haben zu diesen Themen online zugängliche Arbeitshilfen herausgebracht, weshalb hier nicht näher darauf eingegangen wird (s. u. weiterführende Praxistipps).

Wichtig für Mitarbeitende ist, dass sie vorbereitet sind, wenn die Frage akut wird, was zu tun ist, wenn

- verbale oder körperliche sexuelle Übergriffe zwischen Teilnehmenden in der Gruppe, auf Freizeiten usw. stattfinden.
- ein Verdacht besteht, dass ein Kind oder ein Jugendlicher / eine Jugendliche misshandelt, vernachlässigt oder sexuell missbraucht wird oder häusliche Gewalt vorliegt.
- ein Kind oder ein Jugendlicher / eine Jugendliche von erlebten Misshandlungen, Drogensucht, den negativen Zuständen zu Hause o. Ä. erzählt.
- ein Verdacht besteht oder bestätigt wird, dass von einer Vertrauensperson oder einem/einer Mitarbeitenden ein Missbrauch stattfindet.

Merke: Vertraut ein Kind oder ein Jugendlicher / eine Jugendliche einer ehrenamtlich oder hauptamtlich mitarbeitenden Person seine/ihre erlebten Grenzverletzungen an,

---

9 Kommunalverband für Jugend und Soziales Baden-Württemberg: KVJS Ratgeber. Kinderschutz in der Offenen Kinder- und Jugendarbeit, Stuttgart ²2017, 8 – zum Download unter www.kvjs.de/fileadmin/publikationen/ratgeber/2017-Ratgeber-Schutzauftrag._barrierefrei.pdf (Linkzugriff im März 2018)

kann es notwendig sein, professionelle Hilfe hinzuzuziehen. Der/die Mitarbeitende soll dem Kind, dem/der Jugendlichen verständlich machen, dass er/sie dieses Anvertraute nicht für sich behalten kann, da bei diesem Sachverhalt Unterstützung durch Dritte notwendig wird.

Die hier genannten Themen machen deutlich, dass es keine einfachen Lösungen gibt. Auf jeden Fall muss sehr verantwortungsbewusst und besonnen reagiert werden. Die betroffenen Kinder und Jugendlichen müssen nicht noch mehr „Verletzungen" erfahren. Mitarbeitenden wird empfohlen, professionelle Hilfen in Anspruch zu nehmen, um sachgerechte Entscheidungen treffen zu können. Sofort eine Anzeige zu erstatten, könnte nicht immer dem Wohl der Kinder oder Jugendlichen förderlich sein. Wichtig ist, dass die Mitarbeitenden wissen, dass sie in solchen Situationen nicht allein sind und an wen sie sich ohne Ängste und Scheu wenden können.

Nachweise und weiterführende Praxistipps

- Müller, Petra / Heimann, Katja (Hg.): Menschenskinder, ihr seid stark! Prävention vor sexueller Gewalt in der evangelischen Kinder- und Jugendarbeit, Evangelisches Jugendwerk in Württemberg e. V. und CVJM-Landesverband Württemberg e. V., Stuttgart [2]2012 – Download: www.ejwue.de/service/praevention-sexuelle-gewalt (Linkzugriff im März 2018)
- Fegert, Jörg / Hoffmann, Ulrike / König, Elisa / Niehues, Johanna / Liebhardt, Hubert (Hg.): Sexueller Missbrauch von Kindern und Jugendlichen. Ein Handbuch zur Prävention und Intervention für Fachkräfte im medizinischen, psychotherapeutischen und pädagogischen Bereich, Springer, Berlin 2014
- Handlungsempfehlung „Was tun ...?": www.bdkj.info/service/materialien (Linkzugriff im März 2018)
- Hilfeportal Sexueller Missbrauch des Arbeitsstabs des Unabhängigen Beauftragten für Fragen des sexuellen Kindesmissbrauchs – Liste von Fachstellen: www.hilfeportal-missbrauch.de (Linkzugriff im März 2018)
- Initiative Habakuk – Für die Rechte junger Menschen. Rechte haben, Recht bekommen: www.initiative-habakuk.de (Linkzugriff im März 2018)
- Zartbitter e. V. – Kontakt- und Informationsstellen gegen sexuellen Missbrauch an Mädchen und Jungen: www.zartbitter.de (Linkzugriff im März 2018)
- Unabhängiger Beauftragter für Fragen des sexuellen Kindesmissbrauchs; hier die Themen Grooming und Sexting in der Expertise „Sexualisierte Grenzverletzungen und Gewalt mittels digitaler Medien": www.beauftragter-missbrauch.de/presse-service/hintergrundmaterialien (Linkzugriff im März 2018)

Beispiele für Verpflichtungserklärungen

- www.kvjs.de/fileadmin/dateien/jugend/rundschreiben_formulare_arbeitshilfen/rundschreiben/ Rundschreiben_2014/Anlage_2_a_Muster_fuer_eine_Selbstverpflichtungserklaeru.pdf (Linkzugriff im März 2018)
- www.ejwue.de/fileadmin/ejwue/upload/2009-05-ejw-cvjm-selbstverpflichtung.pdf (Linkzugriff im März 2018)
- www.bdkj.info/fileadmin/BDKJ/bdkj-dioezesanstelle/Downloads/RZ_Leporello_RS.pdf (Linkzugriff im März 2018)

4 SONDERFRAGEN DER AUFSICHTSPFLICHT

4.1 Sexualdelikte gegenüber Kindern und Jugendlichen

„Straftaten gegen die sexuelle Selbstbestimmung" lautet die Überschrift der §§ 174 – 184j im Strafgesetzbuch (StGB). Im Umgang der Geschlechter miteinander werden sexuelle Handlungen in Form des sexuellen Missbrauchs, der sexuellen Nötigung sowie der Vergewaltigung unter Strafe gestellt. Die Tatbestände der Nötigung und Vergewaltigung in § 177 StGB sind sexuelle Handlungen, die gegen den Willen einer Person vorgenommen werden, wobei eine Vergewaltigung durch (vaginales, orales oder anales) Eindringen in den Körper qualifiziert ist. Auch Handlungen, die keine sexuelle Handlung im Sinne des StGB sind (vgl. hierzu § 184h Nr. 1 StGB), können sexualstrafrechtlich relevant sein, nämlich dann, wenn sie den Straftatbestand der sexuellen Belästigung erfüllen. Strafbar macht sich, *„wer eine andere Person in sexuell bestimmter Weise körperlich berührt und dadurch belästigt [...]. Ein besonders schwerer Fall liegt in der Regel vor, wenn die Tat von mehreren gemeinschaftlich begangen wird"* (§ 184i Abs. 1 und 2 StGB). Strafbar sind ebenso Taten aus Gruppen (§ 184j StGB). Dies kann z. B. der Fall sein beim zielgerichteten Berühren der weiblichen Brust oder das Kneifen in den Po einer Frau oder unnötiger Körperkontakt beim Sport.

Aus Gründen der Übersichtlichkeit werden im Folgenden nur die strafrechtlich relevanten Vorschriften besprochen, die in der Kinder- und Jugendarbeit von besonderer Bedeutung sind.

4.1.1 Allgemeines zum sexuellen Missbrauch durch Mitarbeitende

Das StGB stellt Kinder und Jugendliche bis zur Volljährigkeit gegenüber Volljährigen und anderen ihnen überlegenen oder „vorgesetzten" Menschen (z. B. Gruppenleitende) unter besonderen Schutz. Zwischen den Leitungspersonen und den Teilnehmenden besteht eine Abhängigkeit und Vertrauensbeziehung, die die Leitenden ausnutzen können. Ohne Altersbegrenzung stellt § 174c StGB alle Personen, die behindert, suchtkrank sowie geistig oder seelisch krank sind, unter besonderen Schutz vor sexuellem Missbrauch, nicht zuletzt durch Mitarbeitende, denen sie anvertraut sind. Auch widerstandsunfähige Personen stehen unter besonderem Schutz. Sollte eine Person, die keinen Widerstand leisten kann (z. B. weil sie behindert, suchtkrank, geistig oder seelisch krank ist), von einer anderen Person sexuell missbraucht werden, dann sieht § 177 Abs. 2 StGB Freiheitsstrafen vor.

In diesem Zusammenhang wird eine drastische Besonderheit des deutschen Sexualstrafrechts deutlich: Es gibt mehr einschlägige Tatbestandsalternativen (gesetzliche Fälle), bei denen aufgrund ihrer Intensität bereits im Mindestmaß eine Freiheitsstrafe vorgesehen ist, als solche, bei denen auch die Möglichkeit einer Geldstrafe vorgesehen ist.

4.1.2 Sexueller Missbrauch von Kindern

Die häufigsten Verurteilungen[10] gibt es wegen des sexuellen Missbrauchs von Kindern (bis 14 Jahren) gemäß § 176 StGB. Diese Norm droht erhebliche Strafen an, wenn der/die volljährige oder strafmündige Täter/Täterin sexuelle Handlungen an einem Kind vornimmt, solche durch ein Kind an sich oder an einem anderen vornehmen lässt oder auch dafür verantwortlich ist, dass ein Kind sexuelle Handlungen eines Dritten an sich vornehmen lässt.

Strafbar ist es hiernach auch, sich durch ein Kind beobachten zu lassen, während man sexuelle Handlungen an sich selbst oder einem anderen vornimmt. Weiterhin ist es verboten, Kinder bewusst mit pornografischen Bildern, Filmen, Liedern, Witzen zu konfrontieren. Für den sexuellen Missbrauch eines Kindes ist also nicht einmal Körperkontakt notwendig; bestraft wird schon der bewusste Versuch, beim Kind sexuelles Erleben zu erzeugen bzw. es zu eigenen sexuellen Handlungen anzuregen. Schon allein der Versuch, also das unmittelbare Ansetzen zur Tat, ist in fast allen Fällen strafbar! Seit einiger Zeit ist in diese Norm auch die Bestrafung derjenigen Person aufgenommen, die einer anderen Person ein Kind lediglich zum Missbrauch anbietet oder diesem nur verspricht, Kontakt zu irgendeinem Kind herzustellen, um dieses missbrauchen zu können.

An dieser Stelle muss nicht erläutert werden, was sexuelle Handlungen sind und wie Pornografie definiert ist, es sollte eine Selbstverständlichkeit für alle Jugendlichen und Erwachsenen sein, dass Kinder unter 14 Jahren nie zum Objekt eigener sexueller Triebe werden dürfen. Wer dies – aus welchen Gründen auch immer – nicht beachten kann, muss mit hohen Freiheitsstrafen bis zu zehn Jahren, schlimmstenfalls mit lebenslanger Freiheitsstrafe (beim sexuellen Missbrauch von Kindern mit Todesfolge, § 176b StGB) rechnen und mit dem kaum wiederzuerlangenden Verlust von gesellschaftlichem Ansehen und wirtschaftlicher Existenz.[11]

---

10 www.destatis.de/DE/Publikationen/Thematisch/Rechtspflege/StrafverfolgungVollzug/StrafverfolgungfrueheresBundes
gebietPDF_5243101.pdf?__blob=publicationFile (Linkzugriff im März 2018)
11 Aktualisiert aus: Müller, Petra / Heimann, Katja (Hg.): Menschenskinder, ihr seid stark! Prävention vor sexueller Gewalt in der evangelischen Kinder- und Jugendarbeit, Evangelisches Jugendwerk in Württemberg e. V. und CVJM-Landesverband Württemberg e. V., Stuttgart ²2012 – zum Download unter www.ejwue.de/service/praevention-sexuelle-gewalt (Linkzugriff im März 2018)

Zu beachten ist: Kommt es zu sexuellen Kontakten zwischen einem/einer Jugendlichen (älter als 14 Jahre) oder einem/einer Erwachsenen und einem Kind (unter 14 Jahren) und die Mitarbeitenden dulden dies, so kann der oder die Mitarbeitende wegen Beihilfe zur Tat zur Verantwortung gezogen werden (§ 27 StGB).

4.1.3 Sexueller Missbrauch von Jugendlichen

Doch auch Jugendliche jenseits der oben beschriebenen absoluten Schutzaltersgrenze von 14 Jahren werden vom Gesetz besonders geschützt: § 182 StGB regelt die Sanktionen beim sexuellen Missbrauch von Jugendlichen. Diese Norm, auch als „Wer-darf-mit-wem-Paragraph" verharmlost und missverstanden, stellt verschiedene Fallgruppen dar, in denen – abhängig vom Alter des Täters / der Täterin und des Opfers – sexuelle Handlungen an und von Jugendlichen bestraft werden. Dies geschieht jeweils unter den Gesichtspunkten

- Ausnutzen einer Zwangslage
- Prostitution
- Fehlende Fähigkeit des Opfers zur sexuellen Selbstbestimmung

Die neueste Fassung der Norm lässt erkennen, dass die Schutzaltersgrenze von 16 Jahren in mehreren Bereichen mittlerweile auf 18 Jahre angehoben wurde, z. B. beim Ausnutzen einer Zwangslage von Jugendlichen oder wenn Jugendliche sich dem Täter / der Täterin oder aufgrund Einwirkung des Täters / der Täterin einer anderen Person gegenüber prostituieren. Auch in diesen Fällen sind die angedrohten Strafen erheblich, wobei hier – je nach Einzelfall – auch Geldstrafen möglich sind und als Höchststrafe fünf bzw. drei Jahre angedroht werden.

Gerade für Gruppenleitende und sonstige Aufsichtsführende in der Kinder- und Jugendarbeit, nicht zuletzt bei Reisen mit Übernachtung, ist es wichtig zu wissen, dass es auch eine Vorschrift gibt, die die sog. Förderung sexueller Handlungen Minderjähriger mit Strafe belegt (§ 180 StGB). Hier geht es – wiederum unterteilt nach Schutzaltersstufen und verschiedene Fallgestaltungen – um das sog. „Vorschubleisten" und das „Bestimmen" zu sexuellen Handlungen. „Vorschubleisten" ist das konkrete Schaffen günstiger Bedingungen für sexuelle Handlungen; das kann ggf. strafbar sein, selbst wenn es gar nicht zu solchen Handlungen kommt. „Bestimmen" ist jedes weitere vorsätzliche Verursachen der sexuellen Handlungen, selbst nur das reine Wecken von Neugier.

Leider haben als eine Folge der Möglichkeiten des kaum zensierbaren Internets auch Ermittlungsverfahren und Verurteilungen wegen der Straftatbestände Erwerb, Verbreitung und Besitz kinderpornografischer Schriften (§§ 184, 184b StGB) und jugendpornografischer Schriften (§ 184c StGB) in den letzten Jahren stark zugenommen. Der Tatbestand ist nach höchstrichterlicher Auffassung bereits erfüllt, wenn die Schriften (zu denen nach § 11 Abs. 3 StGB auch Darstellungen wie Bilder und Filme gehören) nur temporär auf einem Datenträger (PC, Tablet, Smartphone usw.) nachgewiesen werden können, selbst wenn kein bewusster Speichervorgang erfolgte.[12]

Sexualkontakte bei Jugendlichen unter dem Gesichtspunkt des Strafgesetzbuches
Diese Tabelle gibt einen altersbezogenen Überblick. Dieser Überblick kann nur angewandt werden, wenn

- kein Entgelt geleistet wird (§ 180 StGB; z. B. Prostitution, Missbrauch)
- kein Abhängigkeitsverhältnis vorliegt (§§ 174 ff. StGB; z. B. Mitarbeitende – Teilnehmende)
- die Sexualpartnerin oder der Sexualpartner nicht widerstandsunfähig ist (§ 177 StGB; z. B. ohnmächtig, stark betrunken, psychisch beeinträchtigt)
- keine Gewalt angewandt wird (einvernehmlicher Geschlechtsverkehr)

Alter	unter 14 Jahren	ab 14 bis 17 Jahren	ab 18 bis 21 Jahren	ab 22 Jahren
unter 14 Jahren	verboten*	verboten	verboten	verboten
von 14 bis 17 Jahren	verboten	erlaubt, jedoch mit Einschränkungen**	erlaubt, jedoch mit Einschränkungen**	erlaubt, jedoch mit Einschränkungen**
von 18 bis 21 Jahren	verboten	erlaubt, jedoch mit Einschränkungen**	erlaubt	erlaubt
ab 22 Jahren	verboten	erlaubt, jedoch mit Einschränkungen**	erlaubt	erlaubt

* verboten, aber straffrei, da beide nicht strafmündig
** einvernehmlicher Geschlechtsverkehr

4.1.4 Mehr als Sexualität

4.1.4.1 Gemeinsame Unterbringung

Die gemeinsame Unterbringung Unverheirateter (z. B. auf einer Freizeit) ist bei Minderjährigen ab 16 Jahren möglich (Schutzaltersgrenze, § 180 Abs. 1 StGB) und bei Volljährigen spricht rechtlich nichts dagegen. Für Minderjährige ist gemeinsame Unterbringung in einem Zimmer grundsätzlich nicht empfehlenswert, selbst wenn es juristisch und u. a. aufgrund der Einwilligung der Sorgeberechtigten möglich ist. Damit ein Veranstalter diesbezüglich mehr Sicherheit hat, sollten die Sorgeberechtigten dieser gemischtgeschlechtlichen Unterbringung in einem Zimmer schriftlich zustimmen.

12 a. a. O.

Das Risiko der Förderung sexueller Handlungen (s. o.) durch Mitarbeitende muss in diesem Fall bedacht werden.

Der oder die Mitarbeitende kann auch das Zusammenwohnen unverheirateter volljähriger „Teilnehmendenpaare" unterbinden. Solche Entscheidungen beruhen regelmäßig auf einer speziellen pädagogischen und/oder religiösen Grundvorstellung und Freizeitkonzeption des Veranstalters, auf die er/sie sich natürlich jederzeit berufen darf (was aber ggf. reiserechtliche Konsequenzen haben kann). Wichtig hierbei ist, dass diese Regeln schon bei Vertragsschluss (Pauschalreisevertrag, Freizeitanmeldung) klar vereinbart sind. Es wäre fatal, wenn ein Paar erst während der Reise „getrennt" würde, ohne dass es zuvor davon wusste. Im Ausland ist wie immer die Rechtsordnung des jeweiligen Gastlandes zu beachten; hier sollte kein Risiko eingegangen werden.

Sollte es bei einer Unternehmung mit Minderjährigen z. B. auf einer Skihütte für die Übernachtung nur große Schlafräume geben, was zuvor nicht bekannt war, so greift § 180 StGB hier noch nicht. Eine nach Geschlechtern getrennte Unterbringung ist faktisch nicht möglich. Was aber umsetzbar sein dürfte, ist, den Raum in Bereiche nach Geschlechtern und Altersgruppen einzuteilen. Sollte jedoch schon bei der Vorbereitung einer Unternehmung diese Art von Unterbringung bekannt sein, ist es ratsam, die Sorgeberechtigten darüber zu informieren und das entsprechende Einverständnis einzuholen.

4.1.4.2 Behauptungen oder Verdächtigungen

Mitarbeitende in der Kinder- und Jugendarbeit stehen in einer besonderen Stellung zu den Kindern und Jugendlichen. Nicht auszuschließen ist deshalb die Gefahr, dass teilnehmende Kinder oder Jugendliche bewusst Behauptungen oder Verdächtigungen erfinden, um den Veranstalter und einzelne Mitarbeitende zu denunzieren (schlechtes Essen, sexuelle Belästigung usw.). In solch einer Situation müssen die Betroffenen sehr besonnen reagieren und sich ggf. bei einem Rechtsanwalt rechtlich beraten lassen. Letztendlich müssen die Betroffenen den Entlastungsbeweis erbringen.

Genauso dürfen Mitarbeitende Ärger oder Frust nicht durch Beleidigung, üble Nachrede, falsche Tatsachenbehauptungen oder Verdächtigungen usw. (persönlichkeitsschützende Normen im Strafrecht) an den Kindern und Jugendlichen auslassen.

4.1.4.3 Das gefühlte Geschlecht

In der Kinder- und Jugendarbeit müssen sich Mitarbeitende sowohl mit der eigenen Sexualität auseinandersetzen als auch mit der der Teilnehmenden. Mitarbeitende werden es im Rahmen der Problematik der verschiedenen sexuellen Orientierungen insbesondere mit den Themen Gender Mainstreaming und Transsexualität zu tun haben, deshalb wird hier kurz darauf eingegangen. Mit der Umsetzung des Themas Gender Mainstreaming (siehe Kapitel A 2.1.6) rückt die Thematik der sexuellen Identität in den Vordergrund. Die Bundesarbeitsgemeinschaft der Jugendämter hat sich mit dieser Problematik im Jahr 2003 auseinandergesetzt und u.a. beschlossen: „*Haupt- und ehrenamtlich in der Jugendhilfe Tätige sollen im Rahmen von Aus- und Fortbildung zum Thema sexuelle Orientierung qualifiziert werden, und zwar im Kontext einer allgemeinen Wertschätzung von Vielfalt, von Respekt vor dem Anderen, von Erziehung zu Gemeinschaftsfähigkeit sowie von Prävention von Diskriminierung und Gewalt.*"[13] Es geht bei diesem Thema „Queere Jugendliche" u. a. um Personen, die nicht eindeutig dem männlichen oder weiblichen Geschlecht zugeordnet werden können. Diese Personen bezeichnen sich als intersexuelle Menschen. Deshalb wurde in Deutschland das Personenstandsgesetz geändert. Das Geschlecht muss nicht mehr in die Geburtsurkunde aufgenommen werden. Das Bundesverfassungsgericht entschied weiterhin mit Urteil vom 10.10.2017, 1 BvR 2019/16, dass intersexuelle Menschen ein Recht auf ein drittes Geschlecht haben, wodurch das Personenstandsrecht erneut geändert werden muss. Eine weitere Form ist die Transsexualität. Das sind Menschen, die sich als Frau oder Mann fühlen und dieses Geschlecht auch leben, obwohl die Geschlechtsmerkmale und die körperlichen Details dem des anderen Geschlechtes entsprechen. Sollten junge Menschen in der Kinder-/Jugendgruppe hiervon betroffen sein, so werden die Mitarbeitenden zunächst vermutlich nichts davon erfahren, wenn es nicht gerade zu einem persönlichen Gespräch kommt. Spätestens bei mehrtägigen Unternehmungen mit Übernachtung jedoch müssen sich Mitarbeitende damit auseinandersetzen und ggf. Übernachtungslösungen finden, wenn sich ein junger Mensch outet (bzw. geoutet wird). Diese Lebenssituationen sind ernst zu nehmen und dürfen unter juristischen Gesichtspunkten keinesfalls zu Diskriminierung führen.

4.2 Jugendschutz

Auch wenn Gefahren für das Wohl von Kindern und Jugendlichen keine neue Erscheinung sind, so sind sie heute vielgestaltiger und umfangreicher denn je. Nicht nur die allgegenwärtige Reizüberflutung der Kinder und Jugendlichen durch die Medien bedarf einer staatlichen Regulierung, der Gesetzgeber will junge Menschen auch konkret vor gefährlichen Orten, Situationen und Handlungen schützen. Es geht ihm hierbei nicht darum, die Freiheiten der Minderjährigen einzuschränken und nur den Volljährigen ein „Mehr" zu ermöglichen. Vielmehr geht der Gesetzgeber von der Überzeugung aus, dass Minderjährige bestimmte Gefährdungen nicht (oder jedenfalls nicht im gleichen Maß wie Volljährige) einschätzen und sich vor ihnen schützen können. Um dies auszugleichen, hält der Staat für die Minderjährigen den Schutzschild des Jugendschutzes bereit, der sich somit **nicht gegen die Jugendlichen** richtet, sondern **gegen deren Gefährdungen** von außen. Es sind also letztlich die Volljährigen, die durch den Jugendschutz eingeschränkt werden, auch wenn man sich als Kind oder Jugendlicher/Jugendliche einer erwachsenen Bevormundung oder gar „Freiheitsberaubung" ausgesetzt fühlt. Die Aufgabe des Jugendschutzes besteht laut Bundesverwaltungsgericht (BVerwG) darum darin, die geistig-seelische Entwicklung

---

13 www.bagljae.de/downloads/089_sexuelle-orientierung_2003.pdf (Linkzugriff im März 2018)

der Minderjährigen entsprechend des Menschenbildes des Grundgesetzes (GG) zu schützen (BVerwG 77, S. 75, 82). Auch aus Art. 2 Abs. 1 i. V. m. Art. 1 Abs. 1 GG ergibt sich nämlich das Recht der Kinder und Jugendlichen auf ungestörte Persönlichkeitsentwicklung. Dazu kommt Art. 6 Abs. 1 S. 2 GG, der primär den Eltern das Erziehungsrecht zuspricht.

4.2.1 Gesetze, die den Jugendschutz beinhalten oder bewirken

Die spezifischen Vorschriften zum Jugendschutz ergeben sich aus dem Jugendschutzgesetz (JuSchG) und dem Jugendmedienschutz-Staatsvertrag der Bundesländer (JMStV). Auch der JMStV hat in den Ländern (als Landesrecht) Gesetzesrang (www. jugendschutzlandesstellen.de – Linkzugriff im März 2018). Zweck des Staatsvertrags ist gemäß § 1 JMStV *der einheitliche Schutz der Kinder und Jugendlichen vor Angeboten in elektronischen Informations- und Kommunikationsmedien, die deren Entwicklung oder Erziehung beeinträchtigen oder gefährden, [...]."* Als rechtsdogmatische Grundlage ist jedoch bereits unsere Verfassung, das Grundgesetz anzusehen.

Nachweise und weiterführende Praxistipps
- Erläuterungen zum Jugendschutzgesetz:
  www.bmfsfj.de/BMFSFJ/kinder-und-jugend,did=5350.html (Linkzugriff im März 2018)

4.2.2 Grundkenntnisse des Jugendschutzgesetzes

Grundkenntnisse des JuSchG sind für alle Mitarbeitenden unerlässlich, denn es regelt spezielle Maßnahmen zum Schutz der Jugend „in der Öffentlichkeit". Und Kinder- und Jugendarbeit ist in aller Regel eine öffentliche Sache (siehe Kapitel A 1.1.3). Ziel und Aufgabe des JuSchG ist das „Wohl" von Kindern und Jugendlichen. „Wohl" ist ein unbestimmter Rechtsbegriff, hinter dem sich umfassend das körperliche, geistige und seelische Wohlergehen verbirgt. Bewegen sich Minderjährige in der gesellschaftlichen Öffentlichkeit, so sind sie dem Einfluss der Familie, also auch Eltern bzw. Sorgeberechtigten, mehr oder weniger entzogen, auf sich allein gestellt und fremden, ihnen oft kaum bekannten Kräften ausgesetzt. Das JuSchG beschäftigt sich daher nicht nur mit dem Aufenthalt von Kindern und Jugendlichen an Orten, an denen sie gefährdet sind, sondern auch sehr speziell mit konkreten (ansonsten legalen) Handlungen, die ihnen gegenüber nicht oder nur eingeschränkt vorgenommen oder erlaubt werden dürfen: dem Verkauf, der Abgabe und dem Konsum von Tabak und Alkohol sowie der Abgabe (Verkauf oder Verleih) von Filmen und Computerspielen. Als „bedingt" gefährlich wird, je nach den Umständen, der Aufenthalt in Gaststätten, bei Tanzveranstaltungen (Diskotheken!), bei Filmveranstaltungen sowie in Spielhallen u. ä. Räumen reglementiert.

Die Vorschriften wenden sich nicht in erster Linie an Minderjährige, vielmehr sind es zunächst Gewerbetreibende, Veranstalter usw., die Kindern und Jugendlichen unter bestimmten Voraussetzungen etwas überlassen oder erlauben dürfen oder eben nicht. Aber – und das ist im Rahmen der Kinder- und Jugendarbeit wichtig – auch die erziehungsbeauftragte Person (vgl. Kapitel B 4.2.4) muss dafür sorgen, dass die

Minderjährigen den im JuSchG genannten Gefährdungen nicht ausgesetzt werden. Alle mit der Erziehung der Kinder und Jugendlichen beauftragten Personen (sogar die Eltern!) können nach dem JuSchG sanktioniert werden, wenn auch unter engeren Bedingungen. Bußgelder werden gemäß § 28 Abs. 4 JuSchG gegen diese Erziehungspersonen verhängt, wenn sie ein entsprechendes Verhalten von Kindern oder Jugendlichen zumindest herbeiführen oder fördern. Allerdings wird ihnen nur vorsätzliches Handeln oder Unterlassen zugerechnet; Veranstalter, Gewerbetreibende usw. dagegen müssen sich schon für Fahrlässigkeit verantworten.

Strafen für Verstöße, die sich auf jugendgefährdende „Trägermedien" (vgl. Kapitel B 4.2.11.1) beziehen, können sogar jedermann treffen (also nicht nur Veranstalter, Gewerbetreibende usw.) – was bedeutet, dass die Nichtkenntnis bzw. Missachtung dieser Vorschriften auch bei ehrenamtlich Mitarbeitenden im schlimmsten Fall dazu führen kann, einer Freiheitsstrafe (bis zu einem Jahr) oder Geldstrafe ausgesetzt zu sein (vgl. § 27 JuSchG).

4.2.2.1 Jugendschutz und der Begriff der Öffentlichkeit

Das JuSchG verwendet immer wieder den Begriff der Öffentlichkeit, den es allerdings nicht definiert. Glücklicherweise wird der Begriff an anderen Stellen sehr konkret erklärt (z. B. in § 15 Abs. 3 UrhG, siehe Kapitel E 1.1.3), und zwar dahingehend, dass eine Veranstaltung dann öffentlich ist, wenn die Besucherzahl nicht begrenzt ist und die Besucher auch nicht durch persönliche Beziehungen untereinander oder mit dem Veranstalter verbunden sind. Im Jugendschutz versteht man unter Öffentlichkeit darum die faktische, unbeschränkte Zugänglichkeit für Jedermann. Keine Öffentlichkeit liegt vor, wenn ein Ort oder eine Veranstaltung eindeutig privat ist (also nur einer konkreten Familie bzw. einem konkreten Freundeskreis offen steht) oder wenn die potenziellen Besucher ebenso konkret schon vorher bestimmt bzw. bestimmbar waren (z. B. aufgrund einer abschließenden Gästeliste). Liesching/Schuster definieren den Begriff der Öffentlichkeit im Zusammenhang mit §§ 9 und 10 JuSchG (Abgabe von alkoholischen Getränken und Tabakwaren sowie Rauchen in der Öffentlichkeit) folgendermaßen: *„Unter Öffentlichkeit sind alle allgemein zugänglichen Straßen, Wege, Plätze, Anlagen und Passagen usw. sowie auch alle öffentlich zugänglichen Gebäude und Einrichtungen zu verstehen. Auch der Versand auf Bestellung [z. B. Tabakwaren, Alkohol], etwa über das Internet, ist als Abgabe in der Öffentlichkeit anzusehen [...]. Dagegen werden vom allgemeinen Zugang abgeschottete Bereiche wie Werkskantinen, studentische Verbindungshäuser sowie die gesamte Privatsphäre nicht erfasst."*[14]

Beispiel: Wenn eine Jugendgruppe ein Wochenende in einem Freizeitheim zubringt, ist grundsätzlich von einer öffentlichen Veranstaltung auszugehen. Wenn es sich allerdings um eine sehr kleine Gruppe handelt, die schon sehr lange zusammen ist und in der alle Teilnehmenden inkl. der Mitarbeitenden sich gegenseitig gut kennen und

---

14 Liesching, Marc / Schuster, Susanne u. a.: Jugendschutzrecht. Jugendschutzgesetz, Jugend-medienschutz-Staatsvertrag, Vorschriften des Strafgesetzbuchs und des Rundfunkstaatsvertrags, C.H.Beck, München ⁵2011, 68

wenn für diese Wochenendfreizeit auch nicht öffentlich geworben wurde, dann könnte unter Abwägung aller Umstände eine nicht-öffentliche Veranstaltung anzunehmen sein. Sobald jedoch das Freizeitheim zeitgleich auch von anderen Besuchern benutzt wird, so wäre es unzulässig, den Kindern/Jugendlichen dort Alkoholika anzubieten, die nicht von der jeweiligen Schutzaltersgrenze (s. u.) gedeckt sind.

4.2.2.2 Altersstufen und Altersgrenzen
Das JuSchG unterscheidet zwei grundsätzliche Altersstufen:

- unter 14 Jahren (= Kinder)
- von 14 bis 17 Jahren = (Jugendliche)

Eine weitere Altersgrenze von 16 Jahren ist von Bedeutung beim Aufenthalt in Gaststätten, bei Tanz- und Filmveranstaltungen sowie bei der Abgabe alkoholischer Getränke. Bei Filmen und Videospielen spielen noch die Altersgrenzen 6 und 12 Jahre eine Rolle (siehe Kapitel B 4.2.10.1).

4.2.2.3 Verheiratete Jugendliche
Die §§ 2 – 14 JuSchG gelten gemäß § 1 Abs. 5 JuSchG nicht für verheiratete Jugendliche (was in Deutschland theoretisch bereits mit 16 Jahren möglich ist, wenn eine der Personen volljährig ist; vgl. § 1303 Abs. 2 BGB). D. h. bei Tanzveranstaltungen oder Kinobesuchen, in Gaststätten und bezüglich Alkohol und Tabak werden die verheirateten Jugendlichen ausnahmsweise wie Volljährige behandelt – nicht jedoch bei den Trägermedien. Das bedeutet, dass eine verheiratete siebzehnjährige Person bestimmte Filme (FSK 18) zwar nicht kaufen, aber durchaus im Kino ansehen darf. Sie muss dem Wortlaut des Gesetzes nach dabei auch nicht von dem/der volljährigen Ehepartner/Ehepartnerin begleitet werden.

4.2.2.4 Überprüfung und Nachweis des Lebensalters
Auf Verlangen müssen Minderjährige (bzw. jugendlich wirkende Volljährige) ihr Lebensalter „in geeigneter Weise" nachweisen (§ 2 Abs. 2 JuSchG). Dies kann durch Personalausweis, Kinderausweis, Schülerausweis, Führerschein oder Reisepass geschehen. Zwar treffen die Veranstalter, Gewerbetreibenden usw. keine absoluten Altersprüfpflichten, sie müssen sich nur „in Zweifelsfällen" (§ 2 Abs. 1 S. 2 JuSchG) einen Nachweis zeigen lassen. Kann die Person das Alter nicht zur Zufriedenheit nachweisen, so hat die prüfende Person nicht nur das (ohnehin stets bestehende) Recht, sie zurückzuweisen, sondern sogar die Pflicht dazu. Neben dieser relativen Altersprüfpflicht treffen Veranstalter, Gewerbetreibende usw. weitere jugendschutzrechtliche Obliegenheiten:

Genehmigung der Veranstaltung
Wer im Rahmen der Kinder- und Jugendarbeit eine Veranstaltung durchführt und für diese bestimmte Genehmigungen benötigt (z. B. wegen Lärmemissionen bei Tanzver-

anstaltungen, Alkoholausschank), ist in den meisten Fällen auch vom Jugendschutz betroffen. Häufig muss z. B. eine öffentliche Veranstaltung aufgrund der Gewinnerzielungsabsicht und anderer Merkmale als erlaubnispflichtiges Gaststättengewerbe eingeordnet werden. Diese bedarf dann der vorherigen Genehmigung durch die zuständige Ordnungsbehörde (§ 12 GastG). Gaststättenbetreiber haben sich aber an § 4 JuSchG zu orientieren.

Bekanntmachung der Jugendschutzregeln

Der Veranstalter muss die für ihn einschlägigen vom JuSchG festgelegten Regelungen bezüglich der betreffenden Veranstaltung bekannt machen (§ 3 Abs. 1 JuSchG). Dazu muss er bereits im Eingangsbereich (sowie gegebenenfalls auch im Thekenbereich) die jeweiligen – aktuellen – Bestimmungen des JuSchG aushängen. Dies betrifft allerdings nur die Veranstalter gemäß §§ 4 – 13 JuSchG. Für die verbandliche Kinder- und Jugendarbeit ist der Alkoholausschank von Bedeutung. Viele Gemeindehäuser und Vereinsheime fungieren bei bestimmten Veranstaltungen als öffentliche Einrichtungen und verkaufen z. B. bei offenen Veranstaltungen Alkoholika (nach der Gewerbeordnung muss dann eine Schankerlaubnis vorliegen). Es spielt keine Rolle, ob diese Alkoholabgabe nur gelegentlich oder regelmäßig geschieht, im Theken- oder Abgabebereich (der kontrolliert werden muss) sind die entsprechenden Hinweise des JuSchG anzubringen. Keinesfalls dürfen solche Getränke griffbereit z. B. in Kühlschränken lagern, sofern Minderjährige bei einer Veranstaltung als Gäste dabei sind. Gleiches gilt für das Rauchen (§ 10 Abs. 1 JuSchG), sofern dies nicht ohnehin durch die Hausordnung untersagt ist.

Eingangsbereich

Um Alterskontrollen zu gewährleisten, sollte – soweit mit dem Charakter der Veranstaltung einigermaßen vereinbar – im Eingangsbereich eine Art Schleuse (z. B. durch zusammengerückte Tische) installiert werden. So können Besucher auch gezählt werden (sofern zu befürchten ist, dass eine maximal zulässige Besucherzahl überschritten wird). Gegebenenfalls kann hier – je nach Veranstaltung und Gefahrenlage – auch eine Taschenkontrolle durchgeführt werden (das Hausrecht erlaubt dies).

4.2.3 Ausgehen und Aufenthalt an bestimmten Orten

Die sog. „Aufenthaltsverbote" finden sich in den §§ 4 – 8 JuSchG. Es gelten klare Alters- und zeitliche Aufenthaltsbeschränkungen, wenn sich Minderjährige in Gaststätten und bei öffentlichen Tanzveranstaltungen (z. B. in Diskotheken) aufhalten wollen.

4.2.3.1 Jugendgefährdende Orte und Veranstaltungen

Manche Orte in der Öffentlichkeit sind so gefährlich (z. B. Drogenumschlagplätze, Straßenstriche, Sexshops, Bordelle, Großstadtbahnhöfe, Kasernen oder Industriebrachen), dass sich Minderjährige dort gar nicht oder nur zu bestimmten Tageszeiten aufhalten dürfen. Sie sollen daher von solchen *„jugendgefährdenden Orten"* (§ 8 JuSchG) ferngehalten werden, um körperlich, geistig, seelisch und gesellschaftlich nicht auf gefährliche Bahnen zu kommen. Halten sie sich dennoch dort auf, so haben nach § 8 die zuständigen Behörden oder Stellen (Polizei, Jugendamt) die zur Abwendung der Gefahr erforderlichen Maßnahmen zu treffen. Auch darf die Ortspolizei (als zuständige Behörde) die Minderjährigen des Platzes bzw. Ortes verweisen. Einen solchen „Platzverweis" darf sie aber nur mit dem JuSchG begründen, wenn eine konkrete Gefährdung von dem Ort ausgeht. Sofern eine Gefährdung für die öffentliche Sicherheit und Ordnung aber von den Minderjährigen selbst ausgehen würde, müsste ein Platzverweis polizeirechtlich begründet werden, also anhand des jeweiligen Landespolizeigesetzes. Mitarbeitende müssen bei der Planung und Durchführung ihrer Unternehmungen solche Orte von vorneherein meiden bzw. spätestens dann verlassen, wenn sie die Gefährdung erkennen. Dasselbe gilt gemäß § 7 für sog. jugendgefährdende Veranstaltungen und Betriebe.

4.2.3.2 Zeitliche Ausgangssperre

Es gibt keine gesetzliche Ausgangssperre für Minderjährige nach 22 oder 24 Uhr; sie dürfen sich nur nicht an speziellen jugendgefährdenden Orten aufhalten. Hier greift allein das Erziehungs- bzw. das Aufenthaltsbestimmungsrecht der Eltern bzw. Sorgeberechtigten – aber stets unter Beachtung des § 1626 Abs. 2 BGB (siehe Kapitel B 1.1.2).

4.2.4 Personensorge und Erziehungsbeauftragung

Personensorge

Personensorgeberechtigt ist eine Person, der allein oder gemeinsam mit einer anderen Person nach den Vorschriften des Bürgerlichen Gesetzbuches (BGB) die Personensorge zusteht (wie Eltern, Sorgeberechtigte, Pfleger, Vormund, siehe Kapitel B 1.1.1). Der in § 8 erwähnte „Erziehungsberechtigte" (siehe Kapitel B 1.2.1) spielt ansonsten im JuSchG keine Rolle. Die Personensorge umfasst gemäß § 1631 BGB insbesondere die Pflicht und das Recht, das Kind zu pflegen, zu erziehen, zu beaufsichtigen und seinen Aufenthalt zu bestimmen (vgl. Kapitel B 1.1.2).

Erziehungsbeauftragung

Wenn die Eltern u. ä. Vertreter nicht selbst ihr Kind begleiten, was ohnehin zur Folge hat, dass die gesetzlichen Zeitgrenzen nicht gelten, können sie ihr Kind einer „erziehungsbeauftragten" Person anvertrauen. Das bedeutet, dass sie einer volljährigen Person (z. B. Schwester, Bruder, andere Verwandte, Freund/Freundin oder auch Gruppenmitarbeitende) zeitweise oder auf Dauer die Verantwortung für ihr Kind übertragen. Auch auf diesem Weg können somit die gesetzlichen Zeitgrenzen durchbrochen werden. Das gleiche gilt, wenn ein Kind oder ein Jugendlicher / eine Jugendliche im Rahmen der Ausbildung oder der Jugendhilfe betreut wird. Somit sind alle volljährigen Mitarbeitenden, soweit ihnen im Rahmen der Kinder- und Jugendarbeit die Aufsichtspflicht über Minderjährige übertragen wurde, laut Gesetz eine erziehungsbeauftragte Person.

Die Erziehungsbeauftragung ist ein spezieller Fall des Jugendschutzes, also ein Unterfall der Aufsichtspflicht; sie trifft nur Volljährige und greift nur dann, wenn ein Kind oder ein Jugendlicher / eine Jugendliche zu einer jugendgefährdenden Veranstaltung begleitet wird, aber nicht, wenn die Veranstaltung selbst durchgeführt und das Kind oder der/die Jugendliche dabei beaufsichtigt wird.

4.2.4.1 Form der Erziehungsbeauftragung

Soweit es aufgrund des JuSchG vom Vorliegen einer Erziehungsbeauftragung abhängt, ob der gewünschte Kneipen-, Disko- oder Kinobesuch möglich ist, muss der Beauftragte seine Berechtigung „auf Verlangen" darlegen (§ 2 Abs. 1 JuSchG). Die Vorlage der Erziehungsbeauftragung kann durch die Juleica (siehe Kapitel A 3.1.1) geschehen. Soweit möglich, ist es hilfreich, der erziehungsbeauftragten Person eine ausdrückliche Erklärung mitzugeben, so mancher Türsteher, Veranstalter oder Gewerbetreibende wird sich davon leichter überzeugen lassen.

Beispiel: „Hiermit übertragen wir als die personensorgeberechtigten Eltern von [Name] für den Abend des [Datum] bis [Uhrzeit] [Name] als erziehungsbeauftragte Person die Aufsicht über [Name] und verpflichten sie zur Überwachung der Einhaltung der Jugendschutzbestimmungen. Unterschriften [der Sorgeberechtigten]."

4.2.4.2 Überprüfung der Erziehungsbeauftragung

Es kann vorkommen, dass ein Veranstalter, Gewerbetreibender, Türsteher oder Ticketverkäufer weder der mündlich versicherten noch der schriftlich vorgelegten Erziehungsbeauftragung vertraut. Wenn ihm irgendwelche Zweifel z. B. aus dem äußeren (körperlichen) Erscheinungsbild der minderjährigen Person (z. B. kindlich wirkende Gesichtszüge) auftauchen, ist er gesetzlich verpflichtet, zu überprüfen, ob tatsächlich eine wirksam erteilte Beauftragung vorliegt oder ob nicht z. B. ein Vordruck von sorglosen Eltern blanko unterschrieben und anschließend vom Kind (ohne Wissen und Wollen der Eltern) „ergänzt" wurde (vgl. § 2 Abs. 1 S. 2 JuSchG). Aufgrund eines derartigen Sachverhalts erkannte das Oberverwaltungsgericht Bremen in seinem Beschluss vom 26.09.2007, Az. 1 B 287/07 für Recht: Bei der Überprüfung der zugrunde liegenden Vereinbarung muss der Veranstalter (bzw. sein Erfüllungsgehilfe, siehe Kapitel A 2.1.1) alle „zumutbaren" Anstrengungen unternehmen, z. B. gezielt (detektivisch) nachfragen, sich telefonisch bei den Personensorgeberechtigten rückversichern oder das Dokument mit der Erziehungsbeauftragung optisch genau in Augenschein nehmen. Kommt er nach einer solchen gründlichen Prüfung zu der Erkenntnis, dass die Beauftragung reell ist und lässt die Betroffenen ein, so macht er sich nicht bußgeldpflichtig oder strafbar, wenn sich anschließend herausstellt, dass er doch hinters Licht geführt wurde.

4.2.5 Aufenthalt in Gaststätten

Der Aufenthalt in Gaststätten darf Minderjährigen unter 16 Jahren grundsätzlich nur gestattet werden, wenn eine personensorgeberechtigte oder erziehungsbeauftragte

Person sie begleitet; erst ab 16 Jahren dürfen sie ohne Begleitung bis 24 Uhr dort bleiben. Aber kein Grundsatz ohne Ausnahme:

Persönliche Ausnahmen

Minderjährige unter 16 Jahren dürfen sich gemäß § 4 JuSchG durchaus zwischen 5 Uhr und 23 Uhr auch ohne Aufsicht in Gaststätten aufhalten, wenn sie dort etwas essen oder trinken wollen. Natürlich muss sich der Aufenthalt dann im üblichen Rahmen einer Mahlzeit abspielen, stundenlanges Sitzen an der Bar mit gelegentlichem Nippen an einem Orangensafts ist nicht im Sinne des Gesetzes.[15]

Zwei weitere persönliche Ausnahmen betreffen die minderjährigen Teilnehmenden von Veranstaltungen eines anerkannten Trägers der Jugendhilfe sowie reisende Minderjährige:

- Gemäß § 4 Abs. 2 JuSchG gelten die Einschränkungen ausnahmsweise nicht, wenn Minderjährige eine Gaststätte besuchen, die sich (möglichst unter Aufsicht) auf einer Veranstaltung eines Trägers der Jugendhilfe befinden und der Gaststättenbesuch Teil des Programms ist. Allerdings kommt den Trägern der Jugendhilfe hier lediglich die Vermutung des Gesetzes zugute, dass sie die Jugendeignung ihrer Programmpunkte konsequenter überwachen als andere Veranstalter. Eine Vermutung kann aber widerlegt werden und sollte das Jugendamt (oder auch der Gaststättenbetreiber) feststellen, dass es z. B. doch zum Alkohol- und/oder Tabakkonsum kommt, so darf das Jugendamt Auflagen erteilen, der Gaststättenbetreiber dagegen muss solche Dinge unterbinden und gegebenenfalls von seinem Hausrecht Gebrauch machen.
- Unter „Reise" ist auch die Fahrt einer Gruppe zu verstehen. Die Vollzugshinweise der Länder Bayern und Thüringen z. B. erklären sogar den Weg von der Wohnung zur Schule oder zum Arbeitsplatz zur Reise, wenn beim Benutzen von Verkehrsmitteln die Gaststätte zur Überbrückung notwendiger Wartezeiten aufgesucht wird.

Sachliche Ausnahmen

Das Bundesministerium für Familie, Senioren, Frauen und Jugend (BMFSFJ) erläutert anhand der Legaldefinitionen der §§ 1 und 2 Gaststättengesetz, dass dort keine Gaststätte (auch nicht im Sinne des JuSchG) vorliegt, wo keine Gaststättenerlaubnis notwendig ist und nennt beispielhaft *„Milchbars, Stehcafés oder Bäckereien und Metzgereien mit Stehtischen zum Verzehr der dort angebotenen Speisen"*. Ebenfalls keine Gaststätten sind dem BMFSFJ zufolge Einrichtungen, die im Rahmen ihrer Aufgaben ohne Gewinnerzielungsabsicht ihren Nutzern Verköstigung und Getränke anbieten. Dazu zählen also z. B. der Verein oder die Kirchengemeinde, die zur Gemeinschaftspflege gelegentlich ein gemeinsames Mittagessen veranstalten oder die Tafel einer

---

15 Vgl. z. B. die bayerischen Vollzugshinweise, nachzulesen unter www.stmas.bayern.de/imperia/md/content/stmas/stmas_internet/jugend/vollzugshinweise_juschg.pdf (Linkzugriff im März 2018)

gemeinnützigen Organisation. Dasselbe gilt, wenn diese Organisationen im Rahmen ihrer Offenen Jugendarbeit bei Treffs oder in Jugendcafés ohne Gewinnerzielungsabsicht Speisen und Getränke zur Verfügung stellen.

4.2.6 Teilnahme an öffentlichen Tanzveranstaltungen

In Diskotheken u. Ä. gilt eine schärfere Regelung: Die *„Anwesenheit bei öffentlichen Tanzveranstaltungen"* darf Minderjährigen unter 16 Jahren ohne Begleitung einer personensorgeberechtigten oder erziehungsbeauftragten Person gleich gar nicht gestattet werden (§ 5 JuSchG). Darum sind professionell betriebene Diskotheken für Minderjährige unter 16 Jahren in aller Regel tabu, wenn nicht die erwachsene Begleitperson tatsächlich bereit und in der Lage ist, eine ständige Begleitung zu gewährleisten. Jugendliche im Alter von 16 und 17 Jahren dürfen dagegen (so wie in Gaststätten) längstens bis 24 Uhr ohne Begleitung einer personensorgeberechtigten oder erziehungsbeauftragten Person eine Tanzveranstaltung besuchen.

Natürlich wird nicht nur in Diskos getanzt und es gibt auch Veranstaltungen, deren Bezeichnung nicht direkt auf eine Tanzveranstaltung hindeutet (z. B. eine Halloweenparty). Entscheidend ist, dass der Veranstalter (z. B. durch Bereitstellen einer Tanzfläche und Engagement eines DJs) alles so konzipiert hat, dass getanzt werden soll und kann. Selbst wenn die Werbung keinen Hinweis auf eine öffentliche Tanzveranstaltung bietet, so liegt sie dennoch vor, wenn sie faktisch als solche ausgestaltet ist und einem unbefangenen Dritten als solche erscheint. Die Öffentlichkeit der Tanzveranstaltung liegt nach allgemeiner Definition vor, wenn der Teilnehmendenkreis im Vorfeld nicht konkret bestimmbar war, es also keine (virtuelle oder reale) abschließende Gäste- oder Teilnehmendenliste gab (vgl. Kapitel B 4.2.2.1).

Übrigens gilt die „Reise-Ausnahme" (bei Gaststätten, s. o.) in Diskotheken nicht, dafür eine andere für die Kinder- und Jugendarbeit hochinteressante Ausnahme:

4.2.6.1 Veranstaltungen anerkannter Träger der Kinder- und Jugendhilfe

Bei Partys u. Ä., die von Trägern der Jugendhilfe organisiert werden, ist eine Begleitung weitgehend entbehrlich. Kinder dürfen dann bis 22 Uhr und Jugendliche unter 16 Jahren bis 24 Uhr ohne personensorgeberechtigte oder erziehungsbeauftragte Person teilnehmen.

Doch auch hier gilt, was bereits bei § 4 JuSchG erläutert wurde: Der Veranstalter wird durch diese Ausnahmeregelung keineswegs davon entbunden, die Bestimmungen des Jugendschutzes einzuhalten und zu überwachen. Es handelt sich lediglich um eine gesetzliche Vermutung, dass anerkannte Träger der Kinder- und Jugendhilfe mit Jugendschutzbestimmungen besonders sorgfältig umgehen – sollte jedoch der Veranstalter selbst feststellen, dass er dies nicht garantieren kann (weil z. B. auf einmal Alkohol fließt oder Drogen kursieren), so ist er verpflichtet, entweder die Veranstaltung abzubrechen oder die Minderjährigen unter der entsprechenden Altersgrenze nach Hause zu schicken. Auch das Jugendamt und die örtliche Polizei können hier Prüfungen durchführen und den Jugendschutz durchsetzen.

4.2.6.2 Tanzveranstaltung dient der Kunst oder Brauchtumspflege

Hier gelten dieselben Zeiten wie bei den Veranstaltungen der Jugendhilfe (s. o.).
Das Tanzen dient der Kunst, wenn es nicht nur unterhalten soll, sondern darüber hinausgehende Intentionen und ein gewisses (wenn auch nicht erhebliches) künstlerisches Niveau aufweist. Wenn das Tanzen in seiner konkreten Ausgestaltung und Durchführung selbst Brauchtum darstellt, so „dient" es diesem auch. Unter „Brauchtum" können aber nur historische Bräuche verstanden werden, also Verhaltensweisen, die ein Historiker als Brauchtum deklarieren würde. Es geht also um Trachten, Schrittfolgen, Bewegungskombinationen u. Ä. Diese Brauchtumstänze dürften im christlich-kirchlichen Bereich eher selten vorkommen, es gibt aber durchaus dem Brauchtum verpflichtete Vereine, die sich auch an die Jugend wenden, z. B. Winzertanzgruppen, Schuhplattler- oder Volksmusikvereine.

4.2.6.3 Behördliche Ausnahmen im Einzelfall

Zuständige Behörde im Sinne des § 5 Abs. 3 JuSchG ist, je nach Bundesland, das Ordnungs- oder Jugendamt. Da das jeweilige Amt nach pflichtgemäßem Ermessen allein im Kindes- und Jugendwohlinteresse entscheidet und eine Ausnahmegenehmigung auch mit Auflagen verknüpfen kann, besteht kein durchsetzbarer Anspruch auf Erteilung einer solchen Genehmigung.

4.2.6.4 Konzerte

(Christliche) Rock- und Popkonzerte fallen grundsätzlich nicht unter die Regelung des § 5 JuSchG, es gelten also lediglich die allgemeinen Vorschriften des Jugendschutzes. Anders ist es bei DJ-Veranstaltungen, bei denen von vornherein der Tanz im Vordergrund steht, selbst wenn eine „Message" (Predigt o. Ä.) zum Programm gehört oder Popballaden ohne Tanzfaktor. Grenzwertig ist es bei Konzerten, wenn die Musiker von der Bühne herab zum Mittanzen auffordern. Sollte dieser Tanz-Konzert-Charakter schon von vornherein vom Veranstalter vorgesehen sein und speziell der Tanz der Veranstaltung ihr Gepräge geben, so ist im Zweifel von einer Tanzveranstaltung auszugehen. Es spricht aber nichts dagegen, bei einem Rockkonzert im Takt zu hüpfen und sich nach Lust und Laune zu bewegen – das gehört zum Genre.

4.2.7 Aufenthalt in Spielhallen und Glücksspiel

§ 6 Abs. 1 JuSchG verbietet Minderjährigen den Aufenthalt in Spielhallen und ähnlichen Lokalitäten. § 6 Abs. 2 JuSchG beschäftigt sich mit Glücksspielen, wobei es für die heute gängigen Bildschirmspielgeräte in § 13 JuSchG eine Sonderregelung gibt.

4.2.7.1 Absolutes Aufenthaltsverbot in Spielhallen und ähnlichen Räumen

Der Aufenthalt in Nachtbars, Nachtclubs oder Erotikkinos darf Minderjährigen unter 18 Jahren nicht gestattet werden (§ 4 Abs. 3 JuSchG); dasselbe gilt gemäß § 6 Abs. 1 JuSchG auch für die Anwesenheit in *„öffentlichen Spielhallen oder ähnlichen vorwiegend dem Spielbetrieb dienenden Räumen."* Solche Orte werden im Vergleich zu Gaststätten vom Gesetz als gefährlicher eingestuft.

Sportgeräte sind übrigens keine Spielgeräte – eine Dartshalle wäre also keine Spielhalle. Bei Internetcafés muss der Einzelfall betrachtet werden; wenn die Gesamtumstände darauf schließen lassen, dass die Betriebsräume weniger der Onlinekommunikation oder der Internetrecherche dienen, sondern ganz oder überwiegend dem Spielzweck gewidmet sind, handelt es sich um eine Spielhalle.

4.2.7.2 Teilnahme an Glücksspielen

Die Teilnahme an Spielen mit Gewinnmöglichkeit in der Öffentlichkeit darf Minderjährigen gemäß § 6 Abs. 2 JuSchG nur auf öffentlichen Veranstaltungen wie Schützenfesten, Jahrmärkten, Volksfesten, Spezialmärkten, Vereins- und Gemeindefesten u. Ä. gestattet werden. Solche Veranstaltungen zeichnen sich dadurch aus, dass sie (im Gegensatz zu Freizeit- und Vergnügungsparks) i. d. R. nur für kurze Zeit gastieren oder dauern. Voraussetzung ist, dass der Gewinn aus Waren von geringem materiellen Wert besteht, also keinen starken Anreiz bietet weiterzuspielen. Wann ein Glücksspiel mit Gewinnmöglichkeit vorliegt, definiert das Gesetz zwar nicht, aus dem Zusammenhang ergibt sich aber nach einhelliger Meinung, dass es sich um das spielerische Eingehen eines Risiko mit Gewinnmöglichkeit handelt, wobei Gewinn oder Verlust bereits am Ort des Spiels bekannt gegeben werden.

4.2.8 Schutz vor Suchtgefahren – Alkohol

Im JuSchG gibt es in § 9 ein relatives Alkoholverbot. Diese Vorschrift dient dazu, der „allgemeinen Verwahrlosung" der Jugend vorzubeugen, sie hat jedoch nicht die Aufgabe, jeden Einzelnen vor den individuellen Folgen übermäßigen Alkoholgenusses zu schützen (OLG Nürnberg, Urteil vom 02.04.2004, Az. 1 U 2507/03). Das Gesetz unterscheidet zwei Gruppen von alkoholischen Getränken:

Branntweinhaltige Produkte (Spirituosen, auch: branntweinhaltige Mischgetränke) sind tabu

Weinbrand, Schnaps, Whisky, Magenbitter oder Rum zählen zu den verbotenen Spirituosen, aber auch Lebensmittel, die Branntwein in nicht nur geringfügiger Menge enthalten (z. B. Pralinen, „Schnapsbohnen"). Sie dürfen an Minderjährige weder abgegeben noch darf ihr Verzehr gestattet werden – selbst wenn der Gaststättenbesuch der Minderjährigen ansonsten zulässig ist.

Andere alkoholische Produkte (Bier, Wein, Sekt, auch: Mischgetränke) sind teilweise erlaubt bzw. „relativ" verboten

Von der Vollendung des 16. Lebensjahres an dürfen Jugendliche in der Öffentlichkeit Getränke mit wenig Alkohol wie Bier, Wein oder Sekt trinken. Aber für Minderjährige unter 16 Jahren gilt auch hier ein relatives Abgabe- und Verzehrverbot – relativ, weil es nicht mehr für 14- und 15- jährige Jugendliche gilt, wenn sie von einer erziehungsbeauftragten und damit hier personensorgeberechtigten Person begleitet werden. Für Kinder ist das Verbot absolut. Für sog. Alkopops (alkoholhaltige Süßgetränke) hat das Gesetz in § 9 Abs. 4 JuSchG noch eine besondere Einschränkung parat: Auf der Verpackung muss in Größe und Farbe des Produktnamens der ausdrückliche Hinweis stehen: „Abgabe an Personen unter 18 Jahren verboten, § 9 JuSchG".

Alkohol aus dem Automaten

Getränkeautomaten mit Alkoholika dürfen gemäß § 9 Abs. 3 JuSchG in der Öffentlichkeit nur aufgestellt werden, wenn der Ort für Minderjährige entweder unzugänglich ist oder es sich um einen speziell gesicherten Automaten in einer gewerblichen Gaststätte oder in einem Ladengeschäft handelt.

Beispiel 1: Das OLG Hamm (Urteil vom 21.12.1995, Az. 6 U 78/95) stellte fest, dass – unabhängig vom JuSchG – bei Übernachtungen einer Jugendgruppe eine Betreuungsperson u. U. zumindest gelegentlich nachts (bis zum Eintritt allgemeiner Ruhe) Kontrollen durchführen muss, um alkoholischen Exzessen vorzubeugen – ein mündliches Alkoholverbot reicht nicht aus, zumindest dann, wenn die Sorgeberechtigten auf eine entsprechend umfassende Betreuung vertrauen durften.

Beispiel 2: Ein evangelischer Jugendkreis hatte eine Wochenendfreizeit durchgeführt, die Teilnehmenden waren 14 bis 16 Jahre alt. Nach einem anstrengenden Samstag entschied ein Teil der Gruppe, der unter Aufsicht eines volljährigen Mitarbeiters blieb, den Abend in einer nahegelegenen Gaststätte ausklingen zu lassen, wo man sich ab 21:30 Uhr an einem Tisch niederließ und verschiedene Mahlzeiten und Getränke bestellte. Eine 15-jährige Teilnehmerin bestellte hierbei ein Bier, der Mitarbeiter ließ sie gewähren. Auch die Kellnerin bediente die Jugendliche ohne weitere Bedenken. Anschließend erklärte ein 16-jähriger Teilnehmer, er wolle sich einen Schnaps bestellen, was der Mitarbeiter ebenfalls nicht untersagte. Allerdings wollte die Kellnerin nun den Ausweis des 16-Jährigen sehen, der diesen nicht dabei hatte und nun (selbstverständlich) keinen Schnaps bekam. Spätestens bei der „Schnapsidee" hätte es für den Mitarbeiter offenkundig sein müssen, dass hier die Gefahr einer Gesundheitsbeeinträchtigung durch übermäßigen Alkoholgenuss bestand, er hätte hier also schon vor der Kellnerin „Nein" sagen müssen. Dasselbe gilt auch für die Bierbestellung; der Mitarbeiter durfte sich hier nicht auf die Verantwortlichkeit der Gaststätte verlassen, denn als Aufsichtspflichtiger war er Erziehungsbeauftragter und somit den Eltern gegenüber verantwortlich, die allein das Recht haben, ihrem Kind im privaten Rahmen Alkoholika zur Verfügung zu stellen oder Alkoholgenuss zu genehmigen. Nicht nur das Gaststättenpersonal, auch der Erziehungsbeauftragte hätte den Verzehr nicht gestatten dürfen.

4.2.9 Schutz vor Suchtgefahren – Rauchen, Tabakgenuss

Da in Deutschland jährlich bis zu 140.000 Menschen an den Folgen ihres Tabakkonsums sterben und das Einstiegsalter bei ca. 14,8 Jahren liegt, versucht der Gesetzgeber, wenigstens den Beginn des Tabakkonsums hinauszuzögern. Minderjährigen darf weder Tabakgenuss in der Öffentlichkeit gestattet noch dürfen ihnen Tabakwaren abgegeben (verkauft, weitergegeben) werden (§ 10 Abs. 1 JuSchG). Der Gesetzgeber beschränkt dieses Abgabeverbot allerdings auf den öffentlichen, den Minderjährigen zugänglichen Raum. Zu Tabakwaren zählen auch Kau- und Schnupftabak. Erst im Januar 2016 wurde im Bundestag das Tabakerzeugnisgesetz beschlossen, das u. a. vorsieht, dass auch E-Zigaretten und E-Shishas den „normalen" Tabakwaren gleichgestellt sind und ebenfalls nicht an Minderjährige abgegeben werden dürfen (§ 10 Abs. 4 JuSchG).

Im Rahmen einer Freizeit ist es oftmals schwierig, minderjährigen Teilnehmenden den Tabakgenuss zu verweigern, ihn aber volljährigen zu gestatten. Darum sollten die Mitarbeitenden hier konsequent sein und ein komplettes Rauchverbot verhängen (an das sie sich aus pädagogischen Gründen auch selbst halten müssen) und allenfalls gesonderte „Raucherecken" einrichten.

Beispiele aus der Praxis:

- Das Zeltlager findet auf der Wiese eines Bauern in der Nähe seines Hofes statt. Die Teilnehmenden sind untereinander bekannt und eine abgeschlossene Gruppe, da mit Beginn des Zeltlagers keine weiteren Teilnehmenden mehr dazu kommen. Somit sind sie im Rahmen der Gruppe „privat" unterwegs. Nach dem JuSchG dürfen Jugendliche unter 18 Jahren im Freien nicht rauchen, solange sie sich im öffentlichen Raum bewegen, allenfalls im Zelt bzw. in privaten Räumen. Auf einem privaten Freigelände sind die Umstände des Einzelfalls zu berücksichtigen: Bleibt die Gruppe konsequent unter sich und sind auch (außer den Hofbewohnern) keine sonstigen Personen in der Nähe, kann nach wie vor von Privatheit ausgegangen werden. Im anderen Fall darf ihnen das Rauchen im Freien nicht gestattet werden. Sollte es ausgewiesene private „Raucherzonen" geben, sollten die Sorgeberechtigten darüber informiert sein und ihr Einverständnis erklären. Wichtig ist, dass nichtrauchende Jugendliche (und sonstige Personen) nicht durch Rauchimmissionen belästigt werden.
- Im Gemeindehaus und auf dem dazugehörigen Außengelände dürfen, wenn es die Hausordnung zulässt, nur über 18-Jährige rauchen. Es gelten das JuSchG und das jeweilige Landes-Nichtraucherschutzgesetz.
- Die Freizeit findet in einer Jugendherberge statt: Es gelten die Hausordnung, das JuSchG und das jeweilige Landes-Nichtraucherschutzgesetz.
- Eine Mitarbeiterin sieht während einer Freizeit zwei 15-Jährige in den (insoweit privaten, da nicht-öffentlichen) Räumlichkeiten des Veranstalters rauchen. Muss sie eingreifen? Ja, selbst wenn die Hausordnung hier das Rauchen gestattet, muss sie im Rahmen der Aufsichtspflicht die Jugendlichen davor bewahren, dass sie sich selbst Schaden zufügen. Eine Ausnahme gilt nur, wenn mit den Sorgeberechtigten etwas anderes vereinbart wurde.

- Die Freizeit findet in einem angemieteten Freizeitheim statt, in dem eine Hausordnung das Rauchen auf eine bestimmte Raucherzone beschränkt: Solange die Jugendgruppenmitglieder die einzigen Bewohner sind, ist der Aufenthalt im Haus nicht-öffentlich. Die Sorgeberechtigten sollten aber darüber informiert sein, dass es diese „Raucherzonen" gibt und die Mitarbeitenden das Rauchen nicht verbieten. Im Freien gelten das JuSchG und das jeweilige Landes-Nichtraucherschutzgesetz, vgl. auch die Überlegungen zum obenstehenden „Bauernhoffall".
- Angenommen, ein Mitarbeiter ist selbst starker Raucher und es gibt eine Raucherzone im Freizeitheim. Einem Jugendlichen sind seine Zigaretten ausgegangen und er will beim Mitarbeiter eine Zigarette schnorren. Hier ist wieder genau zu prüfen, auf welchem räumlichen Gebiet sich die Situation abspielt. Wenn sich der Fall in der Öffentlichkeit abspielt, läge ein Verstoß gegen das JuSchG vor und das kann bei einer Anzeige teuer werden. Unabhängig davon kann auch ein Verstoß gegen die Aufsichtspflicht vorliegen.

4.2.10 Medienschutz – Filme, Videos, Computerspiele

Im dritten Abschnitt des JuSchG stehen Beschränkungen für die Mediennutzung z. B. beim Besuch von öffentlichen Kinoveranstaltungen oder beim Erwerb von DVDs, Blu-Rays oder Computer- und Konsolenspielen (§§ 11 bis 15 JuSchG). Apps für Smartphones und Tablets sind zwar keine Trägermedien, können jedoch ebenfalls jugendgefährdende Inhalte haben. Hier greift §§ 4 – 5 JMStV.

4.2.10.1 Altersfreigabekennzeichnungen für Filme

Unter der sog. Altersfreigabe versteht man die vom Gesetzgeber geregelte Freigabe von Filmen, Spielen u. Ä. für Minderjährige, die erst ab einem bestimmten Alter und unter gewissen Voraussetzungen den Besuch des Kinos, das Ansehen eines Films z. B. bei einer Freizeit oder die Zugänglichmachung (der Medienträger) erlaubt. Es gelten die Altersfreigabegrenzen des Dachverbandes der deutschen Film-, Fernseh- und Videounternehmen, die sog. „FSK" (Freiwillige Selbstkontrolle der Filmwirtschaft GmbH). Deren Aufgabe ist es, Altersfreigabeprüfungen vorzunehmen und die nachstehend beschriebenen Kennzeichnungen und Altersbegrenzungen zu vergeben (§ 14 Abs. 2 JuSchG). Filme oder Spiele, die nicht oder mit „keine Jugendfreigabe" gekennzeichnet sind, dürfen Minderjährigen nicht angeboten, überlassen oder zugänglich gemacht werden. YouTube-Filme u. Ä., die keine Kennzeichnung tragen, müssen im Einzelfall in Anlehnung an die Vorgaben des Jugendschutzes bewertet werden.

Eine etwas wunderliche Ausnahme statuiert § 11 Abs. 2 JuSchG, wonach Kinder ab sechs Jahren auch schon Filmveranstaltungen besuchen dürfen, die als FSK 12 gekennzeichnet sind, wenn sie von einer personensorgeberechtigten Person begleitet werden.

Jugendschutz und Filme (§§ 11 und 14 JuSchG)

EB = erziehungsbeauftragte Person, PSB = personensorgeberechtigte Person

	tatsächliches Alter			
Alters-freigabe	**unter 6 Jahren**	**von 6 bis 11 Jahren**	**von 12 bis 15 Jahren**	**ab 16 Jahren**
ohne Alters-beschränkung	nur in Beglei-tung einer EB oder PSB, dann zeitlich unbeschränkt	ohne Begleitung bis 20 Uhr, ab 20 Uhr nur mit einer EB oder PSB, dann unbeschränkt	ohne Begleitung bis 20 Uhr, ab 14 Jahren bis 22 Uhr; mit einer EB oder PSB unbeschränkt	ohne Begleitung bis 24 Uhr, mit einer EB oder PSB zeitlich un-beschränkt
ab 6 Jahren	nein	ohne Begleitung bis 20 Uhr, ab 20 Uhr nur mit einer EB oder PSB, dann unbeschränkt	ohne Begleitung bis 20 Uhr, ab 14 Jahren bis 22 Uhr; mit einer EB oder PSB unbeschränkt	ohne Begleitung bis 24 Uhr, mit einer EB oder PSB unbeschränkt
ab 12 Jahren	nein	nur in Beglei-tung einer EB oder PSB, dann zeitlich unbeschränkt	ohne Begleitung einer EB oder PSB: Kinder von 12 bis 13 Jahren bis 20 Uhr, Jugendliche ab 14 Jahren bis 22 Uhr; mit einer EB oder PSB unbeschränkt	ohne Begleitung bis 24 Uhr, mit einer EB oder PSB zeitlich un-beschränkt
ab 16 Jahren	nein	nein	nein	ohne Begleitung bis 24 Uhr, mit einer EB oder PSB unbeschränkt
keine Jugend-freigabe	nein	nein	nein	nein

4.2.10.2 Verantwortung der Mitarbeitenden

Öffentliche Filmveranstaltungen

Unabhängig davon, ob der Veranstalter die Vorschriften des JuSchG einhält oder nicht, müssen die Mitarbeitenden auf ihre Einhaltung achten. Wenn also die Teilnehmenden einer Jugendgruppe, die gemeinsam ins Kino geht, einen großherzigen Ticketverkäufer gefunden haben, der sie auch in den für sie nicht freigegebenen Film lassen will, darf dies der/die Mitarbeitende keinesfalls dulden.

Private Filmvorführungen

Bei Filmveranstaltungen im privaten Kreis, z. B. bei einem Filmabend unter Freunden, greifen die Jugendschutzbestimmungen zwar nicht, doch Vorsicht: Wer die Minderjährigen der Jugendgruppe „privat" nach Hause einlädt, ist immer noch die aufsichtsführende Person und der Abend kann (ungewollt) immer noch als Teil der öffentlich angebotenen Jugendgruppe gelten. Insbesondere sollte mit den Sorgeberechtigten der Minderjährigen geklärt werden, ob diese überhaupt mit dieser Einladung und ihrem privaten Charakter einverstanden sind.

Fernsehen

Wer mit anvertrauten Minderjährigen Fernsehsendungen anschauen will, sollte die Sendezeit im Blick behalten: Nur Filme, die bis 12 Jahren freigegeben sind (§ 5 Abs. 4 JMStV), werden rund um die Uhr ausgestrahlt. Sie unterliegen lediglich einer (individuell zu ermittelnden) Sendezeitbeschränkung, wenn sie das Wohl jüngerer Kinder tangieren. In der Zeit zwischen 22 Uhr und 6 Uhr können bereits Filme gesendet werden, die ab 16 Jahren freigegeben sind, ab 23 Uhr auch manche Sex- oder Horrorstreifen, die keine Jugendfreigabe erhalten haben.

4.2.10.3 Der selbst produzierte Film

Auch selbst (nichtgewerblich) produzierte Filme (z. B. ein Film von der Freizeit oder ein Musikvideo) müssen, wenn sie der Öffentlichkeit zugänglich gemacht werden sollen, den Erfordernissen des Jugendschutzes genügen, d. h. sie dürfen keine jugendgefährdenden Inhalte haben (§ 11 Abs. 4 S. 3 JuSchG). Sollte in Ausnahmefällen ein besonderer „Grad der Jugendgefährdung" im Film vorliegen, muss er von der obersten Landesbehörde oder einer Organisation der freiwilligen Selbstkontrolle (FSK) freigegeben und gekennzeichnet sein.

Zwar ist die Prüfung und Kennzeichnung durch die FSK „eigentlich" freiwillig, da die entsprechenden Ministerien sich jedoch regelmäßig an die Empfehlungen der FSK halten, ist es sinnvoll, sich gleich an diese zu wenden.

Nachweise und weiterführende Praxistipps

- Prüfanträge der FSK: www.spio-fsk.de/?seitid=2787&tid=298 (Linkzugriff im März 2018)

4.2.11 Medienschutz – Bildträger

Die gesetzliche Norm setzt begrifflich und inhaltlich den Schwerpunkt auf den „Bildträger", der Gesetzgeber geht also davon aus, dass es besonders die Bilder (Szenen) sind, die einen jugendgefährdenden Einfluss haben. Natürlich kann diese vom Bildträger ausgehende Gefährdung durch jugendgefährdende Sprachinhalte unterstützt werden. Insofern gelten die folgenden Ausführungen für die gesamten Inhalte eines Bildträgers.

4.2.11.1 Telemedien und Trägermedien

Das Gesetz unterscheidet zunächst grundsätzlich zwischen Telemedien (Internet und Rundfunk) und Trägermedien (Filme und Spiele auf Datenträgern). Hinsichtlich der **Telemedien** verweist § 16 JuSchG auf das jeweilige Landesrecht, also im Wesentlichen auf den oben (Kapitel B 4.2.1) angesprochenen JMStV. Das JuSchG selbst beschäftigt sich dagegen mit den **Trägermedien**, die allgemein in § 1 Abs. 2 S. 1 JuSchG definiert sind. Hierzu gehören körperliche (mobile) Datenträger wie Bücher, Zeitschriften, DVDs, Blu-Rays, CDs, externe Festplatten und USB-Sticks, die zum Weitergeben geeignet sind. Nicht gemeint sind nach dieser Vorschrift z. B. Notebook, Tablet, Smartphone, Handy. Wenn aber eines dieser Geräte als Vorführ- oder Spielgerät benutzt wird, dann greift wieder das JuSchG. Als Trägermedium gilt auch alles, was elektronisch (also im Grunde unkörperlich) weitergegeben wird, z. B. via E-Mail, Whatsapp, Snapchat sowie durch das Teilen mittels sozialer Netzwerke und Filesharing (P2P-Filesharing). Trägermedien im Sinne dieses Gesetzes sind Medien mit Texten, Bildern oder Tönen auf gegenständlichen Trägern, die zur Weitergabe geeignet, zur unmittelbaren Wahrnehmung bestimmt oder in einem Vorführ- oder Spielgerät eingebaut sind. Bilddatenträger (Filme, Computerspiele usw.) können mit Altersbegrenzungen versehen werden, damit nur Kinder und Jugendliche der entsprechenden Altersstufe an diese Medien gelangen (§ 14 JuSchG).

Die zentrale Aufsicht (§ 14 JMStV) über privaten Rundfunk und Telemedien wird in Deutschland von einer Kommission für Jugendmedienschutz ausgeübt. Diese überprüft und sanktioniert die Einhaltung der Jugendschutzbestimmungen durch die Medienanbieter, dabei kann sie Bußgelder verhängen oder bestimmte Angebote sogar untersagen.

4.2.11.2 Zugänglichmachung eines Bildträgers

Bildträger dürfen Minderjährigen nur zugänglich gemacht werden, wenn die Altersfreigabe auf dem Datenträger dies angesichts des Alters der Minderjährigen erlaubt. Ist ein Bildträger nicht für das jeweilige Alter freigegeben, dürfen Minderjährige in keiner Weise von seinem Inhalt Kenntnis nehmen. Das ist schon der Fall, wenn sich jugendgefährdende Bildinhalte auf dem Cover des Datenträgers befinden. Hat ein Bildträger die Kennzeichnung „Keine Jugendfreigabe", dann darf er Minderjährigen überhaupt nicht angeboten, überlassen oder zugänglich gemacht werden (§ 12 Abs. 3 JuSchG). Das Gesetz bezieht sich sowohl auf den öffentlichen Bereich, in dem eine „Zugänglichmachung" nur entsprechend der jeweiligen Kennzeichnung und Freigabe erlaubt ist (§ 12 Abs. 1 und 3 JuSchG) als auch auf den privaten Bereich. Dies gilt allerdings i. d. R. nicht für die Sorgeberechtigten („Elternprivileg"); diese verstoßen erst dann gröblich gegen ihre Aufsichtspflicht, wenn sie z. B. die entsprechenden Inhalte ihrem Kind mehrfach zugänglich machen. Ansonsten können die Sorgeberechtigten die Bewertung anhand des Alters, der Reife und der psychischen Veranlagung des Kindes vornehmen.

4.2.11.3 Indizierung –
die Bundesprüfstelle für jugendgefährdende Medien

Das JuSchG hat neben der Alterskennzeichnung noch die strengere Maßnahme der Indizierung geschaffen. Indizierung bedeutet „Aufnahme in einen Index", also in eine Liste (vgl. § 18 JuSchG), aus dem hervorgeht, welche Medien den Abgabe-, Vorführungs-, Verbreitungs- und Werbebeschränkungen des § 15 Abs. 1 JuSchG unterliegen. Solche indizierten Medien sind also nicht allgemein „verboten" (sofern sie nicht darüber hinaus einen Straftatbestand wie z. B. den der Volksverhetzung erfüllen), sie dürfen aber nur eingeschränkt beworben, vertrieben und eben nicht Minderjährigen zugänglich gemacht werden.

4.2.11.4 Bildschirmspielgeräte, Spielprogramme

Elektronische Bildschirmspielgeräte ohne Gewinnmöglichkeit (z. B. sog. Killerautomaten) dürfen zur entgeltlichen Benutzung nur unter bestimmten Bedingungen aufgestellt werden (§ 13 Abs. 2 JuSchG). Gemeint sind hier nur stationär aufgestellte Bildschirmspielgeräte, nicht jedoch Notebooks, Smartphones, Tablets, Konsolen oder sonstige tragbare Medienträger mit Display bzw. Bildschirm.

Zur Nutzung von Tablets, Handys und Smartphones siehe Kapitel B 4.14.

4.2.11.5 Jugendmedienschutz –
Verbreitung von verbotenen Bildern und Texten

Der JMStV unterscheidet zwischen unzulässigen, schwer jugendgefährdenden und entwicklungsbeeinträchtigenden Angeboten. Die jugendschutzrechtlichen Verbreitungsverbote gemäß § 4 Abs. 1 JMStV beziehen sich zunächst auf Propagandaschriften und Fahnen, Abzeichen, Uniformstücke, Parolen sowie Grußformen verfassungswidriger Organisationen; weiterhin geht es u. a. um die öffentliche Verbreitung von Hassparolen gegenüber verschiedenen Gruppen. Gewalt- und Kriegsverherrlichung ist ebenso erfasst wie bestimmte Darstellungen gewalttätiger oder pornografischer Art. Diese Verbote greifen, auch wenn der entsprechende Straftatbestand nur objektiv, aber nicht subjektiv erfüllt ist, wenn Täter also wegen fehlenden Vorsatzes nicht nach dem StGB bestraft werden könnten.

Da auch im Rahmen der Kinder- und Jugendarbeit solche Darstellungen und Mitteilungen kursieren, z. B. durch das einfache Teilen von Inhalten über soziale Netzwerke, Whatsapp u. Ä., müssen Mitarbeitende wissen, was sie tolerieren dürfen und wo sie einschreiten müssen (siehe Kapitel B 4.14.2).

4.2.12 Jugendschutz im Ausland

Der Jugendschutz ist europa- und weltweit sehr uneinheitlich geregelt; die deutsche Reiseleitung sollte sich im Ausland immer an die ihr bekannte jeweils strengere Regelung halten, auch wenn das ausländische Recht großzügiger wäre als der deutsche

Jugendschutz. Die deutschen Bestimmungen müssen in jedem Fall eingehalten werden, selbst wenn im Gastgeberland völlig andere Regeln herrschen – natürlich darf aber auch das ausländische Recht nicht verletzt werden.

Nachweise und weiterführende Praxistipps
- Europäischer Jugendschutzatlas (MDA 12): www.bag-jugendschutz.de/publikationen_mda.html#MDA12 (Linkzugriff im März 2018)

4.3 Mitführen von Uniformen, Trachten, Waffen

Das Tragen von Uniformen, Trachten, Waffen (Schuss-, Hieb- oder Stoßwaffen) und Abzeichen, die im Land nicht erlaubt oder gebilligt sind, ist zu unterlassen (§ 132a StGB). Das Waffengesetz (WaffG), das gemäß § 1 Abs. 1 WaffG den Umgang mit Waffen oder Munition regelt, tangiert die Kinder- und Jugendarbeit nicht nur, weil es mit § 3 WaffG eine spezielle Vorschrift zum Umgang mit Waffen oder Munition durch Kinder und Jugendliche enthält, sondern auch, weil es ebenso das Mitsichführen von Messern erfasst – was bei vielen Veranstaltungen v. a. im Pfadfinderbereich normal ist (§ 42a i. V. m. 2.1 der Anlage 1 WaffG). Unter bestimmten Bedingungen sind Messer nämlich dann verboten, wenn deren „... *Beschaffenheit, Handhabung 'oder Wirkungsweise geeignet sind, die Angriffs- oder Abwehrfähigkeit von Menschen zu beseitigen oder herabzusetzen ...*" (§ 1 Abs. 2b WaffG). Grundsätzlich sind Faust-, Butterfly-, Fall- und Springmesser, Wurfsterne sowie Messer, deren Klingen länger als zwölf cm sind, verboten. Es gibt eine Ausnahme zum Verbot des Führens eines solchen Messers, wenn die Waffe in einem geschlossenen Behältnis transportiert wird (§ 42a II WaffG). Auch im Zusammenhang mit Brauchtumspflege (Schützenverein), bestimmten Berufen (Revierjäger) oder Sport (Sportschützen) ist das Führen eines Messers mit einer längeren Klinge erlaubt. Insbesondere zur Kenntnis nehmen müssen Mitarbeitende in der Pfadfinderarbeit die §§ 1 Abs. 2 Nr. 2, 42a WaffG, da ein Fahrtenmesser hier sozusagen zur Grundausstattung gehört. Pfadfinder sollten ihr Fahrtenmesser nur in der Gruppe öffentlich tragen und wenn für Außenstehende erkennbar ist, dass es sich um eine Pfadfindergruppe handelt.

Nachweise und weiterführende Praxistipps
- Hinweise des Verbands christlicher Pfadfinderinnen und Pfadfinder: www.vcp.de/nachrichten/artikel/neues-waffenrecht-beschlossen (Linkzugriff im März 2018)

4.4 Betäubungsmittelgesetz

Beispiel: Die Jugendgruppe der 14- bis 16-Jährigen feiert eine Silvesterparty, die beiden 18-jährigen Mitarbeitenden lassen die Zügel locker – und gegen 3 Uhr nachts ertönt ein Martinshorn: Eine 16-Jährige hat eine Überdosis der Partydroge Crystal Meth eingenommen, ist zusammengebrochen und der Notarzt musste gerufen werden.

Neben dem offensichtlichen gravierenden Verstoß gegen die Aufsichtspflicht (mit den entsprechenden zivilrechtlichen Folgen, siehe Kapitel B 3.2) kommen auf die Mitarbeitenden sowie die an der Drogenweitergabe beteiligten Jugendlichen die Konsequenzen des Betäubungsmittelrechts zu. Denn das (zunehmend umstrittene) Betäubungsmittelgesetz (BtMG) stellt fast jeden Umgang mit Betäubungsmitteln (Rauschgiften) ohne behördliche Genehmigung unter Strafe (§§ 29 ff. BtMG).

4.4.1 Betäubungsmittel im Sinne des Betäubungsmittelgesetzes

Was Betäubungsmittel sind, definiert das BtMG in § 1 Abs. 1 S. 1 etwas unscharf. Das Bundesverfassungsgericht (BVerfG) sieht das entscheidende Merkmal eines Betäubungsmittels darin, dass bei ihm die Kombination aus Abhängigkeitsgefahr und betäubender Wirkung zu einem derartigen Missbrauch führen kann, dass dieser zu einer mittelbaren oder unmittelbaren Gefahr für die Gesundheit möglicher Konsumenten wird (BVerfG StV 1997, 405). Es genügt für das Vorliegen dieses Merkmals also bereits die potenzielle Möglichkeit der Gesundheits**gefährdung**. Dem BVerfG zufolge gelten auch schon Stoffe als Betäubungsmittel, die erst zu einem solchen verarbeitet werden müssen, um die gefährdende Wirkung zu erzielen. Die in Deutschland am häufigsten konsumierten Drogen sind Haschisch, Marihuana, Opium, Morphin, Heroin, Kokain (Crack), Amphetamin (Speed), Ecstasy, Crystal Meth, LSD, Spice (vermeintliche „Legal Highs"), Khat und die sog. Zauberpilze („Magic Mushrooms"/Psilocybin).

4.4.2 Eigenkonsum von Betäubungsmitteln

Interessanterweise ist nach dem BtMG so ziemlich jeder Umgang mit Betäubungsmitteln strafbar, nicht jedoch deren Konsum. Allerdings liegen Konsum und Besitz nah beieinander und ein vernehmender Polizeibeamter kann schnell herauskitzeln, ob man das Betäubungsmittel (z. B. den Joint) nur an sich genommen hat, um es sofort zu konsumieren, oder ob man zuvor schon echter Besitzer war. *„Besitz im Sinne des Betäubungsmittelstrafrechts setzt ein tatsächliches Herrschaftsverhältnis und den Besitzwillen voraus, der darauf gerichtet ist, sich die Möglichkeit ungehinderter Einwirkung auf die Sache zu erhalten. [...] An einem Besitzwillen würde es jedoch dann fehlen, wenn er davon ausgegangen war, diese würden umgehend vernichtet werden ..."* (BGH, Beschluss vom 27.07.2004, Az. 3 StR 71/04; „Besitz" ist hier also nicht bürgerlich-rechtlich zu verstehen, sondern wie der strafrechtliche Begriff des „Gewahrsams"). Das kann aber schnell der Fall sein: Bereits das bewusste Weiterreichen eines Joints an eine andere Person, um diese daran ziehen zu lassen, ist eine strafbare Verbrauchsüberlassung im Sinne des BtMG.

4.4.3 Besitz von Betäubungsmitteln

Der Besitz von Betäubungsmitteln ist also auf jeden Fall strafbar, das regelt § 29 Abs. 1 Nr. 3 BtMG. Was jedoch straffrei möglich ist und Mitarbeitenden ans Herz gelegt werden sollte, ist, dealenden oder konsumierenden Jugendlichen die Drogen abzunehmen (nicht mit Gewaltanwendung, für unmittelbaren Zwang ist die Polizei zuständig), um sie später der Polizei zu übergeben. Mitarbeitende sollten das Betäubungsmittel nicht selbst vernichten, sie könnten sich dem Vorwurf der Strafvereitelung (§ 258 StGB) aussetzen. Nimmt man die Drogen an sich, um sie nicht der Polizei, sondern dem Eigentümer zurückgeben zu wollen, kommt neben der Strafbarkeit aus § 29 Abs. 1 Nr. 1 BtMG auch eine Strafbarkeit wegen Begünstigung (§ 257 StGB) in Betracht.

4.4.4 Abgabe von Betäubungsmitteln

Wenn Betäubungsmittel ohne zu Grunde liegendes Rechtsgeschäft einer anderen Person zu deren eigener Verfügung überlassen werden, sodass diese die Betäubungsmittel nach ihrer Vorstellung nutzen kann, liegt gemäß § 29 Abs. 1 S. 1 Nr. 1 BtMG eine strafbare „Abgabe" von Betäubungsmitteln vor. Wird das Betäubungsmittel sofort nach Übergabe konsumiert (ohne dass es zunächst in die Tasche gesteckt wird, untersucht o. Ä.), so wurde noch keine Verfügungsgewalt erlangt, diese liegt noch beim Vorbesitzer und es liegt keine Strafbarkeit wegen „Abgabe" vor. Doch auch mit zu Grunde liegendem Rechtsgeschäft kann die Strafbarkeit eröffnet sein:

4.4.5 Erwerb von Betäubungsmitteln

Ein Erwerb im Sinne des § 29 Abs. 1 S. 1 Nr. 1 BtMG ist die „Erlangung der tatsächlichen Verfügungsgewalt" über das Betäubungsmittel. Es ist quasi eine Handlung, die zum Besitz führt, wobei „Erwerben" nicht unbedingt „Kaufen", aber zumindest ein „einverständliches Zusammenwirken mit dem Vorbesitzer" bedeutet. Ein Erwerb liegt aber wiederum nicht vor, wenn die Droge ausschließlich zum sofortigen Konsum überlassen wird, ohne dass die Möglichkeit besteht, das Betäubungsmittel nach eigener Vorstellung zu einem späteren Zeitpunkt zu verbrauchen oder weiterzugeben (vgl. „Abgabe").

4.5 Wenn Mitarbeitende Informationen mit strafrechtlicher Relevanz erhalten

Beim Umgang mit Kindern und Jugendlichen erhalten Mitarbeitende oft Informationen oder erfahren von Vorhaben, die strafrechtlich u. U. relevant sein können, z. B. Anstiftung zum Diebstahl, Ladendiebstahl, Körperverletzung, Drogenbesitz. Auch der sog. „Lausbubenstreich" oder der nächtliche Überfall auf ein Zeltlager kann für die betroffenen Personen zu zivil- und/oder strafrechtlichen Konsequenzen führen (Schadensersatz, Schmerzensgeld, Geldstrafe, Gefängnis usw.). Für die Mitarbeitenden sind vertrauliche Informationen, die im „seelsorgerlichen" Gespräch oder „rein zufällig" mitgeteilt werden, eine besondere Herausforderung. Dies kann eine Gratwanderung zwischen oder mit den Gesetzen werden. Oft spielen auch pädagogische und psychologische Gesichtspunkte eine Rolle, die die Mitarbeitenden im Einzelfall abwägen müssen (Vertrauensbruch, Deckung einer Straftat, Gefährdung des Täters / der Täterin usw.). Hier einige wichtige gesetzliche Eckpunkte:

- Anstiftung zu einer Straftat wird gleich der Tat bestraft (§ 26 StGB).
- Begünstigung einer Straftat kann mit Freiheitsstrafe bis zu fünf Jahren oder mit Geldstrafe bestraft werden, z. B. das Verstecken der Beute nach einem Diebstahl oder das Ansichnehmen von Betäubungsmitteln, um sie dem Eigentümer oder Besitzer zurückzugeben (§ 257 StGB).
- Strafvereitelung wird mit Freiheitsstrafe bis zu fünf Jahren oder mit Geldstrafe bestraft, z. B. Übernahme der Bezahlung einer Geldstrafe für Mitarbeitende durch Verein, Kirchengemeinde oder das bewusste Verschaffen eines falschen Alibis zum Tatzeitpunkt (§ 258 StGB).
- Nichtanzeige geplanter Straftat, z. B. bei Kenntniserlangung vom Vorhaben oder bereits der Ausführung einer Geld- oder Wertpapierfälschung, räuberischer Erpressung, eines Mords oder Totschlags, einer Straftat gegen die persönliche Freiheit und weiteren, im Gesetz speziell bezeichneten Straftatbeständen (§§ 138, 139 StGB). Wer rechtzeitig eine Anzeige unterlässt und dadurch die Tat nicht verhindert werden kann, wird mit Freiheitsstrafe bis zu fünf Jahren oder mit Geldstrafe bestraft.
- Straffreiheit besteht bei Abwendung einer *„... gegenwärtigen, nicht anders abwendbaren Gefahr für Leben, Leib, Freiheit, Ehre, Eigentum oder ein[es] anderes Rechtsgut[s]"* durch eine andere *„Tat [...], um die Gefahr von sich oder einem anderen abzuwenden ..."* (§ 34 StGB), z. B. wenn Fachkräfte nach § 8a SGB VIII ihre Schweigepflicht durchbrechen, um eine nicht anders abwehrbare Gefahr für das Kindes-/Jugendwohl abzuwenden.
- Straffreiheit besteht bei einem Geistlichen, er ist *„... nicht verpflichtet anzuzeigen, was ihm in seiner Eigenschaft als Seelsorger anvertraut worden ist ..."* (§ 139 Abs. 2 StGB).
- Ein Zeugnisverweigerungsrecht besteht für die Betroffenen sowie nahe Angehörige usw. (§ 52 StPO).
- Es besteht eine Pflicht zur Hilfeleistung, sofern diese *„... bei Unglücksfällen oder gemeiner Gefahr oder Not ..."* und *„... den Umständen nach zuzumuten [ist], insbesondere ohne erhebliche eigene Gefahr und ohne Verletzung anderer wichtiger Pflichten ..."* (diese Pflicht ergibt sich aus § 323c StGB, der einen Verstoß dagegen sanktioniert).

4.6 Wenn sich Mitarbeitende vertreten lassen

Mitarbeitende dürfen sich im Notfall während ihrer Abwesenheit vertreten lassen (siehe Kapitel D 4.1). Die Vertretung kann bei zwingenden Gründen auch ein Teilnehmer oder eine Teilnehmerin der Gruppe oder einer Freizeit sein. Die Vertretung umfasst nur die faktische Aufsicht und nicht die gesamte Aufsichtspflicht. Die Vertretung muss aber die entsprechende Reife und das Verantwortungsbewusstsein haben und in der Lage sein, eine Aufsicht auszuüben. Hierzu gehört auch, dass die Gruppe sie respektiert.

Im Grundsatz müssen bei Minderjährigen die Sorgeberechtigten mit der Übernahme der Vertretung einverstanden sein. Dieses Einverständnis kann aus Zeitgründen i. d. R. nicht eingeholt werden. Die Mitarbeitenden sollten sich deshalb nur in Notsituationen von minderjährigen Teilnehmenden vertreten lassen, während sie selbst andere, unaufschiebbare Pflichten wahrnehmen (z. B. eine verletzte Teilnehmerin oder einen Teilnehmer zum Arzt bringen; wobei in diesen Fällen schon zu fragen wäre, ob der Aufsichtspflicht in hinreichendem Maß nachgekommen wurde, wenn eine Gruppe allein betreut wird, das hängt von vielen Faktoren ab, u. a. Gruppengröße, Gefahrgeneigtheit der Beschäftigung – vgl. Kapitel A 2.2). Die Verantwortung liegt nach wie vor bei dem/der Mitarbeitenden, auch wenn er/sie nicht anwesend ist. Dies folgt aus der gesetzlichen Regelung zur Stellvertretung in den §§ 164 ff. BGB. Mitarbeitende sind verpflichtet, genaue Instruktionen zu erteilen (z. B. was zu geschehen hat, was nicht möglich ist, wo sie erreichbar sind, wann sie vermutlich zurückkommen). „Normale" Vertretungen müssen immer abgesprochen werden, denn gerade im Bereich der Personensorge sind stets ausdrückliche Absprachen erforderlich, z. B. mit dem Hausmeister, Busfahrer, Bademeister, Kursleiter, Skilehrer.

4.7 Geschäftsführung ohne Auftrag

Mitarbeitende können der Aufnahme eines/einer Jugendlichen im mutmaßlichen Interesse der Sorgeberechtigten zustimmen oder diese ablehnen. Es liegt eine sog. Geschäftsführung ohne Auftrag (GoA) im Sinne der §§ 677 ff. BGB vor. Sie haben die Verantwortung so wahrzunehmen, wie das Interesse der Sorgeberechtigten (§ 677 BGB) dies erfordert und müssen ggf. die entsprechende Einwilligung einholen.

Beispiel: Ein Jugendlicher wird während einer Freizeit von einer Person besucht, die sich gegenüber der Freizeitleitung mündlich als sorgeberechtigte Person des Jugendlichen ausgibt. Die Freizeitleitung muss sich vergewissern, ob das stimmt. Sie kann durch Rückfragen bei der z. B. im Freizeitpass (siehe Kapitel C 2.4) aufgeführten sorgeberechtigten Person Erkundigungen einziehen. Eine ergänzende Möglichkeit ist auch, sich den Personalausweis der Person zeigen zu lassen. Die Mitarbeitenden müssen eine Entscheidung im Sinne der Sorgeberechtigten fällen.

4.8 Aufsichtspflicht bei regelmäßigen Gruppenangeboten

Kinder- und Jugendgruppen beginnen und enden i. d. R. zu einem fest angesetzten Zeitpunkt. I. d. R. erwarten die Sorgeberechtigten, dass die Mitarbeitenden ca. 10 bis 15 Minuten vor Beginn da sind. Diese Erwartungshaltung sollten die Mitarbeitenden einkalkulieren. Können die Mitarbeitenden aus irgendwelchen Gründen nie früher da sein, so müssen die Sorgeberechtigten entsprechend informiert werden. Es darf auch nicht vorkommen, dass die Mitarbeitenden Kinder oder Jugendliche „rauswerfen", um Disziplin in die Gruppe zu bekommen. Diese Maßnahme muss als allerletzte Möglichkeit gesehen werden und eröffnet aufsichtsrechtliche Probleme (vgl. Kapitel B 3.1.4). Die Aufsichtspflicht endet für die Mitarbeitenden erst, wenn die offizielle Gruppe zu Ende ist, je nach den Umständen auch einige Minuten danach.

Dauert das Zusammensein länger als üblich, so bleibt die Aufsichtspflicht fortbestehen, bis die Mitarbeitenden die Teilnehmenden nach Hause schicken. Die Sorgeberechtigten gehen davon aus, dass ihr Kind in der Gruppe beaufsichtigt wird. Wenn ein Teilnehmer / eine Teilnehmerin die Veranstaltung früher verlassen sollte, können die Mitarbeitenden ihn/sie grundsätzlich nicht zurückhalten. Es ist trotzdem wichtig, dass die Mitarbeitende ihn/sie belehren, z. B. „Hast deinen früheren Weggang mit deiner Mutter oder deinem Vater abgesprochen? Wenn nicht, musst du bis zum Ende hier bleiben oder wir müssen das telefonisch klären." Bei der Belehrung sollte auch deutlich werden, dass die Teilnehmenden den direkten Weg nach Hause wählen müssen. Die Uhrzeiten sind den Sorgeberechtigten bekannt. Der Nachhauseweg ist gegen Unfall versichert (siehe Kapitel A 6.1.2), die Haftung liegt jedoch bei den Sorgeberechtigten. Bei diesem angesprochenen Problem ist das Alter der Teilnehmenden entscheidend: Je älter die Teilnehmenden sind, desto eher können diese selbst entscheiden, wie ihre Freizeitgestaltung auszusehen hat. Die Sorgeberechtigten haben (u. a. bis zu einem Alter von ca. 14 Jahren) großes Interesse daran zu wissen, wo ihr Kind sich in der freien Zeit aufhält, was aber nicht immer umsetzbar ist. Die Mitarbeitenden sind i. d. R. nicht informiert, wie die Verhältnisse im Elternhaus sind. Es ist daher empfehlenswert, dem Kind einen Informationsbrief mit nach Hause zu geben, durch den die Sorgeberechtigten über die Gruppe und ihre normalen Abläufe informiert werden.

4.9 Reisen ins Ausland

Im Ausland ist für den Veranstalter und die Teilnehmenden von Freizeiten das deutsche Recht grundsätzlich weiter gültig. Wenn deutsche Gesetze von den Bestimmungen des jeweiligen Gastlandes abweichen, so ist prinzipiell das jeweils strengere Gesetz anzuwenden. Die Gesetze im Gastland müssen auf alle Fälle ebenfalls eingehalten werden; sie gelten insbesondere gegenüber Dritten und in Bezug auf Sachen, die in deren Eigentum stehen. Konfliktbereiche können sein:

- Andere Jugendschutzbestimmungen (Erwerb und Konsum von Alkohol und anderen Rauschmitteln und Giften oder Drogen usw. – siehe Kapitel B 4.4)
- Sexuelle Handlungen in der Öffentlichkeit
- Verstoß gegen die „guten Sitten"
- Nichtachtung nationaler Ehrenzeichen

Sollten sich bei Teilnehmenden Probleme durch örtliche Behörden ergeben (Eigentum wird beschlagnahmt, Verhaftung wegen Unfall mit Todesfolge usw.), so ist i. d. R. durch die Mitarbeitenden umgehend das zuständige Konsulat oder die dortige Botschaft der Bundesrepublik Deutschland zu benachrichtigen (siehe Kapitel D 4.4 und weiterführende Praxistipps dort). Das Konsulat oder die Botschaft prüft den gemeldeten Vorfall und nimmt seinen/ihren Einfluss bei Ortsbehörden wahr (§§ 1 und 21 KonsG).

Nachweise und weiterführende Praxistipps
- Jugendschutz in Europa: www.protection-of-minors.eu (Linkzugriff im März 2018)

4.10 Veranstaltungen, bei denen Sorgeberechtigte mit ihren Kindern anwesend sind

Bei Veranstaltungen wie Vereinssommerfesten, Gemeindenachmittagen, Familienfreizeiten oder Mutter-/Vater-und-Kind-Turnen haben wir es mit Situationen zu tun, in denen unklar ist, ob der Veranstalter oder die anwesenden Sorgeberechtigten die Aufsichtspflicht wahrnehmen müssen. Klar ist, dass die Aufsichtspflicht bei Angeboten, an denen die Kinder ohne Begleitung der Sorgeberechtigten teilnehmen (z. B. Basteln, Kinderprogramm, Spielstraße) eindeutig beim Veranstalter liegt. Wenn die Sorgeberechtigten jedoch in der Nähe sind oder sogar selbst am Angebot teilnehmen, kann es durchaus zu Abgrenzungsproblemen kommen, wer in einer konkreten Situation die Aufsichtspflicht wie wahrzunehmen hat. Das kann meist nur im Einzelfall unter Abwägung aller Umstände geschehen. Im Zweifel sollte sich der Veranstalter seiner Verantwortung bewusst sein – schon wenn er den Eindruck erweckt, er würde eine umfassende Beaufsichtigung gewährleisten, muss er sich daran festhalten lassen.

Beispiel: Wenn öffentlich zugängliche Spielgeräte am Gemeindehaus stehen und in das Gemeindefest einbezogen sind, sollte ein Hinweisschild angebracht werden, dass hier keine Betreuung durch den Veranstalter stattfindet.

Im Rahmen der Verkehrssicherungspflicht kann es trotzdem zu gefährlichen Situationen kommen, in denen der Veranstalter im Notfall eingreifen muss, wenn Mitarbeitende eine Gefahr für eine Person erkannt haben, z. B. durch beschädigte Spielgeräte. Wann immer die Notwendigkeit besteht, müssen die Mitarbeitenden mit den Sorgeberechtigten deutlich absprechen, wann die Aufsichtspflicht bei den Mitarbeitenden liegt (vgl. Kapitel B 1.2.4 – Gefälligkeitsaufsicht).

4.11 Aufsichtspflicht bei inklusiver Kinder- und Jugendarbeit

Beim Thema Inklusion in der Kinder- und Jugendarbeit geht es darum, Menschen mit Behinderung umfassend in die Angebote der Kinder- und Jugendarbeit einzubeziehen. Bei der Wahrnehmung der Aufsichtspflicht gegenüber geistig oder körperlich behinderten Menschen werden andere Anforderungen an die Aufsichtspflicht gestellt als bei Personen ohne Handicap. Es liegen unterschiedliche besondere Verhaltensweisen vor und ggf. eine eingeschränkte kognitive Wahrnehmung. In diesen Gruppen werden mehr Mitarbeitende für die Betreuungsarbeit benötigt. Die Verantwortlichen müssen deshalb kritisch prüfen, mit welchen Möglichkeiten Inklusionsarbeit leistbar ist. Die Mitarbeitenden müssen in die Betreuungsaufgaben eingewiesen werden. Hierzu kann man sich an Fachkräfte einschlägiger (Fach-)Verbände wenden. Die Behinderungen sind sehr unterschiedlich, deshalb müssen sich die Mitarbeitenden von den Sorgeberechtigten ausführlich informieren lassen. Die Organisationen, die inklusive Kinder- und Jugendarbeit betreiben, müssen ihre Versicherungsverträge auf die Inklusionsarbeit abstimmen und ggf. erweitern.

Nachweise und weiterführende Praxistipps

- Selbsttest zum Stand der Inklusion in der eigenen Organisation: www.inklumat.de/index-fuer-inklusion/kinder-und-jugendarbeit/selbsttest/teil-b-strukturen-leitlinien-der-einrichtung (Linkzugriff im März 2018)
- Forum inklusiver Evangelischer Jugendarbeit: www.forum-inklusiv.de (Linkzugriff im März 2018)

4.12 Wenn Kinder und Jugendliche auf Freizeiten ohne Mitarbeitende unterwegs sind

Es kommt regelmäßig vor, dass Teilnehmende auf Freizeiten usw. während der nicht vom Programm gefüllten Zeit allein oder in Kleingruppen (zwei Personen und mehr) ohne Aufsicht Spaziergänge, persönliche Einkäufe o. Ä. vornehmen wollen. Hier spielen das Alter und die Reife der minderjährigen Teilnehmenden eine große Rolle. Die Mitarbeitenden können zeitlich befristete Ausgänge ermöglichen, die Kinder oder Jugendliche auch zu Hause verwirklichen können (z. B. Einkaufen einer Schokolade, Eisessen, in ein Café gehen). D. h. auch, dass bis zu einem bestimmten Alter (bis etwa 12 Jahre) Kinder nur unter Aufsicht durch Mitarbeitende Einkäufe und Besorgungen machen sollten. Ältere Jugendliche können i. d. R. z. B. jederzeit ohne Aufsicht die Umgebung erforschen. Damit die Mitarbeitenden einen Überblick über die Abwesenheit der Teilnehmenden haben, müssen sich die Kleingruppen bei ihnen an- und abmelden. Der Ordnung halber sollten aber die Sorgeberechtigten über den Freizeitstil informiert sein (siehe Kapitel C 1.6.1). Bevor die Teilnehmenden ihren eigenen Interessen nachgehen können und zeitweise unbeaufsichtigt Ausgang haben, muss eine entsprechende Belehrung durch die Mitarbeitenden erfolgen. Dabei genügt nicht eine einmalige Belehrung, sondern sie muss ggf. öfters wiederholt werden (vgl. Kapitel B 3.1.1).
Für die Mitarbeitenden ist es möglich, Kinder und Jugendliche mit Besorgungen zu beauftragen. Die Auswahl der Personen für diese Botengänge muss mit der erforderlichen Sorgfalt vorgenommen werden.

4.13 Wenn Kinder und Jugendliche nach Hause geschickt werden müssen

Ein grober Verstoß gegen die Anordnungen der Mitarbeitenden kann zum Ausschluss von Teilnehmenden aus der Gruppe oder von der Freizeit führen.

Beispiel: Schlägereien, Alkoholrausch, Waffengebrauch, Drogen, unerlaubtes Sexualverhalten usw.

Ein grober Verstoß liegt vor, wenn einzelne Teilnehmende wiederholt ausgesprochene Ge- oder Verbote nicht beachten (aus Böswilligkeit, Großtuerei usw.) und dadurch Personen- oder Sachschäden entstehen können oder schon entstanden sind. Wenn auch nach der letztmaligen Verwarnung das Kind bzw. der/die Jugendliche nicht bereit ist, sein/ihr Verhalten zu ändern oder das Stören zu unterlassen und es zu einer weiteren Wiederholung kommt, ist ein Ausschluss (siehe Kapitel B 3.1.4 und Kapitel C 2.5.3) möglich. Auch Volljährige können bei grobem Verstoß gegen die Hausordnung (z. B. Rauschgiftkonsum oder -handel) ausgeschlossen werden.

Trotz pädagogischer Maßnahmen und Möglichkeiten ist nicht zu vergessen, dass Freizeiten unter die Regelungen des BGB-Pauschalreiserechts fallen (siehe Kapitel C) und die vertraglichen Vereinbarungen (Reisevertrag) mit den Teilnehmenden zu beachten und einzuhalten sind.

4.14 Handys, Smartphones und Tablets

Diese und ähnliche Multimediageräte sind integraler Bestandteil der Lebenswelt von Kindern und Jugendlichen. Grundsätzlich sind sie – solange nichts Gegenteiliges bekannt ist – Eigentum des Kindes oder des/der Jugendlichen und dürfen ihnen nicht einfach weggenommen werden. Einer solchen Situation kann man dadurch vorbeugen, dass man in den Informationsbrief einer Freizeit den Hinweis schreibt: *„Die Mitnahme von Handys und Smartphones auf unsere Freizeit ist nicht erwünscht. Wir sind über mehrere Telefonanschlüsse erreichbar und die Teilnehmenden können diese bei Bedarf jederzeit nutzen."* Ob bereits in der Ausschreibung die Mitnahme solcher Geräte regelrecht ausgeschlossen werden kann, ist juristisch umstritten und sollte deswegen vermieden werden.

4.14.1 Freizeitregel

Was unstrittig möglich ist, ist die Regelung der Nutzung der Geräte während einer Freizeit (ggf. auch während einer Gruppenstunde). Spätestens wenn ein geregeltes Freizeitleben erfolgen soll, kann ein solches schriftliches Regelwerk (**vor** der Freizeit) erstellt und dann auch bereits in der Ausschreibung erwähnt werden, eventuell mit den wichtigsten Inhalten. Spätestens im Infobrief sollte der gesamte Kanon der Regeln mitgeteilt werden. Eine solche Regelung könnte darin bestehen, dass das Handy/Smartphone vor der Abfahrt der Leitung der Freizeit übergeben werden muss, das Kind oder der/die Jugendliche es aber bei Bedarf jederzeit dort abholen und nach Hause telefonieren darf. Allerdings sollte diese Regel eventuell nur für jüngere Kinder gelten (z. B. bis 11 Jahre). Unter Berücksichtigung der Lebenswirklichkeit von Jugendlichen könnte ab einem höheren Alter die Regel so lauten, dass die Geräte grundsätzlich ausgeschaltet sein müssen und nur zu bestimmten Zeiten (z. B. in der Mittagspause oder nach dem Abendessen) eingeschaltet und benutzt werden dürfen. Ein totales Verbot ist i. d. R. kaum durchzuhalten bzw. durchzusetzen – sowohl den Kindern als auch den Sorgeberechtigten gegenüber.

4.14.2 Handeln bei Verstößen

Es ist juristisch nicht klar zu fassen, ob Handys/Smartphones (wie z. B. in der Schule) bei jedem Benutzungsverstoß eingezogen werden dürfen, darum sollte von diesem Mittel nur bei Gefahr im Verzug Gebrauch gemacht werden. Ansonsten sollte durch Überzeugung auf die Teilnehmenden eingewirkt werden. Natürlich sollten auch die Mitarbeitenden ein gutes Vorbild abgeben und z. B. während der Andacht nicht den Blick unauffällig nach unten auf das Smartphone senken. Auf jeden Fall sollte eine mögliche Sanktion schon beim Freizeitvortreffen, im Informationsbrief und während der Freizeit angekündigt werden, selbst wenn man davon ausgeht, von ihr möglichst keinen Gebrauch machen zu wollen – im Streitfall kann das schon helfen.

Besonderes Problem: Porno- und Gewaltvideos/-bilder

Die Weitergabe und das Verbreiten von Porno- oder Gewaltvideos/-bildern unter Kindern und Jugendlichen kann strafbar sein (vgl. §§ 131, 184 ff. StGB). Das gilt auch für Bilder und Filme, die andere extremistische Inhalte haben, z. B. Propagandamittel und Kennzeichen verfassungswidriger Organisationen (§§ 86, 86a StGB), Volksverhetzung (§ 130 StGB), Anleitung zu Straftaten (§ 130a StGB) oder grausame Gewaltdarstellungen (§ 131 StGB).

Hier herrscht Konsens, dass es erlaubt ist, Smartphones u. Ä. mit solchen Daten vorübergehend (bis zum Ende der Freizeit/Gruppenstunde) einzuziehen. Die Mitarbeitenden müssen in diesen Situationen beurteilen, ob die Notwendigkeit besteht, die Sorgeberechtigten entweder noch während der Veranstaltung oder danach zu informieren. Bewährt hat sich, am Ende der Freizeit oder Gruppenveranstaltung das Gerät von den Mitarbeitenden persönlich an die Sorgeberechtigten zu übergeben. Alternativ sollte von den Minderjährigen gefordert werden, die Daten unter Beaufsichtigung so zu löschen, dass sie während dieses Vorgangs nicht ein weiteres Mal betrachtet werden können oder müssen. Ist die beaufsichtigende Person nicht sicher (und kann belegen warum), dass alles gelöscht wurde, kann sie das Handy/Smartphone dennoch einziehen. Was sie nicht tun sollte, ist eigenmächtig Manipulationen am Gerät durchzuführen und die Dateien zu löschen, denn hier liegt eine Sachbeschädigung in Form der Datenveränderung gemäß § 303a StGB vor. Diese kann zwar theoretisch strafrechtlich wiederum gerechtfertigt sein durch rechtfertigenden Notstand (§ 34 StGB, vgl. Kapitel E 3.8.1.3), allerdings muss hierfür wirklich eine gegenwärtige Gefahr für ein Rechtsgut vorliegen, die nach Interessenabwägung nicht anders und angemessener abgewendet werden konnte. Das ist oft schwer darzulegen und zu beweisen.

Wenn Mitarbeitende im Zweifel sind, ob eine bestimmte Sanktion angemessen ist, können sie versuchen, die Sorgeberechtigten telefonisch zu erreichen und sie um ihre ausdrückliche Einwilligung zu bitten, entsprechend zu verfahren, wenn möglich textlich per E-Mail usw. Eine weitere Rückfrage kann über das Notfallmanagement erfolgen (siehe Kapitel D).

Zur Problematik siehe auch Kapitel B 4.2.11.

4.15 Trampen

Es gibt keine gesetzlichen Vorschriften, die das Trampen verbieten. Dennoch sollten Mitarbeitende das Trampen aufgrund der damit verbundenen besonderen Gefahren für Minderjährige nur zulassen, wenn die Sorgeberechtigten ihre Zustimmung hierzu schriftlich erklärt haben und zuvor umfassend aufgeklärt wurden.

Nachweise und weiterführende Praxistipps
- www.wikitravel.org/de/Trampen (Linkzugriff im März 2018)

4.16 Volljährige Teilnehmende

Teilnehmende, die volljährig sind und auf Veranstaltungen (z. B. Gruppenunternehmung oder Freizeit) die Angebote des Veranstalters wahrnehmen, sind für ihr Tun und Mitmachen selbst verantwortlich. Tritt ein Schadensfall oder Unfall ein, können Mitarbeitende nur zur zivil- und strafrechtlichen Verantwortung gezogen werden, wenn sie für einzelne Teilnehmende oder die Gruppe eine gefährliche Lage geschaffen und dabei zumindest fahrlässig gehandelt haben.

4.17 Hausordnung und Hausrecht

Jeder Grundstückseigentümer hat das Recht zu entscheiden, wer seinen Grund und Boden betritt. Die Mitarbeitenden dürfen deshalb nur mit ausdrücklicher Genehmigung des Grundstückseigentümers mit einer Gruppe auf dessen Grundstück zelten oder das Grundstück zu Spiel- und Sportveranstaltungen betreten. Der Eigentümer könnte sonst die Verantwortlichen ggf. wegen Hausfriedensbruch anzeigen sowie Schadensersatzansprüche geltend machen. *„Wer in die Wohnung, in die Geschäftsräume oder in das befriedete Besitztum eines anderen oder in abgeschlossene Räume, welche zum öffentlichen Dienst oder Verkehr bestimmt sind, widerrechtlich eindringt, oder wer, wenn er ohne Befugnis darin verweilt, auf die Aufforderung des Berechtigten sich nicht entfernt, wird mit Freiheitsstrafe bis zu einem Jahr oder mit Geldstrafe bestraft"* (§ 123 Abs. 1 StGB). In Übernachtungsstätten (Freizeitheim, Jugendheim, Herberge, Hotel usw.) gilt die jeweilige Hausordnung, die beachtet werden muss. Wenn eine Unterkunft vom Veranstalter komplett angemietet wurde, hat dieser auch im Rahmen des Mietvertrags das Hausrecht inne. Werden dagegen nur einzelne Zimmer bzw. Betten belegt, hat nach wie vor der jeweilige Vermieter das Hausrecht. Bei umzäunten Grundstücken oder Zeltplätzen ist das Hausrecht entweder beim Vermieter oder beim Mieter, je nach Vereinbarung.

4.18 Diebstahl in der Gruppe

Diebstahl von Gegenständen oder Sachen (z. B. Geld) durch Teilnehmende ist grundsätzlich strafbar. Es bedarf eines großen pädagogischen Geschicks der Mitarbeitenden, entsprechende Maßnahmen einzuleiten, wenn Diebstähle z. B. auf einer Freizeit bekannt werden. Schon allein der Tatbestand des Stehlens könnte auch auf ein gestörtes Sozialverhalten des/der Teilnehmenden hinweisen. Der Veranstalter sollte diesbezüglich seine Haftung ausschließen. Setzt der Veranstalter einen Freizeitpass (siehe Kapitel C 2.4) ein, wird diese Problematik berücksichtigt. Nur bei schweren Eigentumsdelikten sollte in Erwägung gezogen werden, den minderjährigen Täter, die minderjährige Täterin nach Hause zu schicken oder weitere Maßnahmen in die Wege zu leiten. Der Gesetzgeber geht in § 248a StGB beim Diebstahl geringwertiger Sachen – Wert höchstens 25 oder 30 Euro (OLG Oldenburg, Urteil vom 02.12.2014, Az. 1 Ss 261/14) – davon aus, dass in diesen weniger bedeutenden Fällen die Stellung eines Strafantrags nicht unbedingt erforderlich ist, da die Staatsanwaltschaft erst bei Überschreitung dieser Geringwertigkeitsgrenze von Amts wegen ermittelt, wenn nicht gerade ein besonderes öffentliches Interesse vorliegt. Sollte der Diebstahl nicht aufgeklärt werden, sollte Rücksprache mit den Sorgeberechtigten der geschädigten Person gehalten werden. Es ist abzuklären, ob eine Reisegepäckversicherung oder Hausratversicherung besteht und in Anspruch genommen werden kann (siehe Kapitel A 6.4.3 und A 6.9); außerdem sollte darüber gesprochen werden, ob eine Diebstahlanzeige bei der Polizei notwendig ist. Für Wertgegenstände, die Teilnehmende auf eine Freizeit mitbringen, sollten die Mitarbeitenden eine entsprechende Aufbewahrungsmöglichkeit anbieten (vgl. Kapitel A 4.1.2).

4.19 Zimmer- und Gepäckdurchsuchungen

Die Mitarbeitenden sollten Zimmer- und Gepäckdurchsuchungen nur vornehmen, wenn es einen konkreten (und nicht nur vagen) Verdacht eines gravierenden Rechtsverstoßes gibt und wenn die Durchsuchungen einigermaßen Erfolg versprechend scheinen. Eine Veranlassung hierfür können z. B. der Diebstahlverdacht sein, verbotene Spirituosen, Drogen u. Ä. Solange aber keine konkreten Gefährdungen von den vermuteten Gegenständen ausgehen (wie es z. B. bei gefährlichen Waffen, Giften oder Gasen der Fall wäre), dürfen die Durchsuchungen nur mit dem Einverständnis der „Verdächtigen" (am besten sogar der gesetzlichen Vertreter, sofern erreichbar) vorgenommen werden. Da eine solche Durchsuchung auch in intime Gepäck- oder Kleidungsstücke vordringen kann, müssen die Teilnehmenden anwesend sein und die Durchsuchung sollten mindestens zwei Mitarbeitende desselben Geschlechts wie der/die Verdächtige vornehmen. Da bei einer Durchsuchung ein Eingriff in das Eigentum des Kindes oder des/der Jugendlichen stattfindet, also ein erheblicher Rechtseingriff, der schnell selbst strafbar sein kann, ist zu hoffen, dass bereits die Androhung einer Durchsuchung zur freiwilligen Herausgabe des gesuchten Gegenstandes führt. Solche Durchsuchungen stören (oder zerstören sogar) das Vertrauensverhältnis zwischen Mitarbeitenden und Teilnehmenden.

In Notsituationen (z. B. wenn bei einem Asthmaanfall im Koffer ein Medikament gesucht werden muss) oder bei vermuteter/drohender Gefahr (z. B. Waffen, Drogen) müssen Durchsuchungen umgehend und ggf. ohne die betroffene Person durchgeführt werden. Auch hier gilt, dass Durchsuchungen möglichst von mindestens zwei Mitarbeitenden durchgeführt werden sollten, damit man sich gegenseitig als Zeuge benennen kann.

Ob es um Eigentumsdelikte, Regelverstöße gegen die Freizeitordnung oder das JuSchG usw. geht, nie dürfen Mitarbeitende konfiszierte Waren und Gegenstände (z. B. Alkohol, Zigaretten, Waffen, pornografische Literatur) vernichten, selbst verwenden oder verwerten; das ist grundsätzlich strafbar. Mögliche Lösungen:

- Die Ware den Sorgeberechtigten übergeben.
- Das Kind oder der/die Jugendliche vernichtet die Ware selbst (z. B. indem die Alkoholflasche vor den Augen der Mitarbeitenden ausgeleert wird).
- Die Mitarbeitenden bewahren die Ware so lange auf, bis das Kind oder der/die Jugendliche volljährig ist. Auch das geht nur mit dessen/deren Einverständnis. Bei Waren von erheblichem Wert oder auch, wenn die Volljährigkeit noch in weiter Ferne ist, ist von dieser Möglichkeit abzuraten, denn der Veranstalter muss die Ware gegebenenfalls über Jahre diebstahlsicher aufbewahren und geht damit ein Risiko ein.

4.20 Nacht- und Bettruhe

Je kürzer die Freizeit ist und je älter die Teilnehmenden sind, desto größer sind für die Mitarbeitenden die pädagogischen Herausforderungen, eine allgemeine Nachtruhe durch- und umzusetzen. Eine pauschale Lösung gibt es nicht. Bei der Durchsetzung der Nachtruhe müssen sich die Mitarbeitenden über die Uhrzeit einig sein und diese Regel den Teilnehmenden vermitteln. Einen wichtigen Einfluss auf die Festlegung des Zeitrahmens der Nachtruhe haben das Alter der Teilnehmenden und die Aktivitäten (z. B. Skifahren, Radtour, Wanderungen), die für den kommenden Tag geplant sind. Sollten Unfälle vorkommen, die auf mangelnden Schlaf zurückzuführen sind, könnte eine Aufsichtspflichtverletzung vorliegen (z. B. Sturz durch Übermüdung bei der Fahrradtour). Die Nachtruhezeiten müssen so festgesetzt werden, dass die Teilnehmenden einigermaßen ausgeschlafen sind. Die Mitarbeitenden müssen darauf achten, dass die festgesetzte Nachtruhe eingehalten wird und die Teilnehmenden in ihrem Bett, ihrem Zelt usw. sind. Mitarbeitende Frauen sollen nur weibliche Teilnehmende kontrollieren und mitarbeitende Männer nur männliche Teilnehmende. Die Kontrollen müssen, je nach Lautstärke und Unruhe, öfter wiederholt werden. Wenn Anhaltspunkte für regelrechte nächtliche Aktivitäten (in den Zimmern, auf den Gängen, in anderen Räumen, Zelten oder sogar außerhalb der Unterkunft) vorliegen, müssen Rundgänge und konkretes Einschreiten erfolgen.

4.21 Mutproben und ähnliche Rituale

In manchen Gruppen, Zeltlagern oder auf Freizeiten werden diverse nicht ganz unge-
fährliche „Bräuche" praktiziert: die Mutprobe, der nächtliche Überfall, die Entführung
und nächtliche Aussetzung im Wald u. Ä. Hier werden die zivil- oder strafrechtlichen
Konsequenzen von den Verursachern zu wenig beachtet. Nicht selten fordert der vermeintliche Spaß einen hohen finanziellen Tribut beim Verursacher bis hin zur Gefahr
der Strafbarkeit z. B. wegen Körperverletzung (§ 223 StGB). Sollten sogar die Mitarbeitenden diese „Aktionen" planen, können auch diese strafrechtlich belangt werden:
„Wer einen Menschen
1. in eine hilflose Lage versetzt oder
2. in einer hilflosen Lage im Stich lässt, obwohl er ihn in seiner Obhut hat oder ihm sonst
beizustehen verpflichtet ist,
und ihn dadurch der Gefahr des Todes oder einer schweren Gesundheitsschädigung aus-
setzt, wird mit Freiheitsstrafe von drei Monaten bis zu fünf Jahren bestraft"
(§ 221 Abs. 1 StGB).

4.22 Lärm bei Musik, Spiel und Sport

Lärm bei Spiel und Sport gehören zur Kinder- und Jugendarbeit; ihre Durchführung
ist nicht „geräuschlos". Das Bundes-Immissionsschutzgesetz (BImSchG) sieht deshalb
vor, dass *„Geräuscheinwirkungen, die von Kindertageseinrichtungen, Kinderspielplätzen*
und ähnlichen Einrichtungen wie beispielsweise Ballspielplätzen durch Kinder hervorge-
rufen werden ..." (§ 22 Abs. 1a BImSchG) normalerweise keine schädliche Umweltein-
wirkung haben. Dieser Lärm darf deshalb nicht zu Immissionsgrenz- und -richtwerten
herangezogen werden. Für Sportanlagen gibt es bestimmte Ruhezeiten, die in der
Sportanlagenlärmschutzverordnung geregelt sind. Für die Aktivitäten im Kinder- und
Jugendarbeitsalltag ist die Nachtruhe zwischen 22 und 6 Uhr einzuhalten. In manchen Städten wird zusätzlich die Benutzung von Musikinstrumenten, Tonübertra-
gungs- und -wiedergabegeräten (Hausarbeits- und Musiklärmverordnung) geregelt,
um den nachbarschaftlichen Frieden zu gewähren. Grundsätzlich sollte auf gerings-
te Lärmbelästigung geachtet werden. Wenn im Jugendraum die Musikanlage läuft,
dann sollten alle Fenster geschlossen sein. Beim Lüften von Räumen ist die Musik auf
Zimmerlautstärke zu stellen. Bei genehmigungspflichtigen Veranstaltungen wird u.a.
der zulässige Lärmpegel vorgeschrieben.

Nachweise und weiterführende Praxistipps
- www.laermpraevention.de (Linkzugriff im März 2018)

5 ANGEBOTE MIT ERHÖHTEM RISIKO

Angebote mit erhöhtem Risiko bringen auch erhöhte Anforderungen an die Aufsichtspflicht mit sich. Zu beachten ist, dass volljährige Teilnehmende, die an diesen Veranstaltungen teilnehmen, grundsätzlich ebenfalls betreut und unterwiesen werden müssen, wenn auch in anderem Maß als minderjährige Teilnehmende. Die Mitarbeitenden haben eine Garantenstellung inne. Das bedeutet: Besteht aus Vertrag (z. B. bei einem Kletterkurs) oder durch Gesetz ein Grund zum Handeln, die Mitarbeitenden unterlassen dies aber und schädigen dadurch eine andere Person, machen sich die Mitarbeitenden u. U. strafbar (auch durch Unterlassen kann man sich strafbar machen).

Die Mitarbeitenden müssen über fachliche Qualifikationen verfügen; Nachweise über entsprechende Fortbildungen sind besonders hilfreich für die jeweiligen Sport- und Freizeitangebote. Teilnehmende einer Veranstaltung vertrauen darauf, dass die Mitarbeitenden Situationen und Gefahren einschätzen und u. U. abwenden können. Die Mitarbeitenden haben auch auf sachgemäße Ausrüstung und Kleidung zu achten. Es kann u. U. sogar einmal sein, dass einzelne Teilnehmende von einer gemeinsamen Unternehmung ausgeschlossen werden müssen, weil eine unzureichende Ausrüstung vorhanden ist, die für den einzelnen oder für die ganze Gruppe eine Gefahr darstellen kann. Dazu gehört auch die psychische und physische Verfassung der Teilnehmenden.

Erwartungen an die Mitarbeitenden

- Führungspersönlichkeit (sach- und fachkundige Autorität, Durchsetzungsvermögen, Informationsvorsprung gegenüber den „besten" Teilnehmenden usw.)
- Fähigkeit zum sach- und fachkundigen Einweisen und Anleiten
- Fähigkeit der Sensibilisierung der Teilnehmenden für Gefahren und Risiken
- Fähigkeit zur Einschätzung und Kenntnisse der persönlichen Voraussetzungen der Teilnehmenden in Bezug auf deren Kenntnisse (Welche Erfahrungen werden mitgebracht?)
- Fähigkeit zum Erkennen, was der Gruppe zugemutet werden kann (Entspricht der Kenntnis- und Leistungsstand der Teilnehmenden den Anforderungen?)
- Fähigkeit zur Einschätzung, welche Probleme und Schwierigkeiten evtl. zu erwarten sind (Reicht die Kondition? Gibt es Disziplinprobleme (wenn z. B. ein Teilnehmer / eine Teilnehmerin keine Schwimmweste anlegen möchte)? Ist die Wetterlage stabil, ist mit Unwettern zu rechnen?)

Bei den Angeboten mit erhöhtem Risiko werden sehr oft Fremdleistungen in Anspruch genommen, z. B. beim Besuch eines Hochseilgartens oder bei der Kanutour eines Outdoorveranstalters. Es gibt zwei Möglichkeiten, die rechtliche Seite anzugehen:

- Die Kinder oder Jugendlichen nehmen als Gruppe an einer Veranstaltung teil, die als solche komplett mit dem Fremdanbieter vereinbart wurde. Zwischen dem Anbieter und der Kinder- oder Jugendgruppe bzw. ihrer Organisation wird ein Vertrag (meist inkl. Geschäftsbedingungen) geschlossen. Die Sorgeberechtigten stimmen dann einer Teilnahme gegenüber der Gruppe bzw. deren Organisation zu. Kommt beim Besuch dieser Veranstaltung ein Gruppenmitglied zu Schaden, werden die Sorgeberechtigten ihre Schadensersatzansprüche an die Gruppe bzw. deren Organisation richten. Entsprechende Regressforderungen kann diese beim Anbieter geltend machen.
- Die Kinder oder Jugendlichen nehmen als Gruppe an einer von den Mitarbeitenden mit dem Fremdanbieter vereinbarten Veranstaltung teil. Zwischen dem Anbieter und jedem/jeder einzelnen Teilnehmenden bzw. deren Sorgeberechtigten der Gruppe wird ein Vertrag (inkl. Geschäftsbedingungen) geschlossen. Kommt beim Besuch dieser Veranstaltung ein Gruppenmitglied zu Schaden, müssen die Sorgeberechtigten ihre Schadensersatzansprüche an den Anbieter richten.

Bei beiden „Vertragsmodellen" haben die Mitarbeitenden die Aufsichtspflicht wahrzunehmen (vgl. Kapitel B 5.6, Schwimmbadbesuch). Bei einer Aufsichtspflichtverletzung bleibt eine Haftung der Mitarbeitenden der Gruppe bzw. deren Organisation bestehen. Allerdings ist diese i. d. R. durch die Mithaftung des Fremdanbieters gemildert.

Die Anmeldung zur Teilnahme an Angeboten mit erhöhtem Risiko sollte ausschließlich schriftlich mit der Unterschrift der Sorgeberechtigten erfolgen.

5.1 Zelten außerhalb von öffentlichen oder privaten Zeltplätzen

Das Zelten außerhalb von öffentlichen Zeltplätzen darf grundsätzlich nur mit Einwilligung des Grundstückseigentümers oder Nutzungsberechtigten erfolgen. Sog. „wildes Zelten" ist nicht erlaubt. Zelten ist auf privaten Grundstücken möglich, wenn sanitäre und landschaftliche Gegebenheiten dies zulassen. Ratsam ist deshalb, bei der Gemeinde oder beim Landratsamt nachzufragen, ob dem geplanten Zelten keine „öffentlichrechtliche Vorschriften" entgegenstehen. Die jeweilige Untere Naturschutzbehörde kann für den Bereich, in dem sie Zeltlager genehmigt, Sonderauflagen erteilen. Diese beziehen sich meist auf sanitäre Anlagen, die Abfallbeseitigung und ggf. die Verkehrsregelung (Campingplatzverordnung, Landschafts- und Naturschutzgebiet).

5.2 Feuerschutz –
Lagerfeuer und Grillen am offenen Feuer

Die Bestimmungen des Feuerschutzes müssen eingehalten werden, denn es drohen die Straftatbestände der fahrlässigen Brandstiftung (§§ 306d i. V. m. 306 oder 306a StGB) und des Herbeiführens einer Brandgefahr (§ 306f StGB). Weiterhin können länderspezifische Ordnungswidrigkeiten vorliegen (je nach Bundesland nach Landesforstgesetz oder Landeswaldgesetz). Danach kann das Feuermachen in der Nähe von Scheunen, Wäldern, auf Moor- und Heideflächen und auf bestellten Feldern geahndet werden, auch ohne dass es zum Brand kam.

Das Rauchen ist im Wald vom 1. März bis 31. Oktober nicht gestattet. In Berlin, Brandenburg, Rheinland-Pfalz, Sachsen und Thüringen gilt sogar das ganze Jahr über Rauchverbot im Wald. Das Grillen oder Feuermachen ist nur an Feuerstellen erlaubt, die mit einem weißen Schild gekennzeichnet sind, auf dem ein schwarzes Flammensymbol o. Ä. abgebildet ist. Es gibt länderspezifische Gesetze, die das Grillen im Wald und an Feuerstellen regeln. Es muss beachtet werden, dass auch beim Feuermachen an erlaubten Stellen immer eine Aufsichtsperson zugegen ist und dass das Feuer vor dem Verlassen vollständig erloschen ist. Wenn im Wald eine gekennzeichnete Feuerstelle vorhanden ist, dann kann diese nur zum Feuermachen benutzt werden, wenn keine Waldbrandgefahr besteht. Je nach Wetterlage kann sich die Einstufung der Waldbrandgefahr kurzfristig ändern.

Findet der Aufenthalt in angemieteten Bereichen, im Vereinsheim o. Ä. statt und werden dort bei offenen großen Lagerfeuern Veranstaltungen durchgeführt, so ist es ratsam, die Feuerwehr rechtzeitig über das Vorhaben zu informieren, damit sie nicht ausrückt, weil jemand aus der Ferne einen Hausbrand vermutet. Eine Fehlalarmierung der Feuerwehr wird u. U. dem Veranstalter in Rechnung gestellt, wenn nicht dem Alarm Auslösenden Leichtfertigkeit unterstellt werden muss. Eine Versicherung bezahlt diese i. d. R. nicht.

Beim Sammeln von Holz müssen die Teilnehmenden darauf hingewiesen werden, dass nur herumliegendes, auf dem Boden liegendes Holz gesammelt werden darf. Bäume oder Teile von Bäumen dürfen nicht geschlagen werden. Nicht nur, dass frisch geschlagenes Holz feucht ist und den CO_2-Ausstoß noch mehr als abgelagertes Holz fördert, es droht auch Strafbarkeit wegen Sachbeschädigung und Diebstahl, wenn der Waldbesitzer nichts davon weiß.

Beim Feuermachen ist auf die Rauchentwicklung zu achten, durch die niemand in der Umgebung belästigt werden soll.

Wenn auf einem Grundstück eine Feuerstelle eingerichtet ist oder der Eigentümer der Einrichtung einer Feuerstelle zustimmt, muss die Feuerstelle so eingerichtet werden, dass genügend Abstand von Wald, Scheunen und Häusern usw. vorhanden ist, um keinen Brand durch Funkenflug zu verursachen. Die Feuerstelle sollte durch Steine oder durch Aushub der Grasnarben eingegrenzt sein. Für den Fall, dass dennoch Feuer übergreift, sollte man stets einen oder mehrere Eimer mit Wasser oder Sand bereitstellen. Es hat sich auch bewährt, Gras und Zweige in der Nähe ab und zu mit Wasser zu bespritzen, um ein Austrocknen und Feuerfangen zu vermeiden.

Es dürfen keinesfalls Brandbeschleuniger (z. B. Benzin, Spiritus, Petroleum) eingesetzt werden. Die Unfallgefahr ist zu groß (Verbrennungen, Lungenschäden).

Nachweise und weiterführende Praxistipps
- Überblick der Bundesländer zum Thema offenes Feuer: www.waldwissen.net/waldwirtschaft/schaden/brand/fva_waldbrand_wb6/wb6_1_uebersicht_waldgesetze.pdf (Linkzugriff im März 2018)
- Waldbrandgefahrindex: www.dwd.de/DE/leistungen/waldbrandgef/waldbrandgef.html (Linkzugriff im März 2018)
- Forstliche Ansprechpartner in den Bundesländern: www.forstwirtschaft-in-deutschland.de (Linkzugriff im März 2018)
- Online-Informationssystem zum Naturschutzrecht: www.naturschutzrecht-online.de/datenbanken (Linkzugriff im März 2018)

5.3 Naturschutz

Einige allgemeine und wichtige Normen und Sachverhalte, die beachtet werden müssen (Naturschutzgesetze oder Forstwirtschaftsgesetz der Länder):

- Sachbeschädigung: z. B. nimmt die Gruppe eine Abkürzung bei einer Wanderung und muss einen Zaun überwinden, dabei wird dieser beschädigt (§§ 303 ff. StGB)
- Diebstahl: z. B. werden unerlaubt Bäume gefällt, um eine Kohte oder ein Sonnensegel aufzubauen (§§ 242 ff. StGB)
- Diebstahl geringwertiger Sachen: z. B. entdeckt die Gruppe während einer Wanderung mehrere Kirschbäume mit reifen Kirschen und pflückt diese zum sofortigen Verzehr (§ 248a StGB)
- Jagd- und Fischwilderei: z. B. werden Fische für das Lagerfeuer geangelt (§§ 292, 293 StGB)
- Unbefugtes Gehen über Wiesen und Äcker oder Wegnehmen von Boden- und Walderzeugnissen, z. B. Blumen, Sträucher, Bäume

5.4 Nachtwanderungen

Nachtwanderungen gehören bei vielen Gruppenunternehmungen, Freizeiten usw. zum Programm. Aus rechtlicher Sicht ist Folgendes zu beachten:

- Am Anfang und Ende der Gruppe muss sich jeweils mindestens ein Mitarbeiter / eine Mitarbeiterin befinden. Diese müssen den Weg kennen. Außerdem sollten sie für Notfälle Handys, Erste-Hilfe-Taschen und Taschenlampen mit sich führen (auf der Straße ist das Ende des „Zuges" mit einer roten Taschenlampe und durch das Tragen einer Warnweste zu sichern, siehe Kapitel B 5.8).
- Die Mitarbeitenden haben durch die Wahl des Weges sowie der Streckenlänge mögliche Verletzungen auszuschließen (z. B. auf felsigen Wegen oder auf schmalen Wegen mit Abgründen)
- Führt der Weg durch Wälder, darf kein offenes Feuer eingesetzt werden (Fackeln, Laternen, Kerzen usw.). Ist eine Nachtwanderung außerhalb des Waldes mit Fackeln geplant, gelten die regionalen gesetzlichen Regelungen wie die Polizeiverordnung. Hierzu rechtzeitig Informationen bei der zuständigen Gemeinde einholen.
- Die Teilnehmenden müssen über das Vorhaben informiert und belehrt werden, wie sie sich zu verhalten haben (z. B. sollen immer zwei Kinder zusammenbleiben, Mitwanderer sollen sich und andere nicht mit den Taschenlampen blenden, Lärm vermeiden).
- Regelmäßig sollte die Gruppe durch Abzählen auf Vollzähligkeit überprüft werden („Sind noch alle da?").
- Werden programmlich Gruseleinlagen eingebaut, müssen die Mitarbeitenden schon in der Vorbereitung die Reaktionen der Teilnehmenden abschätzen (womöglich rennen verängstigte Kinder weg oder werden gar traumatisiert o. Ä.). Es ist zu bedenken, dass sich die Teilnehmenden in einer angespannten und ungewöhnlichen Situation befinden, deshalb ist von solchen programmlichen Einlagen im Zweifel abzusehen, wenn Überreaktionen zu befürchten sind. Es gibt auch andere, weniger drastische Möglichkeiten, eine Nachtwanderung spannend zu gestalten (z. B. Spuren- und Fährtensuche, Schnitzeljagd).

5.5 Straßenverkehr – unterwegs mit dem Fahrrad

Die Mitarbeitenden haben dafür zu sorgen, dass die Teilnehmenden einer Radwanderung nicht zu Schaden kommen oder anderen Schaden zufügen, indem sie Verkehrsregeln nicht beachten, kein verkehrssicheres Fahrrad haben oder ohne Fahrradhelm fahren, keine geeignete Kleidung tragen oder das Gepäck nicht ordentlich am Fahrrad befestigt haben. Da (bei unter 18-Jährigen) die Aufsichtspflicht durch die Anmeldung zur Radwanderung den Mitarbeitenden übertragen wurde, sind diese in die Verantwortung mit einbezogen. Die Mitarbeitenden sind deshalb gefordert (ganz besonders vor Fahrtbeginn), die Fahrräder zu überprüfen. Eine Checkliste (s. u. weiterführende Praxistipps) ist für die Überprüfung der Fahrtauglichkeit der Fahrräder eine gute Hilfe.

Radfahrende Personen müssen die Straßenverkehrsordnung (§ 48 StVO) beachten.

Die folgenden Informationen können nur einen Überblick über die wichtigsten Regelungen geben.

- Eine Radtour sollte nur durchgeführt werden, wenn die Teilnehmenden genügend Fahrsicherheit mitbringen, um in einer Gruppe zu fahren.
- Das Radfahren muss bis zum 8. Lebensjahr auf dem Gehweg stattfinden, zwischen dem 9. und 10. Lebensjahr kann entweder auf der Straße oder dem Gehweg gefahren werden. Ab dem 11. Lebensjahr darf nur noch auf der Straße oder auf Radwegen gefahren werden.
- Gruppen mit mehr als 15 Personen dürfen einen geschlossenen Verband bilden. *„Dann dürfen sie zu zweit nebeneinander auf der Fahrbahn fahren. Kinder- und Jugendgruppen zu Fuß müssen, soweit möglich, die Gehwege benutzen"* (§ 27 Abs. 1 S. 2 StVO). Wenn ein geschlossener Verband zu groß/ lang ist, müssen Zwischenräume im Verband gelassen werden, damit Fahrzeuge überholen können. Ein geschlossener Fahrradgruppenverband muss für die übrigen Verkehrsteilnehmer erkennbar sein. Das Fahren im Verband, also in Zweierreihen, ist aber nur gestattet, wenn der übrige Verkehr nicht behindert wird (§ 2 Abs. 4 StVO). Aus Sicherheitsgründen ist deshalb zu raten, auch in größeren Gruppen einzeln hintereinander zu fahren und Fahrgruppen mit genügend Abstand zu bilden. Für überholende Fahrzeuge ist dann die Fahrradkolonne nicht zu lang und unübersichtlich (§ 27 StVO). Eine Möglichkeit ist, ein selbstgefertigtes Schild am Gepäckträger des letzten Gruppenmitglieds anzubringen, das die Autofahrer warnt: „Achtung! Fahrradkolonne – xx Radfahrer".
- Ein Fahrzeugführer darf nur so schnell fahren, dass er sein Fahrzeug ständig beherrscht (§ 3 Abs. 1 S. 1 StVO). Das bedeutet, dass die Radfahrer und Radfahrerinnen genügend Sicherheitsabstand zum/zur vor ihnen Fahrenden einhalten müssen. Die Mitarbeitenden haben darauf zu achten, dass sich die Geschwindigkeit der Gruppe nach den schwächsten Teilnehmenden richtet.
- Mit den Teilnehmenden muss vor der Fahrt geklärt werden, wie die Reihenfolge der Fahrenden geregelt ist. Sonst ist die Gefahr gegeben, dass ständig gegenseitig überholt wird. Generell darf nur bei guter und übersichtlicher Verkehrslage links überholt werden. Die verantwortliche Person an der Spitze muss sich durch gelegentliches Rückschauen vergewissern, ob die Gruppe noch zusammen ist.
- In der Gruppe fühlen sich Kinder und Jugendliche stark und verfolgen den Verkehr nicht so, wie es sein sollte. Das „Wir-Gefühl" kann vermitteln, dass der Verkehr sich nach der Fahrradgruppe zu richten habe.
- Fahrradgruppen, die eine Größenordnung von mehr als 20 Personen überschreiten, müssen dem Straßenverkehr gerecht werden und sind überdies einem erhöhten Unfallrisiko ausgesetzt. Das gilt auch für das Rollfietsfahren mit Körperbehinderten. Es ist ratsam, bei größeren Unternehmungen die örtliche Polizeistation zu benachrichtigen, deren Beamte die Mitarbeitenden entsprechend beraten können (z. B. welche Straßen sinnvollerweise nicht zu befahren sind, Unfallverhütung).
- Während des Radfahrens ist das Telefonieren mit dem Handy/Smartphone nicht erlaubt. Das Musikhören mit Ohrstöpsel ist nicht ratsam.

- Zahl der Mitarbeitenden pro Radgruppe: mindestens zwei (davon mindestens eine Person volljährig).
- Die mitfahrenden Mitarbeitenden müssen über entsprechende Erste-Hilfe-Kenntnisse verfügen und eine Erste-Hilfe-Ausrüstung dabei haben.

Von folgenden Überlegungen sollten sich Mitarbeitende bei der Vorbereitung und Durchführung einer Radtour leiten lassen:

- Habe ich alle Fahrräder auf Verkehrssicherheit überprüft?
- Ist das Gepäck auf den Gepäckträgern gut gesichert?
- Sind alle Teilnehmenden mit geeigneter Kleidung (auch Fahrradhelm, Sonnenschutz usw.) ausgerüstet?
- Habe ich die Teilnehmenden umfassend eingewiesen (in Bezug auf Gefahren, Verhalten in der Gruppe, bei Radpannen, bei Stürzen usw.)?
- Wurde von vornherein eine Einteilung der Mitarbeitenden vorgenommen (wer fährt vorn und hinten mit Warnweste usw.)? Hat jeder die Handynummer des anderen? Wer leistet Erste-Hilfe (Notfalltasche hat der/die Mitarbeitende am Ende der Gruppe)? Wer setzt im Notfall den Notruf ab?
- Überprüfung während der Fahrt und Klärung: Müssen die Mitarbeitenden und Teilnehmenden entsprechend der Gegebenheiten oder des Verhaltens der Gruppe neu eingewiesen bzw. ermahnt werden?

Nachweise und weiterführende Praxistipps
- Allgemeiner Deutscher Fahrrad-Club e. V.: www.adfc.de (Linkzugriff im März 2018)
- Deutsche Verkehrswacht e. V.: www.deutsche-verkehrswacht.de/home/service/inhaltsverzeichnis.html (Linkzugriff im März 2018)

5.6 Baden und Schwimmen

Minderjährige können nur am Baden und/oder Schwimmen teilnehmen, wenn die Sorgeberechtigten vorher ihr Einverständnis – am besten schriftlich – erklärt haben (z. B. mit dem Freizeitpass, siehe Kapitel C 2.4). Die Verantwortung für die Gesundheit und Sicherheit der Teilnehmenden liegt bei den Mitarbeitenden. Nach einem Urteil des OLG Köln (vom 29.10.1985, Az. Ss 301/85 in NJW 1986) muss sich die aufsichtsführende Person die Schwimmfähigkeit der Kinder und Jugendlichen entweder durch Vorlage eines Schwimmzeugnisses nachweisen lassen oder sich selbst von der Schwimmfähigkeit überzeugen. Auch eine schriftliche Bestätigung des Sorgeberechtigten ist nicht ausreichend: *„Bei einem Klassenausflug zu einem Baggersee reicht die schriftliche Bestätigung der Eltern, dass ein Kind schwimmen könne, nicht ohne weiteres aus, um Lehrern die Gewissheit einer ausreichenden Schwimmfähigkeit der Schüler zu verschaffen."* Im damals streitgegenständlichen Fall war eine 14-jährige Schülerin ertrunken. Die Information, ein Kind oder ein Jugendlicher / eine Jugendliche könne schwimmen, ist nicht eindeutig, da dies viele Interpretationen zulässt und über die Schwimmsicherheit und -zeit nichts aussagt.

Für die Praxis bedeutet das, dass die Unternehmungen im Bereich des Wassersports sorgfältig vorbereitet werden müssen. Je nach Baderisiko z. B. an einem Fluss, See ist es u. U. sinnvoll, nur Kinder und Jugendliche mit einem entsprechenden Nachweis schwimmen zu lassen (z. B. Seepferdchen, Deutsches Jugendschwimmabzeichen, Schwimmabzeichen „Seeräuber"). Das Gleiche gilt für Surfen, Bootsfahrten (Kanu, Kajak, Rafting, Schlauchboot, Segeln usw. – siehe Kapitel B 5.7).

In stehenden oder fließenden Gewässern (Fluss, Badesee, Meer usw.) darf nur gebadet und geschwommen werden, wenn dies entsprechend gekennzeichnet oder erlaubt ist. Bei unbekannten Gewässern ist besondere Vorsicht geboten. Zusätzlich muss am Ufer, der Uferböschung oder am Strand eine – je nach Gruppengröße – ausreichende Zahl von Mitarbeitenden rettungsbereit die Aufsicht führen. Empfehlenswert ist, dass (wenigstens einige) dieser Mitarbeitenden als Rettungsschwimmer ausgebildet sind. Es darf nur in übersichtlichen Gruppen und innerhalb einer bestimmten Entfernung zum Ufer oder Strand gebadet werden. Eine sichere Kontrolle und entsprechende Hilfeleistung im Notfall sollte jederzeit möglich sein.

An verschiedenen Seen, am Strand oder im Hallenbad ist oft eine Badeaufsicht an-zutreffen. Sollte dem Bademeister oder den Mitarbeitenden der Deutschen Lebens-Rettungs-Gesellschaft (DLRG) die Badeaufsicht über die Teilnehmenden übertragen werden, so ist dies deutlich mit den Aufsichtsführenden der Gruppe abzuklären. Ganz der Verantwortung können sich die Mitarbeitenden nicht entziehen, denn die Pflicht, die Aufsichtspflicht dem Grunde nach wahrzunehmen, besteht weiterhin. Kinder und Jugendliche, die unsichere Schwimmer oder Nichtschwimmer sind, müssen besonders beobachtet und betreut werden. Diese darf man nur an den dafür geeigneten Stellen baden lassen. Auf die entsprechenden Baderegeln (z. B. von der DLRG empfohlene Baderegeln und Verhaltensweisen im Wasser) sind die Teilnehmenden hinzuweisen.

Beim Besuch von Freibädern, insbesondere von Spaßbädern, müssen sich die Mitar-beitenden auf besondere Herausforderungen der Anlage einstellen, d. h. sie sollten

- die Anlage erkunden und Wassertiefen und Gefahrenquellen
  in Erfahrung bringen.
- nachfragen, wann ggf. ein Strudel- oder Wellengang eingeschaltet wird.
- feststellen, wie und von welchen Stellen die Teilnehmenden
  vom Beckenrand aus am besten gesehen werden können.
- klare Regeln und Bereiche für Schwimmer und Nichtschwimmer festlegen.
- eine vorhandene Wasserrutsche beim Einstieg und im Auslauf beobachten
  und ggf. eingreifen. Insbesondere sollte auf ausreichende Sicherheits-
  abstände zwischen den Rutschenden geachtet werden, die oft durch eine
  Art Ampelanlage vorgegeben werden. Im Auslaufbecken sollte darauf
  geachtet werden, dass sich die Schwimmer sofort weiterbewegen und
  nicht von Nachrutschenden erfasst werden. Wenn Angestellte des
  Schwimmbads diese Aufgaben wahrnehmen, kann diese Aufsicht entfallen.

Von folgenden Überlegungen sollten sich Mitarbeitende beim Baden und Schwimmen mit der Gruppe leiten lassen:

- Habe ich die Umgebung und örtlichen Gegebenheiten gut überprüft?
- Bin ich über alle Teilnehmenden informiert, ob diese eine Badeerlaubnis ihrer Sorgeberechtigten haben und wie es mit ihrer Schwimmsicherheit steht?
- Habe ich die Teilnehmenden auf das Abkühlen vor dem „Sprung in das Wasser" ausreichend hingewiesen?
- Kennen die Teilnehmenden die Baderegeln?
- Habe ich die Teilnehmenden über die „Zweier-Regel" informiert? (Es sollten immer zwei Personen im Wasser zusammenbleiben und gegenseitig Sichtkontakt haben.)
- Habe ich die Teilnehmenden darüber informiert, wo die Schwimmer und wo die Nichtschwimmer baden oder schwimmen können?
- Sind Sprünge vom Beckenrand, vom Ufer, von Felsvorsprüngen usw. erlaubt und risikolos? Befinden sich badende/schwimmende oder tauchende Personen unter den Absprungstellen?
- Sind die Mitarbeitenden entsprechend den Gegebenheiten eingewiesen worden? Waren die Absprachen eindeutig? Befinden sich die Mitarbeitenden außerhalb des Wassers und haben sie ihren Platz so gewählt, dass alle im Wasser befindlichen Teilnehmenden jederzeit beobachtet und schnell erreicht werden können?
- Kann im Notfall Hilfe herbei geholt werden? Habe ich Handyempfang oder gibt es ein Festnetztelefon für Notrufe? Können die Mitarbeitenden sich an das vorhandene Personal, z. B. Bademeister, wenden?
- Haben wir die Badestelle geschlossen mit den Teilnehmenden (Badewilligen) betreten und auch geschlossen wieder verlassen? Stimmt die Zahl der Teilnehmenden? (Bei großer Teilnehmerzahl Untergruppen bilden, die bestimmten Mitarbeitenden zugeordnet werden.)

Praxishinweis bei offenen Gewässern (Meer, Badesee usw.) mit viel Badebetrieb
Autor Wolfgang Wilka hat bei großen Gruppen gute Erfahrungen mit der Einführung einer „Teilnehmendenkarte" gemacht. Auf dieser Karte ist das Foto des/der Teilnehmenden aufgeklebt und mit seinem/ihrem Namen versehen (möglichst in einer Klarsichthülle). Wenn er/sie zum Schwimmen ins Wasser geht, gibt er/sie diese Karte bei der aufsichtsführenden Person ab und holt sie nach dem Baden/Schwimmen wieder ab. Somit haben die Mitarbeitenden stets einen genauen Überblick darüber, wer sich gerade im Wasser aufhält.

Übrigens kann die „Teilnehmendenkarte" auch für das An- und Abmelden verwendet werden, wenn Teilnehmende freie Zeit haben und sich zum Stadtbummel o. Ä. entfernen dürfen. Durch den persönlichen Kontakt der Teilnehmenden zu den verantwortlichen Mitarbeitenden können diese bei der Entgegennahme der „Teilnehmendenkarte" einzelne Jugendliche ggf. speziell ermahnen, wie diese sich zu verhalten haben.

Nachweise und weiterführende Praxistipps

- Baderegeln: www.dlrg.de/informieren/regeln/baderegeln.html (Linkzugriff im März 2018)
- Sicherheitstipps: www.dlrg.de/informieren/sicherheitstipps.html (Linkzugriff im März 2018)
- Sicherheit im Schulschwimmunterricht: www.dlrg.de/fileadmin/user_upload/DLRG.de/Angebot/ Baderegeln/Sicherheitstipps/Doku_K4_low.pdf (Linkzugriff im März 2018)
- Lehrgänge usw. der DLRG e. V.: www.dlrg.de/informieren.html (Linkzugriff im März 2018)

5.7 Wassersport – mit dem Kanu unterwegs

Aus der Anmeldung zu einem Wassersportangebot muss ersichtlich sein, wie die Schwimmkenntnisse der angemeldeten Person sind. Empfehlenswert kann es sein (wie beim Baden und Schwimmen), wenn nur Teilnehmende mit einem Schwimmabzeichen (z. B. Deutsches Jugendschwimmabzeichen) zugelassen werden. Wird ein solcher Qualitätsnachweis zur Bedingung gemacht, ist er zu kontrollieren (Ausweis, Urkunde zeigen lassen). Möchten Mitarbeitende auch anderen Teilnehmenden den Wassersport nicht vorenthalten, müssen sie sie vorschwimmen lassen oder in sonst geeigneter Weise die Schwimmfähigkeit überprüfen. In einem Informationsblatt sind die Gegenstände und Materialien aufzulisten, die für dieses Angebot wichtig sind (z. B. Sonnenschutz, Badekleidung, Regenkleidung, „Boots"-Schuhe, Kälteschutzanzüge, Schwimmweste, Sportbrille oder Sonnenbrille mit entsprechender Halterung).

In der Vorbereitung muss geklärt werden: Bestehen ausreichende Versicherungen? Wie sind die Vertragsbedingungen für die entliehenen Boote? Wie ist der Zustand der Boote und des Zubehörs? Ist eine Bootskaskoversicherung abzuschließen? Bei Auslandsfahrten ist zusätzlich eine Auslandskrankenversicherung abzuschließen (siehe Kapitel A 6.4.1).

Die Mitarbeitenden, die eine Kanufahrt leiten, müssen ...

- vertraut sein mit den Gefahren des Kanusports; dazu müssen sie im Vorfeld den Schwierigkeitsgrad der Fahrstrecke erforschen/kennen. Außerdem müssen sie bei Kanuunfällen adäquat handeln können.
- Kenntnisse über die Boote, das Zubehör und die Ausrüstung besitzen.
- sehr gute Schwimmkenntnisse haben.
- Kenntnisse in Erster Hilfe und bei der Bergung von Teilnehmenden und Booten haben, wenn es zu einem Unfall kommt und die Boote kentern.
- gut vorbereitet sein (z. B. Zustand der Boote und des Materials prüfen, Fachliteratur kennen, Grundsätze der Flusskunde kennen, Rettungswege ermitteln können, Risiken einschätzen und die Wetterlage beurteilen können).
- die wichtigsten einschlägigen Vorschriften und Gesetze kennen, u. a. Befahrungsregeln, Wassergesetze, Schiffahrts-Polizei-Verordnungen, Bundes-, Landschafts- und Naturschutzgesetz.

Nachweise und weiterführende Praxistipps

- Deutscher Kanu-Verband e. V.: www.kanu.de (Linkzugriff im März 2018)

5.8 Wandern, Klettern, Skifahren, Langlauf usw.

Wälder und die Bergwelt haben ihre besonderen Reize. Die davon ausgehende Faszination hat viele Sport- und Freizeitangebote hervorgebracht. Nicht nur der Wassersport stellt besonders hohe Anforderungen an die Mitarbeitenden, sondern auch alle anderen Angebote. Die einzelnen Unternehmungen sind auch unter dem Gesichtspunkt der ökonomischen, soziologischen und ökologischen Problemstellung des Tourismus zu sehen (Natur-, Pflanzen-, Landschaftsschutz usw.). Am Gestalten des „sanften Tourismus" können wir mit unseren Angeboten mitwirken.

Bei Wanderungen sollen die Teilnehmenden Gehwege benutzen. Ist die Gruppengröße überschaubar und ist die Gruppe auf Straßen unterwegs, die keinen Gehweg haben, so geht man hintereinander auf der linken Seite dem Verkehr entgegen. Bei großen Gruppen (ab ca. 30 Personen), sog. Verbänden, schreibt die Straßenverkehrsordnung Folgendes vor (§ 27 StVO):

- Die Gruppe muss als zusammengehörige Gruppe erkennbar sein
  (z. B. für Autofahrer).
- Die Gruppe muss am Straßenrand gehen, wenn kein Gehweg vorhanden ist.
- Die Gruppe muss vorn mit einer nicht blendenden Leuchte mit weißem
  Licht abgesichert sein und hinten durch Leuchten mit rotem Licht oder
  gelbem Blinklicht.
- Auf Brücken darf nicht im Gleichschritt marschiert werden.

Das Überqueren von Straßen darf nur an übersichtlichen Stellen, keinesfalls hinter Kurven und Kuppen oder bei Sichtstörung durch Sträucher und Baumbestände erfolgen. Die Mitarbeitenden an der Spitze warten an der Bordsteinkante, bis die Gruppe aufgeschlossen hat und orientieren sich nach links, rechts und wieder links und überqueren anschließend mit der gesamten Gruppe die Straße, sobald dies der Verkehr zulässt. Der fließende Verkehr darf nicht angehalten werden, damit die Gruppe überqueren kann. Am sichersten sind natürlich Ampeln und Zebrastreifen.

Mitarbeitende müssen Teilnehmende auf die Unternehmungen vorbereiten, betreuen und fachgerecht anleiten (Gefahren, Unfallverhütung, Ausrüstung usw.). Mitarbeitende müssen Verkehrs-, Verbots- und Hinweisschilder beachten und die Teilnehmenden entsprechend belehren und überwachen (z. B. Kennzeichnungen der Skipiste oder von Wanderwegen).

„Je höher, je weiter, je gewagter, desto mutiger ..." – das bedeutet bei der Umsetzung von Angeboten z. B. in den Bergen, auf einheimische Fachkräfte zurückzugreifen (Bergführer, Tourenführer usw.). Mitarbeitende müssen FIS-Regeln, Bergsteigerregeln u. Ä. beachten, die Teilnehmenden darauf hinweisen und sie überwachen.

Die fachspezifischen Sportverbände haben Regeln aufgestellt, die (auch international) anerkannt sind. Diese Regeln sind keine Gesetze, haben aber gesetzesähnlichen Charakter, an welchen sich die Rechtsprechung orientiert (Richterrecht). Am bekanntesten sind die FIS-Regeln, die der Internationale Skiverband (Federation Internationale de Ski) aufgestellt hat.

Nachweise und weiterführende Praxistipps
- FIS-Regeln: www.ski-online.de/stiftung-sicherheit/fis-verhaltensregeln.html (Linkzugriff im März 2018)
- Bergwanderregeln: www.alpenverein.de/bergsport/wandern-regeln-empfehlungen_ aid_11737.html (Linkzugriff im März 2018)
- 10 Goldene Verhaltensregeln für das Bergwandern und Bergsteigen: www.klettersteigen.info/ Info_GoldeneRegeln.html (Linkzugriff im März 2018)

KAPITEL C

FREIZEITEN UND REISEN

1 GRUNDLAGEN DES REISERECHTS

1.1 Reiserecht

Für die Kinder- und Jugendarbeit gelten dieselben gesetzlichen Vorschriften wie für Touristikunternehmen und Reiseveranstalter, wenn faktisch Reisen angeboten werden (selbst wenn z. B. der Jungscharleiter das Zeltlager selbst niemals als Reise bezeichnet hätte). Es gibt keine Ausnahmen – auch wenn die Kinder- und Jugendarbeit gemeinnützig ist und/oder die Organisation als „Träger der freien Jugendhilfe" im Sinne des Achten Buches Sozialgesetzbuch (SGB VIII) anerkannt ist: die reiserechtlichen Vorschriften des Bürgerlichen Gesetzbuches (§§ 651a ff. BGB) gelten grundsätzlich für alle Reiseveranstalter.

Für bis zum 30. Juni 2018 abgeschlossene Reiseverträge gilt das bisherige Recht nach §§ 651a-m BGB so lange, bis der Reisevertrag erfüllt ist, also die Freizeit beendet ist (Art. 229 § 42 EGBGB). Ab dem 1. Juli 2018 ist ein novelliertes Reiserecht gemäß den neuen §§ 651a-y BGB für Pauschalreiseverträge zwischen Teilnehmenden und Veranstalter anzuwenden. (Auf das alte Recht wird nicht mehr eingegangen. Alle Paragrafen beziehen sich auf das neue Reiserecht, nachzulesen unter www.buzer.de/gesetz/12685/index.htm (Linkzugriff im März 2018)). Grundlage für dieses Gesetz zur Regelung der Themenkomplexe „Pauschalreisevertrag, Reisevermittlung und Vermittlung verbundener Reiseleistungen" sowie die gleichzeitige Einführung der verbindlich vorgeschriebenen Übergabe von Informationsblättern war die Richtlinie EU 2015/2302. Damit soll in allen EU-Mitgliedsstaaten das gleiche Reiserecht gelten.

1.1.1 Begrifflichkeiten im Reiserecht

Im Bereich der Kinder- und Jugendarbeit haben sich verschiedene Begrifflichkeiten und Bezeichnungen für Reise und Reiseveranstalter durchgesetzt. Der Deutsche Bundesjugendring (DBJR) hat zu diesem Thema ein Positionspapier unter dem Titel *„Kinder- und Jugendfreizeiten sind ein unverzichtbarer Bestandteil der Jugendhilfe"*[16] erstellt. In diesem Positionspapier geht es u. a. um den Stellenwert von Kinder- und Jugendreisen mit den verschiedenen Angeboten, Begrifflichkeiten und Grundsätzen. Oft ist es für Außenstehende nicht erkennbar, wer der „eigentliche" Rechtsträger (Veranstalter) ist (siehe Kapitel C 2.1).

---

16 Download unter www.dbjr.de/artikel/kinder-und-jugendfreizeiten-unverzichtbarer-bestandteil-der-jugendhilfe (Linkzugriff im März 2018)

In der Praxis der Kinder- und Jugendarbeit wird ein anderes Vokabular gebraucht als bei Touristikunternehmen und gewerblichen Reiseveranstaltern. Durch das neue Reiserecht wird der bisherige Begriff „Reise" durch den in der Tourismusbranche geläufigen Begriff „Pauschalreise" ersetzt. Den (Ober-)Begriffen „Pauschalreise", „Bildungsveranstaltung" und „Reiseveranstalter" werden folgende Bezeichnungen untergeordnet:

Pauschalreise
In diesem Buch wird dafür auch der Begriff Freizeit(en) verwendet, selbst wenn nicht immer eine Pauschalreise im rechtlichen Sinn vorliegt. Dazu Näheres im Kapitel C 1.2. Hauptmerkmal: Touristisches Angebot, Freizeitgestaltung, Relaxen, Unterhaltung
Gebräuchliche Begriffe: Maßnahme, Freizeit, Jugendreise, Jugenderholung, Ferien- / Studien- / Bildungsreise, Behinderten- / Kinder- / Erwachsenen- / Seniorenfreizeit, Zeltlager, Teeniefreizeit, Erlebniscamp, Flugreise usw.

Teilnehmende
Hauptmerkmal: Vertragspartner des Veranstalters, bei Minderjährigen deren Sorgeberechtigte (Eltern, Vormund usw.)
Gebräuchliche Begriffe: Reisende, Mitfahrende, Gruppenmitglieder usw.

Bildungsveranstaltung
Hauptmerkmal: Bildungs- und Wissensvermittlung steht im Vordergrund
Gebräuchliche Begriffe: Mitarbeiterschulungen und -seminare, Seminarangebote im „engeren Sinne" (z. B. Bibelkurswochenende, Mitarbeitendenklausur, Grundkurs Jugendarbeit, Juleica-Schulung)

Reiseveranstalter, Veranstalter
Hauptmerkmal: In der Werbung für eine Reise wird sehr häufig als Veranstalter die Jugendgruppe, Pfadfindergruppe, Jungschar usw. angegeben und dabei versäumt, die zugehörige Organisation (Kirchengemeinde, Verein oder Verband) zu benennen. Rein juristisch ist aber letztere der Veranstalter, die faktisch durchführende Gruppe ist rechtlich unselbstständiger Teil der Organisation.
Veranstalter können sein: Körperschaften des öffentlichen Rechts, eingetragene Vereine, nicht eingetragene Vereine oder GmbH-Gesellschaften (auch im kirchlichen Bereich) sowie einzelne Privatpersonen. Also jede natürliche oder juristische Person, die eine Reise plant, organisiert, durchführt und die Verantwortung dafür hat (siehe Kapitel C 2.1). Veranstalter, die nicht gewerblich tätig sind, oder Unternehmer (§ 14 BGB), die nur gelegentlich Freizeiten veranstalten, können sich ggf. auf die Ausnahmetatbestände des § 651a Abs. 5 BGB berufen, in denen die Vorschriften über Pauschalreiseverträge nicht gelten sollen. In bestimmten Fällen liegt laut Gesetz ohnehin keine Pauschalreise vor (§ 651a Abs. 4 BGB, siehe Ausnahmeregelungen in Kapitel C 1.2).

Die Begriffe „Pauschalreise" und „Bildungsveranstaltung" bündeln jeweils verschiedene Programminhalte und Leistungsangebote, die sich grundsätzlich unterscheiden und daher verschiedenen Gesetzen zuzuordnen sind. Die Pauschalreise (damit ist die organisierte Reisedurchführung für Dritte mit all ihren Leistungen gemeint, nicht die private Individualreise) unterliegt juristisch dem Pauschalreisevertragsrecht der §§ 651a-y BGB, die Bildungsveranstaltung dagegen den gesetzlichen Vorschriften über den Dienstvertrag (§§ 611 ff. BGB).

1.1.2 Tätigkeitsformen im Reiserecht

Das Reiserecht unterscheidet zwischen folgenden Tätigkeitsformen:

- Veranstaltung einer Pauschalreise (§§ 651a, 651b BGB)
- Vermittlung einer Pauschalreise (§ 651v BGB; siehe auch Kapitel C 3.7)
- Vermittlung einer einzigen Reiseleistung (Rückschluss aus § 651w Abs. 1 Nr. 1 BGB)
- Angebot im verbundenen Online-Buchungsverfahren (§ 651c BGB)
- Angebot von verbundenen Reiseleistungen (§ 651w BGB)

Kinder- und Jugendfreizeiten erfüllen in aller Regel die rechtlichen Merkmale einer Pauschalreise, deshalb werden im Folgenden die gesetzlichen Bestimmungen diesbezüglich erläutert. Auf die Vermittlung von Pauschalreisen wird im Kapitel C 3.7 näher eingegangen.

Bestimmte reiserechtliche Themen sind nicht Gegenstand dieses Buches, da die Veranstalter in der Kinder- und Jugendarbeit normalerweise nicht als Reisevermittler oder als Vermittler sogenannter verbundener Reiseleistungen tätig sind:

- Gastschulaufenthalte (§ 651u BGB)
- Vermittlung von verbundenen Reiseleistungen (§ 651w BGB): Das sind mindestens zwei einzelne Reiseleistungen, die aber aus rechtlich separaten Verträge bestehen und lediglich im Rahmen eines einmaligen Kontakts zum Vermittler (z. B. in der Vereinsgeschäftsstelle oder im Reisebüro) für dieselbe Reise zusammengestellt werden. Sobald für jede Reiseleistung ein eigener Preis ausgewiesen wird, kann von verschiedenen Verträgen ausgegangen werden, selbst wenn diese getrennt oder zusammen bezahlt werden. Beispielsweise geht es hier um die gezielte Vermittlung eines Flugs, von Übernachtungen oder von einem Mietfahrzeug. Selbst wenn hier keine Pauschalreise vorliegt, genießt der Kunde einen gewissen Mindestschutz.
- Verbundenes Online-Buchungsverfahren (§ 651c BGB): Hier geht es auch um die Vermittlung bzw. Buchung von separaten vertraglichen Reiseleistungen zu ein und derselben Reise, aber eben online.
- Beherbergungsbetriebe (Betreiber von Berghütten, Freizeitheimen, Bildungsstätten usw.): Sie können (auch ungewollt) zum Reiseveranstalter werden (§ 651w BGB), wenn sie touristische Einzelbausteine als verbundene Reiseleistung zusammenstellen (als „Paket" anbieten) und dieses einen Wert von mehr als 25% des Gesamtpreises ausmacht.

1.2 Pauschalreisen

Bei einer Pauschalreise „verpflichtet" sich der Veranstalter durch das Angebot und den Abschluss eines Pauschalreisevertrages gegenüber dem/der Teilnehmenden, diesem/dieser eine Pauschalreise „zu verschaffen" (§ 651a Abs. 1 S. 1 BGB). Durch diese Verpflichtung kommt dem Veranstalter eine besondere Verantwortung zu, eigene Reiseleistungen zu erbringen oder von Dritten zu verschaffen.

Eine Pauschalreise gemäß § 651a BGB ist **eine Bündelung von mindestens zwei verschiedenen Arten von Reiseleistungen, die in einem Reiseangebot zusammengefasst sind** und öffentlich mit Flyern, Prospekten, im Internet usw. beworben werden. Als Pauschalreise gilt auch die Zusammenstellung verschiedener Arten von Reiseleistungen nach den Wünschen des Kunden / der Kundin, selbst wenn nach Vertragsschluss noch weitere Reiseleistungen hinzugebucht werden können.

Nach der Preisangabenverordnung (PAngV) ist bei einer Pauschalreise der Gesamtpreis anzugeben. Bei Vertragsabschluss verlangen die Veranstalter in der Regel eine Anzahlung (§ 320 BGB). Es können bis zu 20% des Gesamtpreises als Anzahlungsbetrag verlangt werden, wenn ein sachlicher Grund vorliegt (BGH-Urteil vom 09.12.2014, Az. X ZR 147/13); in begründeten Ausnahmen sogar noch mehr (BGH-Urteil vom 25.07.2017, Az. X ZR 71/16). Was die Fälligkeit des Gesamtpreises betrifft, entschied der BGH im erstgenannten Urteil, dass es noch angemessen ist, bis 30 Tage vor Beginn einer Reise den Gesamtpreis zu fordern. Wird gegen eine Regelung der PAngV verstoßen, können Mitbewerber oder eine Verbraucherzentrale rechtliche Schritte einleiten.

Beispiel: Wird z. B. eine Skifreizeit inkl. Skipass beworben, dann muss dieser auch im Gesamtpreis enthalten sein. Wenn die Teilnehmenden wählen können, ob sie an einem Skikurs teilnehmen möchten oder nicht und dieser Betrag getrennt zum Gesamtpreis ausgewiesen wird, dann ist das möglich.

Eine Reiseleistung gemäß § 651a Abs. 3 BGB ist

1. die Beförderung von Personen mit sämtlichen Beförderungsmitteln (auch Kurzstrecken wie eine Fahrt zum Freibad, der Transfer zum Ausflugsort u. Ä.).
2. die Beherbergung, unabhängig von der Art der Unterkunft (z. B. Jugendherberge, Zeltlager, Skihütte, Freizeitheim).
3. die Vermietung von vierrädrigen Kraftfahrzeugen sowie von Krafträdern.
4. jede weitere touristische Leistung, die kein Bestandteil einer anderen Reiseleistung ist. Der Begriff „touristische Leistung" wird sehr weit gefasst und richtet sich nach den Gesamtumständen eines Angebotes. Dazu gehören z. B. Angebote der Freizeitgestaltung, Skipässe, Eintrittskarten, Verkündigung, theologische Vorträge. Die Verpflegung ist i. d. R. eine Nebenleistung, wenn nicht gerade spezielle kulinarische Genüsse oder Eventveranstaltungen im Vordergrund der Reise stehen. Andere Beispiele sind Vermittlung von Kursangeboten, Visabeantragung u. Ä.

Beispiel einer Pauschalreise (mind. zwei Leistungen):
Beförderung mit dem Omnibus (Nr. 1)
+ Unterbringung im Zeltlager (Nr. 2)
+ Programm/Angebote, die an den Interessen der Teilnehmenden anknüpfen und von ihnen mitbestimmt und mitgestaltet werden, z. B. Klettertour, Radtour, Segeln (Nr. 4)

Ausnahme: 25%-Regelung (§ 651a Abs. 4 Nr. 1 BGB)

Keine Pauschalreise liegt vor, wenn nur eine Reiseleistung wie Beförderung oder Beherbergung oder Vermietung von Kraftfahrzeugen (Nr. 1 bis 3) in Kombination mit einer oder mehreren touristischen Leistungen (Nr. 4) angeboten wird. Wenn diese touristischen Leistungen jedoch einen erheblichen Anteil am Gesamtwert (mehr als 25%) des zusammengestellten Reiseangebots ausmachen und ein wesentliches Merkmal dieser Zusammenstellung sind oder als solches beworben werden, so liegt doch eine Pauschalreise vor.

Beispiel 1: Wochenendfreizeit für Jugendliche, öffentliche Werbung, Teilnehmende reisen (ca. 25 km) zum Freizeitheim selbst an, zwei Übernachtungen (62 Euro), Material für Programmgestaltung (15 Euro) = Gesamtwert 77 Euro; Fazit: Es ist keine Pauschalreise, da die 15% Material als touristische Leistung den Anteil von 25% nicht überschreitet (25% von 77 Euro = 19,25 Euro).

Beispiel 2: Wochenendfreizeit für Jugendliche, die gleichen Angebote wie Beispiel 1, hinzu kommt die Wanderung zum Erlebnispark mit Eintritt (12 Euro) = Gesamtwert 89 Euro; Fazit: Es ist eine Pauschalreise, da die touristische Leistung von 25% überschritten wurde (25% von 89 Euro = 22,25 Euro).

Weitere Ausnahme (§ 651a Abs. 4 Nr. 2 BGB)

Hier liegt zunächst nur eine Reiseleistung im Sinne der Nr. 1 bis 3 vor. Zum Beginn oder während der Freizeit werden von der Freizeitleitung nun jedoch weitere Reiseleistungen gegen Entgelt angeboten (z. B. Skipass, Eintrittsgeld). Diese Reiseleistungen fallen dann nicht unter die oben beschriebene 25%-Regelung. Es liegt auch hier keine Pauschalreise vor. Dies kann natürlich u. U. eine Strategie sein, um zu vermeiden, dass das Angebot als Pauschalreise zu bewerten ist und die gesetzlichen Regelungen angewendet werden müssen.

Beispiel 3: Wochenendfreizeit für Jugendliche, die gleichen Angebote wie Beispiel 1 = Gesamtwert 77 Euro, zu Beginn bzw. während der Reise entscheidet sich die Freizeitleitung angesichts des schönen Wetters für den in der Werbung optional angekündigten Besuch des Erlebnisparks (Wanderung mit Eintritt 12 Euro); Fazit: Es ist keine Pauschalreise, denn das zusätzliche Angebot „Erlebnispark" wurde während der Reise gebucht und wird nicht im Rahmen der 25%-Regelung verrechnet.

Werden bei werbenden oder vermittelnden Maßnahmen (z. B. im Reiseprospekt, Internet oder bei der direkten Kommunikation) von einem Veranstalter Begriffe wie Pauschalreise, Pauschale, Kombireise, Komplettangebot, all-inclusive, Package oder

Arrangement verwendet, dann wird das Reiseangebot immer zur Pauschalreise, sobald zwei Reiseleistungen im Gespräch sind (§ 651b Abs. 1 Nr. 3). Auch wer diese Leistungen lediglich vermitteln wollte, gilt in diesem Fall schon als Veranstalter.

1.2.1 Reiseangebote, die keine Pauschalreisen sind

Es gibt weitere Ausnahmen bei Freizeitangeboten, die zwar mindestens zwei verschiedenen Arten von Reiseleistungen beinhalten und zu einem Reiseangebot zusammengefasst sind, aber nach dem Reiserecht dennoch keine Pauschalreisen sind.

1.2.1.1 Reiseangebote für einen begrenzten Personenkreis

Die gesetzlichen Vorschriften über Pauschalreiseverträge gelten nicht für Reiseangebote, die *„… nur gelegentlich, nicht zum Zwecke der Gewinnerzielung und nur einem begrenzten Personenkreis angeboten werden"* (§ 651a Abs. 5 Nr. 1 BGB). Unter *„nur gelegentlich"* versteht man nicht mehr als zwei Reiseangebote eines Veranstalters im Jahr für einen *„begrenzten Personenkreis"* (z. B. die Mitglieder einer Kindergruppe oder eines Jugendkreises einer Kirchengemeinde, eines Vereins oder Jugendverbandes). Wenn mehrere (also drei oder mehr) Reisen des gleichen Personenkreis unter dem gleichen Veranstalter in einem Jahr stattfinden, dann ist das nicht mehr *„gelegentlich"* und es handelt sich um Pauschalreisen. Diese gelegentlichen Angebote für den begrenzen Personenkreis dürfen außerdem nicht den Zweck der Gewinnerzielung haben, also keine Überschüsse erwirtschaften (auch wenn sie diese gemeinnützigen Zwecken zuführen). Diese drei Merkmalen müssen kumulativ vorliegen, damit die Ausnahme greift, was aus dem Gesetzestext nicht deutlich genug hervorgeht! Das Merkmal *„begrenzter Personenkreis"* ist allerdings nicht im Gesetz definiert, weshalb es ratsam ist, bei der Bewerbung des Reiseangebots den Personenkreis zu benennen bzw. beschreiben, ihn also ausdrücklich zu begrenzen. Bei der Entgegennahme einer Anmeldung muss sorgfältig geprüft werden, ob die jeweilige Person dem benannten Personenkreis tatsächlich angehört. Ausnahmen sind nicht möglich, wenn man im Rahmen der gesetzlichen Sonderregelung bleiben möchte. In letzter Konsequenz kann nicht öffentlich für die Reise geworben werden.

Beispiel 1: Im Verein finden im Jahr zwei Kinderfreizeiten, eine Jugendkreisfreizeit sowie eine Familienfreizeit statt. Es liegen keine Pauschalreisen vor, da für jeden Personenkreis (Kinder, Jugendliche, Familien) nicht mehr als zwei Angebote im Verein stattfinden.

Beispiel 2: Zwei Jungscharfreizeiten im Jugendwerk haben im laufenden Jahr schon stattgefunden. Nun ergibt es sich zum Jahresende, dass spontan ein drittes Reiseangebot hinzukommt. Bei den ersten zwei Freizeiten, die schon stattgefunden haben, lag aufgrund § 651a Abs. 5 Nr. 1 BGB noch keine Pauschalreise im Sinne des Gesetzes vor. Nun ändern sich die rechtlichen Bedingungen und die dritte Jungscharfreizeit wird zur Pauschalreise. Grundsatz: Vom Zeitpunkt der veränderten Bedingung an (von jetzt an – „ex nunc") muss der Veranstalter die rechtlichen Regeln einer Pauschalreise beachten und dies ohne Einschränkung.

1.2.1.2 Selbstorganisierte und nicht öffentlich ausgeschriebene Reiseangebote

Eine Pauschalreise liegt auch dann nicht vor, wenn ein Personenkreis, der sich kennt, die Freizeit selbst organisiert (Gruppenfahrt der Jugendgruppe, Osterfreizeit des Junge Erwachsenen-Kreises, Hauskreiswochenende usw.) oder wenn die Freizeit nicht öffentlich ausgeschrieben wird, da sie sich an eine bestimmte, geschlossene Personengruppe innerhalb der Organisation wendet und der satzungsgemäße Zweck erfüllt wird (Vereinsmitglieder, Mitarbeitende und Helfer des Vereins usw.). Diese Angebote werden von den Teilnehmenden selbst privat organisiert und fallen deshalb nicht unter die typischen Merkmale des Reiserechts. Der führende Reiserechtler Prof. Dr. Ernst Führich fasst dies in seinem Kommentar zum Reiserecht folgendermaßen zusammen: Nicht-gewerbliche Organisationen (z. B. Vereine, Kirchen), *„... welche als geschlossene Veranstaltung Reisen [bzw. Freizeiten] nur für ihre Mitglieder anbieten und für diese selbst organisieren, können nicht als Reiseveranstalter angesehen werden, wenn bei der Reise der Organisationszweck der Organisation im Vordergrund steht."*[17] Zu beachten ist, dass der Mitgliederbegriff nicht identisch mit der Mitgliedschaft im Verein ist (gemeint sind z. B. Teilnehmende der Kinder- und Jugendgruppe). Des Weiteren wird die Rolle des Organisators verdeutlicht: *„Soweit er nach außen gegenüber dem Reiseteilnehmer als Organisator und Verantwortlicher einer von ihm zusammengestellten Reise [bzw. Freizeiten] im eigenen Namen und auf eigene Rechnung auftritt, muss er sich als Reiseveranstalter behandeln lassen. Wenn der Organisator lediglich intern tätig ist und nur die Zahlung der anfallenden Reisekosten an eine Organisation verlangt, wird er nicht zum Reiseveranstalter. Bei Selbstteilnahme des Organisators liegt eine BGB-Gesellschaft [siehe Kapitel A 1.3] nach §§ 705 ff. [BGB] vor."*[18]

Beispiel 1: Die Mitglieder einer Jugendgruppe planen gemeinsam ein Wochenende in einem Freizeitheim. Die Modalitäten der Fahrt, Unterkunft und Verpflegung sowie das Programm werden gemeinsam geplant und die Kosten umgelegt. Um Unklarheiten und Irrtümer zu vermeiden, werden die wichtigsten Ergebnisse schriftlich zusammengefasst. Die Teilnehmenden sind minderjährig, darum lässt die Gruppenleitung die Teilnahme von den Sorgeberechtigten der Jugendlichen schriftlich bestätigen. In diesem Fall liegt keine Pauschalreise im Sinne des BGB vor.

Beispiel 2: Die Leitung der Jugendgruppe veranstaltet für die Mitglieder ihrer Jugendgruppe eine Pfingstfreizeit. Es werden nur die anfallenden Kosten umgelegt. Die Teilnehmenden sind minderjährig, darum lässt die Gruppenleitung die Teilnahme von den Sorgeberechtigten der Jugendlichen schriftlich bestätigen. Dieses Angebot findet intern statt. Es ist keine Pauschalreise im Sinne des BGB.

---

17 Führich, Ernst: Reiserecht. Handbuch und Kommentar Reisevertragsrecht, Reisevermittlungsrecht, Wettbewerbsrecht, Reiseversicherungsrecht, Luftbeförderungs- und Verkehrsträgerrecht, Beherbergungsrecht, C.H.Beck, München ⁷2015, 125 f., § 5 Rn. 32, 35
18 a. a. O.

Beispiel 3: Die Jugendgruppe plant mit einem Team der Gruppe einen Kultur- und Wanderausflug mit Übernachtung. Das Ergebnis bzw. die Ausschreibung dieser Reise wird nicht nur in der Gruppe bekannt gegeben, sondern im Gemeindebrief. Nach dem BGB haben wir es mit einer Pauschalreise zu tun, da der Personenkreis nicht mehr klar begrenzt ist.

1.2.1.3 Tagesreisen

Tagesausflüge, die „... *weniger als 24 Stunden dauern und keine Übernachtung umfassen (Tagesreisen) und deren Reisepreis 500 Euro [pro Person] nicht übersteigt* ..." (§ 651a Abs. 5 Nr. 2 BGB) sind ebenfalls keine Pauschalreisen.

Beispiel: Tagesfahrt in ein Skigebiet, Fahrt, Skipass und Skikurs werden für 140 Euro pro Person angeboten. Es liegt keine Pauschalreise vor.

1.3 Informationspflichten bei Pauschalreisen

In Art. 250 Einführungsgesetz zum Bürgerlichen Gesetzbuch (EGBGB) werden notwendige Angaben und Informationspflichten für eine Pauschalreise aufgeführt, nämlich

- welche Informationen eine Prospektwerbung enthalten muss (siehe Kapitel C 1.6.1).
- was vor und bei Vertragsabschluss zu berücksichtigen ist, wie
  - » Teilnahmebedingungen (siehe Kapitel C 1.5),
  - » Sicherungsschein (siehe Kapitel C 1.4),
  - » „Formblatt zur Unterrichtung ..." (siehe unten).
- welche Informationen eine Anmeldebestätigung enthalten muss (siehe Kapitel C 1.6.3).
- welche Informationen den Teilnehmenden vor Beginn einer Pauschalreise mitgeteilt werden muss (siehe Kapitel C 1.6.4).

Vor der Entgegennahme einer Anmeldung (also vor der Buchung) hat der Reiseveranstalter die Pflicht „...*den Reisenden, bevor dieser seine Vertragserklärung abgibt, nach Maßgabe des Artikels 250 §§ 1 bis 3 des Einführungsgesetzes zum Bürgerlichen Gesetzbuche zu informieren* ..." (§ 651d Abs. 1 BGB). Das bedeutet, dass der Veranstalter die vorvertragliche Pflicht hat, den potenziellen Teilnehmenden einer Pauschalreise ein gesetzlich vorgeschriebenes Informationsblatt (Formblatt) zu übergeben. Insgesamt gibt es sieben Formblätter. Nach Einschätzung der Autoren wird in der Kinder- und Jugendarbeit für Pauschlreisen „... das Formblatt zur Unterrichtung des Reisenden bei einer Pauschalreise nach § 651a des Bürgerlichen Gesetzbuches" (Anlage 11 zu Art. 250 § 2 Abs. 1 EGBGB) sowie das Formblatt für verbundene Onlinebuchungen nach § 651c BGB (Anlage 13 zu Art. 250 § 4 Abs. 1 EGBGB) am häufigsten eingesetzt werden. Der Gesetzgeber verlangt, dass im Rahmen des Vertragsabschlusses das „Formblatt zur Unterrichtung ..." (Anlage 11) gedruckt übergeben wird.

Die Praxis sieht oft anders aus, deshalb ist zu empfehlen, das Formblatt in den Printmedien beim Anmeldeformular (Freizeitprospekt usw.) aufzunehmen. Bei Onlinebuchungen kann es in den Buchungsablauf eingebunden werden (analog zum Vorgehen bei der Einbeziehung der Reisebedingungen, vgl. Kapitel C 1.6.2.2).

Nachweise und weiterführende Praxistipps
- Vorlagen der Formblätter nach Art. 250 § 2 Abs. 1 EGBGB, die mit entsprechenden Ergänzungen verwendet werden müssen: www.buzer.de/gesetz/12685/a207966.htm oder Bundesgesetzblatt Jahrgang 2017 Teil I Nr. 48 vom 21.07.2017 unter www.bgbl.de (Linkzugriff im März 2018)

1.4 Sicherungsschein

Jeder Veranstalter einer Pauschalreise (unabhängig von der Rechtsform, also auch kirchliche Veranstalter) hat sicherzustellen, dass einem/einer Teilnehmenden *„... der gezahlte Reisepreis erstattet wird, soweit im Fall der Zahlungsunfähigkeit des Reiseveranstalters*
1. Reiseleistungen ausfallen oder
2. der Reisende im Hinblick auf erbrachte Reiseleistungen Zahlungsaufforderungen von Leistungserbringern nachkommt, deren Entgeltforderungen der Reiseveranstalter nicht erfüllt hat ..." (§ 651r Abs. 1 BGB). Gehört auch die Rückreise ggf. mit Übernachtung zur Reiseleistung, dann muss auch diese sichergestellt sein. Situationsbedingt kann es deshalb notwendig sein, dass der/die Teilnehmende bei Zahlungsunfähigkeit des Reiseveranstalters zunächst z. B. die Unterkunft vor Ort selbst an Dritte zahlt, und dies über die Reisepreissicherung abgedeckt ist. Der Sicherungsschein muss dazu bei der auf dem Schein angegebenen Versicherung eingereicht werden. Diese stellt sicher, dass bei Ausfall der Reise oder von Reiseleistungen und Zahlungsunfähigkeit des Veranstalters die Teilnehmenden den Reisepreis ganz oder teilweise zurückerhalten. § 651r Abs. 3 BGB gibt dem Versicherer auch die Möglichkeit, den Teilnehmenden die Fortsetzung der Pauschalreise anzubieten und selbst zu finanzieren, falls sich dies als kalkulatorisch günstiger für den Versicherer erweist.

Im Bereich der Pauschalreise werden umgangssprachlich verschiedene Begriffe für den Sicherungsschein verwendet, z. B. Reisepreissicherung, Reisepreissicherungsschein, Kundengeldabsicherungsvertrag. Gemeint ist immer der Sicherungsschein.

In Anlage 18 zu Art. 252 Abs. 1 EGBGB ist ein Muster für einen „Sicherungsschein für Pauschalreisen gemäß § 651r des Bürgerlichen Gesetzbuchs" abgedruckt. In dieser Vorlage wird deutlich, dass Sicherungsscheine immer personenbezogen (durch Nennung von Name oder Buchungsnummer) ausgestellt werden. Bei der Anmeldebestätigung ist der Sicherungsschein an diese anzuheften oder auf deren Rückseite abzudrucken. Es ist auch möglich, den Sicherungsschein elektronisch zusammen mit der Anmeldebestätigung zu versenden. Erst nach Übergabe oder Zusendung des Sicherungsscheines darf ein Veranstalter (An-)Zahlungen der Teilnehmenden in Empfang nehmen.

Sicherungsscheine für Pauschalreisen sind bei bestimmten Versicherungen erhältlich. Für eine Auswahl über Anbieter für die Kinder- und Jugendarbeit siehe Kapitel A 6.6. Natürlich hängt das Bestehen der Reisepreissicherung nicht von der Aushändigung des Scheins ab, sondern davon, dass der Sicherungsvertrag geschlossen wurde – der Sicherungsschein ist nur ein schriftlicher Nachweis für die Teilnehmenden. Das Gesetz sieht noch die Möglichkeit einer Bankbürgschaft vor (§ 651r Abs. 2 Nr. 2 BGB), was aber in der Praxis bedeutungslos ist und daher nicht weiter erläutert wird.

Rechtliche Folge, wenn (An-)Zahlungen ohne Übergabe eines Sicherungsscheins angenommen werden oder ohne den Nachweis eines Sicherungsscheins der volle Reisepreis gefordert oder angenommen wird, ist nicht nur ein zivilrechtlicher Anspruch des Teilnehmenden aus positiver Vertragsverletzung, sondern nach § 147b GewO (Gewerbeordnung) auch das Vorliegen einer Ordnungswidrigkeit. Dies kann mit einer Geldbuße von bis zu 5.000 Euro geahndet werden. Interessant ist auch, dass ein unberechtigtes Kassieren ohne Abgabe des Sicherungsscheins ein Verstoß gegen das Gesetz gegen den unlauteren Wettbewerb (UWG) ist, da sich der unlautere Reiseveranstalter dadurch einen Wettbewerbsvorsprung gegenüber pflichtbewussten Mitbewerbern verschafft, die die Insolvenzsicherung umsetzen. Wenn ein solcher Verstoß bekannt wird, ist dies u. a. Anlass für eine Abmahnung durch einen Verbraucherschutzverband, Mitbewerber oder die Zentrale zur Bekämpfung des unlauteren Wettbewerbs.

Nachweise und weiterführende Praxistipps
- Möglichkeit der Überprüfung, ob ein Veranstalter eine Reisepreissicherung (Insolvenzversicherung) abgeschlossen hat: www.tip.de/register (Linkzugriff im März 2018)

1.5 Teilnahmebedingungen – Reisebedingungen

Im Bereich der Freizeitarbeit hat sich der Begriff „Teilnahmebedingungen" eingebürgert. Diese Teilnahmebedingungen können inhaltlich i. d. R. nicht mit den echten „Reisebedingungen" gleichgesetzt werden, da ganz andere Sachverhalte geregelt werden (z. B. gibt es Zuschüsse für Teilnehmende). Außerdem wird der Begriff Teilnahmebedingungen bei anderen Bereichen und Anbietern verwendet, z. B. beim Glücksspiel, bei Wettbewerben, Lotterien, Kursen. Im Zusammenhang mit Reisen können die Teilnahmebedingungen allenfalls ein Oberbegriff sein, der Reisebedingungen und ggf. noch weitere „wichtige Hinweise" verbindet. Diese Reisebedingungen sind im Sinne §§ 305 ff. BGB Allgemeine Geschäftsbedingungen.

Es gibt gute Erfahrungen mit einer Kombination von Reisebedingungen und erläuternden „Wichtigen Hinweisen":

Teilnahme-bedingungen	=	Wichtige Hinweise (zu Zuschüssen, Versicherungen, Freizeitstil, Anmeldebestätigung, Zahlung, Reisepreissicherung usw.)	+	Reisebedingungen (Allgemeine Geschäftsbedingungen im Sinne §§ 305 ff. BGB)

Die Reisebedingungen regeln das Rechtsverhältnis zwischen den Teilnehmenden und dem Veranstalter. Damit Teilnehmende über den Werbetext hinaus informiert sind, müssen sie über ihre vertraglich eingegangenen Verpflichtungen (vor allem den Freizeitbetrag bzw. die Reisepreiszahlung) und Rechte (vor allem die Gewährleistungs- und Reiserücktrittsrechte) Bescheid wissen. Die Teilnehmenden können dadurch ihre finanziellen und rechtlichen Risiken besser einschätzen. Auch der Veranstalter kann mit den Reisebedingungen seine Risiken eingrenzen und z. B. Sachschäden auf den dreifachen Reisepreis begrenzen (siehe Kapitel C 2.7.4.5).

Sollten Reisebedingungen nicht im Werbeprospekt o. Ä. abgedruckt, aber trotzdem in den Pauschalreisevertrag einbezogen werden, dann müssen diese vor Vertragsschluss (vor der schriftlichen Anmeldebestätigung) den Teilnehmenden ebenso übermittelt werden wie das „Formblatt zur Unterrichtung des Reisenden bei einer Pauschalreise" (siehe Kapitel C 1.3). Wird für Reisen im Internet geworben und die Anmeldung zum Herunterladen angeboten, wird dieser Text von den Teilnehmenden selbst ausgedruckt, ausgefüllt und unterschrieben. Um Abmahnungen vorzubeugen, sollten bereits im Anmeldeformular auch die Reisebedingungen sowie das o. g. Formblatt integriert sein. Somit sind die Teilnahmebedingungen (Reisebedingungen, Wichtige Hinweise), das Formblatt und die Anmeldeformalitäten in einer Datei bzw. einem Prospekt zusammengestellt (siehe Kapitel C 1.6.2). Wird die Reiseanmeldung im Internet über ein Onlineformular vorgenommen, muss sich der Ablauf der Eingabe ebenfalls nach den gesetzlichen Vorgaben richten, siehe Kapitel C 1.6.2.5.

Bei Wochenendangeboten (z. B. Jungscharfreizeit, Konficamp) werden wegen des Aufwands i. d. R. keine Reisebedingungen veröffentlicht, da das finanzielle Risiko für den Veranstalter überschaubar ist. Einem Veranstalter muss aber bewusst sein, dass die Vorschriften des Pauschalreiserechts auch hier ihre Gültigkeit haben, sofern die Voraussetzungen des § 651a Abs. 2 BGB gegeben sind.

Schließen sich mehrere Veranstalter zusammen, um gemeinsam einen Freizeitprospekt herauszugeben, ist Folgendes zu beachten: Der jeweilige Veranstalter muss deutlich machen, welche Teilnahmebedingungen für die Teilnehmenden gelten. Deshalb ist es aus rechtlicher Sicht ratsam, dass sich alle Veranstalter auf gemeinsame Teilnahmebedingungen einigen. Ferner sollte dann bei jeder Reise in der Reisebeschreibung der jeweilige Veranstalter ausdrücklich benannt und seine Anmeldeadresse hervorgehoben werden. Ist es möglich, über jeden der Veranstalter zu buchen, müssen besondere gesetzliche Bestimmungen beachtet werden (verbundene Online-Buchungen § 651c BGB oder Reisevermittlung §§ 651v, 651w BGB).

Aus rechtlichen Gründen können Reisebedingungen hier nicht abgedruckt werden. Viele Verbände und kirchliche Verwaltungsstellen haben für ihre Mitglieder entsprechende Musterreisebedingungen verfasst, die dort erhältlich sind. Reisebedingungen sollten auf den Veranstalter und auf dessen Reiseangebote abgestimmt sein. Empfehlenswert ist, diese Reisebedingungen von einer fachlich qualifizierten Person (z. B. Rechtsanwalt) erstellen zu lassen.

Nachweise und weiterführende Praxistipps

- http://buchhandlung.drv.de/Exklusive-DRV-Publikationen/
  DRV-Reiserechtsbroschuere-inkl-Allg-Reisebedingungen.html (Linkzugriff im März 2018)

1.6 Pauschalreisevertrag

1.6.1 Zustandekommen des Pauschalreisevertrages

Das Gesamtpaket an Reiseleistungen wird mit einem werbewirksamen Text in einem Prospekt, in einem Flyer und/oder im Internet angeboten (siehe Kapitel C 1.6.1.1 f.). Diese Reisebeschreibung hat lediglich auffordernden Charakter, eine Pauschalreise zu buchen. Sie stellt im rechtlichen Sinne selbst noch kein Angebot dar, da der Veranstalter noch kein konkretes Gegenüber hat, die teilnehmenden Personen nicht kennt. Eine interessierte Person möchte nun auf der Grundlage der Reisebeschreibung an einer bestimmten Pauschalreise teilnehmen und teilt dies dem Veranstalter mit seinem Antrag (z. B. Anmeldung) mit. Damit wird ein Angebot für einen Vertragsabschluss für eine bestimmte Pauschalreise von dieser Person übermittelt. Stimmt der Veranstalter dieser Anmeldung zu, dann kommt ein Pauschalreisevertrag zustande.

1.6.1.1 Hinweise zur Werbung

Die Werbung für Pauschalreisen erfolgt in der Kinder- und Jugendarbeit z. B.

- durch persönliche Werbung
- mit Printprodukten wie Reiseprospekt (kann eine Broschüre sein oder aus losen bzw. gehefteten Blättern bestehen), Flyer usw.
- mit Artikel im Gemeindebrief, Vereinsanzeiger usw., Anzeige in der Tageszeitung
- mit Onlinewerbung auf der Website des Veranstalters

In der Werbung mit Printprodukten und in der Onlinewerbung sind die Reisebeschreibung und die Reiseleistungen von Bedeutung. Diese Angaben müssen deutlich lesbar sein und verständliche und genaue Angaben enthalten. Prospektangaben, die nach § 651d BGB in Verbindung mit Art. 250 § 3 EGBGB vorvertragliche notwendige Informationen beinhalten und damit Vertragsinhalt werden, sind:

- Bestimmungsort: Beschreibung des Ortes und der Umgebung, Reiseroute, Region, Land
- Beschreibung des Reiseangebotes: bei Interessen-, Hobby-, Sport- und Gruppenangeboten möglichst Angaben über die Gruppengröße; bei Angeboten, die der Veranstalter mit seinen Mitarbeitenden nicht selbst in deutscher Sprache durchführt und bei denen die mündliche Kommunikation im Rahmen des Angebotes wichtig und notwendig ist, muss die jeweilige Sprache genannt sein, in der diese Leistungen erbracht werden (z. B. bei einem Kletterkurs, beim Rafting oder auch bei kulturellen Führungen)

- Unterkunft: Lage, Hauptmerkmale und ggf. touristische Einstufung der Unterkunft nach den Regeln des jeweiligen Bestimmungslandes, z. B. Hotel (Kategorie, Komfort), Freizeitheim, Jugendherberge, Zeltlager, Zwei- und Mehrbettzimmer, Matratzenlager, Stockbetten, Feldbetten, Isomatte, Hinweise ggf. auf Waschgelegenheit (Etagendusche, Dusche auf Campingplatz usw.) sowie Notwendigkeit der Mithilfe der Teilnehmenden bei Tisch-, Spül- und Reinigungsdiensten
- Datumsangaben, Tageszeiten und Anzahl der Übernachtungen (bei verschiedenen Orten, z. B. bei einer Rundreise oder Hüttentour, sollten auch die jeweiligen Zeiträume der Abschnitte genannt werden)
- Ort, Tag und Zeit der Abreise und der Rückreise (sofern eine genaue Zeitangabe noch nicht möglich ist, zumindest ungefähre Zeitangaben; bei Zwischenstationen sollten die Orte und die Dauer des Aufenthaltes und ggf. Anschlussverbindungen bezeichnet werden)
- Transportmittel (Merkmale und Klasse): z. B. private An-/Abreise, Personenkraftwagen, Kleinbusse, Omnibus, Bahn, Flugzeug
- Mahlzeiten: z. B. Halbpension (Frühstück, Mittag- oder Abendessen), Vollpension (3 Mahlzeiten, evtl. Lunchpaket), Verpflegung (z. B. Selbstkocher in Kleingruppen), nur Frühstück
- Angabe, ob die Pauschalreise im Allgemeinen für Personen mit eingeschränkter Mobilität geeignet ist: Wenn in der Werbung mitgeteilt wird, dass z. B. diese Freizeit konkret für Rollstuhlfahrer nicht geeignet ist, so können durchaus andere Personen mit eingeschränkter Mobilität teilnehmen wie Blinde, geistig Behinderte usw.; auf Verlangen des/der Teilnehmenden kann dieser/diese genaue Informationen über eine solche Eignung unter Berücksichtigung seiner/ihrer Bedürfnisse verlangen
- Reisepreis: einschließlich Steuern und gegebenenfalls aller zusätzlichen Gebühren, Entgelte und sonstigen Kosten in Euro, z. B. Besichtigungen, Eintritte, Kurtaxe, Ausflüge, Klettergarten; entstehen noch weitere Kosten, die der/die Teilnehmende ebenfalls übernehmen muss, dann soll deren ungefähre Höhe benannt werden.
- Zahlungsmodalitäten, Angabe der Höhe (oder Prozentsatzes) der zu leistenden Anzahlung, Angabe der Fälligkeit des Restbetrages
- Mindestteilnehmerzahl sowie Zeitpunkt bzw. Termin, bis wann die Reise bei Nichterreichen dieser Mindestteilnehmerzahl gemäß § 651h Abs. 4 S. 1 Nr. 1 BGB spätestens abgesagt wird (siehe Kapitel C 1.6.7)
- Angabe, welche Versicherungen im Reisepreis enthalten sind oder Hinweise auf den möglichen Abschluss einer Reiserücktrittskostenversicherung (vgl. Kapitel A 6.4.2) oder einer Versicherung zur Deckung der Kosten einer Unterstützung einschließlich einer Rückbeförderung bei Unfall, Krankheit oder Tod
- Bei Auslandsreisen: Passerfordernis, Personalausweis, Kinderreisepass, Visumerfordernis (Nennung der Fristen zur Erlangung des Dokuments und Kosten der Beantragung), gesundheitspolizeiliche Formalitäten (Impfungen, Testate usw.)

- Hinweis, dass Teilnehmende vor Freizeitbeginn jederzeit vom Vertrag zurücktreten können (z. B. Entschädigungspauschale)
- Name(n) der Freizeit- bzw. Reiseleitung
- Name des Reiseveranstalters und dessen Anschrift, Telefonnummer und ggf. E-Mail-Adresse

Korrekte Reisebedingungen enthalten schon einige dieser gesetzlich verlangten Angaben. Werden keine Reisebedingungen eingesetzt, dann müssen alle Informationen bereits in der Ausschreibung berücksichtigt werden.

1.6.1.2 Hinweise zur Reisebeschreibung

Der Veranstalter verspricht in der Werbung eine Gesamtheit von Reiseleistungen. Der Werbetext ist (i. d. R.) interessant und attraktiv aufgemacht, um die interessierten Personen anzusprechen. Die Informationen orientieren sich an inländischen Mindeststandards, die nach objektiver Betrachtungsweise einer Durchschnittsperson der Zielgruppe verstanden werden. Sie sollen Aufschluss geben über das Pauschalreiseangebot (z. B. das Haus, die Umgebung, die Programmangebote, die Anreise). Der Veranstalter kann nicht immer davon ausgehen, dass seine Pauschalreiseangebote so bekannt sind, dass bestimmte Informationen nicht mehr notwendig sind. Der angesprochene Personenkreis muss über das Angebot, den Freizeitstil und die Erwartungen an die Teilnehmenden informiert sein (z. B. ob beim Küchen- und Spüldienst mitgeholfen werden muss, ob auf Feldbetten geschlafen wird, ob die Teilnahme an biblischen Themen/Andachten erwartet wird). Entscheidend ist, die Beschreibungstexte so zu schreiben, dass keine Versprechungen gemacht werden, die nicht umgesetzt werden können.

Beispiele für Versprechungen, die i. d. R. nicht eingehalten werden können:

- „Schneesicheres Gebiet, wir können jeden Tag Skifahren" –
  und wenn es doch keinen Schnee gibt? Besser:
  „Wenn die Schneeverhältnisse es zulassen, können wir jeden Tag Skifahren."
- „Jeden Abend sitzen wir am Lagerfeuer" –
  auch bei Regen oder Waldbrandgefahr? Besser:
  „Wenn das Wetter es zulässt, sitzen wir jeden Abend am Lagerfeuer."
- „Täglich können wir es uns in der Sonne gut gehen lassen" –
  wie ist es bei Regen? Besser:
  „Wenn die Sonne scheint, können wir die Wärme genießen."
- „Wir zeigen euch die schönste Stadt Europas" –
  und wenn die Teilnehmenden das nicht so empfinden? Besser:
  „Wir zeigen dir eine der schönsten Städte Europas."
- „Beim Zeltlager befindet sich ein eigener Strand" –
  in Wirklichkeit muss man eine Straße überqueren = falsche Information!
  Besser: „Auf der anderen Straßenseite unseres Zeltlagers befindet
  sich unser eigener Strand."

Das, was der Veranstalter in der Werbung verspricht, muss auf einer Pauschalreise auch umgesetzt werden. Jedes nicht eingehaltene Versprechen kann zu einem Reisemangel (vgl. Kapitel C 2.7.1) werden (§ 651i BGB).

Die Angaben müssen eindeutig sein, damit sich die interessierte Person ein zutreffendes Bild vom Pauschalreiseangebot machen kann. Es kann auch erforderlich sein, ungünstige Umstände zu benennen (z. B. Schlafen auf der Wiese, Kühe neben dem Zeltlager). Die Texte sollen sich sprachlich an der Zielgruppe orientieren. Der Veranstalter ist für den Text der Werbung zuständig, deshalb gehen Unklarheiten zu seinen Lasten.

1.6.2 Möglichkeiten des Vertragsschlusses

1.6.2.1 Anmeldung mit Reiseprospektformular
Liegt einer interessierten Person der Reiseprospekt mit Reisebeschreibung inklusive „Formblatt zur Unterrichtung ..." (siehe Kapitel C 1.3) und etwaiger Teilnahmebedingungen (Wichtige Hinweise, Reisebedingungen – siehe Kapitel C 1.5) vor und stimmt sie diesem Angebot mit ihrer Anmeldung zu, so übersendet der Veranstalter auf diese Zustimmung hin der interessierten Person die Buchungsbestätigung (im folgenden Teilnahmebestätigung). Damit ist ein Pauschalreisevertrag zwischen der interessierten Person (Teilnehmer/Teilnehmerin) und dem Veranstalter zustande gekommen. Hierin äußert sich ein allgemeines Prinzip, das im Allgemeinen Teil des BGB, der für alle Rechtsgebiete des BGB gilt, in den §§ 145 ff. BGB festgelegt ist: Ein Vertrag kommt durch zwei übereinstimmende Willenserklärungen (Angebot und dessen Annahme) zustande.

Der Veranstalter muss beachten, dass die Reisebedingungen und das „Formblatt zur Unterrichtung ..." (siehe Kapitel C 1.3) dem/der Teilnehmenden vor Vertragsschluss vollständig übermittelt werden müssen. Deshalb sollten die Reisebedingungen im Reiseprospekt sowie das „Formblatt zur Unterrichtung ..." beim Anmeldeformular abgedruckt werden. Sollte das in Ausnahmen nicht möglich sein, dann müssen diese spätestens bei der Buchung (im folgenden Anmeldung) übergeben werden. Der Abschluss eines Pauschalreisevertrages kann grundsätzlich formfrei erfolgen (also auch per Fax, E-Mail, online, schriftlich oder telefonisch). Um Missverständnisse in der Kommunikation vorzubeugen, ist die Schriftform zu favorisieren.

1.6.2.2 Mindestanforderungen an die Anmeldung
Bei der Anmeldung werden **die persönlichen Daten** der Teilnehmenden abgefragt sowie **das Angebot**, an dem teilgenommen werden soll, und ggf. noch Optionen des Angebots (z. B. Unterkunft, Zustiegsorte, Programmpunkte).

Es müssen **Hinweise nach dem Datenschutzgesetz** (siehe Kapitel E 3.4) gegeben werden. Der Datenschutz ist zwingend zu beachten. Personenbezogene Daten dürfen nur erhoben werden, wenn diese für die Reise benötigt werden (z. B. für Zuschüsse oder zur Bestimmung des Alters wegen altersmäßig definierter Zielgruppe) oder wenn Teilnehmende minderjährig sind (wegen den Erfordernissen der Aufsichtspflicht). Es kann hier genügen, nur bestimmte Altersbereiche abzufragen (z. B. 18 bis 26 Jahre). Weitere Informationen (z. B. Staatsangehörigkeit) können bei Notwendigkeit eingeholt werden. Sollten Daten weitergegeben werden, weil z. B. ein Zuschussgeber (Landesjugendplan, Stadt oder Landkreis usw.) diese benötigt, so sind die Teilnehmenden darüber zu informieren. Das gilt auch, wenn z. B. Fremdanbieter für bestimmte Leistungen die Daten benötigen oder bei Reiseangeboten, bei denen Fahrgemeinschaften gebildet werden können und alle Teilnehmenden mit den Reiseunterlagen eine Liste mit Anschrift, Telefonnummer usw. und Zustimmungserklärung erhalten. (Datenschutz siehe Kapitel E 3)

Merke: Durch die Anmeldung gewonnene Daten (insbesondere E-Mail-Adresse) dürfen nur zur Teilnahme an der Freizeit (z. B. Zusendung der Teilnahmebestätigung, Rückfragen) verwendet werden. Werden diese Daten für zukünftige Werbungen, z. B. Newsletter oder Freizeitprospekt, verwendet, dann muss hierzu die teilnehmende Person bei der Anmeldung ausdrücklich zugestimmt haben. Die Person hat auch die Möglichkeit, ihre ursprüngliche Zustimmung zu widerrufen. Wird beim Anmeldeverfahren über das Web eine Werbemöglichkeit (insbesondere per E-Mail, SMS, Telefon) abgefragt, ist die aktuell rechtssichere Double-Opt-In-Regelung zu verwenden (siehe Kapitel C 1.6.2.5, E 3.10.1.4) und die Abfrage getrennt von anderen vorzunehmen.

Die **Reisebedingungen** müssen vollständig in den Anmeldeprozess eingebunden werden, sodass die Kenntnisnahme sichergestellt wird und abschließend die aktive Bestätigung („anhaken") eingefordert werden kann (siehe Kapitel E 3.4), z. B. „Hiermit melde ich mich zu der oben bezeichneten Reise auf der Grundlage der Reiseausschreibung verbindlich an. Ich erkläre mich mit der Gültigkeit der Reisebedingungen, die mir zur Verfügung gestellt und von mir zur Kenntnis genommen wurden, einverstanden." Auch die Übergabe des „Formblatts zur Unterrichtung ..." (siehe Kapitel C 1.3) muss in den Anmeldeprozess eingebunden sein. Empfehlenswert ist, hierzu in das Anmeldeformular einen Text aufzunehmen, mit dem die Übergabe aktiv („anhaken") bestätigt wird. Etwa: „Ich bestätige den Erhalt des Formblattes zur Unterrichtung des Reisenden bei einer Pauschalreise nach § 651a des Bürgerlichen Gesetzbuchs."

Bei Einzelreisenden wird die **Unterschrift des Teilnehmers bzw. der Teilnehmerin** und bei Minderjährigen zusätzlich die **Unterschrift der Sorgeberechtigten** benötigt. Immer mit Vor- und Zunamen unterschreiben lassen. Bei mehreren Teilnehmenden, z. B. Gruppenanmeldungen und Familien, ist eine zweite Unterschrift notwendig: „Ich erkläre hiermit, für alle Verpflichtungen der von mir mit angemeldeten Reisenden sowie für meine eigenen einzustehen." Das bedeutet, dass auf der Anmeldung zwei Unterschriften zu stehen haben. Die Unterschriftszeilen „des Teilnehmers bzw. der Teilnehmerin" und „der Sorgeberechtigten" dürfen nicht miteinander vermischt werden, sie müssen untereinander stehen. Bei Rechtsauseinandersetzungen können die beiden getrennten Erklärungen mit der jeweils dazugehörigen Unterschrift entscheidend sein. Alternativ kann auch das Wort „beider" für „der" verwendet werden. Der

Leitung der Veranstaltung ist es wahrscheinlich nicht möglich zu überprüfen, ob bei der Anmeldung beide Sorgeberechtigten unterschreiben sollen (siehe Kapitel B 1.1.1). Mit der Anmeldung wird die Aufsichtspflicht für Minderjährige automatisch übertragen; eine separate Unterschrift ist dafür nicht erforderlich.

1.6.2.3 Anmeldung mit Werbeflyer

Nicht jeder Veranstalter hat einen Reiseprospekt (z. B. aufgrund zu weniger Angebote) und fasst deshalb die Informationen zum Angebot (Werbetext) in einem Flyer zusammen. Wenn dieser Flyer einen Anmeldeabschnitt mit den Teilnahmebedingungen (Reisebedingungen, Wichtige Hinweise – siehe Kapitel C 1.5) und das „Formblatt zur Unterrichtung ..." (siehe Kapitel C 1.3) enthält, dann ist ein Pauschalreisevertragsabschluss möglich. Sind die Teilnahmebedingungen und das Formblatt jedoch nicht dort abgedruckt, ist ein Vertragsabschluss nicht möglich. Folgende Schritte sind dann notwendig: Der Veranstalter sendet der interessierten Person den Reiseprospekt bzw. eine ausführliche Reisebeschreibung inklusive der Teilnahmebedingungen und einem entsprechenden Anmeldeformular sowie das Formblatt zu und diese meldet sich damit an (siehe Kapitel C 1.6.1 f.). Der Veranstalter kann diese Informationen auch auf seiner Website veröffentlichen und die Reisebeschreibung sowie die Teilnahmebedingungen mit Anmeldeformular und Formblatt zum Download bereitstellen (siehe Kapitel C 1.6.2.5). Dies gilt genauso für die Werbung mit einem Kurztext in Gemeindebrief, Vereinsanzeiger, über Anzeigen usw.

1.6.2.4 Anmeldung per Telefon

Eine interessierte Person kann auch telefonisch einen Pauschalreisevertrag abschließen, wenn sie im Besitz des Reiseprospektes ist oder aus dem Internet die entsprechenden Informationen (Reisebeschreibung, Reisepreis, Teilnahmebedingungen, Formblatt usw.) erhalten hat. Sind die Reisebedingungen bekannt, aber der Inhalt des „Formblatt zur Unterrichtung ..." (siehe Kapitel C 1.3) nicht, muss dieses am Telefon vorgelesen werden. Problematisch kann es dennoch sein, denn es kann in diesem Fall nicht nachgewiesen werden, ob die Reisebedingungen und das Formblatt wirksam einbezogen wurden. Wenn nicht nachgewiesen werden kann, dass die Reisebedingungen und das Formblatt einbezogen wurden, gelten wie immer die allgemeinen gesetzlichen Regelungen, hier §§ 651a ff. BGB. Es ist daher für beide Seiten empfehlenswert, trotz telefonischer Absprachen diese nochmals schriftlich (möglich auch per E-Mail oder Fax, vgl. § 126b S. 2 BGB) zu wiederholen („... hiermit bestätige ich, dass wir am tt.mm.jjjj vereinbart haben ..."). Diese schriftliche Zusammenfassung sollte möglichst vom Veranstalter ausgehen, denn dieser kennt auf Grund seiner Erfahrung die vereinbarungswichtigen Inhalte. Beide Seiten haben somit die Chance zur sofortigen (in diesem Fall ebenfalls schriftlichen) Richtigstellung. Im Bereich der Kinder- und Jugendarbeit wird mit der Anmeldung bereits die Aufsichtspflicht (für den Zeitraum der Reise, vgl. Kapitel B 1.2) übertragen, daher ist eine sorgfältige Dokumentation umso wichtiger. Außerdem ist eine schriftliche Aufzeichnung im Rechtsstreit ein hilfreiches Beweismittel.

Wenn der Reiseveranstalter eine Rufnummer verwendet bzw. bereithält, die interessierte Teilnehmende bei Fragen und Wünschen zum Reiseangebot und -vertrag anrufen können, so darf er dennoch kein erhöhtes Entgelt für Telekommunikation verlangen, das über die regulären Verbindungskosten hinausgeht (sog. Mehrwertdienstenummern, unzulässig nach § 312a Abs. 5 BGB).

1.6.2.5 Anmeldung über das Internet

Für die Werbung im Internet gelten dieselben rechtlichen Anforderungen wie bei der Werbung mit einem Reiseprospekt (s. o.). Die interessierte Person gibt ihre Daten über die Onlineanmeldung des Veranstalters ein und damit ein verbindliches Angebot ab.

Bewährt hat sich die Double-Opt-In-Regelung. Die interessierte Person muss bei der Anmeldung ein Kundenkonto eröffnen und hinterlässt dabei ihre E-Mail-Adresse. An diese E-Mail-Adresse wird eine E-Mail geschickt, in der sich ein Link befindet. Erst wenn sie diese E-Mail öffnet und den Link anklickt, gilt ihre Zustimmung zum Kundenkonto als gegeben. Dieses Vorgehen ist auch das empfohlene für die Abfrage der Nutzungserlaubnis einer E-Mail-Adresse für Werbung (vgl. Kapitel E 3.5.4.1; Kapitel E 3.5.4.2; Kapitel E 3.10.1.4).

Darüber hinaus ist es auch möglich, die Dateneingabe zur Anmeldung über ein Formular auf einer Webseite entgegenzunehmen oder per E-Mail. Für Werbung empfiehlt sich bei einem Formular eine separate Abfrage (eigenes Feld zum Anklicken) und das Double-Opt-In-Verfahren zur Bestätigung der E-Mail-Adresse (vgl. Kapitel E 3.10.1.4). Die Datenübermittlung sollte über das sichere HyperText Transfer Protocol Secure (HTTPS) erfolgen (vgl. Kapitel E 3.10.1).

Aus Platzgründen können hier nicht alle Möglichkeiten umfassend dargestellt werden, wie z. B. ein Webshop für Freizeitangebote aufgebaut werden soll. Jeder Veranstalter muss seine Möglichkeiten und Risiken ausloten, die er eingehen kann, deshalb einige Tipps zu Problemen aus der Praxis.

Der Anmeldevorgang muss so gestaltet sein, dass die interessierte Person die Teilnahmebedingungen (Reisebedingungen, Wichtige Hinweise – siehe Kapitel C 1.5), das „Formblatt zur Unterrichtung …" (siehe Kapitel C 1.3), die Datenschutzerklärung (siehe Kapitel E 3.10), die Informationspflichten (siehe Kapitel C 1.3), optionale Angebote, gewünschte Versicherungen und/oder die Zusendung von Werbung (s. o.) durch jeweils einzelnes Anklicken (es ist nicht zulässig, alles in „einen Klick" zusammenzufassen (§ 312a Abs. 3 S. 2 BGB)) bestätigen muss, um den Anmeldevorgang abschließen zu können. Die Teilnahmebedingungen und das Formblatt müssen vollständig lesbar sein; erst dann darf das Anklicken möglich sein. Der Veranstalter kann durch diesen technischen Ablauf sicherstellen, dass die Teilnahmebedingungen zum Lesen sichtbar waren. Die Teilnahmebedingungen müssen ausgedruckt werden können (z. B. durch den Download eines PDFs). Zu vermeiden sind eine reine Link- oder Downloadlösung der Teilnahmebedingungen. Die Person kann sonst später behaupten, dass ein Vertrag nicht zustande gekommen ist, weil die Teilnahmebedingungen gefehlt haben. Der Veranstalter kann aber nicht beweisen, dass sie diese gesehen oder gelesen hat. Sind Abfragen notwendig (z. B. Teilnahme am Skikurs, Reiserücktrittsversicherung erwünscht), so sind vorbelegte Checkbox-Felder, die sog. Opt-Out-Regelung („Auskreuzlösung"), aus rechtlicher Sicht nicht möglich. Eine bessere Lösung ist die Opt-In-Regelung („Ankreuzlösung"). Dabei muss die gewünschte Leistung aktiv ausgewählt werden.

Wenn die Vermutung naheliegt, dass überwiegend Kinder oder Jugendliche buchen, z. B. bei der Anmeldung für Minderjährigen-Angebote, muss abgefragt werden, ob die Sorgeberechtigten mit dieser Anmeldung einverstanden sind. Diese kann z. B. lauten: „Mit dieser Anmeldung bestätigen Sie, dass Sie zum Zeitpunkt dieser Anmeldung volljährig sind. Für Minderjährige: Solltest Du zu diesem Zeitpunkt noch nicht volljährig sein, dann darfst Du die Anmeldung nur vornehmen, wenn Du diese zusammen mit einem Elternteil oder Vormund (Sorgeberechtigten) vornimmst." Meldet sich eine minderjährige Person ohne das Wissen der Sorgeberechtigten an, dann kommt kein Pauschalreisevertrag zustande (§ 107 BGB; vgl. Kapitel E 3.5.4.2). Der Veranstalter erhält nur durch den Eingang des Anzahlungsbetrags eine gewisse Sicherheit, dass die Sorgeberechtigten mit der Reiseteilnahme einverstanden sind und deswegen die Zahlung veranlasst haben.

Bei Gruppen- und Familienanmeldungen muss abgefragt werden, ob die buchende Person berechtigt ist, die Mitreisenden anzumelden (vgl. Kapitel C 1.6.2.2).

Allgemein ist bei Internetbestellungen bekannt, dass der Versender der Ware den Kunden umfangreich informieren muss und ein Widerrufsrecht besteht. Bei online gebuchten Reisen trifft diese Regelung nicht zu, da es sich hier um eine Vertriebsstelle handelt. Vertriebsstellen sind auch stationäre oder mobile Geschäftsräume sowie Telefondienste (§ 651b Abs. 2 BGB). Werden Pauschalreiseverträge in diesen Vertriebsstellen geschlossen, entsteht das Widerrufsrecht nicht. Bei Vertragsabschlüssen außerhalb solcher Vertriebsstellen dagegen steht dem/der Teilnehmenden ein Widerrufsrecht zu (§§ 312 Abs. 7 S. 2, 312g Abs. 1 BGB). Wenn der Veranstalter per E-Mail eine Eingangsbestätigung bezüglich der Anmeldung versendet, muss er gleichzeitig darauf hinweisen, dass damit noch kein Vertragsabschluss vorliegt. Der Hinweis kann z. B. aus folgenden Sätzen bestehen: „Die Anmeldung zur Freizeit XYZ ist bei uns eingetroffen. Herzlichen Dank! Ihre Anmeldung wird bearbeitet. Sie erhalten in den nächsten Tagen per E-Mail oder Brief von uns eine Nachricht. Falls eine Teilnahmebestätigung nicht eintrifft oder es Fragen gibt, stehen wir gerne für Auskünfte zur Verfügung. Diese Nachricht ist eine Eingangsbestätigung Ihrer Anmeldung und keine Teilnahmebestätigung."

Wird der Anmeldevorgang abgeschlossen, muss auf dem Absendebutton, der am Ende des Vorgangs vor dem endgültigen Anmeldeschritt stehen muss, ein eindeutiger Hinweis stehen, dass mit dem Absenden der Anmeldung Kosten entstehen, also „zahlungspflichtig bestellen" oder eine ähnlich eindeutige Formulierung, z. B. „kostenpflichtig anmelden" (§ 312j Abs. 3 S. 2 BGB).

Die Website des Veranstalters muss also insgesamt den Anforderungen eines Web-shops gerecht werden (z. B. Impressum, Datenschutz, Auskunftspflicht, Cookies, Newsletter, Online-Streitbeilegung). Zur Unterstützung der Erstellung kann ein Web-generator verwendet werden (siehe Kapitel E 2.3.1 und Kapitel E 3).

Es gibt Jugendverbände und Firmen, die spezielle Reiseportale für Veranstalter von Frei-zeiten anbieten, damit Onlineanmeldungen rechtssicher abgewickelt werden können.

Für Buchungsfehler, die der Unternehmer (Reiseveranstalter, Vermittler oder Leis-tungserbringer) zu vertreten hat, haftet er. Damit hat der/die Teilnehmende gegen ihn Anspruch auf Schadensersatz (§ 651x BGB).

1.6.3 Anmeldebestätigung – Reisebestätigung – Teilnahmebestätigung

Diese Angaben müssen deutlich lesbar sein und verständliche und genaue Angaben enthalten. Prospektangaben, die nach § 651d BGB in Verbindung mit Art. 250 § 3 EGBGB vorvertragliche notwendige Informationen beinhalten und damit Vertragsinhalt wer-den, sind:

- Bestimmungsort: Beschreibung des Ortes und der Umgebung, Reiseroute, Region, Land
- Beschreibung des Reiseangebotes: bei Interessen-, Hobby-, Sport-und Gruppenangeboten möglichst Angaben über die Gruppengröße; bei Angeboten, die der Veranstalter mit seinen Mitarbeitenden nicht selbst in deutscher Sprache durchführt und bei denen die mündliche Kommunikation im Rahmen des Angebotes wichtig und notwendig ist, muss die jeweilige Sprache genannt sein, in der diese Leistungen erbracht werden (z. B. bei einem Kletterkurs, beim Rafting oder auch bei kulturellen Führungen)
- Unterkunft: Lage, Hauptmerkmale und ggf. touristische Einstufung der Unterkunft nach den Regeln des jeweiligen Bestimmungslandes, z. B. Hotel (Kategorie, Komfort), Freizeitheim, Jugendherberge, Zeltlager, Zwei- und Mehrbettzimmer, Matratzenlager, Stockbetten, Feldbetten, Isomatte, Hinweise ggf. auf Waschgelegenheit (Etagendusche, Dusche auf Campingplatz usw.) sowie Notwendigkeit der Mithilfe der Teilnehmenden bei Tisch-, Spül- und Reinigungsdiensten
- Datumsangaben, Tageszeiten und Anzahl der Übernachtungen (bei verschiedenen Orten, z. B. bei einer Rundreise oder Hüttentour, sollten auch die jeweiligen Zeiträume der Abschnitte genannt werden)
- Ort, Tag und Zeit der Abreise und der Rückreise (sofern eine genaue Zeitangabe noch nicht möglich ist, zumindest ungefähre Zeitangaben; bei Zwischenstationen sollten die Orte und die Dauer des Aufenthaltes und ggf. Anschlussverbindungen bezeichnet werden)

- Transportmittel (Merkmale und Klasse): z. B. private An-/Abreise, Personenkraftwagen, Kleinbusse, Omnibus, Bahn, Flugzeug
- Mahlzeiten: z. B. Halbpension (Frühstück, Mittag- oder Abendessen), Vollpension (3 Mahlzeiten, evtl. Lunchpaket), Verpflegung (z. B. Selbstkocher in Kleingruppen), nur Frühstück
- Angabe, ob die Pauschalreise im Allgemeinen für Personen mit eingeschränkter Mobilität geeignet ist: Wenn in der Werbung mitgeteilt wird, dass z. B. diese Freizeit konkret für Rollstuhlfahrer nicht geeignet ist, so können durchaus andere Personen mit eingeschränkter Mobilität teilnehmen wie Blinde, geistig Behinderte usw.; auf Verlangen des/der Teilnehmenden kann dieser/diese genaue Informationen über eine solche Eignung unter Berücksichtigung seiner/ihrer Bedürfnisse verlangen
- Reisepreis: einschließlich Steuern und gegebenenfalls aller zusätzlichen Gebühren, Entgelte und sonstigen Kosten in Euro, z. B. Besichtigungen, Eintritte, Kurtaxe, Ausflüge, Klettergarten; entstehen noch weitere Kosten, die der/die Teilnehmende ebenfalls übernehmen muss, dann soll deren ungefähre Höhe benannt werden.
- Zahlungsmodalitäten, Angabe der Höhe (oder Prozentsatzes) der zu leistenden Anzahlung, Angabe der Fälligkeit des Restbetrages
- Mindestteilnehmerzahl sowie Zeitpunkt bzw. Termin, bis wann die Reise bei Nichterreichen dieser Mindestteilnehmerzahl gemäß § 651h Abs. 4 S. 1 Nr. 1 BGB spätestens abgesagt wird (siehe Kapitel C 1.6.7)
- Angabe, welche Versicherungen im Reisepreis enthalten sind oder Hinweise auf den möglichen Abschluss einer Reiserücktrittskostenversicherung (vgl. Kapitel A 6.4.2) oder einer Versicherung zur Deckung der Kosten einer Unterstützung einschließlich einer Rückbeförderung bei Unfall, Krankheit oder Tod
- Bei Auslandsreisen: Passerfordernis, Personalausweis, Kinderreisepass, Visumerfordernis (Nennung der Fristen zur Erlangung des Dokuments und Kosten der Beantragung), gesundheitspolizeiliche Formalitäten (Impfungen, Testate usw.)
- Hinweis, dass Teilnehmende vor Freizeitbeginn jederzeit vom Vertrag zurücktreten können (z. B. Entschädigungspauschale)
- Name(n) der Freizeit- bzw. Reiseleitung
- Name des Reiseveranstalters und dessen Anschrift, Telefonnummer und ggf. E-Mail-Adresse

Korrekte Reisebedingungen enthalten schon einige dieser gesetzlich verlangten Angaben. Werden keine Reisebedingungen eingesetzt, dann müssen alle Informationen bereits in der Ausschreibung berücksichtigt werden.

1.6.4 Informationsbrief – Unterrichtungspflicht vor Reisebeginn

Es besteht vor Beginn der Pauschalreise eine grundsätzliche, umfangreiche Informationspflicht des Veranstalters gegenüber den Teilnehmenden. In der Kinder- und Jugendarbeit hat sich als Unterrichtungsbezeichnung der sog. „Informationsbrief" durchgesetzt. Eine rechtzeitige Unterrichtung (mind. 14 Tage vor Reisebeginn) der Teilnehmenden durch den Veranstalter ist notwendig. Im Informationsbrief müssen alle Informationen zur Pauschalreise zusammengefasst und Reiseunterlagen beigefügt werden.

Ein Informationsbrief muss nach § 651d BGB in Verbindung mit Art. 250 § 7 EGBGB die folgenden Angaben enthalten:

- Angaben der Anmeldebestätigung wiederholen (siehe Kapitel C 1.6.1.1 und C 1.6.3) oder darauf verweisen; wichtig: bei von der Anmeldebestätigung abweichenden Informationen (z. B. Uhrzeit der Abreise) müssen alle Angaben wiederholt mitgeteilt werden
- Angaben über die Anlagen (z. B. Fahrkarte, Reiseführer, Freizeitpass (siehe Kapitel C 2.4))
- Minderjährige, die ins Ausland ohne Begleitung der Sorgeberechtigten reisen, benötigen in einigen Ländern eine Einverständniserklärung bzw. (Reise-)Vollmacht über die betreuende/begleitende Person (z. B. Freizeitleitung des Veranstalters). Der Veranstalter sollte sich diesbezüglich rechtzeitig bei den Auslandsvertretungen (Botschaft, Konsulat) der jeweiligen Reiseländer informieren. Einige Länder verlangen auch amtlich beglaubigte Vollmachten. Empfohlen wird, der Reisevollmacht unbedingt Kopien der Ausweis-/Reisepassdatenseite der Sorgeberechtigten beizufügen.

Nachweise und weiterführende Praxistipps
- Vorlagen Reisevollmacht: www.adac.de/der-adac/rechtsberatung/verkehrsvorschriften/ausland/reisevollmacht-kinder (Linkzugriff im März 2018)
- Länderspezifische Hinweise für alleinreisende Minderjährige: www.auswaertiges-amt.de/de/Newsroom/faq/11-kindohneeltern/606308 (Linkzugriff im März 2018)
- www.lufthansa.com/de/de/Einreiseprozesse (Linkzugriff im März 2018)

Zustandekommen eines Pauschalreisevertrages

an einer Reise interessierte Person

=

(potenziell) **teilnehmende Person**

Reiseprospekt, Flyer, Internet
Werbung für Reisen
Veranstalter: Verein, Kirchengemeinde,
Jugendverband usw.

> **Zielgruppe**
> **Reisebeschreibung**
> **Termin, Preis**
> **Leistungen**
> **Teilnahmebedingungen**
  (Wichtige Hinweise,
  Reisebedingungen)
> **„Formblatt zur Unterrichtung ..."**
  (nach Art. 250 § 2 Abs. 1 EGBGB)

Die Reisebeschreibung hat lediglich
auffordernden Charakter, eine Reise zu
buchen (also ein Angebot abzugeben)
und stellt im rechtlichen Sinne selbst
noch kein Angebot dar, da der Veranstalter noch kein konkretes Gegenüber hat.

Die interessierte Person möchte auf
Grundlage der Reisebeschreibung eine
bestimmte Pauschalreise buchen und
teilt dies dem Veranstalter mit ihrem
Antrag mit.*

**Damit wird ein Angebot
für einen Vertragsabschluss
für eine bestimmte Pauschalreise
von der interessierten Person
übermittelt.
Vertragsangebot
§ 145 BGB**

*Die Mitteilung kann
- mündlich
- schriftlich (Brief, E-Mail, De-Mail ...)
- per Telefax
- telefonisch
- formularmäßig
- online (Buchungssystem)
erfolgen.

**Buchung der
interessierten Person**
Vertragsangebot

**Der Veranstalter
nimmt das Angebot an.
Annahme
§ 147 BGB**

Er sendet eine textförmliche Pauschal-
reisebestätigung mit Teilnahmebedingungen an die buchende Person
(Kunde/Kundin).

**Buchungsbestätigung
an den Kunden / die Kundin
= Teilnehmer / Teilnehmerin**

Decken sich Angebot und Annahme
inhaltlich, so ist ein Vertrag zustande
gekommen!

1.6.5 Möglichkeiten der Leistungsänderung

1.6.5.1 Vereinbarung über abweichende Reiseleistungen

Teilnehmende und Veranstalter können von der Reisebeschreibung abweichende oder weitere Leistungen vereinbaren. Die Vereinbarungen müssen schriftlich (auch per E-Mail) bestätigt werden, um die Absprachen klarzustellen. Bei dieser Bestätigung muss der Veranstalter alle Vereinbarungen auflisten, sowohl die ursprünglichen, soweit sie nicht abgeändert werden sollen, als auch die geänderten und die zusätzlichen.

1.6.5.2 Leistungsänderung über telefonischen Kontakt

Es kann vorkommen, dass der Veranstalter von einer interessierten Person die Anmeldung erhält und mit ihr kurzfristig telefonischen Kontakt (vgl. rechtliche Hinweise in Kapitel C 1.6.2.4) aufnehmen muss, da z. B. ein gewünschtes Zimmer nicht zur Verfügung steht und die Zustimmung des/der Teilnehmenden für diese Leistungsänderung erforderlich ist. Sind sich beide Parteien einig, dann kann der Veranstalter aufgrund der ihm vorliegenden Anmeldebestätigung, den Teilnahmebedingungen (Wichtige Hinweise, Reisebedingungen – siehe Kapitel C 1.5) sowie der mündlich vereinbarten Leistungsänderung den Pauschalreisevertrag abschließen. Auch hier gilt die Empfehlung einer nachgereichten schriftlichen Bestätigung.

1.6.5.3 Änderung der vertraglich versprochenen Leistungen

Nach Vertragsschluss (Teilnahmebestätigung) kann eine Änderung der versprochenen Leistung schon vor Beginn der Reise eintreten. Möglich ist allenfalls eine „unerhebliche" Änderung der Reiseleistungen, wenn dies vertraglich (meist in den Reisebedingungen) vorgesehen ist (§ 651f Abs. 2 BGB). Die Änderung muss den Teilnehmenden schriftlich (auch per E-mail) mitgeteilt werden, verständlich formuliert und deutlich hervorgehoben sein. Sollte eine Vertragsänderung nicht mehr „unerheblich" sein, kann ein Teilnehmer / eine Teilnehmerin vom Vertrag zurücktreten (Rückabwicklung) und den bisher bezahlten Betrag vom Veranstalter zurückfordern.

Beispiel: In der Leistungsbeschreibung steht: „Die Rundreise findet mit einem Omnibus statt." Aufgrund geringer Teilnehmerzahl und aus Kostengründen findet die Rundreise aber mit einem Kleinbus statt. Oder der Veranstalter muss kurzfristig umplanen und die Anreise zum Flughafen findet nicht mit einem modernen Reisebus, sondern mit der Bahn statt. Nach Meinung der Autoren ist dies noch eine „unerhebliche" Änderung, denn das jeweilige Ziel wird trotzdem erreicht, nur mit anderen Verkehrsmitteln.

Eine andere Situation ist gegeben, wenn der Veranstalter schon in der Reisebeschreibung auf mögliche Änderungen (z. B. Reiseverlauf, Verkehrsmittel) hinweist.

Beispiel: „Je nach Teilnehmerzahl reisen wir mit einem Omnibus oder Kleinbus." In diesem Fall läge keine Vertragsänderung vor und die Teilnehmenden werden (ohne weitere Rechtsfolgen) informiert, welche Art der Beförderung nun tatsächlich stattfinden wird.

1.6.6 Möglichkeiten der Reisepreisänderung

Neben der Leistungsänderung (siehe Kapitel C 1.6.5) ist es einem Veranstalter auch in engen Grenzen möglich, den Reisepreis zu ändern.

1.6.6.1 Reisepreisänderung vor Vertragsabschluss

Ein Sonderfall ist die Reisepreisänderung **vor** Vertragsabschluss. In diesem Fall muss der Veranstalter nach der Anmeldung, aber vor dem Vertragsabschluss (Teilnahmebestätigung) den Teilnehmenden / die Teilnehmende über die Reisepreisänderung informieren. Der Veranstalter vermerkt in seinem Reiseprospekt, dass Reisepreisänderungen zwischen Drucklegung und dem Zeitpunkt der Anmeldung möglich sind. Diese „Reisepreisänderungsklausel" muss gut sichtbar in den Reisebedingungen stehen (§ 651d Abs. 2 BGB, § 1 Abs. 6 PAngV).

Bei Werbung über das Internet ist quasi der Reisepreis Vertragsbestandteil, der zum Zeitpunkt der Anmeldung im Internetangebot steht, da hier Änderungen ohne wesentlichen Zeitverlust aktualisiert werden können. Bei Online-Freizeit- und Reiseangeboten könnte tagesaktuell der Reisepreis geändert werden. Der Veranstalter ist in der Internetwerbung nicht an die genannten Preise in seinem Printprospekt gebunden. Eine besondere Möglichkeit sind die Last-Minute-Reisen, die einen besonderen Preisvorteil versprechen. Wenn unter diesem Begriff geworben wird, dann muss der Reisepreis immer billiger als der normale Reiseprospektpreis sein und der Beginn der Werbung sollte nicht wesentlich mehr als 14 Tage vor dem Abreisetermin der beworbenen Reise sein (Urteil des BGH vom 17.06.1999, Az. I ZR 1439/97 in NJW 2000, 588).

1.6.6.2 Reisepreiserhöhung nach Vertragsschluss

Der Veranstalter kann den Reisepreis (z. B. wegen höheren Treibstoffkosten, Steuern und sonstigen Abgaben sowie Hafen- oder Flughafengebühren oder Wechselkursen als erwartet) noch (spätestens) 20 Tage vor Beginn der Pauschalreise erhöhen, aber nur, wenn dies in den Reisebedingungen vorgesehen und damit vertraglich vereinbart ist. Sollte eine solche Preiserhöhung vereinbart sein, muss der Veranstalter andererseits auf Verlangen eines/einer Teilnehmenden auch bereit sein, den Reisepreis aus denselben Gründen (z. B. günstigerer Wechselkurs) zu senken (§ 651f BGB).
Wenn eine (begründete) Preiserhöhung jedoch 8% des Reisepreises übersteigt, darf der Veranstalter sie nicht einfach einseitig vornehmen. Vielmehr müssen die Teilnehmenden der Preiserhöhung zustimmen oder sie müssen das Recht eingeräumt bekommen, vom Vertrag zurückzutreten.

Bei solchen erheblichen Preissteigerungen sowie bei sonstigen erheblichen Änderungen des Vertrags (§ 651g BGB) hat der Veranstalter auch die Möglichkeit, den Teilnehmenden eine andere gleichwertige Pauschalreise anzubieten. Entstehen ihm dadurch geringere Kosten, müssen diese den Teilnehmenden erstattet werden. Teilnehmende können auch Minderung geltend machen (§ 651m BGB), wenn diese „Ersatzreise" sich nicht als gleichwertiges Angebot herausstellt.

Solche erheblichen Änderungen hat der Veranstalter den Teilnehmenden über einen „dauerhaften Datenträger" (gemeint sind Papier, Fax oder E-Mail (vgl. Kapitel C 1.6.3) – §§ 651f Abs. 2 BGB, Art. 250 § 10 EGBGB) zu erklären.

1.6.7 Mindestteilnehmerzahl wird nicht erreicht

Der Veranstalter hat die Möglichkeit, eine Pauschalreise abzusagen, wenn eine *„erforderliche Mindestteilnehmerzahl"* nicht erreicht wird (§ 651h Abs. 4 BGB). Die rechtlichen Voraussetzungen dafür sind, dass die Mindestteilnehmerzahl und der Zeitpunkt der Absage in der Reisebeschreibung bzw. in den Reisebedingungen genannt sind, damit sie rechtswirksam vertraglich vereinbart werden können. Folgende Angaben sind notwendig:

- Die konkrete Nennung der Mindestteilnehmerzahl
- Bis zu welchem Zeitpunkt dem/der Teilnehmenden vom Veranstalter eine Absageerklärung zugegangen sein muss (die Zeit des Postweges ist zu berücksichtigen); zur Orientierung hier die im Gesetz vorgesehenen Fristen: *„a) 20 Tage vor Reisebeginn bei einer Reisedauer von mehr als sechs Tagen, b) sieben Tage vor Reisebeginn bei einer Reisedauer von mindestens zwei und höchstens sechs Tagen, c) 48 Stunden vor Reisebeginn bei einer Reisedauer von weniger als zwei Tagen ..."* (§ 651h Abs. 4 Nr. 1 BGB)

Erst wenn der im Prospekt genannte Zeitpunkt einer möglichen Reiseabsage durch den Veranstalter vorbei ist und die Pauschalreise stattfindet, muss der/die Teilnehmende den restlichen Reisepreis bezahlen. Bei einer Absage des Veranstalters muss dieser die bereits empfangenen Geldbeträge (z. B. Anzahlung) an die Teilnehmenden innerhalb von 14 Tagen zurückzahlen (§§ 346, 651h Abs. 5 BGB).

1.6.8 Teilnehmer/Teilnehmerin ist verhindert und benennt Ersatzperson

Bis sieben Tage vor Reisebeginn kann der/die Teilnehmende eine Ersatzperson wiederum über einen „dauerhaften Datenträger" (vgl. Kapitel C 1.6.3) benennen (§ 651e BGB). Die Ersatzperson tritt in die Rechte des/der bisherigen Teilnehmenden ein. Wenn der Veranstalter dem/der bisherigen Teilnehmenden schon Unterlagen zugesandt hat, dann muss die Ersatzperson diese von dem/der bisherigen Teilnehmenden erhalten. Beide, sowohl die bisher teilnehmende Person als auch die Ersatzperson, haften gemeinsam für den Reisepreis (Gesamtschuldner) und die eventuell durch die Ummeldung (Umbuchung) entstandenen Mehrkosten (§ 651e Abs. 3 BGB).

Unter bestimmten Bedingungen kann der Veranstalter der Ersatzperson die Teilnahme versagen (§ 651e Abs. 2 BGB). Im Rahmen von Kinder- und Jugendfreizeiten kann es vorkommen, dass der Veranstalter zu der Feststellung kommt, dass die Ersatzperson den „besonderen Reiseerfordernissen" nicht genügt, was bei dem/der ursprünglichen Reisenden noch der Fall war.

Beispiele: Bei Mädchenfreizeiten kann natürlich keine männliche Ersatzperson mitfahren, bei Bergwanderungen dürfte ein Rollstuhlfahrer / eine Rollstuhlfahrerin ungeeignet sein und bei Kajaktouren im Wildwasser kann ein Nichtschwimmer / eine Nichtschwimmerin nicht teilnehmen. Auch kann die Zimmer- und Bettenbelegung nicht mehr stimmen, weil die Ersatzperson vom anderen Geschlecht ist und eine Änderung in der Gesamtbelegung nicht mehr möglich ist.

1.6.9 Widerrufsrecht von Pauschalreiseverträgen

Ein Widerrufsrecht für die Teilnehmenden besteht im Pauschalreiserecht grundsätzlich nicht, auch nicht bei Onlineanmeldungen, da Webseiten für den elektronischen Geschäftsverkehr vom BGB als Vertriebsstellen qualifiziert werden (das Fernabsatzgesetz findet keine Anwendung, vgl. Kapitel C 1.6.2.5), und in den oben genannten Fällen. Pauschalreiseverträge können widerrufen werden, wenn sie außerhalb von Vertriebsstellen (§§ 312g, 651b Abs. 2 BGB) geschlossen wurden und wenn dem Vertragsschluss nicht eine Bestellung durch den Interessenten / die Interessentin voranging. Wenn z. B. ein Mitarbeiter / eine Mitarbeiterin die Eltern eines Gruppenmitglieds besucht, die im Besitz des Reiseprospekts (vgl. Kapitel C 1.6.2.1) sind, diesen die Teilnahme schmackhaft macht, daraufhin die schriftliche Anmeldung (Angebot zur Teilnahme) entgegennimmt und noch an Ort und Stelle (mündlich oder schriftlich) die Teilnahme an der Reise bestätigt (Teilnahmebestätigung), so muss gefragt werden, ob zuvor die Eltern die Initiative ergriffen und ihr Interesse bekundet („bestellt") haben.

1.6.10 Beendigung des Pauschalreisevertrags

1.6.10.1 Rücktritt vom Pauschalreisevertrag durch Teilnehmende

Teilnehmenden ermöglicht das Pauschalreiserecht, vom Pauschalreisevertrag zurückzutreten, ohne einen Grund zu nennen (§ 651h BGB). Aufgrund des Rücktritts des/der Teilnehmenden wird der Pauschalreisevertrag abgewickelt und er/sie kommt aus dem Vertrag. Damit verliert der Veranstalter seinen Anspruch auf den vereinbarten Reisepreis. Er kann aber eine angemessene Entschädigung von dem/der Teilnehmenden (Stornokosten) verlangen. Die Berechnung der Entschädigung geht vom Reisepreis aus, von dem dann die ersparten Aufwendungen des Veranstalters abgezogen werden. Wenn noch Personen auf der Warteliste (Nachrückliste) stehen und teilnehmen, dann sollte der Veranstalter dies bei den Entschädigungsforderungen berücksichtigen. Der/die Teilnehmende kann vom Veranstalter verlangen, dass dieser die Höhe der Entschädigung mit Fakten begründen muss (§ 651h Abs. 2 BGB).

§ 651h Abs. 2 Nr. 1-3 BGB ermöglicht dem Veranstalter, im Pauschalreisevertrag pauschalierte Entschädigungen entweder wie bisher in Prozentsätzen vom Reisepreis oder als absoluten Geldbetrag festzulegen. In den Reisebedingungen werden diese Entschädigungssätze aufgeführt. Die pauschale Entschädigung richtet sich nach dem Zeitpunkt des Rücktritts, also des zeitlichen Abstands des Rücktritts vom geplanten Reisebeginn (Nr. 1). Bemessen lassen sich solche pauschal vereinbarten Entschädigungssätze nach der zu erwartenden Ersparnis von Aufwendungen (z. B. durch Stornierung des Fluges oder der Zugfahrt oder der Kostenersparnis bei Unterkunft und Verpflegung, Nr. 2) oder nach dem sog. „Erwerb" durch anderweitige Verwendungen der Reiseleistungen (Nr. 3), wenn z. B. die Absage eines männlichen Teilnehmenden ermöglicht, die Zimmerbelegung so zu ändern, dass dafür noch zwei weitere Teilnehmerinnen teilnehmen können. Bei Nichtantritt einer Reise kann der Veranstalter von dem/der Teilnehmenden allerdings nie Stornokosten in Höhe von 100% des Reisepreises, also quasi den kompletten Reisepreis, verlangen und sich hierbei auf Pauschalregelungen seiner Reisebedingungen berufen (Entscheidung des OLG Nürnberg vom 20.07.1999, Az. 3 U 1559/99 in NJW 1999, 3128).

Die Versicherungsbranche bietet für Teilnehmende entsprechende Reiserücktrittsversicherungen an (siehe Kapitel A 6.4.2). Der Veranstalter muss vor Vertragsabschluss darauf hinweisen (siehe Kapitel C 1.6.1.1).

1.6.10.2 Rücktritt vom Pauschalreisevertrag durch eine der Vertragsparteien

Bis zum Beginn einer Pauschalreise kann eine teilnehmende Person ohne Entschädigungspflicht vom Vertrag zurücktreten, wenn folgende Tatsachen vorliegen: „... *wenn am Bestimmungsort oder in dessen unmittelbarer Nähe unvermeidbare, außergewöhnliche Umstände auftreten, die die Durchführung der Pauschalreise oder die Beförderung von Personen an den Bestimmungsort erheblich beeinträchtigen. Umstände sind unvermeidbar und außergewöhnlich [...], wenn sie nicht der Kontrolle der Partei unterliegen, die sich hierauf beruft, und sich ihre Folgen auch dann nicht hätten vermeiden lassen, wenn alle zumutbaren Vorkehrungen getroffen worden wären"* (§ 651h Abs. 3 BGB). Auf diese gesetzliche Regelung kann sich ein Veranstalter auch berufen, wenn er wegen unvermeidbarer, außergewöhnlicher Umstände verhindert ist, seine vertraglichen Leistungen zu erfüllen. Solche Umstände können beispielsweise Naturkatastrophen, innere Unruhen im Reiseland, Seuchen, aber auch örtlich begrenzte Situationen sein (z. B. Überschwemmung, Lawinenabgang).

Beispiel 1: Tal wegen Lawinenabgang für unbestimmte Zeit gesperrt und die gebuchte Skihütte nicht erreichbar: Absage im Rahmen des § 651h Abs. 3 BGB ist möglich.

Beispiel 2: Unwetter, Zeltplatz wird überschwemmt und steht voraussichtlich mehrere Tage unter Wasser: Absage unter Berufung auf § 651h Abs. 3 BGB ist möglich.

Beispiel 3: Rundreise mit Kleinbus des Vereins geplant, Fahrzeug hat am Tag vor Beginn der Reise einen Totalschaden: Absage mit Hinweis auf § 651h Abs. 3 BGB nicht zulässig, Veranstalter muss ein Ersatzfahrzeug besorgen.

Nachweise und weiterführende Praxistipps
- Liste der Reisewarnungen: www.auswaertiges-amt.de/DE/Laenderinformationen/ 01-Reisewarnungen-Liste.html (Linkzugriff im März 2018)

2 RECHTE UND PFLICHTEN DES VERANSTALTERS

2.1 Klärungen in der Veranstalterorganisation

In der Kinder- und Jugendarbeit eines Vereins, Jugendverbands, einer Kirchengemeinde usw. agieren die einzelnen Sparten oft sehr selbstständig, deshalb müssen die Verantwortlichen unbedingt darauf achten, dass die zuständigen Gremien (Jugendausschuss, Vorstand, Kirchengemeinderat usw.) informiert sind. Die Mitarbeitenden in der Organisation haben dadurch mehr Rückhalt für ihre Planungen und Entscheidungen für das Reiseangebot.

Die Organisation steht in der Haftung für die Entscheidungen ihrer Gruppen und Arbeitsbereiche. Wenn bei Pauschalreisen nicht eindeutig geklärt ist, wer Veranstalter ist, haften im Zweifelsfall immer die Mitarbeitenden persönlich, denn wenn nichts abgesprochen wurde, liegt auch kein Geschäftsführungsauftrag des Veranstalters vor.

Beispiele, in denen kein Geschäftsführungsauftrag (§§ 677 – 687 BGB) vorliegt:

Beispiel 1: Eine Sportgruppe plant eine Skifreizeit. Zwei Personen werden beauftragt, zu planen und ein Hotel anzumieten. Aufgrund der Eigenständigkeit der Gruppe innerhalb des Vereins wird alles ohne Wissen des Vorstands geplant und durchgeführt. Außer den Mitgliedern der Sportgruppe fahren noch andere Jugendliche aus dem Bekanntenkreis der Mitglieder mit, denn es wurde öffentlich für die Reise geworben. Eine Person sagt bei irgendjemandem aus dem Leitungsteam rechtzeitig mündlich ab. Problematisch wird es erst, als dem Kassier des Leitungsteams (das außer einer Person nichts von der Absage weiß) vierzehn Tage vor Beginn der Skifreizeit auffällt, dass der volle Reisepreis noch nicht auf das private Konto des Teams eingezahlt wurde. Die Person, der die Absage erteilt wurde, hatte vergessen, die Absage an das Hotel weiterzuleiten. Jetzt streiten sich die Parteien darüber, wer für die Hotelkosten aufkommen muss. Das Leitungsteam haftet nun u. U. persönlich und muss deshalb für den finanziellen Schaden gegenüber dem Hotel aufkommen. Es sei denn, dass der Verein freiwillig für den entstandenen Schaden aufkommt. Der Vorstand kann aber, wenn er das nicht will, die Reise als privates Angebot einzelner Sportgruppenmitglieder betrachten. Evtl. könnte die Gruppenkasse die Hotelkosten übernehmen.

Beispiel 2: Der Pfarrer bietet für seine Gemeinde jährlich eine Studienreise zu „Brennpunkten" der Welt an. Der Kirchengemeinderat hat nichts dagegen, beschließt aber auch nicht, ob die Kirchengemeinde Veranstalter ist. Faktisch bedeutet dies, dass der Pfarrer für alle entstandenen finanziellen Ansprüche und Schäden privat aufkommen muss (z. B. für entstandene Defizite wegen Fehlkalkulation, Reisemangel). Es sei denn, dass die Kirchengemeinde nachträglich dieser Reiseveranstaltung noch zustimmt, weil im Mitteilungsblatt der Kirchengemeinde dafür geworben wurde und die Werbung signalisiert hat, dass die Kirchengemeinde Veranstalter ist.

2.2 Zulässige Werbung

Nicht erlaubte Werbung

Das Gesetz gegen den unlauteren Wettbewerb (UWG) qualifiziert Telemarketing (z. B. Telefonwerbung, Telefaxwerbung, E-Mail-Werbung, SMS-Werbung), Briefkastenwerbung und Ansprache auf der Straße als belästigende Werbung. Allgemein ist Werbung dann verboten, wenn erkennbar ist, dass der Empfänger die Werbung nicht wünscht (§ 7 Abs. 1 UWG). Ferner wird Werbung am Telefon dann als belästigend verstanden, wenn die angerufene Person nicht zugestimmt hat: ein Anruf zum Geburtstag; nachfragen, wie es ihr auf der Reise gefallen hat; Rundruf an ehemalige Teilnehmende und ein damit verbundener Hinweis auf freie Plätze für eine bestimmte weitere Reise u. Ä. Nicht gemeint ist hiermit der Kontakt mit den Teilnehmenden vor und nach einer Reise, um ein Vorbereitungs- oder Nachtreffen vorzubereiten oder technische Fragen, Reklamationen, Reiseleistungsänderungen usw. zu klären.

Erlaubte Werbung

In gewissem Umfang darf der Veranstalter die bisher (legal, da zur Durchführung der Reise notwendigen) gesammelten Adressen und sonstigen persönlichen Daten für gezielte Werbung nur dann verwenden, wenn der/die Teilnehmende dieser Verwendung zugestimmt hat (vgl. Kapitel E 3.5.4.1, E 3.5.4.2 und E 3.10.1.4). Es wird empfohlen, gleich bei der Anmeldung mittels Anmeldeformular oder über das Web, die Zustimmung zur Werbung abzufragen. Wird über die Onlineanmeldung die Werbezustimmung erwünscht, eignet sich dazu am besten die Bestätigung durch eine Opt-In-Regelung („Ankreuzlösung"). Die Abfrage der Werbezustimmung muss separat zu anderen Abfragen erfolgen. Zur datenschutzkonformen Formulierung siehe Hinweise in Kapitel E, v. a. E 3.4. Ferner muss darauf hingewiesen werden, dass der/die Teilnehmende der Verwendung seiner/ihrer Adresse für Werbezwecke usw. jederzeit widersprechen kann. Etwa: „Wir weisen darauf hin, dass Sie der Verwendung Ihrer Adresse für den hier benannten Zweck jederzeit widersprechen können." (vgl. Kapitel C 1.6.2).

Ist die Werbung an Vereinsmitglieder oder sonstige Mitglieder des Veranstalters gerichtet, müssen diese Personen einer Prospektwerbung oder E-Mail-Werbung nicht zustimmen, sofern dies als Dienstleistung gegenüber der Mitgliedschaft üblich ist.

2.3 Verhalten bei Abmahnung des Veranstalters

Sollte einem Veranstalter in der Prospektwerbung oder in seinem Webauftritt ein Fehler unterlaufen oder ist ein Dritter der Meinung, „das geht so nicht", ist die Tür zu einer möglichen Abmahnung geöffnet. Erhält der Veranstalter eine Unterlassungsverfügung (Abmahnung), muss sofort das Möglichste getan werden, um den Beanstandungsgrund zu beheben (Text aus dem Internet nehmen, Printwerbung nicht weiter verteilen usw.). Wird dazu noch eine Unterlassungserklärung gefordert, so ist diese meist mit einer sehr kurzen Frist verbunden. Empfehlung: Kontakt mit der Verbandszentrale aufnehmen oder bei der Kinder-/Jugendarbeit in den Kirchengemeinden die juristische Abteilung der Landeskirchen um Rat fragen. In den meisten Fällen wird es jedoch unumgänglich sein, einen Rechtsanwalt damit zu beauftragen.

Nachweise und weiterführende Praxistipps
- Informationen zur Abmahnung: www.wettbewerbszentrale.de (Linkzugriff im März 2018)

2.4 Freizeitpass

Der FREIZEITPASS ist bei vielen Veranstaltern seit Jahren im Einsatz. Autor Wolfgang Wilka hat den offiziellen FREIZEITPASS 1974 entwickelt. Seit 2016 wird den Jugendverbänden und ihren Mitgliedern (Gruppen, Vereinen, Jugendwerken usw.) neben der gedruckten Ausgabe auch eine Onlineversion angeboten. Die Onlineversion des FREIZEITPASS ist so gestaltet, dass der Veranstalter anhand von Textbausteinen seinen FREIZEITPASS erstellen kann. Der FREIZEITPASS enthält noch mehr Abfragen sowie eine Einverständniserklärung, mit der sich der Veranstalter rechtlich absichern kann.

Diese Pässe werden von den Verantwortlichen einer Freizeit vor oder spätestens zu Beginn einer Freizeit überprüft (z. B. ob die Badeerlaubnis vorliegt), damit die Aufsichtspflicht entsprechend gestaltet werden kann (siehe Kapitel B 5.6).
Nach der Freizeit sollten die Freizeitpässe bzw. die Gesundheitsfragen usw. und mögliche Dokumentationen über Behandlungen und Medikamentenabgaben aller Teilnehmenden beim Veranstalter im Original verbleiben (keine Kopien, kein Einscannen und Abspeichern unter Vernichtung der Originale; evtl. entsprechende Kopien an die Sorgeberechtigten geben). Sollten nach Ende der Veranstaltung Rückfragen der Sorgeberechtigten an den Veranstalter gestellt oder Schadensersatzansprüche geltend gemacht werden, könnte es sein, dass der Veranstalter auf diese Dokumente bei einem Rechtsstreit zurückgreifen muss. Deshalb sollten diese Unterlagen bis zur Verjährung von Ansprüchen der Teilnehmenden (also mindestens drei Jahre ab dem Ende des Jahres, in dem die Veranstaltung stattgefunden hat, z. B. 2018 = Ende der Aufbewahrung 31.12.2021) aus der Freizeit aufbewahrt werden (vgl. Kapitel C 2.7.5.2, C 2.7.6). Eine Mängelanzeige oder Mitteilung auf Schadensersatz hemmt die Verjährung bei der betroffenen Person, in diesem Fall dürfen die Unterlagen nicht nach drei Jahren, sondern frühestens nach zehn Jahren oder nach rechtskräftigem Abschluss eines etwaigen Gerichtsverfahrens vernichtet werden. Die Unterlagen müssen gut geschützt vor Unberechtigten aufbewahrt und mit dem Datum der Vernichtung versehen werden (z. B. in einem Ordner oder Umschlag). Nach der Aufbewahrungsfrist sind diese Unterlagen mit dem Aktenvernichter zu vernichten oder den Teilnehmenden zurückzugeben (vgl. Kapitel E 3.2, Kapitel E 3.7.1, Kapitel E 3.7.2).

Nachweise und weiterführende Praxistipps

- Die Printversion ist erhältlich bei buch+musik ejw-service gmbh, www.ejw-buch.de
- Die Onlineversion ist erhältlich unter www.freizeitpass-online.de (Linkzugriff im März 2018)

2.5 Reisen mit Minderjährigen

2.5.1 Vertragspartner

An Kinder- und Jugendreisen nehmen naturgemäß u. a. Minderjährige teil. Diese Kinder und Jugendlichen sind ab dem vollendeten 7. Lebensjahr (bis zum vollendeten 18. Lebensjahr) beschränkt geschäftsfähig (§ 106 BGB). Das bedeutet, dass Kinder und Jugendliche zwischen dem 7. und 18. Lebensjahr Geschäfte nur abschließen können, die nicht zu ihrem Nachteil sind. Minderjährige können sich deshalb zu einer Freizeit anmelden, bedürfen aber der *„… Einwilligung [ihres] gesetzlichen Vertreters …"* (§ 107 BGB). Gesetzliche Vertreter der Minderjährigen sind i. d. R. die sorgeberechtigten Eltern (§ 1626 BGB), ggf. ein Elternteil oder ein Vormund (§ 1793 BGB) – vgl. Kapitel B 1.1.1. Wenn Minderjährige regelmäßig über einen bestimmten Geldbetrag (vgl. „Taschengeldparagraph" § 110 BGB) verfügen und der Preis der Veranstaltung im Rahmen des Taschengeldes bezahlbar ist, könnten diese ohne die Einwilligung des gesetzlichen Vertreters an der Veranstaltung teilnehmen. Schon wegen der Aufsichtspflichtproblematik sollte der Veranstalter aber immer auf die Einwilligung der Sorgeberechtigten bestehen.

Es ist generell bei Angeboten mit Übernachtungen und bei zu Gefahren tendierenden Unternehmungen (z. B. Radtouren, Baden, Klettern, Zelten, Wochenendfreizeiten, siehe Kapitel B 5) ratsam, die Anmeldung schriftlich mit der Unterschrift aller Sorgeberechtigten einzuholen. Von dem Erfordernis aller Unterschriften (was der gesetzliche Regelfall ist) kann abgewichen werden, wenn ein alleiniges Sorgerecht besteht oder wenn der unterschreibenden Person im Innenverhältnis eine entsprechende Vollmacht erteilt wurde (vgl. Kapitel B 1.1.1). Wenn einer der letzten Fälle vorliegt, so sollte dies auf jeden Fall aufgenommen werden, entweder durch Hinweis („Wir gehen im Fall nur einer Unterschrift davon aus, dass …") oder durch ausdrückliche Erklärung („wenn alleiniges Sorgerecht besteht oder …").

2.5.2 Aufsichtspflicht

Mit dem Reisevertrag wird die Aufsichtspflicht übertragen. Einzelheiten zur Aufsichtspflicht sind in Kapitel B nachzulesen. Die Mitarbeitenden einer Freizeit benötigen über die Anmeldedaten hinaus noch weitere Informationen über den minderjährigen Teilnehmer / die minderjährige Teilnehmerin. Dabei sind die Vorgaben des Datenschutzes (siehe Kapitel E 3.2, E 3.7.1) zu berücksichtigen. Um an diese Informationen zu gelangen, kann der Veranstalter einen Fragebogen erstellen und ihn von den Sorgeberechtigten ausfüllen lassen. Es gibt auch die Möglichkeit, einen standardisierten Fragebogen einzusetzen, z. B. den sog. Freizeitpass (siehe Kapitel C 2.4).

2.5.3 Eigene Gefährdung oder Gefährdung anderer – Nachhauseschicken von Teilnehmenden

Im Kapitel über die Aufsichtspflicht (Kapitel B) wird u. a. auf Situationen hingewiesen, in denen sich Minderjährige so verhalten, dass sie Dritte gefährden oder verletzen, sich selbst immer wieder in Gefahren bringen oder gar strafrechtlich auffallen (z. B. Rauschgift konsumieren oder vertreiben, Diebstähle, Körperverletzung u. Ä. begehen). Eine mögliche Konsequenz ist dann das vorzeitige Nachhauseschicken, also eine Art kurzfristige Unterbrechung des Aufsichtsübernahmevertrages, ohne diesen (da er oftmals als Dauerschuldverhältnis gestaltet ist) gleich vollständig zu beenden.

Im Reiserecht kann dagegen tatsächlich ein Kündigungsgrund vorliegen, wenn gegen die Grundsätze der Freizeitarbeit des Veranstalters verstoßen oder gegen die Weisung der verantwortlichen Freizeitleitung gehandelt wird. Auch das wiederholte, unerlaubte Entfernen vom Ort der Unterbringung / der Aktivität kann die Durchführung des Angebotes nachhaltig stören. Die Mitarbeitenden bzw. der Veranstalter sind in solchen seltenen Fällen u. U. gezwungen, den Pauschalreisevertrag zu kündigen; sie haben dann ein aus § 242 BGB, dem Grundsatz von Treu und Glauben, abgeleitetes Kündigungsrecht, wenn ihnen ein Festhalten am Vertrag unzumutbar wäre. Trotz dieser anerkannten Möglichkeit einer außerordentlichen Kündigung sollten die Reisebedingungen eine entsprechende ausdrückliche Kündigungsregelung beinhalten, die eine Kündigung in diesen Fällen vertraglich ermöglicht.

Es gibt also zwei Möglichkeiten, bei massiven Störungen durch den Teilnehmer / die Teilnehmerin den Pauschalreisevertrag zu kündigen:

- Wenn die Reisebedingungen einen entsprechenden Passus beinhalten.
- In Anwendung von § 242 BGB, wenn eine weitere Teilnahme dem Veranstalter oder dem/der Teilnehmenden nicht mehr zuzumuten ist.

„Der Schuldner ist verpflichtet, die Leistung so zu bewirken, wie Treu und Glauben mit Rücksicht auf die Verkehrssitte es erfordern" (§ 242 BGB). Der Veranstalter hat dieses außerordentliche Kündigungsrecht, wenn er eine Vertragsverletzung des/der Reisenden durch treuwidriges Verhalten nachweisen kann.

Die Kündigung kann nur durch die vom Veranstalter eingesetzte Freizeitleitung ausgesprochen werden. Das sind die Personen, die im Reiseprospekt oder im Infobrief als Leitung bzw. als Ansprechpersonen für die Teilnehmenden benannt wurden (siehe Kapitel C 1.6.1.1, C 1.6.4). Pädagogisch sinnvoll ist es, den Teilnehmer / die Teilnehmerin zunächst schriftlich abzumahnen oder in Ausnahmefällen mündlich im Beisein eines volljährigen Zeugen, damit der/die Teilnehmende den Ernst der Situation erkennt und ihm/ihr bewusst wird, dass der Veranstalter es mit der Kündigung des Pauschalreisevertrages ernst meint. Die Abmahnung sollte das Fehlverhalten des/der Teilnehmenden beschreiben sowie klar darlegen, was sich am Verhalten ändern muss, um aus Veranstaltersicht den Vertrag weiterführen zu können. Bei der Übergabe einer Abmahnung sollte mindestens noch ein weiterer volljähriger Mitarbeiter / eine weitere volljährige Mitarbeiterin als Zeuge anwesend sein. Wenn möglich, sollten bereits zu diesem Zeitpunkt auch die Sorgeberechtigten informiert werden. Im Rahmen eines Notfallmanagements (siehe Kapitel D), das viele Veranstalter betreiben, ist dies eine Selbstverständlichkeit. Sollte eine Abmahnung des/der Teilnehmenden nicht zum Erfolg führen, dann bleibt dem Veranstalter nur noch eine sofortige Vertragskündigung und damit die Rückabwicklung des Pauschalreisevertrags (vergleichbar mit § 346 BGB). In Ausnahmefällen ist auch eine Kündigung ohne Abmahnung denkbar, wie bei Drogenkonsum (Urteil des AG Bielefeld vom 13.11.1998, Az. 42 C 732/98). Die Sorgeberechtigten werden umgehend darüber informiert. Mit ihnen muss auch die Heimreise abgesprochen werden. Des Weiteren ist abzuklären, ob eine Begleitperson für die Heimreise notwendig ist (Beistandspflicht § 651q BGB). Der Veranstalter hat Anspruch auf den vollen Reisepreis, muss allerdings die aufgrund der früheren Abreise nicht notwendigen Aufwendungen (Verpflegung, Übernachtung, Eintrittsgelder usw.) rückerstatten. Bei einer fristlosen Kündigung eines/einer Teilnehmenden durch den Veranstalter hat dieser fast immer finanzielle Nachteile.

Die Planung und Durchführung der Heimreise erfordert gründliche Überlegungen, insbesondere bei einer Auslandsreise. Oft sind auch die Sorgeberechtigten nicht einsichtig, sondern reagieren nach dem Motto „mein Kind macht das nicht". Bei strafbaren Handlungen des/der Teilnehmenden wird die Freizeitleitung mit der Polizei zusammenarbeiten und mit diesen amtlichen Vertretern weitere Absprachen treffen müssen. Sollten die Sorgeberechtigten selbst auf Reisen sein und ihr Kind nicht in Empfang nehmen können, dann hat der Veranstalter auch die Möglichkeit, mit dem zuständigen Jugendamt Kontakt aufzunehmen und die weiteren Schritte zu besprechen (§ 42 SGB VIII, Inobhutnahme von Kindern und Jugendlichen). Hier wird das Jugendamt jedoch nur dann eingreifen, wenn eine „dringende Gefahr für das Wohl des Kindes oder des Jugendlichen" vorliegt. Wenn die Sorgeberechtigten erreicht wurden und einer Heimreise zugestimmt haben, muss die Freizeitleitung abklären, ob ein Mitarbeiter / eine Mitarbeiterin den Teilnehmer / die Teilnehmerin bis nach Hause begleiten muss. Ob eine Begleitperson notwendig ist, hängt vom Sozialverhalten und der persönlichen Verfassung des Kindes oder des/der Jugendlichen ab. Wenn keine Mitarbeitenden für die notwendige Begleitung eingesetzt werden können, da alle Mitarbeitenden auf der Freizeit benötigt werden, muss die Abholung vom Krisenteam (siehe Kapitel D 4.2) organisiert werden. Sollte eine Begleitung nicht notwendig sein, dann endet die Aufsichtspflicht (im Fall einer Zugheimreise) im Zug, spätestens dann, wenn der/die Teilnehmende den Sitzplatz eingenommen hat und die Abfahrt unmittelbar bevorsteht. Auch wenn Zugverbindungen durch Umsteigen unterbrochen werden, kommt es auf die Einschätzung der Freizeitleitung an, ob der/die Teilnehmende das selbst bewältigen kann oder bis zu einem bestimmten Ziel eine Begleitung durch Mitarbeitende notwendig ist. Die Deutsche Bahn hat ein Serviceangebot zur Begleitung Minderjähriger in Kooperation mit der Bahnhofsmission. Allerdings muss dieser Service mind. sieben Tage vor der Bahnreise gebucht werden. Ist die Heimreise mit dem Flugzeug geplant, dann haben die Fluggesellschaften Personal, das sich um Minderjährige kümmert.

Die Freizeitleitung muss das vertragswidrige Verhalten des/der Teilnehmenden, Vorkommnisse, Zeugen, Gespräche sowie die einzelnen Schritte protokollieren. Bei der persönlichen, telefonischen Kontaktaufnahme mit den Sorgeberechtigten ist empfehlenswert, eine zweite Person aus der Freizeitleitung oder dem Mitarbeitendenteam als Zeuge dabei zu haben. Bei einem telefonischen Gespräch muss das Gegenüber über das Einschalten des Lautsprechers und Mithören durch eine weitere Person informiert sein. Die Person, die die Gesprächsinhalte bezeugen soll, sollte möglichst volljährig sein. Damit hat der Veranstalter mindestens einen Zeugen, der bei einer rechtlichen Auseinandersetzung das Gespräch wiedergeben bzw. bezeugen kann (siehe Kapitel C 2.7.6).

2.6 Freizeitleitung und Mitarbeitende

2.6.1 Hohe Anforderungen an die Mitarbeitenden

Wie schon in Kapitel B 5 unter Aufsichtspflicht und Haftungsfragen ausgeführt, sind für Reiseangebote mit besonderen Risiken wie Segeln, Klettern usw. nur besonders qualifizierte Mitarbeitende einzusetzen.

Bei Reiseangeboten für die besondere Zielgruppe „Behinderte" müssen aufgrund der oft verschiedenartigen Behinderungen der Teilnehmenden fachlich besonders qualifizierte Mitarbeitende eingesetzt werden (vgl. Kapitel B 4.11). Empfehlenswert ist, dass der Veranstalter entweder in der Werbung auf einen bestimmten Personenkreis mit einer bestimmten Behinderung (z. B. nur geistig Behinderte, nur Rollstuhlfahrer) zugeht oder auf Personen, die sich bei anderen Angeboten des Veranstalters regelmäßig treffen und somit schon bekannt sind.

2.6.2 Kompetenzen der Mitarbeitenden

Der Veranstalter muss festlegen, welche Mitarbeitenden welche Entscheidungskompetenzen und Verantwortungsbereiche wahrnehmen müssen. Es werden

- Freizeitleitung,
- Mitarbeitende für Gruppen- und Interessenwahrnehmung
  (Gruppenleitung, Basteln, Singen usw.) sowie
- Mitarbeitende mit Spezialisierung
  (Klettern, Segeln, Tauchen, Kochen usw.)

eingesetzt. Eine Person kann auch mehrere Kompetenzen in sich vereinen.

Formal gesehen spiegelt sich in dieser Reihenfolge (Leitung – Mitarbeitende – Spezialisten) auch eine Hierarchie unter den Mitarbeitenden. Oft wird von Teammitgliedern (Teamern) gesprochen und es soll damit signalisiert werden, dass alle gleichgestellt sind. Rechtlich gesehen lässt sich dieser Gedanke nicht umsetzen, je nach zugeteiltem Verantwortungsbereich sind die Kompetenzen und auch die daraus erwachsenden rechtlichen Zuordnungen sowie die Haftung eben unterschiedlich.

2.6.3 Freizeitleitung

Die Gesamtverantwortung der Reise liegt bei der Freizeitleitung. Es sollten im Idealfall bei Kinder- und Jugendreisen zwei Personen in der Hauptverantwortung sein. Zwei Personen haben den Vorteil, dass sie sich gegenseitig vertreten können. Bei Reisen mit Teilnehmenden beiderlei Geschlechts sollte die Freizeitleitung mindestens aus einer weiblichen und einer männlichen Person bestehen. Gesamtverantwortung bedeutet:

- Der Veranstalter hat seine Leitungs- und Entscheidungskompetenz an die Freizeitleitung übertragen. Diese Personen führen die notwendigen Geschäfte für das Reiseangebot und haben die Geschäftsführung und damit auch die organisatorische Leitung.
- Die Mitglieder der Freizeitleitung sind rechtlich gesehen die „Vorgesetzten" aller Mitarbeitenden des Reiseangebots. Natürlich sind sie nicht Vorgesetzte im Sinne des Arbeitsrechts, das wäre höchstens bei hauptamtlich Leitenden gegenüber hauptamtlich Mitarbeitenden der Fall. Aber auch im Rahmen des Auftragsverhältnisses können sie mit den ehrenamtlich Mitarbeitenden Vereinbarungen über ihre Mitarbeit, ihre Rechte und Pflichten treffen und auch von der Verantwortung entbinden. Es kann auch eine Form der Weisungs-befugnis bzw. Weisungsgebundenheit vereinbart werden (vgl. § 665 BGB); solange diese Vereinbarung aber freiwillig erfolgt und keine nennenswerte Vergütung gezahlt wird, liegt noch kein Arbeitsverhältnis vor. Die Freizeit-leitung hat die Verantwortung für die Mitarbeitenden wahrzunehmen. Die Mitarbeitenden sind so einzusetzen, dass sie den übertragenen Aufgaben gewachsen (nicht überfordert) sind und diese verantwortlich wahrnehmen können. In Grenzsituationen (z. B. wenn sich Mitarbeitende wiederholt nicht an Absprachen halten, sexueller Missbrauch vorgeworfen werden muss) muss dem/der Mitarbeitenden die Zusammenarbeit gekündigt und er/sie nach Hause geschickt werden.
- Bei minderjährigen Mitarbeitenden hat die Freizeitleitung auch diesen gegenüber die Aufsichtspflicht wahrzunehmen.
- Die Freizeitleitung muss stets Ansprechperson sein für die Teilnehmenden und deren Sorgeberechtigte. Kein Teilnehmer / keine Teilnehmerin, der/die eine Leitungsperson sprechen will, sollte aus Gründen der Hierarchie an einen „untergeordneten" Mitarbeiter / eine „untergeordnete" Mitarbeiterin verwiesen werden.
- Der Veranstalter hat auch die Möglichkeit, mit seinen Mitarbeitenden eine schriftliche Vereinbarung über die Mitarbeit zu treffen. Insbesondere bei Minderjährigen würde dann Klarheit zwischen Sorgeberechtigten und dem Veranstalter bestehen.

2.6.4 Qualitätsstandards

Viele Vereine, Jugendverbände und kirchliche Veranstalter haben sog. Qualitätskriterien für die Jugendreisen entwickelt. Mit ihren Qualitätsstandards werben sie auch gegen-über Teilnehmenden. Wollen Teilnehmende einen Reisemangel geltend machen, so können sie die Begründetheit der Forderungen an diesen Qualitätskriterien abprüfen und den Reisemangel rechtlich leichter durchsetzen.

Nachweise und weiterführende Praxistipps
- Qualitätsleitfaden für Freizeiten (Beispiele):
    » www.ejw-reisen.de/service/ejw-qualitaetsstandards (Linkzugriff im März 2018)
    » www.bundesforum.de (Linkzugriff im März 2018)

2.6.5 Internationale Begegnungsprojekte

In der Arbeit der Jugendverbände gibt es auch die interkulturellen Erfahrungsfelder der internationalen Kinder- und Jugendarbeit. Diese Angebote fallen auch unter das Reiserecht. Bei internationalen Begegnungen gibt es Kompetenznachweise über die Teilnahme, das Engagement und die erworbene Kompetenz.

Nachweise und weiterführende Praxistipps
- www.nachweise-international.de (Linkzugriff im März 2018)

2.7 Unzufriedene Teilnehmende

2.7.1 Reisemangel

„Die Pauschalreise ist frei von Reisemängeln, wenn sie die vereinbarte Beschaffenheit hat" (§ 651i Abs. 2 S.1 BGB). Jede Abweichung der Ist-Beschaffenheit von der vereinbarten oder erwartbaren (Soll-)Beschaffenheit führt zu einem Reisemangel. Die Beschaffenheit bestimmt sich nach den Eigenschaften aller vertraglich vereinbarten Leistungen (z. B. Anreise, Unterbringung, Freizeitangebote). Soweit etwas nicht vereinbart wurde, kann es auch nicht mangelhaft sein. Zu berücksichtigen ist dagegen eine Beschaffenheit, die zwar nicht ausdrücklich vereinbart wurde, die aber *„... bei Pauschalreisen der gleichen Art üblich ist und die der Reisende nach der Art der Pauschalreise erwarten kann"* (§ 651i Abs. 2 Nr. 1 BGB). Vorvertraglich verwendete Bezeichnungen und Begriffe wie Zeltlager, Hüttentour, Skifreizeit, Segelfreizeit usw. signalisieren bereits eine bestimmte Beschaffenheit und erzeugen bestimmte Erwartungen bei den interessierten Personen. Wer „Zeltlager" liest, erwartet umgebende Natur, Lagerfeuerromantik u. Ä. und darf dies auch erwarten, selbst wenn diese Dinge nicht ausdrücklich beworben wurden. Weitere Beispiele: die im Prospekt versprochene Hallenbadbenutzung ist nicht möglich, weil das Hallenbad gerade renoviert wird (vereinbarte Beschaffenheit fehlt); die Dusche im deutschen Hotel führt nur kaltes Wasser (das nach dem allgemeinen Lebensstandard zu Erwartende ist nicht vorhanden); im Freizeitprospekt ist neben der schriftlichen Beschreibung das Foto eines Sandstrands angebracht, der am Urlaubsort tatsächlich nicht vorhanden ist; Reisemängel sind weiterhin nicht erbrachte Leistungen oder unangemessene Verspätungen.

Beispiel 1: Bei einer Freizeitveranstaltung war geplant und beworben, dass an jedem Tag ein Kajakkurs für jeden Teilnehmer / jede Teilnehmerin stattfindet. Es gibt nun aber zu wenig Kajaks, deshalb hat nur an jedem dritten Tag jeder/jede die Möglichkeit, an einem Kurs teilzunehmen. In diesem Fall ist die vom Veranstalter zugesicherte Leistung „jeden Tag Kursangebot" nicht gegeben. Da dies dem Veranstalter bewusst ist, muss er entweder versuchen, weitere Kajaks aufzutreiben, oder aber für anderweitigen adäquaten Ersatz sorgen, den die Teilnehmenden als solchen anerkennen. Gelingt ihm dies nicht, können die Teilnehmenden den Reisepreis mindern und ggf. (wenn der Veranstalter das Fehlen der Kajaks selbst verschuldet hat) sogar Schadensersatz verlangen.

Beispiel 2: In der Reiseleistungsbeschreibung einer Freizeit steht „Unterbringung in Zelten mit sechs Personen, Übernachtung auf Feldbetten". Die Teilnehmenden finden wohl Großzelte vor, aber keine Feldbetten, sondern nur Schlafmatten. Die Teilnehmenden können fordern, diesen Mangel zu beseitigen oder die anderen Rechte wie im ersten Beispiel geltend machen.

Das Besondere am BGB-Pauschalreisevertragsrecht ist, dass der Veranstalter für Probleme seiner Vertragspartner (z. B. Kajakverleih, Beförderungsunternehmen) einstehen und diese sich zurechnen lassen muss (diese sind sog. „Erfüllungsgehilfen" des Veranstalters gem. § 278 BGB, vgl. Kapitel A 2.1.1 und C 3.8). Das bedeutet, dass die Teilnehmenden im „Kajakfall" auch Schadensersatz vom Veranstalter verlangen können, selbst wenn das Verschulden „eigentlich" nur beim Kajakverleih liegt.

Wird bei einer Pauschalreise von einem/einer Teilnehmenden ein Reisemangel festgestellt, dann ist dieser unverzüglich dem Veranstalter bzw. der Freizeitleitung anzuzeigen. Wird das versäumt oder erst nach der Reise mitgeteilt, dann hat ein Teilnehmer / eine Teilnehmerin keinen Anspruch auf einen geminderten Reisepreis oder Schadensersatz (§ 651o BGB). Somit haben bei Reisen mit Minderjährigen die Sorgeberechtigten nicht mehr die Möglichkeit, Mängel nachträglich anzuzeigen und Schadensersatz zu verlangen (§ 651o Abs. 2 BGB). Es kann zwar durchaus sein, dass die Sorgeberechtigten aufgrund der Berichte und mitgebrachten Fotos ihres Kindes einen Reisemangel erkennen, den das Kind nicht als solchen wahrgenommen hat. In solchen Fällen kann der Veranstalter den Teilnehmenden allerdings lediglich im Rahmen einer Kulanzvereinbarung entgegenkommen. Diese „gütlichen" Lösungen sind anzustreben, da Rechtsstreitigkeiten höhere Kosten verursachen. Von Jugendlichen ab 14 Jahren kann erwartet werden, ihre Unzufriedenheit selbst zu artikulieren und Mängelanzeigen gegenüber der Freizeitleitung vorzunehmen (LG Frankenthal, Urteil vom 11.02.2009, Az. 2 S 295/08; AG Frankfurt, Urteil vom 17.01.2006, Az. 30 C 3399/05-32). Die Freizeitleitung muss diesen Mangel schriftlich festhalten, denn es kann von einem Kind oder einem/einer Jugendlichen nicht verlangt werden, die Beanstandung schriftlich zu formulieren. Die Mitarbeitenden einer Reise müssen sachgerecht reagieren, wenn bei einem Reiseangebot ein Mangel auftritt. Dies gilt sowohl wenn ihnen ein Mangel durch Teilnehmende mitgeteilt wird als auch wenn sie ihn selbst entdecken.

Nicht unter den Begriff der Reisemängel fallen allgemeine Lebensrisiken, z. B. Magenverstimmungen (ohne dass Mängel an den Speisen vorliegen), Taschendiebstähle, Verkehrsunfälle.

2.7.2 Reisemangel kann nicht beseitigt werden

Kommt es zu einer Beschwerde (Mängelanzeige mit Abhilfeverlangen) von Teilnehmenden an die Freizeitleitung, der der Veranstalter aber nicht entsprechen kann, ist es ratsam, vor allem bei Minderjährigen, mit den Sorgeberechtigten Kontakt aufzunehmen und nach einer Lösung zu suchen.

Je nach Alter der Minderjährigen können diese Willenserklärungen abgeben, die rechtliche Wirksamkeit entfalten. Nach § 107 BGB ist geschäftsmäßiges Handeln eines/einer Minderjährigen nur mit Einwilligung des gesetzlichen Vertreters (meist die sorgeberechtigten Eltern) möglich, wenn er/sie aufgrund der rechtsgeschäftlichen Willenserklärung nicht nur einen lediglich rechtlichen Vorteil erlangt. Wenn z. B. minderjährige Teilnehmende den Pauschalreisevertrag kündigen, haben sie nicht nur rechtliche Vorteile (sie treten in ein Rückabwicklungsschuldverhältnis ein, müssen also u. U. auch etwas zurückgewähren, dazu kommen die praktischen Probleme, die der Reiseabbruch mit sich bringt); in diesen Fällen ist deshalb auch Kontakt mit den Sorgeberechtigten aufzunehmen, nicht zuletzt wegen der Heimreise.

Probleme kann es auch geben, wenn die Teilnehmenden vom eingeräumten Recht der Selbsthilfe Gebrauch machen (siehe Kapitel C 2.7.4.3). Hier können Kosten für die Teilnehmenden entstehen, die diese zuerst selbst bezahlen müssen, die jedoch von den Sorgeberechtigten genehmigt werden müssen, wenn sie die Vorgaben des „Taschengeldparagraphen" (§ 100 BGB) übersteigen. Letztendlich muss der Veranstalter diese Auslagen ersetzen.

Vom Veranstalter eingesetzte Mitarbeitende, die einen Mangel nicht beheben können, sollten keine Anerkennungserklärung abgeben, sondern sich nur die genannten Mängel notieren. Bei Beschwerden, Mängeln, Unfällen oder sonstigen Vorkommnissen ist es notwendig, vor Ort einen schriftlichen Bericht anzufertigen, Zeugen und deren Anschrift zu notieren, Zeichnungen anzufertigen bzw. den strittigen Sachverhalt, wenn möglich, zu fotografieren.

2.7.3 Veranstalter hat die Verantwortung für den Reisemangel

Der Veranstalter haftet gemäß § 651i Abs. 3 BGB, wenn er den Mangel oder Fehler zu verantworten hat oder wenn eine Zusicherung nicht eingehalten wird oder wenn die Beschaffenheit einer Pauschalreise nicht der Vereinbarung entspricht (Abweichung Ist- von der Soll-Beschaffenheit, vgl. Kapitel C 2.7.1).

Beispiele:

- Schlechte hygienische Verhältnisse am Reiseort und alle Teilnehmenden leiden unter Durchfall oder Teilnehmende schleppen durch einen Besuch im Hallenbad einen Norovirus ein.
- Anstatt Unterkunft in Zelten (Prospektwerbung: Zeltlager) werden die Teilnehmenden in Zelthütten (aus Holz) untergebracht.

In diesen Beispielen treffen die Auswirkungen den Veranstalter. Wird vom Veranstalter oder in der Zusammenarbeit mit den Gesundheitsbehörden entschieden, eine Freizeit abzubrechen und die Teilnehmenden früher als vorgesehen zurückzufahren, trägt der Veranstalter das finanzielle Risiko. Die Teilnehmenden haben in diesem Fall Anspruch auf Erstattung der durch die frühere Abreise vom Veranstalter ersparten Aufwendungen (Verpflegung, Übernachtung, Eintrittsgelder usw.).

Die genannten Beispiele verdeutlichen den Verantwortungsbereich eines Veranstalters und dessen Risiko. Einen Überblick über die Rechtsprechung geben die sog. Reisemängeltabellen. Die bekanntesten Zusammenstellungen über die Gerichtsurteile sind zu finden in der „Frankfurter Tabelle", in der „Kemptener Reisemängeltabelle" und in der „Reisemängeltabelle des ADAC" (s. u. weiterführende Praxistipps).

Ansprüche des/der Teilnehmenden nach § 651i Abs. 3 BGB

Voraussetzung	Anspruch	Kapitel
Mitgeteilter Reisemangel muss beseitigt werden	Abhilfeverlangen § 651k Abs. 1 BGB	C 2.7.4.2
Reisemangel liegt vor, Frist zur Abhilfe wird von den Teilnehmenden gesetzt	Selbstabhilfe § 651k Abs. 2 BGB	C 2.7.4.3
Abhilfe durch andere, vergleichbare Ersatzleistungen	Ersatzleistungen § 651k Abs. 3 BGB	C 2.7.4.2
Kostenübernahme für eine notwendige Beherbergung	Notwendige Beherbergung § 651k Abs. 4, 5 BGB	C 2.7.4.2
Mangel muss entweder objektiv erheblich oder subjektiv, für den Veranstalter erkennbar, wichtig sein	Kündigung § 651l BGB	C 2.7.4.4
Reisemangel muss vorliegen, Mängelanzeige	Minderung § 651m BGB	C 2.7.4.1
Schadensersatz, wenn Mangel auf einem Umstand beruht, den der Veranstalter fahrlässig zu vertreten hat; alternativ Kostenübernahme für vergebliche Aufwendungen	Schadensersatz § 651n Abs. 1 BGB oder § 284 BGB	C 2.7.4.5
Schadensersatz wegen nutzlos aufgewendeter Urlaubszeit	Nutzlose Urlaubszeit § 651n Abs. 2 BGB	C 2.7.4.6 C 3.10.3
Schadensersatz gegen die Fluggesellschaft (Annullierung eines Fluges, Nichtbeförderung, Verspätung)	Stornierung §§ 651m, 651n BGB (EG) Nr. 261/2004 und Montrealer Übereinkommen	C 3.8.1 C 3.10.4

Nachweise und weiterführende Praxistipps

- Datenbank mit Gerichtsurteilen bei Reisemängeln: www.rechtsindex.de/urteile/pauschalreise (Linkzugriff im März 2018)
- Entschädigungspflichten von Fluggesellschaften: www.lba.de (Linkzugriff im März 2018)
- Reisemängeltabellen und Musterschreiben für eine Mängelanzeige: www.adac.de/reise_freizeit/ ratgeber_reisen/reiserecht/Reisemaengel (Linkzugriff im März 2018)
- Verbraucherschutzinformationen: www.bmjv.de/DE/Verbraucherportal/UrlaubReisen/ MaengelPauschalreisen/MaengelPauschalreisen_node.html (Linkzugriff im März 2018)
- Kemptener Reisemängeltabelle: www.reiserecht-fuehrich.de/Kemptener%20Tabelle/ Kemptener%20Tab%202-2016.pdf (Linkzugriff im März 2018)

2.7.4 Sachgerechter Umgang mit einem Reisemangel

Insbesondere der Veranstalter sollte die Rechte der Reisenden sowie seine eigenen Pflichten im Zusammenhang mit Mängeln genau kennen, um professionell und adäquat damit umgehen zu können. Hilfreich ist ein standardisiertes Reklamations- und Mängel-Management, das im Fall einer Mängelanzeige schematisiert zur Verfügung steht und dessen Komponenten im Folgenden dargestellt werden:

2.7.4.1 Minderung des Reisepreises gem. § 651m BGB

Die Minderung ist eine teilweise Rückerstattung des Reisepreises für die Dauer des Reisemangels. Berechnungsformel: *„Bei der Minderung ist der Reisepreis in dem Verhältnis herabzusetzen, in welchem zur Zeit des Vertragsschlusses der Wert der Pauschalreise in mangelfreiem Zustand zu dem wirklichen Wert gestanden haben würde"* (§ 651m Abs. 1 S. 2 BGB). Führt diese kompliziert klingende Formel nicht weiter, kann die Minderung auch geschätzt werden. Mehrkosten, die über den Minderungsbetrag hinausgehen, muss der Reiseveranstalter erstatten.

Beispiel: Bei einer für zehn Tage geplanten Kajaktour finden neun Tage tatsächlich statt, das sind 90%. Der Reisepreis der Pauschalreise ist um 10% herabzusetzen.

Der Anspruch auf Minderung besteht nur, wenn der/die Teilnehmende die Mängel dem Veranstalter anzeigt (§ 651c Abs. 1 BGB). Die Mängelanzeige ist jedoch nach herrschender Meinung entbehrlich, wenn der Veranstalter den Mangel schon kennt (weil er z. B. eine mangelhafte Unterbringung gebucht hat, weil sonst nichts mehr zur Verfügung stand), wenn Abhilfe nicht möglich ist (weil z. B. der versprochene Strandzugang behördlich gesperrt ist) oder wenn der Veranstalter die Abhilfe schon von vornherein endgültig verweigert hat (wenn z. B. am ersten Abend der Reise die Leitung mitteilt, dass sie leider nichts machen kann, wenn Zimmer kein warmes Wasser haben).

2.7.4.2 Abhilfe durch den Veranstalter

Der/die Teilnehmende kann mit seiner/ihrer Mängelanzeige die Beseitigung des Mangels verlangen (§ 651k Abs. 1-2 BGB) und dem Veranstalter eine angemessene Frist zur

Abhilfe einräumen. Der Veranstalter kann die Beseitigung des Mangels verweigern, wenn der Mangel faktisch nicht beseitigt werden kann oder die Beseitigung mit sehr hohen Kosten verbunden ist, die den Wert der Reise erheblich übersteigen. Eine Abhilfe begrenzt u. U. den Umfang der Minderung, kann diese aber nicht ganz ausschließen.

Ersatzleistungen und notwendige Beherbergungen

Verweigert der Veranstalter aus oben genannten Gründen zu Recht die Beseitigung eines Reisemangels, der aber einem erheblichen Teil der Reiseleistung anhaftet, so hat er angemessene Ersatzleistungen anzubieten. Wenn eine solche Ersatzleistung aber *„... nicht von mindestens gleichwertiger Beschaffenheit ist ...“* (§ 651k Abs. 3 BGB) kann der/die Teilnehmende diese ablehnen. Alternativ kann der Veranstalter den Reisepreis aufgrund der minderen Ersatzleistung angemessen herabsetzen. Ist der Veranstalter jedoch nicht in der Lage, eine Ersatzleistung anzubieten oder lehnt der/die Teilnehmende diese ab, so gelten die Rechtsfolgen einer Kündigung, ohne dass der/die Teilnehmende eine Kündigung aussprechen muss (siehe Kapitel. C 2.7.4.4).

Wird die Ersatzleistung nicht angenommen und die betroffene Person reist ab (Rückreise) oder zu einem anderen Ort, worauf sich die Beteiligten geeinigt haben, dann hat der Veranstalter die Kosten der Beförderung zu tragen. Bedingen es die Umstände, dass der/die Teilnehmende nicht gleich abreisen kann oder Zwischenaufenthalte notwendig sind, dann hat der Veranstalter die Kosten der Beherbergung (deren Qualität mindestens der gebuchten Reise entsprechen muss) für bis zu drei Nächte zu tragen. Wenn der/die Teilnehmende jedoch einem bestimmten Personenkreis angehört (Personen mit eingeschränkter Mobilität, Schwangere, unbegleitete Minderjährige und Personen, die besondere medizinische Betreuung benötigen, § 651k Abs. 4-5 BGB) und der Veranstalter mindestens 48 Stunden vor der Abreise von diesem Personenkreis informiert wurde, so muss der Veranstalter auch die weitere Beherbergung (über drei Nächte hinaus) bezahlen.

Es ist auch an Szenarien zu denken, bei denen keine reellen Ersatzleistungen möglich sind, wie Katastrophen (z. B. Erdbeben, Überschwemmungen), Seuchen, Virusepidemien, Unwetterschäden, Kopfläusebefall der Teilnehmenden u. Ä.
Auch in solchen Fällen hat der Veranstalter seine Verantwortung gegenüber den Teilnehmenden wahrzunehmen. Er hat für die Rückreise zu sorgen und die anfallenden Kosten zu übernehmen, und zwar unabhängig von den übrigen Ansprüchen der Teilnehmenden gegenüber dem Veranstalter.

Beispiel: Ein Zeltlager erreicht ein Unwetter mit Windböen, einige Zelte werden durch herabfallende Zweige beschädigt, die Wiese steht unter Wasser. Die Teilnehmenden können nicht rechtzeitig evakuiert werden, deshalb sind einige verletzt. Das Zeltlager kann unter diesen Umständen nicht weiter stattfinden. Eine Ersatzleistung, das Zeltlager an einem anderen Ort fortzusetzen, ist nicht möglich. Der Veranstalter ist in der Pflicht, gemäß § 651k Abs. 3-4 BGB die Rückbeförderung zu organisieren und die damit verbundenen Kosten zu übernehmen. Die Teilnehmenden haben denselben Zahlungsanspruch, den sie hätten, wenn sie die Pauschalreise gekündigt hätten (§ 651l BGB; siehe Kapitel C 2.7.4.4).

2.7.4.3 Selbstabhilfe durch Teilnehmende und Aufwendungsersatz

Sollte der Veranstalter nicht innerhalb einer angemessenen Frist (diese ist immer situationsabhängig und muss realistisch angesetzt werden) durch Abhilfe den Mangel beseitigen, dann kann der/die Teilnehmende selbst die erforderlichen Maßnahmen treffen und sich die entstandenen Kosten vom Veranstalter erstatten lassen (§ 651k Abs. 2 BGB). Eine Fristsetzung ist nicht notwendig, wenn der Veranstalter die Abhilfe verweigert (s. o.).

2.7.4.4 Kündigung des Pauschalreisevertrages wegen eines Reisemangels

Wenn der Reisemangel die Teilnahme erheblich beeinträchtigt oder wenn dem/der Teilnehmenden die Fortsetzung der Reise aus einem erkennbaren Grund (der evtl. dem Veranstalter bereits bei Vertragsschluss bekannt war) nicht mehr zuzumuten ist, dann kann er/sie den Pauschalreisevertrag kündigen. Die Kündigung ist nur möglich, wenn dem Veranstalter der Reisemangel angezeigt wurde und dieser den Reisemangel innerhalb der Frist nicht beseitigt hat (§ 651l BGB). Die Kündigung des/der Teilnehmenden kann auch gegenüber der Freizeitleitung ausgesprochen werden. Wichtig ist hier, dass er/sie im Konfliktfall beweisen kann, dass diese Kündigung ausgesprochen wurde (Zeugen). Auch Minderjährige können eine Kündigung aussprechen, allerdings muss diese von den Sorgeberechtigten bestätigt werden.

Infolge der Kündigung ist der Veranstalter verpflichtet, alle notwendigen Maßnahmen zu treffen, die im Sinne des/der Teilnehmenden nun erforderlich werden; dazu gehört nicht zuletzt die Organisation der früheren Rückreise, soweit diese eine vereinbarte Reiseleistung war. Die Rückbeförderung des/der Teilnehmenden muss nach Art und Standard dem ursprünglich vorgesehenen Beförderungsmittel entsprechen, die Kosten muss der Veranstalter tragen (§ 651l Abs. 3 BGB).

Im Unterschied zum Rücktritt (der in ein Rückgewährschuldverhältnis führt, bei dem die bereits erbrachten Leistungen zurück zu gewähren sind), wird bei der Kündigung ein bereits laufendes Dauerschuldverhältnis wie der Pauschalreisevertrag quasi abgebrochen, ohne dass erbrachte Leistungen zurück zu gewähren sind. Zwar kann auch die Kündigung zu Zahlungsansprüchen führen, dabei handelt es sich aber nicht um zurückgewährte Leistungen, sondern um (abstrakte) Entschädigungsansprüche. Der Veranstalter hat keinen Anspruch mehr auf den gesamten Reisepreis und muss die ersparten Aufwendung an den Teilnehmenden / die Teilnehmende bezahlen (§ 651l Abs. 2 BGB).

Beispiel: Das Zeltlager wird überschwemmt und ist nicht mehr begehbar. Alle Teilnehmenden werden in einer Turnhalle untergebracht. Die Teilnehmenden, die mit dieser Lösung nicht einverstanden sind, können den Pauschalreisevertrag kündigen. Bei wirksamer Kündigung des Vertrags werden die einzelnen Pauschalreiseverträge rückabgewickelt (gem. § 651l BGB). Zum Abwicklungsverhältnis des Pauschalreisevertrages gehört die Pflicht, dass der/die Teilnehmende vom Veranstalter zurückbefördert wird. Die dadurch entstehenden Mehrkosten hat der Veranstalter zu tragen. Auch wenn ein Teilnehmer / eine Teilnehmerin die Rückreise selbst organisiert, z. B.

weil er/sie dadurch zu einer schnelleren Heimreise kommt, hat er/sie wegen der entstandenen Mehrkosten einen Erstattungsanspruch gegen den Veranstalter.

2.7.4.5 Schadensersatz und Entschädigung für Teilnehmende

Neben der Minderung des Reisepreises und der Vertragskündigung hat der/die Teilnehmende dann einen Schadensersatzanspruch wegen Nichterfüllung, wenn der Veranstalter den Mangel zu vertreten hat (§§ 651n Abs. 1, 278 BGB). Das oben genannte Beispiel würde einen solchen Schadensersatzanspruch ausschließen, da der Veranstalter Regen und Überschwemmung nicht zu vertreten hat (§ 651n Abs. 1 Nr. 3 BGB). Dennoch nimmt die Rechtsprechung den Veranstalter sehr weitreichend in die Haftung. So haftet der Veranstalter für seine Leistungserbringer und deren notwendige Verkehrssicherungspflichten (z. B. bei Sturz eines/einer Teilnehmenden im Winter auf einem Weg des Freizeitgeländes, weil durch den Geländeeigentümer nicht gestreut wurde). Weiterhin haftet der Veranstalter z. B. wegen Gepäckverlust eines/ einer Teilnehmenden aufgrund eines Organisationsverschuldens (Fehlplanung) des Veranstalters (z. B. Koffer bleibt beim Beladen des Omnibusses auf der Straße stehen, weil die Freizeitleitung bei der Abfahrt des Busses keine Absprachen getroffen hat, wer sich vergewissern soll, dass alle Gepäckstücke im Bus sind). Für Schäden, die von Dritten verursacht wurden, die weder an der Gestaltung der Reise beteiligt oder als Leistungserbringer tätig waren, haftet der Veranstalter nicht, soweit der Reisemangel für den Veranstalter weder vorhersehbar noch vermeidbar war. Auch wenn ein Reisemangel durch unvermeidbare, außergewöhnliche Umstände verursachte wurde, kann kein Schadenersatz gefordert werden (§ 651n BGB).

In den Reisebedingungen kann der Veranstalter seine Haftung begrenzen: Für Sachschäden (nicht für Personenschäden) kann er den Schadensersatz auf das Dreifache des Reisepreises beschränken (§ 651p BGB). Diese Haftungsbeschränkung greift nur, sofern die Sachschäden nicht schuldhaft herbeigeführt wurden (siehe Kapitel C 3.10.2, Kapitel C 3.10.4).

Beispiel: Die Fahrräder werden auf einer Freizeit mit einem Anhänger transportiert. Die Mitarbeitenden verladen die Fahrräder überwiegend sorgfältig. Am Reiseziel angekommen wird festgestellt, dass dennoch bei einem Fahrrad, das versehentlich nicht ordentlich verstaut worden war, der Rahmen verzogen ist. Den Mitarbeitenden kann höchstens leichte Fahrlässigkeit unterstellt werden. In diesem Fall haftet der Veranstalter mit dem dreifachen Reisepreis. Beträgt der Schaden am Fahrrad 1.500 Euro (Totalschaden) und der Reisepreis liegt bei 370 Euro, dann muss der Veranstalter dem/der Geschädigten nur 1.110 Euro ersetzen, sofern er Reisebedingungen mit einer solchen Haftungsbegrenzung wirksam einbezogen hat.

Es gibt auch Schadenssituationen, bei denen der/die Teilnehmende keinen Schadensersatz verlangen kann oder bei denen sich zumindest die Höhe des Schadensersatzes mindert, nämlich dann, wenn er/sie aus eigenem Verschulden oder Mitverschulden den Schaden verursacht oder vergrößert hat.

Beispiel: Bei einer Kissenschlacht zwischen zwei Teilnehmenden zerreißt ein Kopfkissen und einer der beiden hat für zwei Nächte keines, bis der Veranstalter ein neues besorgen kann. In diesem Fall kann der Veranstalter seinen Schadensersatzanspruch gegenüber dem Schädiger geltend machen; dem Teilnehmer selbst steht kein Schadensersatz zu.

2.7.4.6 Entschädigung wegen nutzlos aufgewendeter Urlaubszeit

Bei der Regelung des § 651n Abs. 2 BGB (*„Wird die Pauschalreise vereitelt oder erheblich beeinträchtigt, kann der Reisende auch wegen nutzlos aufgewendeter Urlaubszeit eine angemessene Entschädigung in Geld verlangen."*) richtet sich der Entschädigungsbetrag nach dem Reisepreis. Die Entschädigung dient dem Ausgleich der durch den Mangel entgangenen „Urlaubsfreude". Wenn z. B. eine Pauschalreise nicht stattfindet, weil der Veranstalter diese abgesagt hat, kann der/die Teilnehmende diesen Anspruch geltend machen. Die Höhe der Entschädigung ist allerdings einzelfallabhängig, in einem berühmten Fall hat ein Gericht 50% des Reisepreises als Entschädigung zugestanden, als eine Kreuzfahrt abgesagt wurde, an der der Reisende ein hohes Interesse hatte, die aber auch rechtzeitig abgesagt wurde (AG Wiesbaden, Urteil vom 07.08.2014, Az. 91 C 295/14 (85)). I. d. R. greift diese Norm nur bei erheblichen, also sehr krassen Reisemängeln; eine solche erhebliche Beeinträchtigung liegt nur dann vor, wenn die Reise dadurch um mindestens 30-50% entwertet ist. Dann kann neben dem materiellen Schadensersatz eine sog. „immaterielle" (ideelle) Entschädigung für die nutzlos aufgewendete und somit vertane Urlaubszeit verlangt werden. Die neuere Rechtsprechung teilt den Betrag der Reisekosten durch die Reisetage und erhält so einen Tagesreisepreis. Auf Grundlage dieses Tagespreises wird dann anhand der „Nutzlosigkeits"-Minderungsquote für jeden Tag berechnet, wie viel Entschädigung verlangt werden kann.

Beispiel: Die Freizeit soll laut Pauschalreisevertrag zehn Tage dauern und 400 Euro kosten. Es wird jedoch wegen Läusebefalls bereits am achten Tag abgebrochen. Berechnung: 400 Euro ./. 10 = 40 Euro Tagesreisepreis x 2 nutzlos vertane Tage wegen früherer Abreise = 80 Euro Schadensersatz. Angenommen, die Freizeit wird umquartiert in eine Turnhalle und die Teilnehmenden reisen nicht ab, aber der Erlebniswert mindert sich um 10%, dann würde der Schadensersatz für die zwei Tage in der Turnhalle so berechnet: 400 Euro ./. 10 = 40 Euro davon 10% = 4 Euro x 2 Tage = 8 Euro.

2.7.5 Geltendmachung der Ansprüche aufgrund eines Reisemangels

2.7.5.1 Durchsetzung von materiellen und immateriellen Ansprüchen

Nach § 651o Abs. 1 hat *„der Reisende [...] dem Reiseveranstalter einen Reisemangel unverzüglich anzuzeigen."* Ist die Pauschalreise mangelhaft (§ 651i Abs. 3 BGB) und liegt eine Reisemängelanzeige vor, dann ist der Veranstalter aufgefordert, diesen Mangel zu beseitigen. Die Betroffenen können entsprechend den gesetzlichen Regelungen (siehe Schaubild, Kapitel C 2.7.3) nach Ende der Reise ihren Anspruch geltend machen.

Ausnahme: Sind während der Pauschalreise Personenschäden entstanden, die vermutlich auf ein Verschulden des Veranstalters zurückzuführen sind (z. B. wegen Verletzung der Verkehrssicherungspflicht) und hat das die Freizeitleitung zur Kenntnis genommen, kann dies nach einem Hinweis des BGH (Urteil vom 07.09.2004, Az. XZR 25/03) bereits als Anspruchsmeldung an den Veranstalter gesehen werden. I. d. R. wird aber ein bloßes Abhilfeverlangen nicht genügen, der/die Reisende muss irgendwie andeuten, dass er/sie weitere Forderungen stellen will (vgl. Palandt/Sprau, Bürgerliches Gesetzbuch, Kommentar, [71]2012, § 651g Rn. 2, 2a). Wichtig ist die Feststellung: Ein Personenschaden kann zwar auf einem Reisemangel beruhen, ist aber selbst kein Reisemangel.

Für Flug- und Schiffsreisen gelten Sondervorschriften (siehe Kapitel C 3.10.4), wenn ein Teilnehmer / eine Teilnehmerin vom Veranstalter Schadensersatz fordert. Bei Flugreisen wird der Veranstalter als vertraglicher Luftfrachtführer auf Schadensersatz in Anspruch genommen und die Verjährungsfrist beträgt zwei Jahre. Bei Schiffsreisen beträgt die Verjährung zwei Jahre und bei Omnibusbeförderungen drei Jahre.

2.7.5.2 Durchsetzung von Ansprüchen bei Personenschäden

Es ist nicht möglich, in die Reisebedingungen einen Passus aufzunehmen, dass bei Personenschäden eine Haftungsminderung besteht. Für Personenschäden haftet der Veranstalter unbegrenzt (§ 651h Abs. 1 BGB), zudem kann Schmerzensgeld (immaterielle Entschädigung) verlangt werden (§ 253 Abs. 2 BGB) sowie Ersatzpflicht an Hinterbliebene (§§ 844 – 846 BGB) geltend gemacht werden.

Die regelmäßige Verjährungsdauer von Personenschäden durch unerlaubte Handlungen (nicht der in Kapitel C 2.7.4 beschriebenen reiserechtlichen Gewährleistungsrechte!) beträgt nach BGB drei Jahre (§§ 195, 199 Abs. 2 BGB). Bei Verletzung des Lebens, des Körpers, der Gesundheit oder der Freiheit beträgt die Verjährungsfrist sogar dreißig Jahre (§ 199 Abs. 2 BGB). Sobald zwischen den Kontrahenten Verhandlungen über die Ansprüche stattfinden, ist der Ablauf der Verjährung „gehemmt" (siehe Kapitel C 2.7.6).

Beispiel 1: Ein Jugendlicher verletzt sich beim Klettern schwer, weil durch schuldhaftes Verhalten oder Unterlassen eines Mitarbeiters des Veranstalters ein Kletterseil gerissen ist. Der Geschädigte muss innerhalb von drei Jahren (vom Unfallzeitpunkt an gerechnet) seinen Schadensersatzanspruch gegenüber dem Veranstalter geltend machen.

Beispiel 2: Durch einen umfallenden Gegenstand wird ein Kind am Kopf verletzt. Das Kind wird ärztlich behandelt und die Behandlung ist nach kurzer Zeit abgeschlossen. Erst fünf Jahre später wird ein Behandlungsfehler festgestellt. Das Kind kann diesen immer noch schadensrechtlich geltend machen (gesetzliche Ausnahmeregelung).

2.7.6 Verjährungsfristen für Teilnehmende

Ansprüche aus dem Pauschalreisevertrag (nicht die zuvor genannten deliktischen Ansprüche) verjähren in zwei Jahren; *„die Verjährungsfrist beginnt mit dem Tag, an dem die Pauschalreise dem Vertrag nach enden sollte"* (§ 651j S. 2 BGB). Sollte eine frühere Rückbeförderung stattgefunden haben (z. B. bei Abbruch des Zeltlagers, Kündigung des Reisevertrages), verkürzt sich diese Frist nicht; maßgebend bleibt das ursprünglich vereinbarte Reiseende. Innerhalb dieser Zeit von zwei Jahren (bei der eine Hemmung wegen Verhandlungen von bis zu drei Monaten hinzugerechnet werden kann) muss der/die Teilnehmende seine/ihre Ansprüche an den Veranstalter gerichtlich geltend machen, soweit dieser nicht freiwillig bereit ist, auf die Forderungen einzugehen.

Deliktische Ansprüche, z. B. Personenschäden nach § 823 BGB (Verschuldenshaftung), verjähren immer in drei Jahren (§ 195 BGB).

Die Verjährung ist „gehemmt", wenn zwischen dem/der Teilnehmenden und dem Veranstalter Verhandlungen über die Ansprüche stattfinden, aber nur solange, bis eine Einigung erzielt ist oder eine der beiden verhandelnden Parteien die Verhandlungen abbricht. Liegen nach Abbruch der Verhandlungen nur noch wenige Tage vor dem Verjährungsende, so räumt das Gesetz eine dreimonatige Karenzfrist und insofern noch eine weitere Verjährungsverlängerung ein: *„Die Verjährung tritt frühestens drei Monate nach dem Ende der Hemmung ein"* (§ 203 S. 2 BGB). Für die Berechnung der Verjährungsfrist gelten die allgemeinen Regeln der §§ 186 – 193 BGB zur Fristberechnung. Wichtig ist für die Verjährungsberechnung insbesondere die Anwendung des § 193 BGB: Fällt das Ende der Frist auf einen Samstag, Sonntag oder gesetzlichen Feiertag, verschiebt sich das Ende der Frist auf den darauffolgenden Werktag.

Einem Reiseveranstalter ist zu raten, organisatorische Vorbereitungen zu treffen, um bei Geltendmachung von Rechtsansprüchen durch Teilnehmende die entsprechenden Sachinformationen von der Pauschalreise und den Teilnehmenden schnell parat zu haben. Teilnehmende können noch kurz vor Ablauf einer Verjährungsfrist ihre Ansprüche geltend machen und dann muss man noch wissen, „was damals überhaupt geschah". Der Freizeitleitung wird deshalb empfohlen, Freizeiten-Tagebücher zu führen und darin die Programmangebote, Reklamationen, Vorkommnisse, Personen, Sachschäden usw. schriftlich zu dokumentieren. Zur Beweissicherung sollten Fotos und Filme entsprechender Vorkommnisse und Schäden angefertigt und aufbewahrt, Freizeitpässe und Teilnehmerlisten aufbewahrt, Namen und Kontaktdaten der Zeugen notiert werden usw. (vgl. Kapitel C 2.4). Erst nach Ablauf der Verjährungsfristen können diese Unterlagen – aus juristischer Sicht – entsorgt bzw. vernichtet werden. Bis dahin werden sie beim Veranstalter unter Beachtung des Datenschutzes aufbewahrt (siehe Kapitel E 3).

Nachweise und weiterführende Praxistipps

- Freizeiten-Tagebuch: www.evangelische-ferienfreizeiten.de/freizeitentagebuch (Linkzugriff im März 2018)
- Freizeiten-Tagebuch zum Download: www.juenger-freizeitenservice.de/ materialien-downloads/freizeitentagebuch (Linkzugriff im März 2018)

2.8 Beistandspflicht des Veranstalters

Der Veranstalter hat eine Beistandspflicht gegenüber einem/einer Teilnehmenden (§ 651q BGB), wenn die Ersatzleistung nach § 651k Abs. 4 nicht akzeptiert wurde (siehe Kapitel C 2.7.4.2) oder diese Person aus anderen Gründen während der Reise in Schwierigkeiten geraten ist. Der Veranstalter hat dem Teilnehmenden dann *„... unverzüglich in angemessener Weise Beistand zu gewähren ..."* (§ 651q Abs. 1 S. 1 BGB). Im Gesetz werden Möglichkeiten der Beistandsleistung aufgeführt, z. B. Information über Gesundheitsdienste, Information über Behörden vor Ort, konsularische Unterstützung, Unterstützung und Ermöglichen von Fernkommunikationsverbindungen, Unterstützung bei der Suche nach anderen Reisemöglichkeiten. In der Praxis wird dieser Beispielkatalog natürlich nicht ausreichend sein, sondern noch mehr Möglichkeiten umfassen. Die evtl. entstandenen Kosten muss der Veranstalter übernehmen. Hat die betroffene Person den Umstand der Schwierigkeiten schuldhaft selbst herbeigeführt, kann sich der Veranstalter die entstandenen Kosten von ihr erstatten lassen.

3 RAHMENBEDINGUNGEN FÜR VERANSTALTER

3.1 Personenbeförderung

Um zu den Reisezielen zu gelangen, werden verschiedene Verkehrsmittel eingesetzt, die juristisch unterschiedlich zu betrachten sind.

Bei der Inanspruchnahme öffentlicher Verkehrsmittel wie z. B. Flugzeugen, Bussen oder Bahnen muss ein Veranstalter keine speziellen gesetzlichen Regelungen beachten. In diesen Fällen erkauft sich der Veranstalter die Beförderungsleistung (Fahrkarte, Flugticket usw.) und nimmt die vertraglich zugesicherten Leistungen für seine Reiseteilnehmenden in Anspruch. Allerdings handelt es sich hierbei nicht, wie man sprachlich erwarten könnte (Ticketkauf), um einen Kaufvertrag, sondern um einen Werkvertrag in Form des Beförderungsvertrages (§§ 631 ff. BGB). Sollte die zugesicherte Leistung (der sog. Leistungserfolg) nicht voll erbracht werden, wird der Veranstalter für seine Teilnehmenden entsprechend finanziellen Ersatz verlangen. Grundlage hierfür ist § 634 Nr. 4 BGB; natürlich kann er, je nach Fallkonstellation, auch vom Vertrag zurücktreten oder Minderung geltend machen (§ 634 Nr.3 BGB). In seltenen Fällen muss ein Teilnehmer / eine Teilnehmerin selbst seine/ihre Ansprüche beim Beförderungs- und Dienstleister geltend machen, z. B. bei Zugverspätung bei Rail and Fly (Zug zum Flug). Siehe auch Kapitel C 3.8.1.

Sehr komplex wird das Thema, wenn der Veranstalter angemietete oder eigene Verkehrsmittel einsetzt. In diesen Fällen muss das Personenbeförderungsgesetz (PBefG) beachtet werden. Das Gesetz regelt u. a. die Personenbeförderung bei Tourismusangeboten. Wenn ein Veranstalter Reisen und Ausflüge organisiert und öffentlich für sein Angebot wirbt, so ist dieser im Sinne des Gesetzes Unternehmer. Dies geht schon allein aus dem o.g. PBefG hervor, demzufolge die *„... entgeltliche oder geschäftsmäßige Beförderung von Personen ..."* (§ 1 Abs. 1 PBefG) den Bestimmungen des Gesetzes unterliegt. Eine entgeltliche Beförderung liegt vor, wenn ein Veranstalter höhere Einnahmen hat als die reinen Betriebskosten (Treibstoff, Motoröl usw.), die beim benutzten Fahrzeug anfallen. Diese Problematik betrifft jeden Veranstalter, wenn er Omnibusse und Kleinbusse (mit bis zu acht Fahrgastsitzplätzen) einsetzt oder Fahrgemeinschaften organisiert. Bei der Geschäftsmäßigkeit kommt es nicht darauf an, ob ein Entgelt oder keines verlangt wird oder ob Gewinnerzielungsabsicht vorliegt. Eine Geschäftsmäßigkeit liegt vielmehr schon vor, wenn sich die Reiseangebote mehrfach wiederholen oder sie in Zukunft beabsichtigt werden und insofern auf Dauer angelegt sind. Eine Sonderregelung für die Kinder- und Jugendarbeit bzw. Jugendhilfe gibt es nicht.

3.1.1 Unterscheidung zwischen Ausflugsfahrt und Ferienzielreise

Das PBefG erfasst viele Konstellationen von Beförderungsarten. Die Veranstalter von Reisen müssen besonders den Anforderungen des § 48 PBefG gerecht werden. Es wird unterschieden zwischen Ausflugsfahrten und Reisen:

- Ausflugsfahrten (§ 48 Abs. 1 PBefG)
  » Fahrten mit Kraftomnibussen oder Personenkraftwagen
  » Alle Teilnehmenden haben einen gemeinsamen Zweck und ein Ziel
  » Alle Teilnehmenden fahren gemeinsam zum Ausgangsort zurück
  » Alle Teilnehmenden müssen im Besitz eines gültigen Fahrscheins sein

- Ferienzielreisen (§ 48 Abs. 2 PBefG)
  » Fahrten mit Kraftomnibussen oder Personenkraftwagen
  » Fahrten zu Erholungsaufenthalten mit gemeinsamem Zweck und einem Ziel
  » Es wird ein Gesamtentgelt verlangt für Beförderung und Unterkunft mit oder ohne Verpflegung
  » Alle Teilnehmenden fahren gemeinsam zum Ausgangsort zurück
  » Sie müssen nicht unbedingt im Besitz eines gültigen (Rück-)Fahrscheins sein

Nach den gesetzlichen Vorgaben können Personenkraftwagen nicht mehr als neun Personen (inkl. Fahrzeugführer) und Kraftomnibusse mindestens neun und mehr Personen befördern. Im Fokus dieser Bestimmungen steht der „Fahrschein" und welcher Personenkreis befördert werden darf.

3.1.1.1 Ausflugsfahrt mit Fahrscheinen

Werden Ausflugsfahrten durchgeführt, müssen Fahrgäste im Besitz eines Fahrscheins sein (§ 48 Abs. 1 PBefG). Die Mindestangaben auf diesem sind: Veranstalter, Busunternehmen, Abfahrtsort, Fahrtziel bzw. Beförderungsstrecke, Datum, Uhrzeit sowie Beförderungsentgelt. Wenn die Ausflugsfahrt mit mehreren Leistungen (Fahrt, Essen, Eintrittsgelder usw.) zu einem Gesamtpreis angeboten wird, wird anstelle des Beförderungsentgeltes der Gesamtbetrag ausgewiesen, denn der Veranstalter muss seine Kalkulation nicht offenlegen.

Bei der Ausflugsfahrt wird der Zweck des Ausflugs für alle Teilnehmenden der gleiche sein. Nur am Ausflugsort müssen diese nicht verpflichtend zusammen sein. Die Teilnehmenden erhalten die Berechtigung zur Beförderung mit dem Fahrschein. Dem Veranstalter sind u. U. die Namen der Mitfahrenden nicht bekannt, da der Fahrschein keinen Namen der zu befördernden Person ausweisen muss. Der Fahrschein ist die Vertragsgrundlage zur Beförderung.

Dagegen besteht in der Praxis der Kinder- und Jugendarbeit eine andere Situation. Normalerweise besteht ein Vertrag zwischen dem Veranstalter dieser Ausflugsfahrt und den Sorgeberechtigten. Mit diesem Vertrag wird auch die Aufsichtspflicht an den Veranstalter übertragen. Häufig wird ein Informationsbrief an die Teilnehmenden versandt. Dieser Informationsbrief muss auch die inhaltlichen Anforderungen für Ausflugsfahrten erfüllen (§ 48 Abs. 1 PBefG) und kann damit als Berechtigungsnachweis (Fahrschein) verwendet werden.

Wenn die Teilnehmenden untereinander bekannt sind, unterbleibt normalerweise dieser Formalismus des Fahrscheinnachweises. Vor Beginn der Abfahrt wird eine Anwesenheitskontrolle vom Veranstalter durchgeführt und damit festgestellt, wer berechtigt ist, befördert zu werden. Eine Regelung, die noch weiter geht als das Gesetz verlangt. Durch den Vertrag mit den Sorgeberechtigten muss der Veranstalter die Personensorge wahrnehmen und diese beinhaltet, für die Beförderung zu sorgen. Den Nachweis führt damit die vom Veranstalter eingesetzte, betreuende Person für die Kinder und Jugendlichen durch die Anwesenheitskontrolle.

3.1.1.2 Ferienzielreise

Bei der Ferienzielreise schuldet der Veranstalter nicht nur eine Ausflugsfahrt, sondern auch einen Erholungsaufenthalt mit Unterkunft, der aber natürlich nicht im Verkehrsmittel stattfindet. Der Veranstalter muss aber sicherstellen, dass er nur die Personen zurückbefördert, die er auch zum Ferienziel gebracht hat. Darum müssen bei Ferienzielreisen gemäß § 48 Abs. 2 PBefG auch keine „normalen" Fahrscheine ausgegeben werden, sondern nur ein (Rück-)Fahrschein, der konkret auf den Namen des jeweiligen Reisenden ausgestellt und somit nicht übertragbar ist. Der Gesetzestext schreibt für die Ausgabe von Rückfahrscheinen kein „müssen ausgegeben werden" vor, sondern im Gesetz steht „dürfen ausgegeben werden". Bei der Durchführung von Reiseveranstaltungen (§ 48 Abs. 2 PBefG) ist die Ausgabe von Reisefahrscheinen nicht notwendig. Die begleitende Freizeitleitung hat eine Liste aller Teilnehmenden und kann die Anwesenheit der Teilnehmenden auf Vollständigkeit prüfen.

3.1.2 Veranstalter verpflichtet Busunternehmen

Mietet ein Veranstalter für seine Ausflugsfahrten (§ 48 Abs. 1 PBefG) oder Ferienzielreisen (§ 48 Abs. 2 PBefG) einen Omnibus bei einem Busunternehmen an, so muss der Busunternehmer im Besitz einer Konzession nach dem PBefG (für den sog. Gelegenheitsverkehr nach § 2 Abs. 1 Nr. 4 PBefG) sein. Der Veranstalter muss *„... gegenüber den Teilnehmern jedoch eindeutig zum Ausdruck [bringen], dass die Beförderungen nicht von ihm selbst, sondern von einem bestimmten Unternehmer, der Inhaber einer Genehmigung nach diesem Gesetz ist, durchgeführt werden ..."* (§ 2 Abs. 5a PBefG). Die Konzession der Fahrerlaubnis zur Fahrgastbeförderung beinhaltet auch die Regelung über die Qualifizierung eines Fahrzeugführers. Der Fahrzeugführer muss zusätzlich zum Führerschein den dazugehörigen „Führerschein zur Fahrgastbeförderung" (auch „Personenbeförderungsschein" genannt) für Mietwagen mit Fahrer, Taxis, Kraftfahrzeuge im Linienverkehr oder im gewerblichen Ausflugs- und Ferienzielverkehr besitzen.
Diese umfangreichen Anforderungen an einen Fahrzeugführer/Busunternehmer haben den Vorteil, dass der Veranstalter selbst keine Genehmigung für Ausflugsfahrten oder Reisen nach dem Personenbeförderungsrecht benötigt. Bei der Vertragsgestal-

tung (zur Festlegung von Omnibustyp, Anzahl der Sitzplätze, Zahl der Fahrzeugführer usw.) über den Beförderungsauftrag sollte sich der Veranstalter vom Busunternehmen schriftlich die Konzessionserlaubnis (§ 2 Abs. 1 Nr. 4 PBefG) bestätigen lassen.

3.1.3 Verantwortung der Freizeitleitung bei Busfahrten

Bei einer Omnibusfahrt muss die fahrzeugbegleitende Person des Veranstalters (Freizeitleitung) darauf achten, dass ein Fahrzeuglenker die Tageslenkzeit von höchstens 9 Stunden (Erhöhung auf höchstens 10 Stunden zweimal in der Woche möglich) und Lenkzeitunterbrechungen nach spätestens 4,5 Stunden von mindestens 45 Minuten (Aufteilung möglich in einen Abschnitt mit mindestens 15 Minuten, gefolgt von einem Abschnitt mit mindestens 30 Minuten) einhält. Die Lenk- und Ruhezeiten ergeben sich nach den Verordnungen EG Nr. 561/2006, EWG Nr. 3821/85, Fahrpersonalgesetz (FPersG) und Fahrpersonalverordnung (FPersV). Nach diesen Regelungen haben der Veranstalter einer Reise und der Unternehmer sicherzustellen, dass die vertraglich vereinbarten Beförderungszeitpläne eingehalten werden (Art. 10 Abs. 4 EG Nr. 561/2006). Der Fahrzeugführer ist zuständig für sein Fahrzeug und die Sicherheit der Mitfahrenden. Die Freizeitleitung ist für das Wohlergehen der Businsassen zuständig (wozu z. B. auch die Musik beiträgt, die über die Lautsprecheranlage läuft).

3.1.4 Veranstalter setzt Kleinbusse ein

3.1.4.1 Genehmigung nach dem Personenbeförderungsrecht ist erforderlich

Möchte ein Veranstalter aus wirtschaftlichen oder sonstigen Gründen kein gewerbliches Busunternehmen für seine Freizeit- und Reiseangebote beauftragen, muss er eine Genehmigung nach dem PBefG beantragen. Der Kostenaufwand ist nicht zu unterschätzen und dürfte sich in der Kinder- und Jugendarbeit aus wirtschaftlichen Gesichtspunkten nicht rechnen, da

- eine Unternehmereigenschaft vorliegen muss
  (Kapital, fachkraftliche Eignung für den Reiseverkehr usw.).
- eine Genehmigung nur für ein bestimmtes Fahrzeug erteilt wird.
- ein Fahrzeuglenker eine Erlaubnis zur Fahrgastbeförderung
  (Personenbeförderungsschein) besitzen muss.

Zur Problematik „Unternehmereigenschaft nach dem Personenbeförderungsrecht" halten viele Industrie- und Handelskammern (IHK) entsprechende Merkblätter bereit. Die Haftpflichtversicherung des Fahrzeuges ist ebenfalls zu informieren, da sich die Versicherungsrisiken durch die faktische Nutzungsänderung (Einsatz zur unternehmerischen Personenbeförderung) ändern. Diese Nutzungsänderung kann sich auf die Versicherungsprämie auswirken. Auch bei gemeinnützigen Vereinen hat dies steuerrechtliche Auswirkungen, denn es handelt sich hier um ein Tätigwerden im wirtschaftlichen Geschäftsbetrieb (siehe Kapitel A 1.4.6).

3.1.4.2 Fahrzeuglenker müssen im Besitz einer „Fahrerlaubnis zur Personenbeförderung" sein

Die Fahrerlaubnis zur Personenbeförderung (Personenbeförderungsschein) für Personenkraftwagen für gewerbsmäßige Ausflugsfahrten oder Ferienzielreisen erhält man nach Vollendung des 21. Lebensjahres und muss sie nach fünf Jahren erneuern. Bei der Beantragung (§ 48 FeV – Verordnung über die Zulassung von Personen zum Straßenverkehr (Fahrerlaubnis-Verordnung)) müssen entsprechende Nachweise vorgelegt werden, wie

- Besitz des EU-Kartenführerscheins
- Fahrerlaubnis der Klasse B (mindestens zwei Jahre im Besitz)
- Bescheinigung über eine augenärztliche Untersuchung
- Bescheinigung über eine ärztliche Untersuchung
- Gutachten eines Arztes mit der Gebietsbezeichnung „Arbeitsmedizin" oder der Zusatzbezeichnung „Betriebsmedizin" bzw. Gutachten einer Begutachtungsstelle für Fahreignung über die körperliche und geistige Eignung; es handelt sich hierbei um eine Leistungsdiagnostik (Stresstest, Reaktionstest, Wahrnehmungstest)
- Vorlage eines Führungszeugnisses
- Nachweis der Ortskunde (bei Taxifahrern immer)
- Gewähr für die besondere Verantwortung bei der Beförderung von Fahrgästen („Zuverlässigkeit") und die erforderliche geistige und körperliche Eignung

3.1.5 Ausnahmeregelung für Kleinbusse

Im Bereich der Kinder- und Jugendarbeit werden vom Veranstalter häufig Kleinbusse (bis zu neun Personen einschließlich Fahrer) eingesetzt, um mit kleinen Gruppen Reisen durchzuführen. Das PBefG lässt folgende Ausnahme zu: Der Fahrzeuglenker benötigt keinen Personenbeförderungsschein und der Veranstalter selbst keine Genehmigung für Ausflugsfahrten oder Reisen nach dem Personenbeförderungsrecht, wenn nur Betriebskosten für den Kleinbus anfallen. Es ist unerheblich, ob eigene Fahrzeuge des Veranstalters oder geliehene oder gemietete Fahrzeuge eingesetzt werden oder ob Personen beauftragt werden, mit ihrem eigenen Fahrzeug zu fahren.

3.1.6 Ausnahmeregelung im Personenbeförderungsgesetz bezogen auf das Gesamtentgelt

Die Ausnahmeregelung kann in Anspruch genommen werden, „... wenn das Gesamtentgelt die Betriebskosten der Fahrt nicht übersteigt" (§ 1 Abs. 2 PBefG). Zu den Betriebskosten zählen der Treibstoff und sonstige Verbrauchsstoffe (z. B. Motoröl, Scheibenwischwasser), Reifenverschleiß und nur auf die Fahrt bezogene, anfallende Kundendienst- und Inspektionskosten. Hierunter fallen nicht die Kosten für die Fahrzeugversicherung, Fahrzeugsteuer, Abschreibungs- und Finanzierungskosten des Fahrzeuges. Bei gemieteten Kraftfahrzeugen kann die Fahrzeugmiete nicht auf die Teilnehmenden umgelegt werden. Die Fahrzeugmiete gehört nicht zu den Betriebskosten des Fahrzeugs. Die Fahrzeugmiete muss also anders finanziert werden und nicht über die Teilnehmenden der Reise. Die Betriebskosten können nach dem Personenbeförderungsrecht auf die Teilnehmenden umgelegt werden. Setzt der Veranstalter eigene Fahrzeuge ein, kann er keine Kilometerpauschale pro gefahrene km (weder eine, die der Staat oder die Kirche festgesetzt hat, noch eine, die von einem Automobilclub errechnet wurde) einkalkulieren, sondern darf nur die Betriebskosten ansetzen. Wichtig: Rechnet der Veranstalter nach kalkulatorischen Werten pro km ab, in denen auch Versicherungen, Steuern und sonstige allgemeine Kosten enthalten sind, dann übersteigt das Entgelt für die Fahrt in jedem Fall die Betriebskosten und das PBefG greift (siehe Kapitel C 3.1.3).

3.1.7 Veranstalter möchte die Ausnahmeregelung beanspruchen

Möchte sich ein Veranstalter auf diese Ausnahmeregelung berufen, muss er bei der Kalkulation die Problematik des Gesamtentgeltes im Blick haben. Das Gesamtentgelt darf die Summe der von den Mitfahrenden geleisteten Einzelanteile an den Betriebskosten der Fahrt insgesamt nicht übersteigen. Der Veranstalter muss mit einem voll besetzten Fahrzeug kalkulieren; wenn weniger Personen mitfahren, entsteht diesbezüglich ein finanzielles Defizit.

Die Beförderungskosten sind nur ein Teil des Betrags, den ein Teilnehmer / eine Teilnehmerin zu bezahlen hat. Es gibt die Möglichkeit, kalkulatorisch zu errechnen, welcher Anteil auf die Beförderung entfällt. Eine andere, rechtssichere Möglichkeit besteht darin, in der Reiseausschreibung zwei Beträge zu nennen: zum einen die Fahrtkosten und zum anderen den Betrag für die restlichen Leistungen (Programm, Unterkunft, Verpflegung usw.) unter Berücksichtigung der Preisangabenverordnung (PAngV; siehe Kapitel C 1.2).

Beispiel: Vom Teilnahmebeitrag von 400 Euro entfallen kalkulatorisch 30 Euro auf die Beförderung zum Ferienziel und zurück. Die reinen Betriebskosten für diese Beförderung von acht Personen sind 240 Euro. Auf jeden Teilnehmer / jede Teilnehmerin entfallen hiermit 30 Euro Betriebskosten (neben den 30 Euro Beförderungskosten). Fahren aber statt acht nur sechs Personen mit, muss der Veranstalter eigene Geldmittel von 2 x 30 = 60 Euro einsetzen. Das Defizit muss aus einer anderen Kasse (Haushaltmittel, Vereinskasse usw.) finanziert werden.

Das Defizit und weitere Fahrzeugkosten dürfen nicht anderweitig in dem Teilnahmebeitrag versteckt werden, denn das PBefG verbietet ausdrücklich diese Umgehung (§ 6 PBefG). Bezogen auf das veranstaltereigene Fahrzeug stellt sich somit das Problem, die tatsächlich entstehenden Kosten des Fahrzeuges (Fahrzeuganschaffung, Versicherungskosten, Instandhaltung, Kundendienst) zu finanzieren.

Hinweis

Sollte der Veranstalter dem Personenbeförderungsrecht zuwiderhandeln, wird dies als Ordnungswidrigkeit mit einem Bußgeld geahndet (§ 61 PBefG). Der Versicherungsschutz für das Fahrzeug kann auch erlöschen, denn es handelt sich um eine Obliegenheitsverletzung des Versicherungsnehmers. Im Versicherungsfall ersetzt der Versicherer den entstandenen Schaden zwar, aber er kann dann einen Regressanspruch beim Versicherungsnehmer geltend machen (§§ 5, 6 KfzPflVV – Verordnung über den Versicherungsschutz in der Kraftfahrzeug-Haftpflichtversicherung (Kraftfahrzeug-Pflichtversicherungsverordnung)).

3.1.8 Ausnahmeregelung für besondere Veranstalterfahrten

Die „Verordnung über die Befreiung bestimmter Beförderungsfälle von den Vorschriften des Personenbeförderungsgesetzes" (Freistellungs-Verordnung – FrStllgV) sieht weitere Regelungen bei unentgeltlicher Beförderung vor. Das sind für den Bereich der Kinder- und Jugendarbeit

- Beförderungen durch Kirchen oder Dritte (Kirchenmitglieder, Vereine usw.) zu und von Gottesdiensten (§ 1 Nr. 4c FrStllgV),
- Beförderungen von Schülerinnen/Schülern bei Projekten „Schule und Jugendarbeit" vom und zum Unterricht (§ 1 Nr. 4d FrStllgV),
- Beförderungen *„von körperlich, geistig oder seelisch behinderten Personen mit Kraftfahrzeugen zu und von Einrichtungen, die der Betreuung dieser Personenkreise dienen"* (§ 1 Nr. 4g FrStllgV).

Diese Fahrten, die ein Veranstalter explizit für seine Mitarbeitenden, Vereins- oder Gruppenmitglieder durchführt (z. B. bei Fahrten zu Mitarbeiterschulungen, Sportveranstaltungen, Jugendtagen, Jugendevangelisationen u. Ä.), sind über diese Ausnahmeregelung abgedeckt (§§ 43 PBefG, 1 Nr. 4a, f, h FrStllgV). Solche Fahrten sind entweder unentgeltlich oder es wird ein geringer Kostenbeitrag verlangt, der die Betriebskosten mit hoher Wahrscheinlichkeit nicht übersteigt.

3.1.9 Anforderung an die Fahrereigenschaften bei Umsetzung der Ausnahmeregelung

Der Gesetzgeber schreibt im Fall der Inanspruchnahme und Umsetzung der Ausnahmeregelung kein besonderes Anforderungsprofil an die Fahrereigenschaften vor. Es gelten die Qualifikationen eines Führerscheininhabers. Da kein Personenbeförderungsschein vorgeschrieben ist, muss der Veranstalter die Fahrzeuglenker mit Sorgfalt auswählen. Es ist ratsam, wenn der Veranstalter interne Regeln für die Aufgabe „ein Fahrzeug lenken" aufstellt. Damit sichert sich der Veranstalter ab, dass nur von ihm berechtigte Mitarbeitende ein Fahrzeug fahren dürfen (interne Fahrberechtigung).

Mögliche Regelungen für diese interne Fahrberechtigung:

- Mindestalter des Fahrzeuglenkers festlegen. Es ist ratsam, sich an den Anforderungen für den Personenbeförderungsschein (Mindestalter 21 Jahre) zu orientieren.
- Genügend Praxis im Lenken eines Fahrzeuges von mindestens zwei Jahren.
- Der Veranstalter führt mit seinen Beauftragten mindestens eine einstündige Probefahrt durch. Die vom Veranstalter beauftragte Person (hier kann auch eine Fahrschule engagiert werden) muss über entsprechende Fahrpraxis mit einem Kleinbus verfügen und fährt als Beifahrer mit. Zur Probefahrt gehört eine Einweisung in das Fahrzeug und entsprechende Belehrung, das Fahren im Stadtgebiet und über Land, das Ein- und Ausparken und, falls notwendig, das Fahren mit Anhänger. Aufgrund der Fahrweise und persönlichen Eigenschaften des Fahrzeuglenkers entscheidet die vom Veranstalter beauftragte Person, ob eine Eignung zum Lenken des Veranstalterfahrzeugs vorliegt. Bei einer positiven Entscheidung wird der „bestandene" Fahrzeuglenker in eine Liste des Veranstalters aufgenommen und/oder eine Bestätigung ausgestellt.
- Die interne Fahrberechtigung hat für eine ausdrücklich bestimmte Zeit Gültigkeit und kann auch jederzeit vom Veranstalter widerrufen werden.

Der Veranstalter kann die Fahrzeuglenker auch motivieren, an einem Sicherheitstraining für die Lenkung von Kraftfahrzeugen teilzunehmen. Einige Automobilclubs bieten entsprechende Kurse an, einige Berufsgenossenschaften (BG) unterstützen diese Fortbildungsmöglichkeit finanziell.

3.1.10 Regeln für das veranstaltereigene Kraftfahrzeug (Kleinbus usw.)

Es hat sich bewährt, den potenziellen Fahrzeuglenker zu verpflichten, ein entsprechendes Merkblatt zur Fahrzeugnutzung zur Kenntnis zu nehmen und dies durch Unterschrift zu bestätigen. Eine solche Nutzungsordnung („Busordnung") regelt auch, wer mit welcher Qualifikation das jeweilige Fahrzeug fahren darf. Dadurch ist jeder Fahrzeuglenker über seine Rechte und Pflichten informiert. Es gibt in diesen Fällen neben der genannten „Busordnung" die Möglichkeit einer Überlassungsvereinbarung (oder eines Überlassungsprotokolls) für die Fahrzeugübernahme und -rückgabe. Außerdem sollte ein Verantwortlicher für die Betreuung des Fahrzeuges berufen werden (Fuhrparkverantwortlicher, Buswart, Busservice usw.).

3.1.11 Veranstalter organisiert Fahrgemeinschaft mit privaten Pkw

Ein Veranstalter kann für Ausflugsfahrten oder Ferienzielreisen Fahrgemeinschaften mit privaten Pkw organisieren oder den Teilnehmenden bzw. deren Sorgeberechtigten diese Organisation selbst überlassen. Nachstehende Tabelle verdeutlicht übersichtlich, in welchen Erscheinungsformen von Fahrgemeinschaften eine Genehmigung nach dem PBefG erforderlich ist („ja") und in welchen nicht („nein"):

Organisationsformen	Gesetzes-anwendung	Einschlägige Norm
1. Veranstalter organisiert Fahrt mit Pkw bis zu sechs Personen pro Pkw, Fahrzeugführer des Fahrzeuges fährt unentgeltlich (verlangt keinen Kostenersatz) und Fahrzeughalter verlangt keinen Kostenersatz*	nein	§ 1 Abs. 2 Nr. 1 PBefG § 1 Nr. 3 FrStllgV
2. Veranstalter organisiert und Fahrzeugführer/-halter fährt entgeltlich (verlangt Kostenersatz)**	ja	§ 48 PBefG
3. Betroffene organisieren selbst Fahrgemeinschaft und Fahrzeugführer/-halter fährt unentgeltlich (verlangt keinen Kostenersatz)	nein	(-)
4. Betroffene organisieren selbst Fahrgemeinschaft und vereinbaren eine Kostenbeteiligung untereinander	nein	(-)

* Die FrStllgV sieht u. a. eine Freistellung von einer Genehmigung für Fahrten zu und von den Gottesdiensten sowie Fahrten für behinderte Menschen vor (siehe Kapitel C 3.1.8).
** siehe Kapitel C 3.1.4

3.1.11.1 Haftungsproblematik

Eine Auftragsfahrt liegt vor, wenn der Veranstalter mit Teilnehmenden oder Sorgeberechtigten vereinbart, dass diese mit ihrem Fahrzeug fahren und noch weitere Personen befördern (Fälle der Ziffern 1 und 2 in der Tabelle). I. d. R. weist der Veranstalter diese Mitfahrenden den jeweiligen Fahrzeugen zu. Durch die Absprache mit dem Fahrzeugführer/-halter liegt eine Beauftragung vor (Auftragsfahrt) und der Veranstalter ist bei diesen Fahrten zusammen mit den Ehrenamtlichen gesamtschuldnerisch in der Haftung. Bei einem selbst verschuldeten Unfall müssen ggf. die Sachschäden am Kraftfahrzeug des Beauftragten (z. B. Eltern) vom Veranstalter übernommen werden. Der Veranstalter sollte sich hier in einer moralischen Verpflichtung sehen und eine Dienstreisekaskoversicherung abschließen – siehe Kapitel A 6.5. Bei einem selbst verschuldeten Unfall sollten die Sachschäden am Kraftfahrzeug vom Veranstalter übernommen werden. Im Fall einer Rückstufung von Schadenfreiheitsklasse und Schadenfreiheitsrabatts ist der Veranstalter ebenfalls in der Haftung, wenn die Fahrt unentgeltlich erbracht wurde (Ziffer 1 in der Tabelle).

- Die Personenschäden der Mitfahrenden werden über die persönliche Krankenversicherung der Fahrzeuginsassen abgedeckt und Schadensersatzansprüche werden durch die Kfz-Haftpflichtversicherung des Fahrzeughalters abgegolten. Je nach Unfallhergang und -verschulden können auch Schadensersatzansprüche gegenüber Dritten geltend gemacht werden. Ein Fahrzeugführer ist neben seiner persönlichen Krankenversicherung noch bei der jeweils zuständigen BG versichert, da eine Auftragsfahrt durch den Veranstalter und somit eine ehrenamtliche Tätigkeit vorliegt (vgl. Kapitel A 6.1.1.3). Für Auslandsfahrten sollte der Veranstalter darüber hinaus auch im eigenen Interesse für alle Insassen eine Auslandskrankenversicherung abschließen (vgl. Kapitel A 6.4.1).

- Jedes Kraftfahrzeug ist über die Kfz-Haftpflichtversicherung des Fahrzeughalters mit einer bestimmten Versicherungssumme abgesichert. In sehr seltenen Fällen könnte bei einem Unfall diese Versicherungssumme nicht ausreichen. Wenn eine Auftragsfahrt für den Veranstalter vorliegt, ist dieser ggf. mit in der Haftung (s. o.; vgl. Kapitel A 6.5.2). Um das Risiko dieser Haftung zu minimieren, kann sich der Veranstalter durch eine Versicherung entsprechend absichern. Alternativ gibt es die Möglichkeit, die Fahrzeuginsassen eine Haftungsbegrenzung unterschreiben zu lassen. In der kirchlichen Kinder- und Jugendarbeit ist dies bisher nicht üblich, Jugendverbände können entsprechende Zusatzversicherungen abschließen. Wer sich trotzdem entsprechend absichern möchte, kann sich an den Formularen von Mitfahrzentralen oder Automobilclubs orientieren (s. u. weiterführende Praxistipps). Diese Problematik ist natürlich auch bei selbst organisierten Fahrten (Ziffer 3 und 4 in der Tabelle) von Interesse.
- Beschädigt ein Ehrenamtlicher / eine Ehrenamtliche anlässlich einer Auftragsfahrt schuldhaft (selbst oder durch den Fahrer) sein/ihr eigenes Fahrzeug, so greift dafür allenfalls eine eventuell bestehende private Kaskoversicherung, weshalb der Träger eine Dienstreisekaskoversicherung für den dienstlichen Einsatz privater Fahrzeuge abschließen sollte (vgl. Kapitel A 6.5). Für Hauptamtliche sollte der Auftraggeber eine Fahrzeugversicherung für Dienstreisen abschließen.

Nachweise und weiterführende Praxistipps

- Bundesamt für Güterverkehr, Rechtsvorschriften, u. a. Lenk- und Ruhezeiten: www.bag.bund.de/DE/Navigation/Rechtsvorschriften/rechtsvorschriften_node.html (Linkzugriff im März 2018)
- ADAC, vertragliche Haftungsbeschränkung des Fahrers/Halters gegenüber Fahrzeuginsassen, Formular: www.adac.de/_mmm/pdf/Vertragliche-Haftungsbeschraenkung%202015_37991.pdf (Linkzugriff im März 2018)
- Informationen für angehende Unternehmer im Verkehr mit Omnibussen sowie im Ferienzielreiseverkehr und Ausflugsverkehr mit Pkw: www.hannover.ihk.de/fileadmin/ _migrated/content_uploads/Merkblatt_Kraftomnibus_02.pdf (Linkzugriff im März 2018)
- Fahrerlaubnis zur Fahrgastbeförderung: www.hamburg.de/lbv-fahrgastbefoerderung (Linkzugriff im März 2018)

3.2 Infektionsschutzgesetz

Die Verantwortlichen eines Veranstalters müssen für ihr geplantes Angebot prüfen, ob die Anforderungen des Infektionsschutzgesetzes (IfSG) sowie der Lebensmittel-hygiene-Verordnung (LMHV, siehe Kapitel C 3.3) berücksichtigt werden. Die gesetzlichen Auflagen sind für alle Veranstaltungsarten anzuwenden.

3.2.1 Zielsetzung des Infektionsschutzgesetzes

Lebensmittelinfektionen sollen bei Vereins- und Gemeindefesten, Freizeiten, Outdoorveranstaltungen, Gruppenunternehmungen usw. vermieden werden. Das IfSG stärkt u. a. die Mitwirkung und Eigenverantwortung der Mitarbeitenden des Veranstalters. Beim Umgang mit Lebensmitteln sind besondere Vorsichtsmaßnahmen zu treffen. Grundlage hierfür ist das IfSG. Es wird unterschieden zwischen

- **Mitarbeitenden, die unmittelbar mit Lebensmitteln zu tun haben.** Hierzu gehören das Verteilen, Behandeln oder Inverkehrbringen von Nahrungsmitteln (z. B. Kochen, Abgabe von Kuchen oder Ausschöpfen der Suppe).
- **Mitarbeitenden, die „nur" pädagogisch tätig sind.** Das betrifft sowohl Personen, die damit Geld verdienen, als auch ehrenamtlich Mitarbeitende (wozu auch kurzfristige oder spontane Helfer/Helferinnen gehören).

3.2.2 Qualifizierung der Mitarbeitenden

3.2.2.1 Belehrungen – Unterscheidung nach Tätigkeitsmerkmalen

Das IfSG sieht zwei verschiedene Arten der Belehrung vor, die sich an verschiedene Personengruppen richten:

- **Zum einen geht es um Personen in der Küche,** die Lebensmittel herstellen, behandeln oder weitergeben (gewerbsmäßiges Inverkehrbringen) und dabei mit diesen Produkten so in Berührung kommen, dass *„eine Übertragung von Krankheitserregern auf die Lebensmittel ... zu befürchten ist"* (§ 42 Abs. 1 IfSG). Diese müssen eine Belehrungsbescheinigung des Gesundheitsamtes vorlegen und alle zwei Jahre erneut vom Veranstalter weitergebildet werden (§ 43 Abs. 4 IfSG).
- **Zum anderen geht es um Personen mit pädagogischem Schwerpunkt,** die Kinder und Jugendliche in Gemeinschaftseinrichtungen (im Rahmen von Freizeiten, Spielwochen, Stadtranderholungen usw.) betreuen. Diese müssen vom Träger bzw. Veranstalter nach den Anforderungen des IfSG belehrt werden (§ 35 IfSG).

Die Belehrungen des Veranstalters müssen in einem Protokoll festgehalten und beim Veranstalter hinterlegt werden.

3.2.2.2 Lebensmittel zubereiten oder weitergeben – Schulungszwang für Mitarbeitende

Mitarbeitende, die Lebensmittel zubereiten oder weitergeben (§ 43 Abs. 1 IfSG), müssen nach dem IfSG die erste Schulung beim Gesundheitsamt absolvieren. Minderjährige können an diesen Kursen auch teilnehmen, benötigen aber eine Bestätigung der Sorgeberechtigten für die Teilnahme. Das IfSG hat 2001 das Bundesseuchengesetz abgelöst. Für Personen, die bereits ein Gesundheitszeugnis gemäß § 18 Bundesseuchengesetz besitzen, gilt dieses als Bescheinigung nach § 43 Abs. 1 IfSG (§ 77 Abs. 2 IfSG). Die zweijährige Belehrung ist nach § 43 IfSG auch für diesen Personenkreis erforderlich.

Das IfSG ermächtigt an mehreren Stellen die Landesregierungen zum Erlass eigener Rechtsverordnungen zur länderspezifischen Ausgestaltung des Infektionsschutzes. Die Bundesländer bzw. deren Gesundheitsämter haben daher, um das ehrenamtliche Engagement zu stärken und die Veranstalter und Mitarbeitenden bei der Anwendung des IfSG in der Kinder- und Jugendarbeit zu entlasten, Verordnungen erlassen und Merkblätter herausgegeben (z. B. können in Baden-Württemberg die Veranstalter die Belehrung selbst vornehmen). Teilweise werden auch die Schulungskosten übernommen. Weitere Informationen erteilen die Gesundheitsämter.

3.2.3 Wenn gesundheitliche Beeinträchtigungen vorliegen

Das primäre Anliegen des IfSG bezieht sich auf übertragbare Krankheiten beim Menschen, denen nicht nur vorgebeugt werden soll, sondern die auch frühzeitig erkannt und an der Weiterverbreitung gehindert werden sollen. Darum müssen als mögliche Infektionsträger sowohl erkrankte Mitarbeitende als auch Teilnehmende in den Blick genommen werden.

3.2.3.1 Mitarbeitende

Selbst bei Beachtung der Grundsätze der Lebensmittelhygiene muss bei bestimmten gesundheitlichen Beeinträchtigungen von Mitarbeitenden, die unmittelbar mit Lebensmitteln zu tun haben oder pädagogisch mitarbeiten, ein Tätigkeitsverbot ausgesprochen werden (§ 42 IfSG). In Einzelfällen kann das jeweilige Gesundheitsamt trotz einschlägiger Erkrankung Ausnahmen zulassen, wenn eine Übertragung durch bestimmte Maßnahmen wirkungsvoll ausgeschlossen werden kann (§ 42 Abs. 4 IfSG). Eine Liste der Beeinträchtigungen ist im Internet auf den Seiten des Robert Koch-Instituts einzusehen (siehe Link-Hinweis unten).

3.2.3.2 Teilnehmende

Die Teilnehmenden, die (bei Freizeiten, Erholungsmaßnahmen usw.) in Gemeinschaftseinrichtungen untergebracht sind, müssen darüber informiert sein, dass sie beim Auftreten bestimmter Infektionen oder schon bei deren Verdacht die Gemeinschaftseinrichtung nicht besuchen dürfen (§ 34 Abs. 5 S. 2 IfSG). Treten die Infektionen erst beim Besuch der Gemeinschaftseinrichtung auf, sind sie dort so zu isolieren, dass eine Weiterverbreitung verhindert wird (§ 34 Abs. 1 S. 2 IfSG). Entsprechende Informationen und Vorlagen finden die Veranstalter auf den Internetseiten des Robert Koch-Instituts (s. u. weiterführende Praxistipps). Damit der Veranstalter diesen Anforderungen gerecht werden kann, muss er die Teilnehmenden (bei Minderjährigen die Sorgeberechtigten) rechtzeitig vor Beginn der Reise informieren und belehren (vgl. Kapitel C 1.6.4). Der Veranstalter kann diesen Anforderungen gerecht werden, wenn er diese Belehrung z. B. zusammen mit dem Freizeitpass (siehe Kapitel C 2.4) versendet.

3.2.4 Erstellung von Hygieneplänen für die Unterkunft

Für Veranstaltungen, die in Gemeinschaftsunterkünften stattfinden (Häuser, Bildungsstätten, Jugendfreizeitstätten, Zeltlager usw.) müssen Hygienepläne vorliegen. Die Betreiber und Anmieter von Gemeinschaftsunterkünften (§ 33 IfSG) müssen „... in Hygieneplänen innerbetriebliche Verfahrensweisen zur Infektionshygiene [festlegen] und unterliegen der infektionshygienischen Überwachung durch das Gesundheitsamt" (§ 36 Abs. 1 IfSG). Bei Häusern mit Selbstverpflegung und Zeltlagern muss der Veranstalter selbst Hygienepläne aufstellen (s. u. weiterführende Praxistipps). Die Hygienepläne müssen auf das jeweilige Objekt und Reiseangebot abgestimmt sein. Im Vordergrund steht die Hygiene in den Räumlichkeiten der Gemeinschaftsunterkunft sowie der Personen, die sich dort aufhalten.

In diesem Zusammenhang wurde das „Hazard Analysis and Critical Control Points-Konzept" (HACCP-Konzept oder HCCP-Konzept) entwickelt. Es ist ein klar strukturierter Maßnahmenkatalog, der auf präventive Maßnahmen ausgerichtet ist. Das HACCP-Konzept verpflichtet den gewerblichen Veranstalter, der in einer Einrichtung zur Gemeinschaftsverpflegung Lebensmittel herstellt, behandelt oder in den Verkehr bringt dazu, ein eigenes Kontrollsystem einzuführen. Die Angebote der Kinder- und Jugendarbeit sind ideeller Art und nicht gewerblich ausgerichtet und müssen dieses Konzept nicht zwingend umsetzen. Dennoch können sich der Veranstalter und die Mitarbeitenden entsprechend an diesem Konzept orientieren.

Nachweise und weiterführende Praxistipps
- Informationen und Vorlagen des Robert Koch-Instituts: www.rki.de/DE/Content/Infekt/IfSG/ifsg_node.html (Linkzugriff im März 2018)
- Rahmenhygieneplan gemäß § 36 IfSG für Schulen und sonstige Ausbildungseinrichtungen (erarbeitet vom Länderarbeitskreis): www.gesunde.sachsen.de/download/Download_Gesundheit/RHPl_Schulen.pdf (Linkzugriff im März 2018)
- HACCP-Konzept: www.haccp-kueche.de (Linkzugriff im März 2018)
- Belehrung für ehrenamtlich Beschäftigte beim Umgang mit Lebensmitteln (E-Learning-Kurs): www.jugendarbeitsnetz.de/elearning (Linkzugriff im März 2018)
- Hygienemanagement: www.haccp-hygienemanagement.de/haccp (Linkzugriff im März 2018)
- Arbeitshilfe, Merkblätter, Vorlagen und Schulungsunterlagen des Landesjugendrings Baden-Württemberg e. V. zum IfSG: www.jugendarbeitsnetz.de/index.php/download/recht/209-infektionsschutz-und-lebensmittelhygiene.html (Linkzugriff im März 2018)

3.3 Lebensmittelhygiene-Verordnung

Die „Verordnung über Anforderungen an die Hygiene beim Herstellen, Behandeln und Inverkehrbringen von Lebensmitteln" (Lebensmittelhygiene-Verordnung, LMHV) vom 08.02.1998 setzt eine alte EWG-Richtlinie um und regelt die hygienischen Anforderungen an das gewerbsmäßige Herstellen, Behandeln und Inverkehrbringen aller Lebensmittel. Zentrale Forderung der LMHV ist eine Schulung von Mitarbeitenden, um Fachkenntnisse zu erhalten, die mit Lebensmitteln zu tun haben (§ 4 Abs. 2 LMHV).

3.3.1 Verpackte Lebensmittel

Allerdings greift die LMHV nicht bei allen Tätigkeiten im Zusammenhang mit Lebensmitteln. Werden *„ausschließlich verpackte Lebensmittel"* (§ 4 Abs. 1 S. 2 LMHV) in den Verkehr gebracht (z. B. Getränke in Flaschen, verpackte Schokolade), ist eine Schulung nach der LMHV nicht notwendig, da diese Dinge nicht leicht verderblich sind.

3.3.2 Unverpackte und verderbliche Lebensmittel

Die Personen, die leicht verderbliche Lebensmittel verarbeiten und zubereiten, haben eine große Verantwortung gegenüber Dritten, da die Gefahr einer gesundheitlichen Schädigung durch die möglicherweise verdorbenen Lebensmittel wesentlich größer ist. Der Umgang mit unverpackten Lebensmitteln muss sehr gewissenhaft sein. Leicht verderbliche Lebensmittel wie z. B. Hackfleisch, Milch, Eier, Käse und Wurstwaren dürfen nicht leichtfertig ungekühlt herumstehen. Es gilt der Grundsatz, dass die Kühlkette nicht unterbrochen werden darf. Lebensmittel, die weniger verderblich sind, z. B. Tomaten, Brot, Brötchen, Cornflakes und Obst, sind weniger problematisch in der Aufbewahrung. Daher müssen alle Mitarbeitenden in der Küche, die Essen zubereiten und an Personen zum Verzehr weitergeben (z. B. auf einer Jugendreise mit Selbstverpflegung) entsprechend durch Schulungen fachlich qualifiziert sein.

Nach dem Gesetz müssen lediglich solche Personen keine Grundschulung absolvieren, *„… die eine wissenschaftliche Ausbildung oder eine Berufsausbildung abgeschlossen haben, in der Kenntnisse und Fertigkeiten auf dem Gebiet des Verkehrs mit Lebensmitteln einschließlich der Lebensmittelhygiene vermittelt werden …"* (§ 4 Abs. 2 LMHV). Alle anderen Mitarbeitenden, die keine qualifizierte Ausbildung haben und die leicht verderbliche Lebensmittel herstellen, behandeln oder in den Verkehr bringen, müssen sich entsprechend schulen lassen (§ 4 Abs. 1 S. 1 LMHV). Die erworbenen Fachkenntnisse (die entsprechenden Anforderungen ergeben sich aus Anlage 1 zur LMHV) müssen auf Verlangen der zuständigen Behörde nachgewiesen werden. Schulungen und Belehrungen des Veranstalters müssen protokolliert und vom Veranstalter aufbewahrt werden. Schulungsangebote gibt es von Industrie- und Handelskammern sowie Gesundheits- und Veterinärämtern.

Die Schulungsinhalte gemäß LMHV haben andere Schwerpunkte als die nach dem IfSG. Deshalb müssen Personen, die in der Küche verderbliche Lebensmittel zubereiten, an einer Schulung sowohl nach dem IfSG als auch nach der LMHV teilnehmen.

Nachweise und weiterführende Praxistipps

- Bundesministerium für Ernährung und Landwirtschaft: www.bmel.de (Linkzugriff im März 2018)
- Berufsgenossenschaft Nahrungsmittel und Gastgewerbe: www.bgn.de (Linkzugriff im März 2018), unter Prävention wertvolle Tipps auch für Straßen- und Gemeindefeste (Leitlinie für eine gute Lebensmittelhygienepraxis in ortsveränderlichen Betriebsstätten)

3.4 Lebensmittel-Informationsverordnung

Am 13. Dezember 2014 trat die EU-Verordnung 1169/2011 *„betreffend die Information der Verbraucher über Lebensmittel"* (Lebensmittel-Informationsverordnung (LMIV)) in Kraft. Sie soll Lebensmittelallergikern dabei helfen, den Genuss möglicher Allergene zu vermeiden, ohne sich erst ausführlich an anderer Stelle informieren zu müssen, welche Zutaten ein bestimmtes Gericht oder Lebensmittel enthält.

3.4.1 Kennzeichnungspflicht von Lebensmitteln

Werden zum Verkauf abgepackte oder unverpackte Lebensmittel angeboten, so müssen die Zutaten, die Nährstoffe, das Mindesthaltbarkeitsdatum usw. angegeben werden.

3.4.2 Umsetzung in nationales Recht: Vorläufige Lebensmittelinformations-Ergänzungsverordnung

Da eine nationale Durchführungsverordnung der europarechtlichen Vorgaben in der Kürze der Zeit nicht machbar war, beschloss der Bundesrat zumindest eine vorläufige Verordnung zur Art und Weise der Pflichtkennzeichnung von Stoffen oder Erzeugnissen, die Allergien und Unverträglichkeiten auslösen. Diese sog. Vorläufige Lebensmittelinformations-Ergänzungsverordnung (VorlLMIEV) gilt jedoch nicht für Privatpersonen, da diese nicht unternehmerisch im Lebensmittelbereich tätig sind.

3.4.3 Kennzeichnungspflicht von Lebensmitteln auch bei bestimmten Angeboten der Kinder- und Jugendarbeit

Die Kennzeichnungspflicht soll *„... nur für Unternehmen gelten, wobei der Unternehmensbegriff eine gewisse Kontinuität der Aktivitäten und einen gewissen Organisationsgrad voraussetzt. Tätigkeiten wie der gelegentliche Umgang mit Lebensmitteln und deren Lieferung, das Servieren von Mahlzeiten und der Verkauf von Lebensmitteln durch Privatpersonen z. B. bei Wohltätigkeitsveranstaltungen oder auf Märkten und Zusammenkünften auf lokaler Ebene sollten nicht in den Anwendungsbereich dieser Verordnung fallen."*[19] Angebote, die kontinuierlich stattfinden, wie regelmäßige Reiseangebote mit Selbstverpflegung, Mittagstische für Schüler oder Jugendcafés fallen demnach unter diese

---

19 Unter ec.europa.eu/germany/news/fragen-und-antworten-zu-den-neuen-regeln-zur-kennzeichnung-von-lebensmitteln-ab-13-dezember_de (Linkzugriff im März 2018).

Regelung der Kennzeichnungspflicht, da der Veranstalter unternehmerisch tätig ist (§ 14 BGB). Nach der LMIV sind „Lebensmittelunternehmer" solche Unternehmen, die mit der Produktion, der Verarbeitung und dem Vertrieb zusammenhängende Tätigkeiten ausüben. Unter diese Bezeichnung fallen demnach auch Vereine, Kirchengemeinden, Jugendverbände usw., wenn sie Speisen entgeltlich anbieten. Auf Gewinnerzielungsabsicht kommt es dabei nicht an.

3.4.4 Schwerpunkte der Kennzeichnungspflicht

- Allergene und Zusatzstoffe müssen gekennzeichnet werden, z. B.: „enthält Kuhmilch", „enthält Gewürze (enthält: Senf, Sellerie)".
- Die Angaben müssen in deutscher Sprache gut lesbar auf einem Schild angebracht sein. Dieses Schild muss beim Lebensmittel oder in der Nähe des Lebensmittels stehen. Auch auf Speise- und Getränkekarten oder in Preisverzeichnissen muss diese Information lesbar enthalten sein (Fußnoten sind i. d. R. nicht ausreichend).

U. U. genügt auch die mündliche Auskunft eines/einer fachkundigen Mitarbeitenden (die dann spätestens bei der Abgabe des Lebensmittels erteilt werden muss). Das gilt aber nur, wenn der Veranstalter („Lebensmittelunternehmer") eine schriftliche Aufzeichnung der verwendeten Zutaten oder Verarbeitungshilfsstoffe für die zuständige Behörde zur Einsichtnahme (bei einer Kontrolle) bereithält. Diese Aufzeichnung ist mindestens zwei Wochen ab dem Tag der Herstellung aufzubewahren.

3.4.5 Keine Kennzeichnungspflicht bei Gemeinde- und Vereinsfesten

Die Ehrenamtlichen, die bei gelegentlichen Veranstaltungen wie Gemeindefest, Vereinsnachmittag usw. z. B. selbst gebackenen Kuchen verkaufen, müssen diese Auflagen nicht beachten. Ungeachtet dessen gelten auch für diese Veranstaltungen die allgemeinen Regeln der Lebensmittelhygiene (siehe Kapitel C 3.3).

Nachweise und weiterführende Praxistipps

- Bundesministerium für Ernährung und Landwirtschaft, Rechtsgrundlagen der LMIV: www.bmel.de/DE/Ernaehrung/Kennzeichnung/kennzeichnung_node.html (Linkzugriff im März 2018)
- Beispiele für Kennzeichnungen unverpackter Lebensmittel: www.lebensmittelklarheit.de/informationen/kennzeichnung-unverpackter-waren (Linkzugriff im März 2018)

3.5 Reiseangebote mit Selbstverpflegung

In den vorangegangenen Abschnitten wurde aufgezeigt, welche gesetzlichen Rahmenbedingungen im Umgang mit Lebensmitteln bestehen. Auch bei Angeboten mit

Selbstverpflegung hat ein Veranstalter dann die Vorgaben der Lebensmittelhygiene und des Infektionsschutzes zu beachten, wenn er in irgendeiner Form an der Lebensmittelzubereitung beteiligt ist.

3.5.1 Reine Selbstversorger

Wenn die Reise so ausgeschrieben ist, dass es allein in der Verantwortung des/der Teilnehmenden liegt, Lebensmittel für sich zu besorgen und zuzubereiten, so ist der Veranstalter aus der Hygieneverantwortung herausgenommen.

3.5.2 Eigene Küche oder Catering

Eine weniger drastische Form der Selbstverpflegung ist, wenn die Teilnehmenden selbst in der Küche bei der Zubereitung mithelfen sollen. Bei solchen Veranstaltungen gilt, dass die Teilnehmenden und Mitarbeitenden, die Lebensmittel zubereiten, fachlich qualifiziert und natürlich gemäß IfSG belehrt sein müssen. Auch wenn die Teilnehmenden, die im Bereich der Küche mitarbeiten, nicht selbst kochen, sondern nur Tisch- und Spüldienst haben (Essen austeilen, Essen zum Tisch bringen, Tisch decken, spülen usw.), müssen diese in ihre Aufgaben entsprechend eingewiesen und belehrt werden (Hände waschen und desinfizieren, Verhalten bei Husten usw.).

Aufgrund dieser hohen Anforderung gehen Veranstalter auch dazu über, die fertigen Speisen durch Cateringfirmen oder Fertiggerichte anliefern zu lassen. Vorteilhaft ist, dass auch auf individuelle Essenswünsche eingegangen werden kann (vegetarische, lactose- oder glutenfreie Speisen usw.). Sobald aber nicht der Caterer, sondern die Mitarbeitenden die Essensausgabe vornehmen („inverkehrbringen"), greift wieder das IfSG.

Nachweise und weiterführende Praxistipps

- In diesem Zusammenhang ist auf ein Bundesprojekt hinzuweisen, das ehrenamtlich Mitarbeitenden bei der Zubereitung von Gemeinschaftsverpflegung Informationen geben möchte; es geht um das nachhaltige Kochen auf Freizeiten und Veranstaltungen – unter www.gruppenfairpflegung.de (Linkzugriff im März 2018)

3.5.3 Haftung für die Gesundheit

Der Veranstalter haftet für gesundheitliche Schäden, die durch unsachgemäßen Umgang mit Lebensmitteln bei den Teilnehmenden hervorgerufen werden (§ 823 Abs. 1 BGB). In einzelnen Fällen prüft auch die Staatsanwaltschaft, ob ein Straftatbestand vorliegt und erhebt evtl. entsprechend Anklage. Nach dem Produkthaftungsgesetz (ProdHaftG) ist auch der Veranstalter beim Inverkehrbringen von Lebensmitteln zu Schadensersatz verpflichtet, wenn dieser diese selbst herstellt bzw. zubereitet (Kuchen backen, Nachtisch Tiramisu usw.). § 1 S. 1 ProdHaftG lautet: *„Wird durch den Fehler eines Produkts jemand getötet, sein Körper oder seine Gesundheit verletzt oder eine Sache beschädigt, so ist der Hersteller des Produkts verpflichtet, dem Geschädigten den* *daraus entstehenden Schaden zu ersetzen."* Das Lebensmittel-, Bedarfsgegenstände- und Futtermittelgesetzbuch (LFGB) ist ein zentrales Gesetz des Lebensmittelrechtes. Die Idee des LFGB ist, Lebensmittelsicherheit für die gesamte Lebensmittelkette inkl. Futtermittel herzustellen („from farm to fork" – „Vom Stall bis zur Gabel"). Es ist ein zusammenfassendes Gesetz, um den Verbraucher vor gesundheitlichen Gefahren und vor Täuschungen zu schützen. Nach diesem Gesetz dürfen keine Lebensmittel in Verkehr gebracht werden, deren Verzehr gesundheitsschädlich im Sinne dieses Gesetzes ist.

3.5.4 Jugendliche kochen in kleinen Gruppen
Wenn kleinere Gruppen gemeinsam Speisen zubereiten, muss mindestens eine Person qualifizierte Fachkenntnisse in der Lebensmittelzubereitung haben.

3.6 Gefahrenabwehr

Nach dem IfSG ist der Veranstalter verpflichtet, für seine Veranstaltung einen Hygieneplan (z. B. Toiletten reinigen, Umgang mit Küchenabfällen) aufzustellen; an diesen haben sich die Mitarbeitenden zu halten. Als weitere Möglichkeit können die Mitarbeitenden die Teilnehmenden in die Verantwortung nehmen, auf die persönliche Hygiene zu achten (z. B. ermahnen, die Hände nach dem Toilettenbesuch zu waschen). Das Vorbeugen zur Verhinderung von Infektionen muss Priorität haben, z. B. durch die Bereitstellung von Seifen und Desinfektionsmitteln.

3.6.1 Veranstalter kann das Risiko minimieren
Infektionen zu vermeiden ist ein wichtiges Anliegen der Mitarbeitenden eines Veranstalters. Schon im Vorfeld kann sich ein Veranstalter von den Teilnehmenden bzw. deren Sorgeberechtigten schriftlich bestätigen lassen, dass keine infektiöse Krankheit vorliegt. Das IfSG listet entsprechende Krankheiten in den §§ 6 und 7 auf. Bei Verwendung eines Freizeitpasses (siehe Kapitel C 2.4) wird dem Veranstalter per Unterschrift von den Sorgeberechtigten versichert, dass bei dem/der Teilnehmenden keine Infektionen vorliegen.

Es gibt leider immer wieder Fälle, in denen die Teilnehmenden bzw. die Sorgeberechtigten ihre Unterschrift sehr großzügig handhaben und es mit der Infektionsverhinderung nicht ernst nehmen. Sollten der Veranstalter, Mitarbeitende und/oder Teilnehmende durch so ein fahrlässiges oder vorsätzliches Verhalten von einzelnen Teilnehmenden/ Sorgeberechtigten geschädigt werden, so ist (je nach den Umständen des Einzelfalles) eine Regressnahme bei dem Verursacher möglich. Leider wird es im Regelfall sehr schwierig sein, den hierfür notwendigen gerichtstauglichen Nachweis zu führen.

Beispiel: Der Läusebefall (§ 34 Abs. 5 IfSG) kommt des Öfteren vor: Angenommen, alle Sorgeberechtigten haben im Freizeitpass unterschrieben, dass kein Läusebefall vorliegt, und dennoch breiten sich während der Reise Kopfläuse unter den Mitreisenden aus. Nunmehr müsste der Veranstalter nachweisen können, dass eine bestimmte Person die Läuse eingeschleust hat.

3.6.2 Infizierte müssen Veranstalter informieren

Sowohl Teilnehmende als auch Mitarbeitende müssen belehrt und sensibilisiert werden, vorhandene Infektionen sowie während der Reise auftretende Infektionen dem Veranstalter bzw. der Freizeitleitung unverzüglich zu nennen und die Teilnahme bzw. Mitarbeit einzuschränken oder gar zu beenden, um die Infektion weiterer Personen zu verhindern.

3.6.3 Notfallmanagement des Veranstalters

Im Fall einer Infektion während einer Reiseveranstaltung wird der Veranstalter entsprechende ärztliche Hilfe veranlassen. Der behandelnde Arzt wird die weiteren Maßnahmen entscheiden und, wenn notwendig, das Gesundheitsamt informieren. Bei besonderen Infektionen (§§ 6, 7 IfSG) besteht Meldepflicht.

Bei den ersten Anzeichen einer Infektion wie Unwohlsein, Bauchkrämpfe oder Erbrechen sollte die betroffene Person von den anderen Teilnehmenden isoliert und eine ärztliche Behandlung eingeleitet werden. Entsprechende Hygienemaßnahmen nach dem Hygieneplan sind vorzunehmen. Sollte eine Infektion sich schnell ausbreiten, wie z. B. der Norovirus, dann ist eine enge Kooperation mit dem Gesundheitsamt und den Behörden (Polizei, Rettungsorganisationen usw.) notwendig. Je nach Situation ist der Veranstalter nicht mehr Handelnder, sondern das Gesundheitsamt veranlasst die weiteren Schritte. Gegebenenfalls kann es auch zu einem vorzeitigen Beenden der Reiseveranstaltung kommen. Das IfSG gibt der Gesundheitsbehörde sozusagen „Polizeigewalt": *„Werden Tatsachen festgestellt, die zum Auftreten einer übertragbaren Krankheit führen können, oder ist anzunehmen, dass solche Tatsachen vorliegen, so trifft die zuständige Behörde die notwendigen Maßnahmen zur Abwendung der dem Einzelnen oder der Allgemeinheit hierdurch drohenden Gefahren"* (§ 16 Abs. 1 IfSG). In diesen Situationen ist der Veranstalter mit seinem Notfallmanagement gefragt (siehe Kapitel D). Besonders schwierig wird es, wenn das Gesundheitsamt keine eindeutige Entscheidung trifft, sondern diese dem Veranstalter überlässt.

Beispiel „Läusebefall" auf einer Freizeit: Das Gesundheitsamt teilt mit: „Die Entscheidung, die Freizeit vorzeitig abzubrechen, hat sich an der Anzahl der befallenen Teilnehmer und an dem vor Ort bestehenden Verlausungsrisiko zu orientieren." Diese Aussage ist in der Praxis nicht sehr hilfreich. In solchen Fällen sollte vom Gesundheitsamt eine klare und eindeutige Anweisung erbeten und eventuell sogar darauf bestanden werden, dass ein Arzt oder eine Ärztin vor Ort erscheint.

3.6.4 Haftungsfragen

Die Kosten für die eingeleiteten behördlichen Maßnahmen muss der Veranstalter tragen, auch wenn den Veranstalter an der Infektion kein Verschulden trifft. Eine Betriebshaftpflichtversicherung ersetzt in diesem Fall den entstandenen Schaden nicht. Die Betriebshaftpflicht tritt nur ein, wenn dem Veranstalter ein Verschulden angelastet werden kann (z. B. verdorbene Lebensmittel, Unsauberkeit). Die Geschädigten können dann vom Veranstalter Schadensersatz und Schmerzensgeld verlangen. Neben der zivilrechtlichen Haftung kann ein Fehlverhalten einzelner Mitarbeitender auch strafrechtliche Folgen haben. Kommt der Infektionsherd von außerhalb (z. B. Lieferant liefert verdorbene Ware) und sollte der Verursacher der Infektion ermittelt werden, kann der geschädigte Veranstalter seinen Schaden gegenüber Dritten (z. B. Lieferant) geltend machen. Wenn der Infektionsherd nicht ermittelt werden kann, kann der Veranstalter auch keine Schadensersatzansprüche durchsetzen. Nach dem Pauschalreiserecht kann für die Teilnehmenden auch ein Reisemangel vorliegen und zur Reisepreisminderung und Schadensersatz des Veranstalters führen (vgl. Kapitel C 3.10.2).

3.7 Reisevermittlung

Eine eher untergeordnete Rolle spielt im Rahmen von Kinder- und Jugendreisen eine Tätigkeit als Reisevermittler; klassische Reisevermittler sind Reisebüros. Keine Reisevermittlung liegt vor, wenn der Veranstalter komplette Reisen von anderen Reiseveranstaltern „einkauft" und dann diese sowie die von den Vertragspartnern zugesicherten Reiseleistungen in seinem eigenen Reiseprospekt in Verbindung mit seinem eigenen Reisepreis bewirbt. Diese „eingekaufte" Reise wird „unter eigenem Veranstalternamen" veröffentlicht und damit ist er der Reiseveranstalter, auch wenn er sich gar nicht als solcher fühlt. Wer aus Kundensicht wie ein Reiseveranstalter auftritt, gilt nach außen auch als solcher und haftet entsprechend (§ 651a Abs. 1 BGB).

Wichtige Abgrenzungen im Reiserecht (siehe auch § 651b BGB):

- Vermittlung einer einzigen Reiseleistung, z. B. nur eine Unterkunft oder ein Freizeitheim: Bei der Vermittlung einer Einzelleistung liegt keine Pauschalreise, sondern ein Geschäftsbesorgungsvertrag (§§ 675, 631 ff. BGB) vor.
- Vermittlung von Pauschalreisen (§ 651v BGB): Diese liegt vor, wenn z. B. im Freizeitprospekt des CVJM Ortsvereins für eine Freizeit (Pauschalreise) des CVJM Landesverbandes geworben wird und diese auch über den Ortsverein gebucht werden kann. Hier schreibt das Gesetz für den Vermittler besondere Pflichten vor, z. B. Kundengeldabsicherung und Übergabe eines Sicherungsscheins (siehe Kapitel C 1.4) oder die Beachtung des Wettbewerbsrechts. Details werden hier nicht weiter aufgeführt.
- Keine Vermittlungen im Sinne des Reiserechts sind beispielsweise das Hinweisen auf die Möglichkeit fremder Buchungen (§ 651w Abs. 2 BGB), die Übergabe von Prospekten, die Mitteilung von Internetlinks oder Gefälligkeitsleistungen wie das Telefonieren oder das Reservieren von Liftkarte.

3.8 Veranstalter und Fremdleistungen

Der Veranstalter als Leistungserbringer und die Zusammenarbeit mit anderen, dritten Dienstleistern.

3.8.1 Veranstalter muss für Leistungsmängel seiner Vertragspartner einstehen

Der Veranstalter haftet über § 278 BGB auch für seine Reiseleistungserbringer (z. B. Busunternehmen, Hotel), die seine Erfüllungsgehilfen (vgl. Kapitel A 2.1.1) sind – er muss sich ihr Verschulden grundsätzlich zurechnen lassen (bzgl. seiner Möglichkeiten, die Leistungsbringer in Haftung zu nehmen, siehe Kapitel C 3.8.2). Der Gesetzgeber hat aber in § 651p Abs. 2 und 3 BGB eine Ausnahme vorgesehen, bei deren Vorliegen dem Veranstalter ein Verschulden seiner Leistungsträger nicht anzulasten ist. So ist z. B. der Veranstalter für einen verspätet gelieferten oder verlorenen Koffer bei Flugreisen nicht schadensersatzpflichtig, denn nach den Art. 5 – 7 der Verordnung Nr. 261/2004 (EG) und dem Montrealer Übereinkommen treffen (bei Annullierung eines Fluges, Nichtbeförderung, Verspätung sowie bei Beschädigung, Zerstörung, Verlust oder verspäteter Gepäckübergabe) die Fluggesellschaften Entschädigungspflichten. Die sog. EU-Fluggastrechte-Verordnung (bzgl. Verspätung und Nichtbeförderung) gilt für alle Charter- und Linienflüge innerhalb der Europäischen Union (EU) und das Montrealer Übereinkommen (bzgl. sonstiger Schäden, Personen- und Gepäckschäden) hat Gültigkeit für alle Staaten, die das Übereinkommen unterzeichnet haben. Der Bundesgerichtshof (BGH) hat klargestellt, dass Ansprüche nach der Fluggastrechte-Verordnung gegen die Fluggesellschaft geltend zu machen sind und nicht gegen den Reiseveranstalter (BGH, Beschluss vom 11.03.2008, Az. X ZR49/07). Der wichtigste Ausgleichsanspruch für Flugreisende ist der aufgrund eines verspäteten Flugs, wenn ein Zeitverlust gegenüber der ursprünglich geplanten Zeit von drei Stunden oder mehr am Endziel vorliegt. Kein Anspruch besteht, wenn die Fluggesellschaft nachweisen kann, dass die Verspätung auf außergewöhnliche Umstände zurückzuführen ist, die sie nicht beherrschen oder beeinflussen konnte (z. B. Vulkanausbruch und Flugroute musste geändert werden). Der/die Teilnehmende stellt seine Forderungen also direkt an die jeweilige Fluggesellschaft und nicht an den Veranstalter. Bei Gruppenreisen mit Minderjährigen müssen sich die Mitarbeitenden des Veranstalters um die Probleme wie Flugumbuchung, Gepäckverlust, Bestätigungen über Verspätungen des Fluges (zur Geltendmachung von Schadensansprüchen) usw. kümmern. Eine deliktische Haftung des Reiseveranstalters für dritte Leistungserbringer liegt in aller Regel nicht vor, da eine Abhängigkeit und Weisungsgebundenheit nicht gegeben ist und die Leistungsträger somit keine „Verrichtungsgehilfen" im Sinne des § 831 Abs. 1 BGB sind.

Beispiele:

Ein Veranstalter kauft ein gesamtes „Paket" (Beförderung, Unterkunft, Verpflegung, bestimmte Programmangebote usw.) bei einem anderen Gruppenreiseveranstalter ein und bewirbt das nun als eigene Veranstaltung im eigenen Reiseprospekt. Er darf das, muss sich aber im Klaren darüber sein, dass er nun als Reiseveranstalter haftet. Das gleiche gilt, wenn bei einer Reise nur bestimmte Hobby- und Outdoorangebote angemietet werden.

Ein ganz klassischer Fall ist der, dass ein (gebuchter) Omnibusunternehmer die Teilnehmenden zum Ferienziel befördert, dort die angemietete Beherbergung mit einer bestimmten Bettenzahl und Zimmern vom einheimischen Hauseigentümer zur Verfügung gestellt wird, ein Caterer vertraglich verpflichtet wird, die Verpflegung für eine bestimmte Teilnehmerzahl zu liefern und schließlich eine örtliche Skischule beauftragt wird, an bestimmten Tagen Skikurse für eine bestimmte Gruppengröße durchzuführen.

Nachweise und weiterführende Praxistipps
- Fahrgastrechte: www.lba.de (Linkzugriff im März 2018)

3.8.2 Regressnahme des Veranstalters bei den Vertragspartnern

Sicherlich kann der Veranstalter Regress bei den verpflichteten Leistungsträgern nehmen, um sich den entstandenen Schaden ersetzen zu lassen. Es ist aber nicht möglich, zum/zur Teilnehmenden zu sagen: „Bitte klären Sie Ihre Beanstandungen bzw. den Reisemangel mit dem Hausvermieter ab!"

Beispiel: Wurde im Freizeitprospekt mit dem im Haus befindlichen Fitness- bzw. Tischtennisraum geworben und dieser ist inzwischen zum Hühnerstall umfunktioniert worden (war schon da!), kann der Veranstalter wegen eines Reisemangels finanziell in Anspruch genommen werden, wenn er nicht Abhilfe schaffen kann. Nun kann der Veranstalter natürlich seinerseits beim Hausvermieter entsprechend Regress nehmen.

Allerdings zeigt die Erfahrung, dass es schon innerhalb Europas oder gar weltweit sehr schwierig sein kann, seine Veranstalterrechte sowohl in finanzieller als auch in rechtlicher Sicht durchzusetzen. Veranstalter, die Freizeitheime, Hotel- und Feriendorfanlagen oder z. B. ein Segelschiff anmieten, sollten vor Vertragsschluss sorgfältig die Verträge prüfen (Anzahlungsmodalitäten, Mindestbelegung, Ausfallbetrag bei rechtzeitiger bzw. nicht rechtzeitiger Absage des Mietobjektes usw.). Nebenabreden müssen grundsätzlich schriftlich getroffen werden, um im Konfliktfall sein Recht durchsetzen zu können.

3.9 Finanzen und Steuerproblematik

3.9.1 Steuerproblematik

Die meisten Veranstalter in der Kinder- und Jugendarbeit wie Kirchengemeinde, Verein oder Jugendverband sind als gemeinnützig anerkannt. Durch die Reiseangebote machen die Veranstalter nun Umsätze und werden damit steuerpflichtig. Sind diese Veranstalter aber als Träger der freien Jugendhilfe nach § 75 SGB VIII, dem Kinder- und Jugendhilfegesetz (KJHG, siehe Kapitel A 1.1.1), anerkannt, dann sind diese Bereiche der Kinder- und Jugendarbeit von der Umsatzsteuer befreit. Bei Reiseangeboten mit Kindern und Jugendlichen unter 18 Jahren steht der pädagogische Zweck im Vordergrund. Im Altersbereich vom Beginn der Volljährigkeit bis zum vollendeten 26. Lebensjahr („junge Volljährige" gemäß § 7 Abs. 1 Nr. 3 SGB VIII) tritt der gemeinnützige Veranstalter zu anderen Reiseveranstaltern in Wettbewerb. Es ist deshalb entscheidend, ob die „jungen Volljährigen" sich nur erholen oder in ein festes Programm eingebunden sind. Soll von der Umsatzsteuerbefreiung des KJHG Gebrauch gemacht werden, dann muss bei dem Angebot die Erziehung, Ausbildung oder Fortbildung im Vordergrund stehen. Angebote mit reinem Erholungswert dagegen sind steuerlich einem Wirtschaftsbetrieb zuzuordnen. Bei diesen Angeboten des Veranstalters fehlt der Zweck der Erziehung. Die Reiseangebote für Familien und Erwachsene sind ebenfalls nicht von der Umsatzsteuer befreit. Bei solchen Angeboten unterliegt der Veranstalter der „Margenbesteuerung" nach § 25 UStG. Das Besondere an der Margenbesteuerung ist, dass nicht die kompletten Umsätze versteuert werden, sondern nur die Differenz zwischen den vereinnahmten Vergütungen für die Reiseleistungen und den aufgewendeten „Reisevorleistungen" (das sind eingekaufte Leistungen dritter Reiseunternehmer). Ein Vorsteuerabzug ist bei dieser Versteuerung nicht möglich. Nach einem Urteil des Bundesfinanzhofs aus dem Jahr 2006 müssen alle Unternehmen bzw. Veranstalter, die Reiseleistungen erbringen, die Margenbesteuerung anwenden, soweit sie nicht umsatzsteuerbefreit sind. Die Umsatz-, Gewerbe-, Körperschafts- und Ertragssteuer richtet sich nach der Vereinsbesteuerung. Es gelten im Steuerrecht bei der Vereinsbesteuerung Freibetragsgrenzen, die steuerfrei sind. Um die Gemeinnützigkeit nicht zu verlieren, sollten sich die Vereinsvorstände und ihre Kassierer entsprechend sachkundig machen. Für kirchliche Angebote der Körperschaften des öffentlichen Rechts gelten diese steuerlichen Bestimmungen auch.

3.9.2 Kalkulation und Kasse

Die Freizeitleitung hat während der Reise sorgfältig auf den vorgegebenen Finanzrahmen zu achten und die Kasse ordnungsgemäß zu führen (Belege, Eintrittskarten usw.). Der Veranstalter muss eine kaufmännische Buchhaltung führen und hat die Reise entsprechend zu kalkulieren. Siehe auch Kapitel A 4.

Nachweise und weiterführende Praxistipps
- Knublauch, Björn / Krohmer, Johanna / Müller, Ingo / Otterbach, Fritz Ludwig (Hg.):
  Der Freizeitplaner. Freizeiten einfach gut planen, durchführen, nacharbeiten,
  buch+musik ejw-service gmbh, Stuttgart 2014

3.10 Versicherungen

Einzelheiten zu Versicherungen sind auch in Kapitel A 6 zu finden.

3.10.1 Grenzen der Versicherung

Der Veranstalter hat mit seinen Reiseangeboten ein hohes Risiko zu tragen. Einiges kann versichert werden, aber ein Reisemangel bzw. eine Reisepreisminderung ist nicht versicherungsfähig, da hier vertragliche Ansprüche in Rede stehen, die teilweise rückabgewickelt werden (vgl. Kapitel C 2.7.2). Veranstalter von Reiseangeboten sollten deshalb in ihrem Haushalt eine entsprechende zweckgebundene Rücklage (Risikorücklage) bilden, um in solchen Situationen Geldmittel zur Verfügung zu haben, um die finanziellen Defizite aufzufangen.

3.10.2 Haftung für Personen- und Sachschäden

Versichern lassen sich u. a. Schadensersatzansprüche aus Delikt (§ 823 BGB). Versäumt z. B. ein Mitarbeiter / eine Mitarbeiterin, verschüttetes Wasser auf dem Fußboden rechtzeitig aufzuwischen, woraufhin eine Person ausrutscht und sich verletzt, so sind u. a. Schmerzensgeldansprüche und Kosten für die Heilbehandlung im Rahmen einer Haftpflichtversicherung abgedeckt. Reiseveranstalter benötigen hierbei einen auf § 651a ff. BGB abgestimmten Versicherungsschutz. Nach dieser Regelung kann der Veranstalter zwar Schäden auf den dreifachen Reisepreis beschränken, wenn diese nicht schuldhaft herbeigeführt werden und nicht Körperschäden sind (§ 651p Abs. 1 BGB). Im Umkehrschluss ist er bei Körperschäden ganz in der Haftung, Reisebedingungen dürfen keine diesbezügliche Haftungsbeschränkung enthalten. Daher sollte er Personen- und Sachschäden versichern, die durch seine Erfüllungsgehilfen (z. B. Erbringer vertraglicher Reiseleistungen, Mitarbeitende des Veranstalters) verursacht werden, da er für diese zur Verantwortung gezogen wird (vgl. Kapitel C 2, C 3.8.2).

3.10.3 Forderungen wegen entgangener Urlaubsfreude

Wegen „... nutzlos aufgewendeter Urlaubszeit ..." kann der/die Teilnehmende vom Veranstalter „... eine angemessene Entschädigung in Geld verlangen" (§ 651n Abs. 2 BGB). Diese Entschädigungsansprüche (siehe Kapitel C 2.7.4.6) sind versicherbar und werden in der Versicherungsbranche im Rahmen einer Vermögensschaden-Haftpflichtversicherung für Reiseveranstalter abgedeckt.

3.10.4 Haftung bei Flug- und Seereisen

Eine Haftpflichtversicherung für Veranstalter ist auch notwendig bei einer Pauschalgruppenreise mit Flug (Luftbeförderung). Wenn der Veranstalter für alle Teilnehmenden Flugtickets kauft, gilt er rechtlich als „vertraglicher" Luftfrachtführer (im Gegensatz zum „ausführenden" Luftfrachtführer, eine Fluggesellschaft). Er beauftragt durch den Kauf eines Kontingents von Flugscheinen eine Fluggesellschaft mit der

Beförderung. Wenn nun der Abflugs- oder Bestimmungsort im Gebiet eines Vertrags-staates liegt, das dem Montrealer Übereinkommen zugestimmt hat, haften beide (vertraglicher und ausführender Luftfrachtführer) gesamtschuldnerisch für Perso-nenschäden (Tötung, Körperverletzung, Gesundheitsbeschädigung) und für Verlust oder Schäden am Gepäck. Innerhalb der Europäischen Union (EU) hat die Verordnung EG Nr. 261/2004 Gültigkeit.

Bei der Beförderung von Personen per Schiff (Autofähren, Ausflugsdampfer usw.) ist es ähnlich. Der Veranstalter benötigt eine Betriebshaftpflichtversicherung, die auch Vermögensschäden als Reiseveranstalter mit einschließt. Siehe auch Kapitel A 6.2.

3.10.5 Schwarze Liste über Fluggesellschaften

Der Veranstalter ist nach der EU-Verordnung Nr. 2111/2005 verpflichtet, die Teilneh-menden bei der Anmeldung zu unterrichten, mit welchem Luftfahrtunternehmen die gebuchte Pauschalreise durchgeführt wird. Ist diese Fluggesellschaft noch nicht be-kannt oder wird aus organisatorischen Gründen eine andere Fluggesellschaft mit der Beförderung beauftragt, muss der/die Teilnehmende über den Wechsel umgehend informiert werden. Der Veranstalter muss die Teilnehmenden auch darauf hinweisen, dass es eine „gemeinschaftliche Liste" (sog. „Black List" oder „schwarze Liste") in der EU gibt, die die Fluggesellschaften aufführt, deren Sicherheitskriterien nicht denen der EU entsprechen. Diese schwarze Liste ist auf den Internetseiten mit den Reiseangebo-ten des Veranstalters aufzunehmen und ein entsprechender Link auf www.ec.europa.eu/germany/news/flugsicherheit-der-eu-schwarze-liste-aktualisiert_de (Linkzugriff im März 2018) zu setzen, außerdem muss sie in den Geschäftsräumen des Veranstalters den Teilnehmenden zugänglich sein (Art. 9 dieser EU-Verordnung). Ein entsprechen-der Hinweis muss in die Reisebedingungen des Veranstalters aufgenommen werden.

3.10.6 Reiseleistungen nie mit eigenen Versicherungen des Veranstalters verknüpfen

Eine problematische Handhabung ist, dass in vielen Reiseprospekten auf das Bestehen einer Unfall- und Haftpflichtversicherung für die Teilnehmenden hingewiesen wird, die der Veranstalter tatsächlich für sein Unternehmen, seinen Verein usw. und seine Mitarbeitenden abgeschlossen hat, also Versicherungen, die nicht speziell für die Frei-zeit konzipiert sind. Hier geht es oft um Sammelversicherungsverträge (Gruppenver-sicherungen). Einige Verträge sind so gestaltet, dass auch Teilnehmende unfall- und haftpflichtversichert sind. Diese Vertragsergänzung soll dazu dienen, Teilnehmende, die privat nicht unfall- oder haftpflichtversichert sind, im Rahmen der Kinder- und Jugendarbeit ein wenig abzusichern. Es ist aber nicht empfehlenswert, diese Versiche-rungen als Reiseleistung zu bewerben und ausdrücklich „zu verkaufen". Sie sind eher als kostenloser Service des Vereins/Verbands bzw. der kirchlichen Gruppe gedacht, eine Art soziales Auffangnetz. Wenn der/die teilnehmende Reisende nichts von diesen Versicherungen weiß, kann der Veranstalter im Fall eines Schadens immer noch ent-scheiden, ob er diesen Versicherungsvertrag in Anspruch nimmt, um die Teilnehmen-den (freiwillig) zu unterstützen.

Dem Veranstalter bleibt eine Auseinandersetzung mit den Sorgeberechtigten des/der nicht versicherten Minderjährigen erspart. Der/die Geschädigte wird sich zwar immer an den Veranstalter halten, aber rein juristisch müssen Kinder/Jugendliche, die schuldhaft einen Schaden bei einem Dritten verursacht haben, diesen über ihre private Haftpflichtversicherung regulieren lassen, wenn sie von zu Hause aus haftpflichtversichert sind. In der Haftpflichtschadensregulierung wird immer zuerst die persönliche Haftpflichtversicherung der Teilnehmenden in Anspruch genommen, denn die Gruppenversicherungsverträge sind in aller Regel so ausgestaltet, dass die Betriebshaftpflicht des Veranstalters subsidiär (nachrangig) greift.

Allerdings kann der Veranstalter speziell für eine Freizeit gesonderte Versicherungsverträge für die Teilnehmenden abschließen und diese dann tatsächlich als Reiseleistung in die Reisebeschreibung aufnehmen. So ist es z. B. sehr empfehlenswert, für die Teilnehmenden einer Freizeit im Ausland eine Auslandsreisekrankenversicherung abzuschließen.

Der Veranstalter kann für weitere Risiken spezielle Sonderversicherungen abschließen.

3.10.7 Risikoeinschätzung des Veranstalters

Im Bereich der Kinder- und Jugendarbeit sind üblicherweise die Vereine, Jugendverbände, Kirchengemeinden usw. über Rahmenverträge versichert und halten entsprechende Informationen zum Umfang des Versicherungsschutzes bereit. Der Veranstalter muss prüfen, welche zusätzlichen Versicherungen für die Freizeiten und sonstigen Reiseangebote noch notwendig sind. Dazu gehören z. B. Versicherungen für das erhöhte Risiko für Personen-, Haftpflicht- und Vermögensschäden (insbesondere bei Flug- und Seereisen). Das erhöhte Risiko betrifft auch die sog. „Verkehrssicherungspflicht". Der Veranstalter ist verantwortlich für die Sicherheit der von ihm angemieteten Gebäuden, Transportmittel, Einrichtungen, Sportanlagen usw., damit die Teilnehmenden seiner Angebote sowie Besucher und Gäste nicht zu Schaden kommen. Wie schon erwähnt, sind Reisemängel und die daraus ergebenden Ersatzansprüche nur bedingt versicherbar. Hinzu kommt im Bereich „Pauschalreise" noch die Reisepreissicherungspflicht mit den „Sicherungsscheinen" (siehe Kapitel C 1.4).

Nachweise und weiterführende Praxistipps

- Schwarze Liste der Fluggesellschaften: www.ec.europa.eu/germany/news/flugsicherheit-der-eu-schwarze-liste-aktualisiert_de (Linkzugriff im März 2018)
- Fluggastrechte: www.soep-online.de/assets/files/Service-Links/Fluggastrechte-Broschuere.pdf (Linkzugriff im März 2018)

KAPITEL D

NOTFALLSITUATIONEN UND IHR MANAGEMENT

1 NOTSITUATIONEN BEI DER FREIZEIT ODER IN DER GRUPPE

KAPITEL A

KAPITEL B

KAPITEL C

KAPITEL D

KAPITEL E

Im Vergleich zu Freizeiten kommen bei Gruppenzusammenkünften weniger Notsituationen vor. In diesem Kapitel steht deshalb das Thema Notsituationen auf Freizeiten im Vordergrund. Natürlich kann auch am Heimatort im Einzelfall ein Notfallmanagement notwendig sein; die folgenden Überlegungen können entsprechend übertragen werden.

1.1 Notsituationen

Unter dem Begriff **Notsituationen** sind Ereignisse zu verstehen, die den Ablauf einer Freizeit stören und verändern und die die Teilnehmenden und Mitarbeitenden vor außergewöhnlich schwierige Situationen stellen. Diese außergewöhnlichen Situationen können sehr vielfältig sein; immer sind Menschen betroffen. Das ist z. B. der Fall, wenn das Zeltlager nach einem Wolkenbruch unter Wasser steht; wenn Durchfallerkrankungen (z. B. durch den Norovirus) auftreten; wenn es beim Spiel zu schweren Verletzungen kommt; wenn sich ein schwerer Verkehrsunfall ereignet; wenn es gar zu einem Unfall mit Todesfolge kommt. Diese schwerwiegenden Ereignisse müssen die Teilnehmenden und Mitarbeitenden miteinander meistern. Oft empfinden die Betroffenen eine Hilflosigkeit, ein Gefühl der Ohnmacht und drohender Lethargie.

Um den Emotionen der Betroffenen entgegenzuwirken und damit einer Handlungsunfähigkeit, bedarf es vorbereiteter Strategien. Für diese Strategien werden verschiedene Begriffe verwendet. Die am häufigsten gebrauchten Begriffe sind „Krisenmanagement", „Krisenintervention" oder „**Notfallmanagement**".
Sie meinen im Grunde dasselbe: Eine Ausnahmesituation muss mit außergewöhnlichen Mitteln bewältigt werden. Diese Bewältigung hat immer eine operative und eine kommunikative Komponente. Damit diese beiden Komponenten angemessen und ausreichend berücksichtigt werden, erfordert das Management eines Notfalls auf einer Freizeit ein Grundkonzept, das die veranstaltende Organisation (ggf. ihre Dachorganisation) in Grundzügen bereits im Vorfeld vorbereitet hat.

In der Literatur wird bisweilen ein Ereignis bereits als Notfall bezeichnet, das faktisch lediglich den Charakter eines „Zwischenfalls" hat, ohne echte „Not" zu verursachen. Dennoch wird im Folgenden von Notfällen und nicht von Krisen die Rede sein. Unter einem **Notfall** verstehen wir Gefahr für Leib und Leben. Eine **Krise** geht begrifflich über den Notfall hinaus und wirkt langfristig nach bis hin zum dauerhaften Imageschaden des Veranstalters. Der Veranstalter, der bei seiner Veranstaltung eine Krise erlebt, muss immer auch die daraus erwachsenden persönlichen Krisen der Betroffenen, Eltern, Angehörigen usw. im Blick haben. Bei außergewöhnlichen Ereignissen kommt es bei den Betroffenen meist zu (nicht immer versicherten) finanziellen Schäden und nicht wiedergutzumachenden Unfallfolgen – im schlimmsten Fall zum Verlust eines nahestehenden Menschen.

1.2 Qualifizierung der Mitarbeitenden im Notfallmanagement

Der Besuch eines Erste-Hilfe-Kurses ist für die Mitarbeitenden Pflicht. Im Erste-Hilfe-Kurs müssen sich Mitarbeitende u. a. mit Notsituationen auseinandersetzen, bei denen es zu schweren Körperverletzungen kommt. Der Erste-Hilfe-Kurs zielt auf die Erstversorgung von Verletzten. Um für „medizinische" Notfälle bei Freizeiten gerüstet zu sein, bedarf es auf jeden Fall einer Qualifizierung der Mitarbeitenden – insbesondere der Leiterinnen und Leiter von Veranstaltungen. Sollten die eingesetzten Mitarbeitenden diesbezüglich noch keine Schulung erhalten haben, dann muss der Verein, der Jugendverband oder die Kirchengemeinde usw. diese Personen individuell beraten, um sie in das Notfallmanagement einzuführen.

Nachweise und weiterführende Praxistipps
- Qualitätsleitfaden für Freizeiten des EJW: www.ejw-reisen.de/service/ejw-qualitaetsstandards (Linkzugriff im März 2018)

2 NOTFALLMANAGEMENT FÄNGT ZU HAUSE AN

Vorausschauende Planung mindert im Notfall die Probleme oder lässt erst gar keine aufkommen. Je nachdem wie gefahrgeneigt (d. h. „im konkreten Fall riskant", „zum Schaden tendierend") ein Angebot ist, müssen bei der Vorbereitung entsprechende Risiken und Gefahren berücksichtigt werden.

Beispiele:

- Wenn ein Zeltlager stattfinden soll und sich kein Haus mit Aufenthalts-möglichkeit auf dem Grundstück befindet, muss der Veranstalter für den Notfall (z. B. Unwetter mit Blitzen, Sturm und heftigem Regen, Über-schwemmung) eine feste Unterkunft organisieren. Vor der Veranstaltung müssen die Verantwortlichen mit dem Eigentümer der (Not-)Unterkunft (z. B. Scheune, Sport- und Gemeindehalle) die Einzelheiten einer schnellen Unterbringung klären. Dazu gehört auch der Transport. Ist dies geklärt, können die Verantwortlichen auf entsprechende Evakuierungspläne zurückgreifen.
- Wenn während der Freizeit eine Bergtour vorgesehen ist, gehört zur Planung, dass die Verantwortlichen die Gegend und den Weg kennen (oder sich gut informiert haben), um evtl. auf Gefahrenstellen hinweisen zu können. Je nach Gruppengröße muss mindestens eine Erste-Hilfe-Tasche mitgeführt werden. Trotz Hinweis auf geeignetes Schuhwerk ist das Bereithalten von Blasenpflastern zu empfehlen.
- Es sind oft simple Überlegungen, die bei der Planung und Vorbereitung mit einbezogen werden müssen. Wie bei einer Radtour: Wer hat die Erste-Hilfe-Tasche dabei? Diese sollte sich immer bei dem/der Mitarbei-tenden am Ende der Gruppe befinden (vgl. Kapitel B 5.5).
- Es sollte auch durchgedacht werden, wie man sich bei Gewaltvorfällen oder Feueralarm verhält. Wichtig: Notausgänge, ggf. Rettungswege festlegen; bei Gewalt ist primär auf Deeskalation hinzuwirken. Immer sollte die allgemeine Notrufnummer der Polizei 110 oder die auch inter-national gültige Notrufnummer 112 (Leitzentrale Rettungswesen, Feuer-wehr, Polizei) allen Mitarbeitenden bekannt sein.

An diesen wenigen Beispielen wird deutlich: Bei entsprechender Vorplanung mini-miert sich das Risiko, vor völlig unerwarteten Problemen zu stehen. Unverzichtbar ist ein Notfallmanagement, zu dem neben dem Einholen aller wichtigen Informationen zu den Gegebenheiten vor Ort und dem Einholen von Informationen über die Kompetenzen und Erfahrungen der Mitarbeitenden auch eine Übersicht über alle wichtigen Telefonnummern gehört, die schon bei Beginn vorliegen (siehe Details in Kapitel D 5).

Nicht fehlen darf auch der Verbandkasten nach DIN 13157/13169 (z. B. für den Jugendgruppen- oder Jungscharraum) bzw. die Erste-Hilfe-Tasche nach DIN 13160. Dies ist eine Sanitätsumhängetasche, die für Ausflüge, Kindergärten und Schulen ausgestattet ist. Nach den Arbeitsstättenrichtlinien ist diese Sanitätstasche normiert für Erste-Hilfe-Einsätze bei Wanderungen, Exkursionen, Studienfahrten, Sportveranstaltungen außerhalb der Sporthalle usw. In Gemeindehäusern und Übernachtungshäusern sind i. d. R. Verbandkästen vorhanden, meist hängen sie in Abstellkammern oder im Küchenbereich. Wichtig ist zu prüfen, ob und wie diese gewartet und nachgefüllt werden. Je nach Teilnehmerzahl können noch weitere Verbandkästen benötigt werden. Zwei Verbandkästen, die auch für Schulen geeignet sind, nach DIN 13157 (der sog. kleine Betriebsverbandkasten nach der Arbeitsstättenverordnung in Herstellungs- und Verarbeitungsbetrieben ab 1 bis 20 Beschäftigten) entsprechen einem Verbandkasten nach DIN 13169 (der sog. große Betriebsverbandkasten nach dieser Arbeitsstättenverordnung ab 21 bis 100 Beschäftigten).

Eine minimale ergänzende Ausstattung hat sich bewährt wie

- Pflaster, Blasenpflaster, elastische Binden, Mullbinden, sterile Kompressen, Verbandpäckchen
- Fieberthermometer, kleine Schere, Splitterpinzette, Zeckenzange
- Desinfektionsmittel, Einmalhandschuhe, Kühlpäckchen
- Zur äußerlichen Anwendung (auf Unverträglichkeiten achten!): Salbe gegen Insektenstiche, Desinfektionssalbe oder -lösung, einfache Mittel gegen Schmerzen, Präparate gegen Sonnenbrand, Prellungen und Verstauchungen

Über den Inhalt von Notfall-Verbandkästen (nach DIN-Normen) oder die ergänzende Ausstattung lässt man sich am besten von einem Arzt oder Apotheker beraten.

In den Gebäuden (Freizeithaus, Gemeindehaus usw.) ist es ratsam, bei jedem Festnetztelefon einen entsprechenden Notfallplan mit Telefonnummern anzubringen.

Ebenso kann bereits von zu Hause z. B. die Feuerwehr am Ort eines Camps/Zeltlagers kontaktiert werden, um Informationen über mögliche bekannte Gefahrenpunkte einzuholen (z. B. wie groß die Gefahr von Überschwemmungen ist, wenn der Platz an einem Fluss liegt). Diese Erfahrungen sind wertvoll, um die Planung bestmöglich auf den konkreten Ort anzupassen und bereits im Vorfeld entsprechende Evakuierungspläne zu erstellen.

Nachweise und weiterführende Praxistipps
- Übersichtliche Notfallbegleiter in Form von Fächern zu verschiedenen Notfallthemen von akaMedica GmbH: www.akamedica.de/produkte (Linkzugriff im März 2018)

3 GESUNDHEITSFÜRSORGE WÄHREND DER FREIZEIT

3.1 Erste Hilfe

Im Rahmen der übernommenen Aufsichtspflicht sind die Mitarbeitenden verpflichtet, Erste Hilfe zu leisten und Gesundheitsfürsorge wahrzunehmen. Das Strafgesetzbuch (StGB) ermahnt in § 323c StGB: *„(1) Wer bei Unglücksfällen oder gemeiner Gefahr oder Not nicht Hilfe leistet, obwohl dies erforderlich und ihm den Umständen nach zuzumuten, insbesondere ohne erhebliche eigene Gefahr und ohne Verletzung anderer wichtiger Pflichten möglich ist, wird mit Freiheitsstrafe bis zu einem Jahr oder mit Geldstrafe bestraft. (2) Ebenso wird bestraft, wer in diesen Situationen eine Person behindert, die einem Dritten Hilfe leistet oder leisten will."* Das verpflichtet alle Mitarbeitenden, im Notfall sofort entsprechende Erste Hilfe zu leisten. Organisatorisch hat es sich aber auf Veranstaltungen bewährt, dies insbesondere auf dafür ausgewählte und ausgebildete Mitarbeitende zu delegieren. Für die Erste Hilfe sind dann ein bis zwei Mitarbeitende zuständig, die Sach- und Entscheidungskompetenz haben, um entsprechende Erste-Hilfe-Maßnahmen einleiten zu können. Das entbindet natürlich die übrigen Mitarbeitenden nicht von ihrer eigenen Nothilfepflicht, kann aber, wenn der „Spezialist" greifbar ist, zu effektiverer Hilfe führen.

Dabei geht es nicht nur um den „Extremfall". Auch kleinere Verletzungen, z. B. Schürfwunden, Zeckenbisse, Insektenstiche, sollten möglichst von den dafür vorgesehenen Personen behandelt werden. Bedacht werden muss zudem, dass – soweit dies möglich ist – durch eine Person desselben Geschlechts behandelt wird, insbesondere bei Verletzungen im Intimbereich (siehe Kapitel B 3.2.4).

3.2 Gesundheitsfürsorge

Die Mitarbeitenden dürfen Teilnehmenden keine Medikamente verabreichen oder Verletzungen behandeln, es sei denn, dass ein Notfall vorliegt (§ 323c StGB; s. a. o.) oder Gefahr für Leib und Leben abgewendet werden muss (§ 34 StGB, rechtfertigender Notstand). Nach der Rechtsprechung zum Strafrecht ist tatsächlich jeder körperliche Eingriff (selbst der ärztliche) eine Körperverletzung. Juristen sprechen vom Eingriff „in die Körperintegrität". I. d. R. haben die wenigsten Mitarbeitenden einen Heilberuf wie Arzt oder Heilpraktiker. Wenn aber Mitarbeitende Minderjährige behandeln, so kommen sie mit dem Heilpraktikergesetz (HeilprG) in Konflikt, denn *„Wer die Heilkunde, ohne als Arzt bestallt zu sein, ausüben will, bedarf dazu der Erlaubnis"* (§ 1 Abs. 1 HeilprG). Das bedeutet, dass Mitarbeitende nur im Rahmen der

Aufsichtspflicht und dessen, was im Freizeitpass (siehe Kapitel C 2.4) mitgeteilt wurde, tätig sein dürfen. Ausnahme ist nur die Gefahr für Leib und Leben (Notfall).

Im begrenzten Umfang können die Sorgeberechtigten (z. B. mit dem Freizeitpass) den Mitarbeitenden eine Vollmacht erteilen, z. B. bei Insektenstichen Salben aufzutragen, Zecken zu entfernen, Medikamente zu verabreichen. Es gibt durchaus Kinder und Jugendliche, die in bestimmten Notfällen auf Medikamenteneinnahme angewiesen sind oder die ohnehin regelmäßig Medikamente einnehmen müssen. Aus rechtlichen Gründen ist für diese Fälle zu empfehlen, eine schriftliche Vereinbarung zwischen Sorgeberechtigten und Veranstalter bzw. den Mitarbeitenden des Veranstalters zu treffen. Bei Notfallmedikamenten (z. B. Spray beim Asthma-Anfall) müssen die Verantwortlichen dafür sorgen, dass das Notfallmedikament mindestens zweimal vorhanden ist und an verschiedenen Orten aufbewahrt wird. Dadurch ist im Notfall die Sicherheit erhöht, schnell an das Medikament zu kommen.

Beispiel: Ein Jugendlicher reagiert allergisch auf Bienenstiche. Bei einem Stich muss innerhalb von 15 Minuten eine Gegenmaßnahme vorgenommen werden, sonst hat er wenig Überlebenschancen. Der Jugendliche wollte unbedingt auf das Zeltlager mit. Mit den Sorgeberechtigten vereinbarten die Mitarbeitenden, dass der betreuende Arzt drei Mitarbeitende in die Handhabung der Notfallspritze einweist. Zur Freizeit hat der Jugendliche mehrere Notfallspritzen mitgebracht. Wenn die Gruppe unterwegs war, hatten zwei Mitarbeitende jeweils eine Notfallspritze im Gepäck und eine weitere befand sich beim Jugendlichen. Die Sicherheit war eingeplant worden, denn in der Hektik des Notfalles könnte einem Mitarbeitenden die Spritze auf den Boden fallen und dadurch nicht mehr zu gebrauchen sein.

Ist eine ärztliche Behandlung eines/einer Minderjährigen notwendig, muss der Arzt im Einzelfall entscheiden, ob eine Einwilligung der Sorgeberechtigten notwendig ist. Ein ärztlicher Eingriff ist wie oben erwähnt tatbestandsmäßig eine strafbare Körperverletzung, die allerdings durch den Rechtfertigungsgrund des § 228 StGB (Einwilligung) tatsächlich oder mutmaßlich gerechtfertigt ist.
In Ausnahmefällen kann ein Minderjähriger / eine Minderjährige selbst diese Einwilligung erteilen, wenn ...

- er/sie mindestens 14 Jahre alt ist,
- er/sie den Eindruck vermittelt, dass er/sie einsichts- und urteilsfähig ist,
- er/sie in der Lage ist, die Tragweite eines ärztlichen Eingriffs zu erfassen (OLG Frankfurt NJW 2007, 3580 [3581]).

Im Einzelfall kommt es auf die Tragweite des Eingriffs an, ob eine Einwilligung der Sorgeberechtigten erforderlich ist.[20]

---

20 In: Parzeller, Markus / Wenk, Maren / Zedler, Barbara / Rothschild, Markus: Aufklärung und Einwilligung des Patienten, In: www.aerzteblatt.de/pdf/CM/1/2/s29.pdf (Linkzugriff im März 2018), S. 29 f und g

3.2.1 Verabreichung von Medikamenten

Im Freizeitpass (oder einem ähnlichen Formular) wird mitgeteilt, ob der/die Teilnehmende seine/ihre Medikamente selbst nimmt und dabei nicht überwacht werden muss. Wenn das nicht gegeben ist, sind die Medikamente bei der für die Erste Hilfe verantwortlichen Person. Die Medikamentenabgabe wird auf einem Behandlungsbogen dokumentiert (Beilage zum Freizeitpass/Formular).

Kinder und Jugendliche, die (wie z. B. Epileptiker) ihre Medikamente zu bestimmten Uhrzeiten einnehmen müssen, sind besonders auf die Pünktlichkeit hinzuweisen und darauf hin zu überwachen. Wenn z. B. die Gruppe aus irgendwelchen Gründen länger schläft als üblich und dadurch die Einnahmezeit verpasst werden könnte, muss die betroffene Person geweckt und ihr das Medikament verabreicht werden.

Das Verabreichen von Medikamenten aus eigenem Bestand oder von Dritten ist nicht ratsam. Es kann nicht abgeschätzt werden, ob es das richtige Medikament ist, ob es Wechselwirkungen mit anderen Medikamenten gibt oder ob es allergische Reaktionen auslöst. U. U. könnte ein Verstoß gegen das HeilprG vorliegen. Nach dem Arzneimittelgesetz (AMG) sind die Mittel Medikamente, die in bestimmter Dosierung *„... zur Heilung oder Linderung oder zur Verhütung menschlicher oder tierischer Krankheiten ..."* (§ 2 Abs. 1 Nr. 1 AMG) oder krankhafter Beschwerden bestimmt sind. Das bedeutet, dass auch homöopathische oder pflanzliche Heilmittel (z. B. Globoli, Salbe gegen Mückenstich) Medikamente sind.

Sollte ein Kind oder ein Jugendlicher / eine Jugendliche während der Freizeit erkranken und es notwendig werden, ein Krankenzimmer oder -zelt einzurichten, dann muss die Zimmer- oder Zeltbelegung geändert werden.

Bei Inanspruchnahme ärztlicher Leistungen ist eine Liste mit den erreichbaren Ärzten und Krankenhäusern in der Notfallmappe (siehe Kapitel D 5) hilfreich.

Ist die Situation gegeben, dass eine kranke oder verletzte Person zum Arzt oder in ein Krankenhaus gebracht werden muss, so müssen die Verantwortlichen prüfen, ob dieser Transport nicht notwendigerweise qualifiziert, also von einem Krankentransportunternehmen durchgeführt werden sollte. Liegt z. B. nach einem Sturz der Verdacht auf eine Wirbelsäulenverletzung vor, so ist dringend eine qualifizierte Lagerung und ein entsprechender Transport notwendig.

Nachweise und weiterführende Praxistipps

- Arbeitshilfe der Evangelischen Jugend in Deutschland e. V. (aej) „Erste-Hilfe, Gesund-heitsfürsorge und Medikamentengabe in der Kinder- und Jugendarbeit": www.evangelische-ferienfreizeiten.de/freizeitentagebuch/erste-hilfe (Linkzugriff im März 2018)
- Arbeitshilfe des Landesjugendringes Baden-Württemberg e. V. „Medikamente bei Maßnahmen der Kinder- und Jugendarbeit": www.ljrbw.de/publikationen/medikamente-bei-massnahmen-der-kinder-und-jugendarbeit.html (Linkzugriff im März 2018)
- Fragebogen zu gesundheitlichen Besonderheiten der Arbeitsgemeinschaft der Evangelischen Jugend in Deutschland e.V. (aej): www.evangelische-ferienfreizeiten.de/info/fragebogengesundheit (Linkzugriff im März 2018)

4 EINRICHTUNG EINES NOTFALLMANAGEMENTS

Auch für kleine Organisationen ist die Einrichtung eines Notfallmanagements notwendig. Die folgenden Überlegungen stellen deshalb einen wünschenswerten Standard dar, der veränderbar ist und immer auf die jeweilige Organisation angepasst werden kann bzw. muss.

4.1 Koordination am Ort des Notfalls

Bei Freizeiten ist eine Person aus der Leitung der Koordinator. Schon bei der Freizeitplanung wird bestimmt, wer Koordinator und dessen Stellvertretung ist. Sollten die bestimmten Koordinatoren selbst beim Eintritt des Notfalls nicht anwesend oder einsatzfähig sein, dann übernimmt i. d. R. der/die erfahrenste Mitarbeitende die Aufgaben des Koordinators.

Im Fall eines Notfall- oder Krisenereignisses müssen die Mitarbeitenden Notfallmaßnahmen einleiten und sich um die Teilnehmenden kümmern. Der Koordinator muss sich im Innenverhältnis auf das Mitarbeitendenteam verlassen können, denn die Rettungsorganisationen (Notarzt, Krankenwagen, Feuerwehr, Polizei) müssen eine Ansprechperson haben, die ihnen immer zur Verfügung steht. Der Koordinator nimmt telefonischen Kontakt zum Bereitschaftsdienst zu Hause (s. u.) auf. Er ist auch die Person, die anschließend mit dem Krisenteam zu Hause (s. u.) kommuniziert.

4.2 Bereitschaftsdienst zu Hause am Ort der Organisation

Der Bereitschaftsdienst befindet sich zu Hause am Ort der Organisation. Die Mindestbesetzung eines Bereitschaftsdienstes besteht aus zwei Personen. Es gibt eine Liste mit der Einteilung, wer in welcher Woche Dienst hat. Diese haben zur gleichen Zeit Bereitschaftsdienst und sind rund um die Uhr über ihre Mobiltelefone erreichbar. Diese Personen nehmen diesen Dienst sozusagen „nebenher" wahr. Im Notfall muss wenigstens eine von ihnen vom Koordinator (s. o.) telefonisch erreicht werden.

Die Notfallsituation wird vom Koordinator mitgeteilt. Der Bereitschaftsdienst notiert sich Einzelheiten des Geschehens. Absprachen werden getroffen. Der Bereitschaftsdienst entscheidet, ob das Krisenteam (s. u.) eingeschaltet werden muss oder Einzelabsprachen ausreichend sind. Personen, die diesen Bereitschaftsdienst wahrnehmen, müssen Erfahrungen in der Kinder- und Jugendarbeit haben und entsprechend kompetent sein.

4.3 Krisenteam zu Hause am Ort der Organisation

Das Krisenteam besteht aus mehreren Personen. Zwei Personen nehmen die Krisenteamleitung wahr. Des Weiteren sollte sich das Team aus folgenden Personengruppen zusammensetzen:

- Vertreter/Vertreterin der Organisation
- Mitarbeitende, die Erfahrung aus der Freizeitarbeit mitbringen
- Seelsorger/Seelsorgerin
- Mitarbeitende für Öffentlichkeitsarbeit/Presse
- Fachlich kompetente Personen, die nach Bedarf unterstützend dazu kommen.

Das Krisenteam wird erst tätig, wenn der Bereitschaftsdienst in Absprache mit der Krisenteamleitung dies für notwendig hält. Das Krisenteam wird von der Krisenteamleitung einberufen. Nimmt das Krisenteam seine Arbeit auf, endet die Aufgabe des Bereitschaftsdiensts in dieser Notfallsituation. Der Bereitschaftsdienst besteht aber weiterhin. Das Krisenteam hat die Aufgabe, die Notfallsituation mit all seinen Facetten zu meistern. Es hat ständigen Kontakt mit dem Koordinator.

4.4 Kommunikation des Koordinators vor Ort mit der Organisation

Die Kommunikation zwischen dem Koordinator und dem Bereitschaftsdienst oder Krisenteam wird über ein (Notfall-)Mobilfunkgerät geführt. Die Telefonnummer dieses Mobilfunkgeräts ist nur dem Bereitschaftsdienst und dem Krisenteam bekannt (ist also nicht-öffentlich).

Durch die heute praktisch ständig verfügbare Kommunikationsmöglichkeit der Teilnehmenden mit zu Hause (z. B. Smartphone) verbreitet sich die Information über ein tragisches Ereignis sehr schnell, oft sogar mit falschen Inhalten. Besorgte Eltern rufen dann beim Veranstalter an. Kommunikation über „öffentliche" Telefonnummern ist im Notfall aber oft nur eingeschränkt möglich. Daher muss der Koordinator bei den Teilnehmenden mit Argumenten deutlich dafür werben, dass diese im Fall der Fälle nicht telefonieren oder über soziale Kanäle wie Facebook oder Whatsapp kommunizieren oder gar Bilder oder Filme hochladen, da das Funknetz zusammenbrechen kann und da Informationen über den Notfall nur qualifiziert von den Verantwortlichen an die Öffentlichkeit gegeben werden sollten.

Praktischer Hinweis: Beim Einsatz von Handys/Smartphones immer an das Netzkabel denken, bei Kartenhandys rechtzeitig das Guthaben überprüfen und ggf. großzügig aufladen. Bei Auslandsfreizeiten das internationale Roaming aktivieren.

Bei einem Todesfall im Ausland wird über die örtliche Polizei die Deutsche Botschaft im Reiseland verständigt. Von dort geht die Nachricht an die Polizeidienststelle des Ortes, an dem die verstorbene Person gemeldet war.

Nachweise und weiterführende Praxistipps

- Checklisten, Notfallmappe für den Träger am Heimatort und für die Freizeit usw.: www.juenger-freizeitenservice.de/materialien-downloads/krisenmanagement (Linkzugriff im März 2018)
- Notfallkonzept des KJR Dachau: www.kjr-dachau.de/wp-content/uploads/2015/05/notfallkonzept-kjr-dachau.pdf (Linkzugriff im März 2018)
- Notfallmanagement in Jugendfreizeiten: www.jugendbildungsstaetten.de/wp-content/uploads/2015/07/Notfallmanagement-in-Jugendfreizeiten1.pdf (Linkzugriff im März 2018)
- Handout zum Thema Krisenmanagement des DPSG Bezirk Oldenburg: www.dpsg-bezirk-oldenburg.de/media/archive1/docs/KRISE_Handout_ImFalleEinesFalles_13.05.14.pdf (Linkzugriff im März 2018)
- Forschungs- und Beratungseinrichtung Krisennavigator: www.krisennavigator.de (Linkzugriff im März 2018)
- Informationen über die Hilfe von deutschen Auslandsvertretungen: www.konsularinfo.diplo.de/Vertretung/konsularinfo/de/04/Hilfe/Auslandsvertretungen/hilfe__wer.html (Linkzugriff im März 2018)

Handlungs- und Kommunikationsabläufe im Notfall

Notfall ist eingetreten

Unfälle oder Gesundheitsgefährdung von Personen, z. B. Kind fällt beim Klettern
vom Baum und ist bewusstlos; Durchfall und Erbrechen einiger Teilnehmender
• Sofortmaßnahmen für Verletzte oder Gesundheitsgefährdete einleiten
• Rettungsdienst bzw. Arzt benachrichtigen

Ereignisse mit Sachschäden oder zu erwartenden Gesundheitsgefahren, z. B. Zeltlager muss evakuiert werden wegen Unwetter mit Sturm; während der Freizeit im angemieteten Haus werden Bettwanzen entdeckt
• Sofortmaßnahmen einleiten wie Personen in Sicherheit bringen (Notunterbringung)
• Behörden informieren, Jugendfreizeit abbrechen

Mitarbeitendenteam kümmert sich
um die Teilnehmenden und kanalisiert
Informationen:

• Info über das Geschehene und was zu tun ist
• Keine Infos an Dritte weitergeben!
• Hinweise, nicht mit den Mobilgeräten zu
  telefonieren, da das Mobilfunknetz überlas-
  tet werden könnte
• Teilnehmende dürfen das Ereignis nur an
  Eltern weitergeben
• Keine Nachricht an die Medien
• Ggf. Mobilfunkgeräte einsammeln

Koordinator
nimmt Kontakt mit dem
Bereitschaftsdienst auf

Bereitschaftsdienst
notiert, was geschehen ist
und entscheidet:
Einberufung Krisenteam oder
eigene Alternativlösung

Eigene Alternativlösung:
Bereitschaftsdienst klärt alles mit
sachkundigen Mitarbeitenden.
Krisenteam nicht notwendig!

Krisenteam
Krisenteamleitung ruft
das Team zusammen

Entscheidung, ob Krisenteammitglied
oder sachkundige dritte Person zum
Ort des Notfalls fährt.

Koordinator
Kommunikation direkt zwischen
Krisenteam und Koordinator

5 NOTFALLMAPPE DER FREIZEITLEITUNG BZW. DES KOORDINATORS

Im befürchteten Fall der Fälle müssen die Verantwortlichen auch auf ihre Intuition und ihre Erfahrungen zurückgreifen, um schnelle, sachgerechte Entscheidungen treffen zu können. Die Freizeitleitung und die Mitarbeitenden befinden sich in einer Ausnahmesituation und können diese nur bewältigen, wenn auf Arbeitsunterlagen für das Notfallmanagement zurückgegriffen werden kann, um Handlungsabläufe abrufen zu können. Dies geschieht einerseits bei der Ausbildung zur Freizeitleitung und andererseits bei der Einführung der Freizeitleitung in den Freizeitablauf.

Mindeststandards für die Notfallmappe der Freizeitleitung[21]

- Nachweis über die Beauftragung, dass die darin aufgeführten Personen (die Leitung und die Mitarbeitenden, die diese vertreten) im Namen der Organisation / des Veranstalters die Freizeit leiten; der Identitätsnachweis kann auch über die Juleica erfolgen

- Name der Personen, die Bereitschaftsdienst haben und Notfallmeldungen entgegennehmen
- Dokumentation der Absprachen mit dem Bereitschaftsdienst und das weitere Vorgehen
- Notfallnummer des Bereitschaftsdienstes (24-Stunden-Erreichbarkeit)

- Liste der Teilnehmenden mit den wichtigen Informationen wie
  » Komplette Anschrift und Telefonnummer
  » Telefonische Erreichbarkeit der Angehörigen oder Sorgeberechtigten (auch Urlaubsadresse mit Telefonnummer)
  » Adresse und Telefonnummer des Hausarztes
  » Vermerke mit Besonderheiten der Teilnehmenden (z. B. Krankheiten, regelmäßige Medikamenteneinnahme, Behinderung)

Diese Informationen liegen vor, wenn ein Veranstalter den Freizeitpass (siehe Kapitel C 2.4) einsetzt.

---

21 Aktualisierte Textfassung nach Gutbrod, Martin / Hörtling, Hermann / Wilka, Wolfgang: Krisen-Management bei Jugendreisen. Unerwartete Situationen bewältigen, buch+musik, Stuttgart 2004

- Notruflisten mit telefonischer Erreichbarkeit der internen Helfer, z. B.
  - » Mitarbeitende mit bestimmten Funktionen in der Organisation
  - » Verbandszentrale
  - » Träger der Veranstaltung (Verein, Kirchengemeinde usw.)
  - » weitere Mitgliedsvereine des Jugendverbandes (EC hilft EC usw.)
- Notruflisten mit telefonischer Erreichbarkeit der externen Helfer, z. B
  - » Busunternehmen
  - » Fremddienstleister (z. B. Fährgesellschaft, lokaler Anbieter der Destination)
  - » Versicherung, bei der die Freizeit versichert wurde
  - » Deutsche Botschaft im jeweiligen Reiseland
  - » Polizei am Freizeitort
  - » Pannenhilfe
  - » Feuerwehr am Freizeitort

- Ereignis-/Notfallbericht, in dem zeitnah zum Ereignis folgende Fragen beantwortet werden sollten:
  - » Welche Freizeit?
  - » Wer ist zu Schaden gekommen?
  - » Hergang des Schadenereignisses?
  - » Wann ist es passiert?
  - » Wo ist es passiert?
  - » Wer hat welche Verletzungen?
  - » Bei welchem Arzt, in welchem Krankenhaus befindet sich die geschädigte Person?
  - » Wurde die Polizei verständigt und/oder der Unfall polizeilich aufgenommen?
  - » Sind die Sorgeberechtigten schon informiert?
  - » Wo halten sich die unverletzten / nicht betroffenen Teilnehmenden derzeit auf?
  - » Wer von den Mitarbeitenden hat die Aufsicht geführt und steht für Rückfragen zur Verfügung?
  - » Unter welcher Telefonnummer ist der Koordinator bzw. die verantwortliche Person des Veranstalters ab jetzt zu erreichen? (Wichtig!)
  - » Wurde der Unfall durch eine andere Person verschuldet? Wenn ja, durch wen?
  - » Sonstige Hinweise und Erläuterungen

6 RESSOURCENPLANUNG DES VERANSTALTERS

KAPITEL A

KAPITEL B

KAPITEL C

KAPITEL D

KAPITEL E

Bei der Entwicklung eines Notfallmanagements stellt sich immer die Frage, auf welche Ressourcen die Mitarbeitenden zurückgreifen können, die den Notfall managen. Gerade im Verein sowie in der verbandlichen Kinder- und Jugendarbeit trifft man i. d. R. eine ehrenamtliche Leitungsstruktur an, die nur ein begrenztes Notfallmanagement zulässt. Im Bereich der Kirche hat man diesbezüglich mehr Möglichkeiten. Jede Organisation muss kritisch prüfen, wie umfangreich ein Notfallmanagement gestaltet werden kann. Einfließen in diese Überlegungen muss die Anzahl der Veranstaltungen mit risikobehafteten Angeboten (z. B. Klettern, Schwimmen, Radfahren) sowie die Teilnehmerzahl und damit verbunden die Wahrscheinlichkeit eines Notfalls. Auch Organisationen, die nur ein Angebot durchführen, benötigen einen Bereitschaftsdienst. Dieser kann z. B. mit dem Vereinsvorstand zusammen das Notfallmanagement wahrnehmen. Damit haben wir eine flache Organisation, die auch von einer kleinen Organisationen zu bewältigen ist.

Im Folgenden können nur Empfehlungen gegeben werden, da sich eine Ressourcenplanung an den jeweiligen Möglichkeiten einer Organisation orientieren muss.[22]

6.1 Personal

Die erste Frage lautet: Wie viel Personal steht im Notfall zur Verfügung? Ist dies geklärt, ist der Umfang der eigenen personellen Hilfe bekannt. Darauf aufbauend kann nun mit der Entwicklung von Kooperationen begonnen werden:

- Mit welchen Partner-/Mitgliedsverbänden kann ein Notfallmanagement gemeinsam entwickelt werden?
- Welche Ressourcen deckt der Jugendverband oder Dachverband, das Dekanat oder die Diözese usw. ab?
- Welche örtlichen/städtischen Einrichtungen wie DRK, Feuerwehr, Stadt-/Kreisjugendring usw. am Ort der Organisation können einbezogen werden (Räume, Personal, Kompetenzen, technisches Know-how)?
- Kontakt mit der Notfallseelsorge aufnehmen und sie in das Notfallmanagement integrieren.

22 Aktualisierte Texte nach Martin Gutbrod, a. a. O.

- Sich mit den Hilfeleistungen der Psychologischen Beratungsstelle am Ort der Organisation vertraut machen und sie gegebenenfalls in das Notfallmanagement mit aufnehmen.
- Kontakt zur Drogenberatungsstelle am Ort der Organisation aufnehmen und sich einen Überblick über das Beratungsangebot verschaffen bzw. deren Kompetenzen nutzbar machen.
- Kontakt zur örtlichen Polizei und ggf. auch Feuerwehr herstellen.
- Mit dem zuständigen Presse-/Öffentlichkeitsreferat des Jugendverbandes oder Dachverbandes, des Dekanats oder der Diözese usw. Kontakt aufnehmen und die Mechanismen eines Krisenfalls durchsprechen.
- Namenslisten von Personen, die für das Krisenteam zur Verfügung stehen, wie Dolmetscher, Fachleute für bestimmte Problemstellungen wie Krankentransport usw. erstellen.
- Zusammenschlüsse von Kleinstreiseveranstaltern gründen und eine Notfallkooperation entwickeln. In den Aufbau eines solchen Netzwerks muss viel Zeit investiert werden und es ist ratsam, dies Schritt für Schritt zu tun.

Grundsätzlich gilt:

- Geeignete Personen für diese Ereignisse vorbereiten und trainieren.
- Pläne des Notfallmanagements immer wieder aktualisieren.
- Psychologische Hilfe auch für die Helfenden und Mitarbeitenden einplanen.

6.2 Finanzen

Tritt bei einer Freizeit ein außergewöhnliches Ereignis / Notfall ein, kann es für den Veranstalter entscheidend sein, ob ihm genügend finanzielle Mittel zur Verfügung stehen, um rasch handeln zu können. Das können konkrete Maßnahmen sein wie

- Flugtickets zum Unfall- und Schadensort sofort buchen
- Umgehend Hotelunterbringung für Betroffene organisieren
- Soforthilfe in Form von materiellen Gütern für Geschädigte bereitstellen

Es ist empfehlenswert, für den Fall der Fälle einen Sonderfond zu bilden, der zweckgebunden für diese Situationen eingerichtet ist und auf den unverzüglich zugegriffen werden kann. Weiterhin ist es ratsam, dafür eine Kreditkarte bereit zu halten.

6.3 Technisches Equipment

Um sich für die notwendigen Handlungsabläufe bei einem Notfall vorzubereiten, ist es erforderlich, die dafür zur Verfügung stehende technische Ausstattung zu überprüfen:

- Gibt es eine Telefonnummer, die nicht öffentlich bekannt ist und die als Notfallnummer nutzbar gemacht werden kann?
- Gibt es mehrere Telefonleitungen, die im Notfall aktiviert werden können? Sind Konferenzschaltungen möglich?
- Stehen Mobilfunkgeräte zur Verfügung?
- Sind bei Mobilfunkgeräten mit Prepaidkarten diese aufgeladen?
- Sind alle Mobilfunkgeräte mit Ladekabeln versehen?
- Funktionieren die Mobilfunkgeräte bzw. deren Tarife auch bei Auslandsreisen?
- Kann die Website als Informationsplattform genutzt werden? Steht eine spezielle Seite auf der Website zur Verfügung, eine „Darksite", die im Krisenfall geschaltet werden kann und die alle notwendigen Informationen zur Krisensituation enthält? Parallel sollte die Website überprüft werden, ob sie Bilder enthält, die dem Notfall nicht entsprechen und gegebenenfalls „offline" geschaltet werden, da sie imageschädigend wirken können.
- Ist ein Faxgerät vorhanden?
- Einrichtung von E-Mail-Adressen, die für den Notfall aktiviert werden können.

6.4 Räume

Für die Bewältigung eines Notfalls kann es erforderlich sein, dass eine räumliche Grundausstattung vorhanden ist, um im Krisenfall entsprechend agieren zu können:

- Büroräume, die mit der oben genannten technischen Ausstattung (Equipment) versehen sind.
- Ein „Telefonraum", der vorrangig für ein- und ausgehende Informationen genutzt werden kann.
- Ein Betreuungsraum für Betroffene/Angehörige. Diese Räumlichkeit muss abschirmbar und den Medien nicht zugänglich sein.

Für die Planung der Räumlichkeiten gilt dasselbe wie für das Personal: Soweit der Veranstalter die Möglichkeit hat, sollte er Netzwerke bilden, um bei Bedarf darauf zurückgreifen zu können.

7 NOTFALLMANAGEMENT IM NOTFALL UMSETZEN

7.1 Handlungsempfehlungen für das Geschehen vor Ort

Im Notfall zeigt sich, wie gut eine Freizeit bzw. Gruppenunternehmung vorbereitet wurde.

Bewährt hat sich eine klare Struktur unter den Mitarbeitenden: Zwei Personen (hauptverantwortliche Person und Stellvertretung) haben die Sach- und Entscheidungskompetenz, um entsprechende Erste-Hilfe-Maßnahmen einleiten zu können; sind diese nicht vor Ort, muss eine Stellvertretungskette geplant sein; die Mitarbeitenden dürfen sich nicht darauf verlassen, dass im Notfall die Freizeitleitung mobil erreichbar ist (siehe Kapitel C 2.6).

Auch bei Gruppenunternehmungen während einer Freizeit muss klar geregelt werden, wer die verantwortliche Leitung dieser Exkursion hat. Das entbindet alle anderen Mitarbeitenden aber nicht von der Verpflichtung, im Notfall sofort entsprechende Erste Hilfe zu leisten. Jeder Mitarbeiter und jede Mitarbeiterin muss über ausreichende Erste-Hilfe-Kenntnisse verfügen. Um bei einem Unfall entsprechende Maßnahmen einleiten zu können, wird von den Verantwortlichen erwartet, die Situation richtig einschätzen zu können. Nicht immer fließt sichtbar Blut und trotzdem kann eine Verletzung lebensgefährlich sein (siehe Kapitel C 2.6.2).

Ein weiteres Problem können beim „Meistern einer Situation" die Mitarbeitenden selbst sein. Z. B. ist immer wieder zu beobachten, dass Mitarbeitende während einer Freizeit sehr wenig Schlaf haben. Es wird nicht daran gedacht, dass in kritischen Situationen ein klarer Kopf und die notwendige Energie gebraucht werden. Bei der nächtlichen Besprechung der Mitarbeitenden wird noch das eine oder andere Bier getrunken. Keiner denkt daran, wer noch fahrtüchtig ist, wenn ggf. schnell ein Fahrzeug eingesetzt werden muss. Der Alkoholgenuss unter Mitarbeitenden bedarf daher klarer Regeln.

Dies zeigt: Es sind oft Kleinigkeiten, die im Ernstfall entscheidend sein können. Die jeweilige Situation kann sehr komplex sein, deshalb im Folgenden eine Übersicht über die wichtigsten denkbaren Sofortmaßnahmen im Ernstfall:

- Erste Hilfe leisten bei Verletzungen, ggf. Fahrt zum Arzt oder ins Krankenhaus, wenn kein qualifizierter Transport notwendig erscheint
- Teilnehmende in Sicherheit bringen
- Rettungsdienste und Polizei alarmieren
- Teilnehmende über das informieren, was geschehen ist und was nun passiert
- Regeln und Hinweise geben zum Verhalten gegenüber Dritten, z. B. der Presse, der Polizei, den Angehörigen, den Anliegern, Schaulustigen, insbesondere um hilfeleistende Personen nicht zu behindern (vgl. § 323c Abs. 2 StGB) usw.
- Regeln und Hinweise geben bezüglich der Kontaktaufnahme nach Hause (z. B. nicht mit dem Handy telefonieren und zu Hause die Angehörigen in Aufregung versetzen) und zum Umgang mit Fotos, Filmen usw. Die Verletzung des persönlichen Lebensbereichs einer Person (die z. B. hilflos am Boden liegt) durch unbefugte Bildaufnahmen ist ein Straftatbestand (§ 201a StGB). Die Aufnahmegeräte (Smartphone, Kamera usw.) können auf polizeiliche Veranlassung eingezogen werden.
- Koordinator informiert den Bereitschaftsdienst, dieser ruft ggf. das Krisenteam zusammen und entscheidet bzw. leitet weitere Maßnahmen ein
- Abklärung mit dem Bereitschaftsdienst/Krisenteam, wer Angehörige informiert
- Seelsorgearbeit bei den Teilnehmenden und Mitarbeitenden, ggf. Angebote der Notfallseelsorge einbeziehen
- Abklärung mit dem Bereitschaftsdienst oder Krisenteam, wer Versicherung und weitere Organisationsstellen (z. B. Verbandszentrale, Landeskirche) informiert.
- Notizen, Protokoll über das Ereignis sowie Bericht über Gespräche erstellen, Zeugen und an der Maßnahme beteiligte Personen und Unternehmen notieren
- Möglichst Abschirmung der Betroffenen von den Medien (zum Umgang mit Medien siehe Kapitel D 7.3)

Sollten entscheidungsrelevante Personen beim Veranstalter nicht erreichbar sein, dann können die Organisationen, die über den Ecclesia Versicherungsdienst GmbH versichert sind oder zu einer Mitgliedskirche der Evangelischen Kirche in Deutschland (EKD) gehören, die Notfallnummer der Ecclesia anrufen und sich beraten lassen. Diese Hotline ist rund um die Uhr besetzt und dringende Schadensmeldungen (z. B. Unfälle mit Todesfolge, Epidemien) können gemeldet werden. Unter dieser Notfallnummer wird im Notfall auch beraten: +49 171-3392974.

Das Jugendhaus Düsseldorf – Bund der Deutschen Katholischen Jugend (BDKJ) – hat einen Telefondienst während der üblichen Bürozeiten: +49 211-4693-135.

Nachweise und weiterführende Praxistipps
- Ecclesia: www.ecclesia.de/fileadmin/Dokumente/Service/Reise_Freizeit/ Was_ist_zu_tun_im_Schadenfall_02_08.pdf (Linkzugriff im März 2018)
- Jugendhaus Düsseldorf: www.jhdversicherungen.de/F_Faq.php (Linkzugriff im März 2018)

7.2 Handlungsempfehlungen für den Veranstalter

Voraussetzung ist, dass der Veranstalter sowohl für den Bereitschaftsdienst als auch für das Krisenteam Personen mit Entscheidungskompetenz benannt hat. Die Person des Bereitschaftsdienstes verschafft sich einen Überblick über das Geschehen und berät den Verantwortlichen vor Ort des Geschehens (Koordinator, vgl. Kapitel D 4.1). Die Person vom Bereitschaftsdienst leitet weitere Maßnahmen ein. Diese können sein:

- Beratung mit einzelnen Personen, die beim jeweiligen Problem helfen können
- Einberufung des Krisenteams, Analyse des Krisenfalls, Einleitung weiterer Schritte
- Krisenmanager hält ständigen Kontakt zum Koordinator
- Kommunikationsstrategie gegenüber Dritten klären und welche Personen diese Kommunikation gegenüber Betroffenen, Behörden, Medien u. a. wahrnehmen
- Leitung der Kommunikation innerhalb der Organisation des Veranstalters klären; welche Informationen sind notwendig?; ggf. Internetauftritt kurzfristig ändern; örtliche Presse mit einbeziehen usw.
- Das Krisenteam greift auf die unter Kapitel D 6 genannten Ressourcen zurück.

Die Aufgaben und Kommunikationsstrukturen im Krisenfall können im Notfall sehr umfassend sein. Der Bereitschaftsdienst hat das Krisenteam aktiviert und die Notfallbewältigung erfolgt:

Am Ort des Geschehens		
- Zusammenarbeit mit örtlichen Organisationen und Rettungskräften - Gesundheit der Teilnehmenden - Kosten/Sachschäden zur Kenntnis nehmen - Mitarbeiterführung und -engagement	- Sicherheit und Betreuung der Teilnehmenden - Erholung der Teilnehmenden sichern - Auf das Image des Veranstalters achten - Seelsorge an Teilnehmenden, Mitarbeitenden - Zusammenarbeit mit Medien	
Informationen des Koordinators / der Koordinatorin vom Ort des Geschehens an das Krisenteam	Analyse des Geschehens durch das Krisenteam und Einleitung geeigneter Maßnahmen	Bei Notwendigkeit: Entsendung von Personen und/oder Angehörigen zur Krisenintervention
Krisenteam des Veranstalters		
- Zusammenarbeit mit verschiedenen Organisationen - Gesundheit der Mitarbeitenden und Teilnehmenden - Kosten/Sachschäden im Blick haben - Benachrichtigung und Betreuung der Angehörigen - Benachrichtigung der Versicherung	- Sicherheit und Betreuung der Teilnehmenden - Erholung der Teilnehmenden sichern - Auf das Image des Veranstalters achten - Zusammenarbeit mit Medien - Rechtliche Situation analysieren (z. B. Reiserecht) - Geeignete Maßnahmen am Ort des Geschehens und beim Veranstalter einleiten	
Technische Ausstattung wie Aufenthaltsräume, Telefon, Fax, Internet usw.		

7.3 Handlungsempfehlungen gegenüber Medien und Öffentlichkeit

Umgang mit der Presse in Krisen[23]: Ein größerer Unfall oder die Erkrankung mehrerer Personen ist ein Ereignis von öffentlichem Interesse. Darüber werden Journalisten in unterschiedlicher Form und in unterschiedlichem Umfang berichten. Dies ist jeweils vom Inhalt, der Art und Weise, aber auch vom Zeitpunkt abhängig und kann nicht gesteuert werden. Wichtig ist jedoch, schnell, kompetent und angemessen zu reagieren. Journalistinnen und Journalisten können über Veranstaltungen und Freizeiten vielleicht auch kritisch berichten, z. B. bei Unfällen oder in Krisensituationen. Selbst auf Freizeiten fern der Heimat kann es sein, dass ein Journalist / eine Journalistin oder ein Filmteam auftaucht und wissen will, was sich auf der Freizeit ereignet. Um zu vermeiden, dass ein falsches Bild der Kinder- und Jugendarbeit bzw. der Organisation dargestellt wird, sollten bei Besuchen von Pressevertretern in Krisensituationen folgende Grundsätze beherzigt werden:

7.3.1 Vorbereitung

- Festlegen, wer bei einer Krise im Bereich Öffentlichkeitsarbeit aktiv wird und Auskunft gibt
- Telefonnummern für Pressekontakte und Betroffene festlegen
- Adressen und Kontaktdaten vor allem der lokalen Zeitungen erfassen und allen Verantwortlichen zugänglich machen
- Zugangsdaten für Onlinemedien (Website, Facebook, Blog ...) allen Verantwortlichen zugänglich machen; die Website muss ggf. geändert und der Notfallsituation angepasst werden, z. B. bei einem Unfall mit Todesfolge keine lachenden Kinder, Pressemeldung einstellen (siehe Kapitel D 7.3).

7.3.2 Im Notfall

- Medien erhalten ihre Informationen über die Polizei, nicht über die Rettungsdienste (lt. Auskunft des DRK Bayern und DRK Baden-Württemberg). In Deutschland ist die Polizei im Rahmen der jeweiligen Landespolizeigesetze gegenüber der Presse auskunftspflichtig.
- Bei einem Unfall oder einer Erkrankung möglichst zuerst die Betroffenen (z. B. die Eltern oder Sorgeberechtigten) informieren, bevor diese die Information aus den Medien erhalten.

---

23 Nach Schmidt, Peter L. / Fuhr, Eberhard: Arbeitshilfe zum Umgang mit den Medien. Evangelisches Jugendwerk in Württemberg, Stuttgart 2015

- Für die Öffentlichkeit eine Information vorbereiten und diese immer wieder aktualisieren. Die eventuelle Verbreitung ist von der Situation abhängig.
- Verbindliche Ansprechpartner für die Presse benennen (mit Kontaktdaten). Die Erreichbarkeit muss gewährleistet sein.
- Nicht überrumpeln lassen: Zeit gewinnen; herausfinden, wer wofür warum was wissen will. Keine Informationen preisgeben, bevor nicht klar ist, um was es geht.

Parallele Überlegungen:

- Herausbekommen, was die Presse eigentlich schon weiß
- Reagieren statt agieren: die erste Reaktion ist entscheidend
- Bei der ersten Reaktion so umfassend wie möglich und notwendig informieren; Untersuchungsergebnisse abwarten, keine öffentlichen Spekulationen zu Ursachen; keine „scheibchenweisen" Informationen
- Zeit nehmen; genau abwägen; bewusst formulieren; beachten, dass Worte, einmal ausgesprochen oder schriftlich veröffentlicht, in der Welt sind und nicht zurückgenommen werden können
- Bei einem Besuch von Pressevertretern: Gespräch auf das Notwendige beschränken
- Bei internen Besprechungen darf kein Pressevertreter dabei sein
- Presseausweis der Pressevertreter ggf. zeigen lassen und Namen und Kontaktdaten notieren; nachfragen, in welchem Auftrag die Medienvertreter arbeiten
- Freundliches, kompetentes und selbstbewusstes Auftreten
- Weder sofort alle Fragen beantworten noch sofort abblocken („kein Kommentar"); es ist legitim, vorher intern nachzufragen; in diesem Fall anbieten, dass zurückgerufen wird; nur in besonderen Ausnahmefällen das Areal schließen oder den Kontakt zu den Medien meiden (z. B. bei Boulevard-Medien)
- In nicht-öffentlichem Gelände und in eigenen Räumlichkeiten ggf. das Hausrecht wahrnehmen
- In kritischen Situationen sollten sich nicht-verantwortliche Mitarbeitende oder Teilnehmende nicht dazu hinreißen lassen, Stellungnahmen abzugeben, sondern für solche ausschließlich an die dafür vorgesehenen Personen (Veranstaltungsverantwortliche, Krisenteam usw.) verweisen
- Offen und transparent informieren, aber nur das sagen, was gesichert ist und was in der breiten Öffentlichkeit gesagt werden kann
- Alle Mitarbeitenden sollten über die Anwesenheit der Journalisten informiert und an vorstehende Grundsätze erinnert werden
- Bei journalistisch zweifelhaftem Vorgehen sollte dieses dokumentiert werden (fotografieren, filmen, Bericht zeitnah schreiben und weiterleiten, ggf. Leserbrief, Beschwerde bei der Verlagsleitung oder beim Deutschen Presserat (www.presserat.de – Linkzugrif im März 2018)).

- Wenn Minderjährige interviewt oder gar fotografiert/gefilmt werden sollen, muss zumindest das zweite sofort freundlich, aber bestimmt unterbunden und die Veröffentlichung untersagt werden.
- Ob ein Minderjähriger / eine Minderjährige interviewt werden darf, hängt von seiner/ihrer Einsichtsfähigkeit ab (er/sie muss sich freiwillig interviewen lassen); da aber die Mitarbeitenden die Aufsichtspflicht über die Minderjährigen übernommen haben, trifft sie hier ein erhöhtes Maß an Schutzpflicht gegenüber den Minderjährigen; nur wenn ein einsichtsfähiger 14- bis 17-jähriger Teilnehmer / eine einsichtsfähige 14- bis 17-jährige Teilnehmende ausdrücklich in ein Interview einwilligt, sollte ihm/ihr das nicht verwehrt werden, solange der Journalist / die Journalistin die Veranstalterrechte (z. B. das Hausrecht) anerkennt und es keine Hinweise gibt, dass sich der/die Jugendliche durch das Interview selbst schaden könnte.
- Foto- und Filmaufnahmen der Minderjährigen dürfen ohnehin nur mit Einwilligung der Sorgeberechtigten (ab 14 dazu noch mit Einwilligung des/der Minderjährigen) veröffentlicht werden.

Nachweise und weiterführende Praxistipps
- Pressekodex: www.presserat.de/pressekodex/pressekodex (Linkzugriff im März 2018)

8 NOTFALLUNTERSTÜTZUNG

8.1 Polizei, Hilfs- und Rettungsorganisationen

Je nach Schwere und Größe des Notfalls können die Verantwortlichen nur noch begrenzt oder gar nicht mehr handeln. Sie sind selbst betroffen, stehen unter Schock, sind emotional sehr belastet. Einerseits übernehmen dann die Polizei sowie Hilfs- und Rettungsorganisationen die weiteren Handlungsschritte und die verantwortliche Freizeitleitung ist entlastet. Andererseits hat die Freizeitleitung auf die Mechanismen der Polizei und Rettungsorganisationen keinen Einfluss mehr.

Sollte ein schwerer Unfall passiert sein und polizeiliche Vernehmungen werden noch am Unfallort vorgenommen, können die am Unfall Beteiligten ihre Aussage verweigern (müssen dies aber nicht). Die Aussage kann aber auch zu einem späteren Zeitpunkt (nachdem z. B. ein Rechtsanwalt zu Rate gezogen oder die Organisation informiert wurde) nachgeholt werden. Wenn die Gefahr einer Strafverfolgung im Raum steht, ist die Mandatierung eines Strafverteidigers empfehlenswert. Grundsätzlich sollten nur Fakten zum Geschehen weitergegeben werden, keine Spekulationen (also z. B. keine Aussagen, wer der/die Schuldige sein könnte) und auch keine eigenen Schuldeingeständnisse.

Um sich nicht der Straftat des unerlaubten Entfernens vom Unfallort schuldig zu machen (Unfallflucht, § 142 StGB) hat jeder/jede Unfallbeteiligte am Unfallort zu bleiben (und hierbei die Sicherheitsvorschriften zu beachten, z. B. eine Warnweste tragen, hilflose Personen in Sicherheit bringen), bis die Personalien und die Art der Unfallbeteiligung (Fahrer, Fußgänger usw.) geklärt sind. Eine Erklärung über Schuldfrage, Tathergang usw. ist nicht erforderlich. Es besteht eine sog. passive „Feststellungsduldungspflicht".

Eine Aussage vor der Polizei kann nicht erzwungen werden. In jedem Fall hat der Polizeibeamte / die Polizeibeamtin die betroffene Person (Mitarbeitender/Mitarbeitende oder Teilnehmender/Teilnehmende) zu belehren, ob sie als Beschuldigter/Beschuldigte oder Zeuge/Zeugin vernommen wird. Allerdings kann die Aussage vor der Staatsanwaltschaft oder einem Gericht nur bedingt verweigert werden. Der/die Beschuldigte muss sich nicht selbst belasten, er/sie kann zur Sache (nicht zu den Personalien) schweigen (Aussageverweigerungsrecht aus § 136 Abs. 1 S. 2 StPo). Auch bestimmte Zeugen, die eine enge persönliche Verbindung zum/zur Beschuldigten haben, dürfen gemäß § 52 StPO das Zeugnis (also die Zeugenaussage) verweigern. Dazu gehören Verlobte, Ehegatten und nahe Verwandte. Außerdem haben nach deutschem Recht bestimmte Berufsgruppen (Geistliche, Ärzte, Anwälte und speziell Strafverteidiger) ein Zeugnisverweigerungsrecht gemäß § 53 StPO. Insbesondere Geistliche haben das Recht über das, was ihnen als Seelsorger/Seelsorgerinnen anvertraut ist, die Aussage zu verweigern (siehe Kapitel E 3.9).

Auch die **Zusammenarbeit der Verantwortlichen der Freizeit mit den Rettungskräften** ist wichtig, damit die optimale Betreuung der Verletzten gewährleistet ist. Hierzu gehören Dinge wie

- Informationen zur verletzten Person geben; hierzu ist der Freizeitpass (siehe Kapitel C 2.4) sehr hilfreich, der bei Minderjährigen wichtige Informationen geben kann; die mit der Versorgung beauftragten Personen müssen auch die Informationen erhalten, wie die Sorgeberechtigten von Minderjährigen erreichbar sind
- Zusammenstellung von Informationen bei schwerwiegenden Erkrankungen, Infektionen usw.
- Vorbereitung und Einschaltung von staatlichen Behörden (z. B. bei Infektionen)
- Absprachen mit den Rettungskräften und dort ggf. um weitere Hilfestellungen bitten
- Organisatorische Fragen mit den Rettungskräften und der Polizei abklären.

8.2 Notfallseelsorge

Kommt es zu einem Notfall, bei dem Einsatzkräfte von Rettungsdienst, Polizei und Feuerwehr am Ort des Ereignisses notwendig sind, befinden sich die Teilnehmenden und Mitarbeitenden u. U. in einer psychisch außergewöhnlich belastenden Situation. Es liegt dann nahe, seelsorgerliche Unterstützung von außen anzufordern. Die Notfallseelsorge kann man nicht selbst anfordern, dies können nur die Einsatzkräfte von Rettungsdienst, Polizei und Feuerwehr. Je nach Ort des Geschehens wird die Notfallseelsorge von verschiedenen Organisationen wahrgenommen. Die drei wichtigsten Organisationen sind Notfallseelsorge (Kirchen), Notfallnachsorgedienste (Deutsches Rotes Kreuz) und Kriseninterventionsteams (Johanniter-Unfall-Hilfe). Natürlich gibt es noch zahlreiche weitere Notfallseelsorgeorganisationen (siehe weiterführende Informationen unten). Die Katastrophenschutzbehörden haben durch Vereinbarungen mit den Kirchen die Notfallseelsorge geregelt.

In diesen Organisationen arbeiten ehrenamtlich und hauptamtlich Mitarbeitende von Kirchen und Rettungsorganisationen, die in der Krisenintervention und Notfallseelsorge ausgebildet sind. Die Notfallseelsorger können auch gottesdienstliche Feiern, Abschiedsrituale, Aussegnungen anbieten und gestalten. Diese Notfallseelsorge steht rund um die Uhr zur Verfügung und begleitet in den ersten Stunden nach einem traumatisierenden Ereignis die Personen seelsorgerlich, sie beraten und leisten praktische Hilfe vor Ort. Der Dienst dieser „Ersten Hilfe für die Seele" ist kostenfrei.

Die Notfallseelsorge wird tätig in diesen Situationen:

- Überbringung von Todesnachrichten (zusammen mit der Polizei), z. B. an die Angehörigen eines/einer tödlich verletzten Teilnehmenden/Mitarbeitenden
- Verkehrsunfälle, Schienenunfälle und Arbeitsunfälle
- Suizid und Suizidversuch
- Plötzlicher Kindstod
- Brände/Evakuierungen
- Gewalttaten
- Verbrechen
- Großschadenslagen/Katastrophen

Die Einsatzkräfte müssen das Ereignis auch selbst psychisch verarbeiten und werden deshalb ihrerseits durch die Psychosoziale Notfallversorgung betreut. Auf Bundesebene wird die Notfallversorgung der Betroffenen beim Bundesamt für Bevölkerungsschutz und Katastrophenhilfe begleitet.

Die Nachbetreuung der Mitarbeitenden und der Teilnehmenden mit ihren Angehörigen obliegt dem Veranstalter bzw. seiner Organisation.

Nachweise und weiterführende Praxistipps
- Notfallseelsorge Kirchen: www.notfallseelsorge.de (Linkzugriff im März 2018)
- Notfallnachsorgedienst DRK: www.drk.de/angebote/erste-hilfe-und-rettung/psy-notfallversorgung.html (Linkzugriff im März 2018)
- Kriseninterventionsteams Johanniter: www.johanniter.de/dienstleistungen/im-notfall/psychosoziale-notfallversorgung-psnv/krisenintervention (Linkzugriff im März 2018)
- Liste, welche Organisation in welchen Orten (auch in anderen europäischen Ländern) zuständig ist: www.krisenintervention-psnv.de/psnv-dienste/psnv-deutschland (Linkzugriff im März 2018)
- Bundesamt für Bevölkerungsschutz und Katastrophenhilfe: www.bbk.bund.de/DE/AufgabenundAusstattung/Krisenmanagement/krisenmanagement_node.html (Linkzugriff im März 2018)

KAPITEL E

URHEBERRECHT

MEDIENRECHT

DATENSCHUTZ

1 URHEBERRECHT

Bereits im Grundgesetz (GG) wird der Schutz des geistigen Eigentums begründet. Auch wenn Art. 14 noch allgemein vom Eigentum spricht (und man sofort ans Sacheigentum denkt), so hat doch das Bundesverfassungsgericht (BVerfG) entschieden, dass auch das Urheberrecht als Nutzungsrecht vermögenswert und somit „Eigentum" im Sinne des Art. 14 Abs. 1 S. 1 GG ist.[24]

Der Begriff „Urheberrecht" wird zum einen verwendet für das umfassende (insofern eigentumsähnliche) Recht des Urhebers, über sein Werk in jeder Art und Weise zu verfügen, zum anderen für alle Rechtsnormen, die sich mit dem Schutz des Urheberrechts und der Leistungsschutzrechte befassen. Gegenstand des deutschen Urheberrechts sind Werke der Literatur, Wissenschaft und Kunst. Es schützt sowohl die Urheber eines solchen Werkes als auch das Werk selbst, das nicht unkontrolliert genutzt, ausgenutzt und verunstaltet werden soll. Kern dieses Urheberschutzes selbst ist das sog. Urheberpersönlichkeitsrecht. Diese Konkretisierung des Allgemeinen Persönlichkeitsrechts bezieht sich auf die persönliche Beziehung des Urhebers zu seinem Werk. Ein weiterer Grundgedanke des Urheberrechts ist, dass der Urheber in seinen wirtschaftlichen Interessen bezüglich des Werkes geschützt wird; er soll an der finanziellen Verwertung seiner geistigen Schöpfung durch Dritte beteiligt werden.

Gesetzlich geregelt ist das deutsche Urheberrecht umfassend im Urheberrechtsgesetz (UrhG) aus dem Jahr 1965, das aufgrund technischer und europarechtlicher Veränderungen immer wieder angepasst wurde. Die Neuregelung des Urheberrechts, die zum 01.03.2018 inkrafttrat, reformiert vor allem die Regelungen zur Nutzung urheberrechtlich geschützter Werke für Bildung und Forschung im digitalen Zeitalter, sog. Schrankenregelungen (§ 60a-h UrhG, vgl. Kapitel E 1.7.6.2). Dadurch soll ein Mindestzugang sichergestellt werden. Urheberrechtliche Schrankenregelungen erlauben bestimmte Formen der Nutzung (z. B. Kopien) ohne Einwilligung der Rechteinhaber, die pauschal vergütet werden (s. a. Kapitel E 1.4.1, Kapitel E 1.11).

Der Urheber eines Werks ist sein Schöpfer; das kann nur eine natürliche Person (ein Mensch) sein. Weder Volljährigkeit noch Geschäftsfähigkeit sind notwendig, um rechtlich als Urheber gelten zu können; auch Kinder, geistig Behinderte und Menschen mit erheblichen Persönlichkeitsstörungen können Urheber sein. Das Werk gilt dann als

---

24 Sog. Schulbuch-Beschluss des BVerfG vom 07.06.1971, Az. 1 BvR 765/66, www.telemedicus.info/urteile/Urheberrecht/754-BVerfG-Az-1-BvR-76566-Schulbuchprivileg.html (Linkzugriff im März 2018)

geschaffen, wenn es als geistiger Gehalt wahrnehmbar oder als Werkstück physisch vorhanden ist – die bloße Vorstellung einer Werkidee reicht noch nicht aus. Werke im Sinne dieses Gesetzes können deshalb *„nur persönliche geistige Schöpfungen"* sein (§§ 2 Abs. 2, 7 UrhG). Somit können Vereine, Firmen, Organisationen usw. keine Urheber sein, da das Merkmal „persönlich" fehlt. Solche juristischen Personen haben andere Möglichkeiten, ihre „Schöpfungen" schützen zu lassen, z. B. durch Patente, Marken- oder Geschmacksmusterrechte. Im deutschen Recht entsteht das Urheberrecht automatisch mit der Schaffung bzw. Entstehung eines schützenswerten Werkes, eine Registrierung o. Ä. ist nicht notwendig.

Ein Urheber kann sein Werk (mit Ausnahme der Vererbung) niemals einer anderen Person oder Firma übertragen. Er kann aber sein Werk gegen Entgelt oder unentgeltlich verwerten lassen (Verwertungsrecht des Urhebers) und sog. Nutzungsrechte einräumen.

Der Unterschied zwischen dem Verwertungs- und dem Nutzungsrecht (Begriffe, die oft synonym verwendet werden) besteht darin, dass mit **Verwertungsrechten** das gesamte (allein dem Urheber zustehende) Bündel der Rechte zur wirtschaftlichen Verwertung gemeint ist, die einem Dritten (dem Verwerter) dann als konkretisierte, für einen bestimmten Zweck erteilte **Nutzungsrechte** (vertraglich) übertragen werden. Unter **Verwertern** versteht man hierbei in aller Regel Verwertungsgesellschaften (z. B. GEMA, VG Musikedition, siehe Kapitel E 1.3), Verlage, Labels oder Rundfunkanbieter, die das Verwertungsrecht des Urhebers durch Vermarktung der Nutzungsrechte umsetzen, während **Nutzer** die Konsumenten/Endverbraucher sind, die lediglich einzelne Nutzungsrechte (direkt vom Urheber oder über einen Verwerter) erhalten und umsetzen können. Der Verwerter ist quasi eine zwischengeschaltete Figur, die – entgegen der Bezeichnung – auch nur die Nutzungsrechte weitergeben kann. Die Verwertungsrechte bleiben immer beim Urheber.

Es gibt außerdem noch sog. **verwandte Schutzrechte** (also Schutzrechte, die dem Urheberschutz ähnlich, ihm verwandt sind) wie z. B. den Schutz wissenschaftlicher Ausgaben, des ausübenden Künstlers oder des Filmherstellers. Dies sind die oben erwähnten **Leistungsschutzrechte**.

Nachweise und weiterführende Praxistipps
- Wissensdatenbank u. a. zum Urheberrecht: www.urheberrecht.de (Linkzugriff im März 2018)
- Bundeszentrale für politische Bildung: www.bpb.de/urheberrecht (Linkzugriff im März 2018)
- Institut für Urheber- und Medienrecht: www.urheberrecht.org (Linkzugriff im März 2018)
- Neuregelung des Urheberrechts: www.bmbf.de/de/neues-urheberrechtsgesetz-fuer-die-wissenschaft-4431.html (Linkzugriff im März 2018)

1.1 Wichtige Grundregelungen im Urheberrecht

1.1.1 Recht auf Anerkennung der Urheberschaft

- Der Urheber hat Anspruch auf Anerkennung der Urheberschaft (§ 13 S.1 UrhG).
- Der Urheber kann bestimmen, ob, wie und wann sein Werk veröffentlicht wird (§ 12 Abs. 1 UrhG).

Der Urheber darf grundsätzlich frei entscheiden, ob und wie sein Werk durch ihn selbst oder andere verwertet werden kann (§§ 15 – 23 UrhG). Außerdem hat er Anspruch auf Namensnennung und Kennzeichnung – den Urheberrechtsvermerk. Hierfür sieht das deutsche Urheberrecht jedoch keine bestimmten Förmlichkeiten vor. Dennoch ist die Kennzeichnung eines Werkes durch den bekannten „Copyright-Hinweis", versinnbildlicht durch das ©-Symbol, sehr beliebt. Man findet ihn nicht nur in Büchern, sondern auch auf oder unter Grafiken, Fotos, Musiknoten, sonstigen Texten oder auch in Internetauftritten. Historisch gesehen gehörte das Copyright-Zeichen ursprünglich in den anglo-amerikanischen Rechtskreis. Tatsächlich war die Anbringung des Zeichens bis 1989 in den USA notwendige Voraussetzung, um Urheberrechtsschutz zu erlangen. Obwohl im deutschen Recht nicht notwendig, hat es dennoch eine gewisse indirekte Rechtswirksamkeit: Wer das Zeichen in dieser Weise verwendet, wird bis zum Beweis des Gegenteils tatsächlich als Urheber angesehen (vgl. § 10 UrhG).

Eine Besonderheit gilt bei Erstveröffentlichungen von Werken der bildenden Kunst und Lichtbildwerken. Nach § 18 UrhG hat der Urheber das alleinige Recht, unveröffentlichte Werke der bildenden Kunst sowie unveröffentlichte Lichtbildwerke (vgl. Kapitel E 1.8.1.1) öffentlich zur Schau zu stellen. Allerdings führt eine (rechtmäßige) Erstveröffentlichung dazu, dass das Ausstellungsrecht verbraucht ist (§ 17 Abs. 2 UrhG). Der sog. Erschöpfungsgrundsatz begrenzt das Verbreitungsrecht an einem Werkstück. Es gilt in dem Moment als „verbraucht" oder „ausgeschöpft", in dem der Urheber das Werkstück selbst (innerhalb der EU) in den Verkehr gebracht hat. Mit der Erstverbreitung hat der Urheber die Herrschaft über das Werkexemplar aufgegeben und darf dem Käufer nicht mehr vorschreiben, wie dieser es weiterverbreiten darf und wie nicht.

1.1.2 Schutzdauer des Urheberrechts

- Die urheberrechtliche Regelschutzfrist beträgt in Deutschland 70 Jahre (§ 64 UrhG) und beginnt grundsätzlich mit dem Tod des Urhebers. Da das Urheberrecht vererblich ist, sind in diesem Zeitraum auch die Erben des Urhebers geschützt.
- Ist der Urheber nicht bekannt, beginnt die Frist mit der ersten Veröffentlichung (§ 66 UrhG).
- Bei mehreren Urhebern beginnt die Frist mit dem Tod der letztverstorbenen Person (§§ 64, 65 UrhG).

- Es gibt Ausnahmen; z. B. erlischt das Urheberrecht bei Lichtbildern (Alltagsfotografie, „Knipsbilder") bereits 50 Jahre nach der Veröffentlichung des Bildes (§ 72 Abs. 3 UrhG).

Mit dem Ablauf der jeweiligen Frist wird das Werk „gemeinfrei" nutzbar, jeder/jede kann es verwerten, bearbeiten und sogar entstellen. D. h. Leonardo da Vinci kann sich noch so oft im Grabe drehen, man darf seiner Mona Lisa Schnurrbärte aufmalen (auf dem Original natürlich nicht; selbst den Eigentümern der meisten großen Kunstwerke ist nach deutschem Strafrecht verboten, diese zu beeinträchtigen oder zu zerstören, vgl. § 304 StGB).

1.1.3 Öffentlichkeit im Urheberrecht

Bei der Nutzung von Werken unterscheidet das Urheberrecht, ob sie öffentlich oder nicht-öffentlich (privat) genutzt werden.

Zur Öffentlichkeit kann, ausgehend von der Definition in § 15 Abs. 3 UrhG, „jedermann" gehören, wobei es sich um mehrere Personen handeln muss, die nicht durch persönliche Beziehungen miteinander verbunden sind. Abgesehen davon, dass es sich um eine Mehrzahl (also mindestens zwei Personen) handeln muss, ist die Personenanzahl nicht entscheidend. Eine „persönliche Beziehung" im Sinne dieser Vorschrift kann auch zwischen dem Verwerter und allen Personen vorliegen. Diese persönlichen Beziehungen sind schwer zu definieren und können nur subjektiv ermittelt werden; wer in dem „Bewusstsein der persönlichen Verbundenheit" (zu den anderen oder zum Verwerter) Teil der Gruppe ist, hat ausreichend starke Beziehungen, um „privat" da sein zu können.

Familienfeste oder Freundescliquen sind i. S. des Urheberrechts immer nicht-öffentlich. Dagegen sind die meisten Gruppenangebote von Vereinen, Kirchengemeinden, kommunalen Jugendtreffs u. Ä. immer öffentlich, da die Mitglieder z. B. eines Teenagerkreises (zumindest im Regelfall, Ausnahmen können diese Regel bestätigen, z. B. wenn ein Kreis bereits sehr lang (unverändert) besteht oder sich während der Dauer des Bestehens die Zusammensetzung nicht ändert) untereinander keine persönlichen engen Beziehungen haben; es liegen wohl gleiche Interessen vor, womöglich auch persönliche Bande zwischen Einzelnen, aber kein gemeinsames, die gesamte Gruppe zusammenbindendes persönliches Element.

Viele Teilnehmende der Angebote der Kinder- und Jugendarbeit fühlen sich in diesem sicheren Kreis „wie zuhause" und verhalten sich entsprechend. Ob der Kreis aber tatsächlich privat ist, hängt davon ab, ob der Öffentlichkeitsbegriff des § 15 UrhG zutrifft. Da für die meisten derartigen Gruppen öffentlich geworben wird und es selten ein fix geschlossener Kreis sein wird, liegt in aller Regel kein privater Rahmen vor. Die vom Gesetz geforderten „persönlichen Beziehungen" dürften allenfalls bei eher kleinen Teilnehmerzahlen zustande kommen, da es sich ja um Beziehungen zwischen allen Teilnehmenden und Mitarbeitenden handeln muss. Dasselbe gilt auch bei Freizeiten; letztlich ist immer der Einzelfall zu prüfen. Ein Hinweis kann der missionarische Auftrag sein – im Wesen der Mission liegt eine bewusste Öffnung für neue Teilnehmende, sodass eine solche Gruppe nie privat sein kann.

Beispiel 1: Nach einer Freizeit findet eine Nachbesprechung der acht Mitarbeitenden statt. Bei dieser Gelegenheit werden Fotos von der Freizeit gezeigt. Die Mitarbeitenden sind untereinander bekannt und es sind bei dieser Nachbesprechung nur die acht Freizeitmitarbeitenden geladen, keine Mitarbeitenden anderer Gruppen, keine Angehörige und erst recht nicht jedermann. Die Veranstaltung ist nicht-öffentlich.

Beispiel 2: Laden Mitarbeitende zu einem Freizeitnachtreffen ein und alle zehn Teilnehmende der Freizeit kommen, dann ist diese Veranstaltung nicht-öffentlich, da sich die Teilnehmenden über die Freizeittage persönlich kennenlernen konnten. Bei achtzig Teilnehmenden dürfte dies eher nicht anzunehmen sein, hier hätte ein Nachtreffen wohl Öffentlichkeitscharakter.

Beispiel 3: Leiht (mietet) ein Jungscharmitarbeiter aus der Ortsbücherei einen Film, um diesen in seiner öffentlichen Jungschargruppe vorzuführen, so darf er dies nur, wenn eine Vorführungslizenz dabei ist. Ist der Film jedoch (wie meist) nur für den privaten Gebrauch bestimmt, so darf er allenfalls privat von Jungscharlern ausgeliehen und zusammen (zu Hause oder jedenfalls nicht im Rahmen der Jungschar) angeschaut werden.

Beispiel 4: Eine Konfirmandengruppe bleibt für die Dauer der Konfirmandenzeit i. d. R. unverändert, d. h. „unter sich". Daher kann sich hier eine persönliche, enge Beziehung untereinander entwickeln, sodass Veranstaltungen mit ausschließlich ihren Teilnehmenden und Mitarbeitenden u. U. als nicht-öffentlich gelten kann.

1.1.4 Nutzung und Verwertung in der Öffentlichkeit

Die Verwertungsrechte liegen allein beim Urheber. Jedoch liegt in den meisten schöpferischen Werken viel mehr Potenzial, als der Urheber faktisch verwerten kann. Es muss also eine Möglichkeit geben, die Verwertungsrechte so zu transformieren, dass das Werk seine Wirkungsfähigkeit auch durch andere Personen als den Urheber entfalten kann. Die Lösung besteht in der Übertragung des sog. „Nutzungsrechts" gemäß §§ 31 ff. UrhG. Damit kann der Urheber einem Dritten durch Vertrag das Recht einräumen, sein Werk in einer sehr bestimmten Weise zu nutzen, ohne ihm das grundsätzlich unübertragbare (Ausnahme Vererbung, § 28 UrhG) Urheberrecht zu überlassen.

Das Urheberrecht unterscheidet nicht nur sehr differenziert, wie die Urheber ihre Werke nutzen können und geschützt sind, es erachtet auch die urheberähnlich Tätigen als schutzwürdig: Wer an der Vorführung, Verbreitung oder Interpretation eines fremden Werkes substanziell beteiligt ist, kann sich auf die dem Urheberrecht verwandten Leistungsschutzrechte der §§ 70 ff. UrhG berufen.

Hinweise zum Verfahren siehe Kapitel E 1.2.7.

1.1.4.1 Die Rechte der ausübenden Künstler (§§ 70, 73 ff. UrhG)

Das ausschließliche Recht des ausübenden Künstlers, seine Darbietung (auf Bild- und Tonträger) aufzunehmen (§ 77 Abs. 1 UrhG) und eine entsprechende Aufnahme zu vervielfältigen und zu verbreiten, dient v. a. dem Schutz gegen heimliche Mitschnitte von Konzerten und Theateraufführungen (beim Abfilmen von Kinofilmen greift übrigens § 53 UrhG – es ist urheberrechtlich zu privaten Zwecken erlaubt, meist jedoch privatrechtlich verboten). Außerdem gibt das UrhG dem ausübenden Künstler in § 78 das ausschließliche Recht zur öffentlichen Wiedergabe seiner Darbietung (insbesondere zur öffentlichen Zugänglichmachung und Sendung).

1.1.4.2 Unternehmerische Leistungen sind ebenfalls geschützt

Wer den technischen und organisatorischen Rahmen für eine Werkdarbietung liefert, erhält ebenfalls ein Leistungsschutzrecht. Dazu gehören die Verfasser wissenschaftlicher Ausgaben und die Herstellung von Erstveröffentlichungen nicht erschienener Werke nach Erlöschen des Urheberrechts, sog. nachgelassene Werke (§§ 70, 71 UrhG), Tonträgerhersteller (§§ 85, 86 UrhG), Sendungenunternehmen (§ 87 UrhG), Filmhersteller (§ 94 UrhG), Laufbildhersteller (§ 95 UrhG; Laufbilder sind Bildfolgen ohne Filmqualität) sowie die Veranstalter (§ 81 UrhG; z. B. Konzert-, Theater- und Kleinkunst-Veranstalter).

1.1.4.3 Lichtbilderschutz

siehe Kapitel E 1.8.1.1

1.1.5 Vermutung der Urheberschaft

Leider ist es oft sehr schwierig, zu beweisen, dass man Urheber eines Werkes ist. Die zuverlässigste Beweissicherungsmethode besteht darin, Bilddaten, Texte, Noten oder eine Aufnahme bei einem Anwalt oder Notar zu hinterlegen. Da dies jedoch Geld kostet, kann man die kostengünstigere Methode wählen, den Text, die Noten oder einen Bild-/Tonträger in einem versiegelten Umschlag per Post an sich selbst zu verschicken. Umschlag und Siegel müssen unversehrt bleiben, dann ist der Poststempel ein gutes Beweismittel, dass das Werk zum fraglichen Zeitpunkt in dieser Form existierte.

Nun greift die Beweislastregel des § 10 UrhG: Bis zum Beweis des Gegenteils gilt derjenige als Urheber eines Werkes, unter dessen Namen es zuerst erschienen ist. Durch den oben beschriebenen Nachweis, dass das Werk, das mit dem eigenen Namen versehen ist, so zuerst in Umlauf waren, gilt derjenige als Urheber.

1.2 Werke

Gebäude, Werbung, Autos, Bilder, Musik, Filme: all diesen Dingen liegen schöpferische Leistungen zugrunde. Die Werk-Definition in § 2 Abs. 2 UrhG als *„persönliche geistige Schöpfung"* beinhaltet die Vorstellung von einem körperlichen Werk, in dem eine kreative gedankliche Leistung (das „geistige Eigentum") fixiert ist.

Nach § 2 Abs. 1 UrhG sind schützenswerte bzw. geschützte Werke:
„1. *Sprachwerke, wie Schriftwerke, Reden und Computerprogramme;*
2. *Werke der Musik;*
3. *pantomimische Werke einschließlich der Werke der Tanzkunst;*
4. *Werke der bildenden Künste einschließlich der Werke der Baukunst und der angewandten Kunst und Entwürfe solcher Werke;*
5. *Lichtbildwerke einschließlich der Werke, die ähnlich wie Lichtbildwerke geschaffen werden;*
6. *Filmwerke einschließlich der Werke, die ähnlich wie Filmwerke geschaffen werden;*
7. *Darstellungen wissenschaftlicher oder technischer Art, wie Zeichnungen, Pläne, Karten, Skizzen, Tabellen und plastische Darstellungen.*"

Bei diesen Werken handelt es sich um sinnlich wahrnehmbare, persönliche geistige Schöpfungen, die eine gewisse sog. „Schöpfungshöhe" oder „künstlerische Gestaltungshöhe" erreicht haben. Merkmale einer geistigen Schöpfung sind unter anderem Individualität und Originalität des Werks, weniger jedoch künstlerische oder handwerkliche Qualität; auch der wenig begabte „Durchschnittskönner" kann individuellkreativ ausdrucksfähig schaffen. Auch geringwertige geistige Schöpfungen fallen unter den Werkbegriff (die sog. „kleine Münze des Urheberrechts": auch ein Centstück ist noch eine Geldmünze, wenn auch vergleichsweise geringwertig; sie spielt v. a. im Bereich der Musik eine Rolle).

1.2.1 Bearbeitung, Umgestaltung und freie Benutzung von Werken

Der Urheber hat das Bearbeitungs- und Umgestaltungsrecht an seinem Werk (§ 23 UrhG). Auch (zulässige) Bearbeitungen von Werken können gemäß §§ 3, 23 UrhG als eigenständig geschützte Werke gelten, es entsteht dann neben dem Urheberrecht des Schöpfers des Originals ein neues Urheberrecht des Bearbeiters. Soll eine Bearbeitung, die nicht vom Original-Urheber stammt, veröffentlicht oder verwertet werden, so bedarf sie (trotz Bearbeiter-Urheberrecht) weiterhin auch der Einwilligung des Original-Urhebers.

Ein Werk gilt dann als geschützte Bearbeitung, wenn es durch eine (nicht verstümmelnde oder verfälschende) Veränderung des Originalwerkes entstanden ist. So kann z. B. ein Theaterstück, einerseits weiterentwickelt, ergänzt oder aktualisiert, aber auch verfilmt oder literarisiert (in Buchform gebracht) werden. Jedoch soll eine Bearbeitung immer noch (neben den individuellen Zügen des Bearbeiters) das Originalwerk und dessen Geist zur Geltung bringen, also dessen Verwertungsmöglichkeiten erweitern. Ist dies nicht der Fall, sondern soll nur das veränderte (neue) Werk zur Geltung kommen, so handelt es sich zwar auch um eine (schützenswerte) persönliche geistige Schöpfung, sie gilt jedoch als „Umgestaltung", die dem Original Konkurrenz macht. Da eine solche Umgestaltung zum eigenen Vorteil bis zum Plagiat führen kann, ist nachvollziehbar, dass auch der Umgestalter für die Veröffentlichung die Einwilligung des Urhebers braucht.

1.2.2 Mitarbeitende im Arbeits- und Auftragsverhältnis

Kinder- und Jugendarbeit in Gemeinde, Verein und Verband lebt vom Ehrenamt, ist aber auch nicht ohne professionelle hauptamtlich Angestellte denkbar. Entsteht im Rahmen eines Arbeitnehmerverhältnisses oder im Rahmen eines ehrenamtlichen Auftragsverhältnisses ein „Werk" (wenn z. B. im Rahmen der Kinder- und Jugendarbeit Fotografien gefertigt oder neue Spiele erfunden werden), dann gilt zunächst das Schöpferprinzip des § 7 UrhG, wonach der/die schöpferisch tätige Arbeitnehmer/ Arbeitnehmerin / Ehrenamtliche der Urheber ist und bleibt. Allerdings hat der Arbeitgeber u. U. das ausschließliche Nutzungsrecht: Dies gilt bei Werken, die im Rahmen der arbeitsvertraglichen Pflicht entstehen („Pflichtwerke"), wenn also z. B. ein Jugendreferent / eine Jugendreferentin verpflichtet ist, bestimmte Aspekte seiner/ihrer Arbeit fotografisch zu dokumentieren (§ 43 UrhG).

Außerdem ist in den entsprechenden Tarif- und Arbeitsverträgen fast immer eine derartige Rechtseinräumung enthalten. Beim Auftragswerk des/der Ehrenamtlichen dagegen muss das Nutzungsrecht ausdrücklich übertragen werden. Ansonsten kann der ehrenamtliche Urheber selbst entscheiden, wer sein Werk wie nutzen darf. Das Urheberpersönlichkeitsrecht als höchstpersönliches Recht und als ideeller Kern des Urheberrechts verbleibt immer beim Schöpfer.

Beispiel: Wenn eine hauptamtliche Mitarbeiterin beauftragt wird, beim Sommerfest Fotos zu machen, dann ist sie die Urheberin, aber der Verein hat die Nutzungsrechte. Es besteht ein Dienstverhältnis (§§ 611 ff. BGB), weshalb aus § 43 UrhG folgt, dass grundsätzlich eine Nutzungsrechtseinräumung gegeben ist, wenn sich nicht aus dem Arbeits- oder Dienstverhältnis etwas anderes ergibt. Handelt es sich dagegen um eine ehrenamtliche Mitarbeiterin, so liegt ein Auftragsverhältnis (§ 662 ff. BGB) vor und bei einem Auftragswerk hat der Auftraggeber das Nutzungsrecht nur, wenn es ihm ausdrücklich vertraglich eingeräumt wurde.

1.2.3 Mehrere Beteiligte und ein Werk

Auch zwei oder mehr Personen können ein gemeinsames Werk schaffen, wenn jede einen eigenständigen geistigen Beitrag leistet und das geschaffene Werk eine untrennbare Einheit bildet (§ 8 UrhG). Z. B. können zwei Mitarbeitende gemeinsam einen Text zu einem bestimmten Thema verfassen. Wer gemeinsam mit anderen ein Werk geschaffen hat, dessen Anteile sich nicht gem. § 9 Abs. 1 UrhG gesondert verwerten lassen (sog. verbundene Werke), steht mit diesen automatisch in einer engen und dauerhaften rechtlichen Verbindung.[25]

Wenn aber mehrere Urheber ihre auch einzeln verwertbaren Werke zur gemeinsamen Verwertung verbinden (z. B. ein Textdichter und ein Komponist, ein Buchautor und

---

25 Juristisch liegt eine sog. „Gesamthandsgemeinschaft" vor, weshalb die Miturheber das Werk nur gemeinsam veröffentlichen und verwerten können, Änderungen nur mit Einwilligung aller Miturheber zulässig sind (§ 8 Abs. 2 S. 2 UrhG), jeder Miturheber Ansprüche aus Urheberrechtsverletzungen (für alle Miturheber) geltend machen kann (§ 8 Abs. 2 S. 3 UrhG) und die Nutzungserlöse allen Miturhebern – je nach Beteiligungsquote – zustehen (§ 8 Abs. 3 UrhG)

ein Illustrator), so handelt es sich trotz der Verbindung weiterhin um selbstständige Werke mit der Rechtsfolge des § 9 UrhG: Jeder Urheber behält sein Recht an dem von ihm geschaffenen Werk, kann aber von dem oder den anderen *„... die Einwilligung zur Veröffentlichung, Verwertung und Änderung der verbundenen Werke verlangen, wenn die Einwilligung dem anderen nach Treu und Glauben zuzumuten ist."* Juristisch entsteht zwischen den Urhebern eine Gesellschaft bürgerlichen Rechts gemäß §§ 705 ff. BGB (vgl. Kapitel A 1.3).

1.2.4 Änderungs- und Entstellungsverbot eines Werkes – Plagiat

Unter einem „Plagiat" (ein Begriff, den es im UrhG nicht gibt) versteht man geistigen Diebstahl, also die unbefugte Übernahme eines Werkes (oder von Werkteilen) in Kenntnis des fremden Urheberrechts, um sich diese fremde Urheberschaft als eigene anzumaßen. Relevant wird dies neben Musikplagiaten v. a. in Literatur und Wissenschaft, wo neben den Textplagiaten (Übernahme ganzer Textteile) auch reine Verbalplagiate (Übernahme prägnanter Formulierungen) und sogar Ideenplagiate Formen geistigen Diebstahls sind. Wird ein Werk lediglich umgestaltet, so handelt es sich dann um ein Plagiat, wenn der schöpferische Abstand zum Original nicht ausreicht, um von einer freien Benutzung sprechen zu können.

Der Urheber darf sich gegen die Entstellung oder Beeinträchtigung (Verfälschung oder Verstümmelung) seines Werkes zur Wehr setzen (§ 14 UrhG) und durchsetzen, dass es so, wie er es gemeint und geschaffen hat, an die Öffentlichkeit kommt. Die Abgrenzung zur zulässigen Bearbeitung gemäß § 23 UrhG (wenn das Werk lediglich an einen neuen Verwendungszweck angepasst, also z. B. ein Buch verfilmt wird) und zur freien Benutzung gemäß § 24 UrhG ist oft schwierig. Auch der Inhaber eines Nutzungsrechts muss das allgemeine Änderungsverbot beachten und alle Änderungswünsche mit dem Urheber abstimmen, wenn dieser nicht ausnahmsweise nach einer Treu-und-Glauben-Abwägung seine Einwilligung erteilen muss (§ 39 UrhG).

1.2.5 Anspruch des Urhebers auf Vergütung

Der Urheber kann für die Überlassung eines Nutzungsrechts eine Vergütung verlangen (§§ 32 ff. UrhG), unabhängig davon, ob die Nutzung mit Gewinnerzielungsabsicht oder ohne kommerzielle Intention erfolgen soll. Die Nutzungsrechte können in Form sog. einfacher oder ausschließlicher Nutzungsrechte übertragen werden (§ 31 UrhG). Der Inhaber eines **einfachen Nutzungsrechts** ist berechtigt, das Werk neben dem Urheber und gegebenenfalls weiteren Nutzungsberechtigten zu nutzen. Das **ausschließliche Nutzungsrecht** berechtigt den Inhaber, alle anderen Personen von der Nutzung des Werks (in dieser Nutzungsart) auszuschließen. Der Urheber kann z. B. das Recht, seinen Film vorzuführen, mehreren Veranstaltern (einfach) einräumen, er kann es aber auch exklusiv (ausschließlich) an einen einzigen Nutzer vergeben. Viele Werke lassen sich auf verschiedene Art und Weise nutzen, wobei man unter dem Begriff „Nutzungsart" eine technisch oder wirtschaftlich eigenständige Verwendungsform des Werkes versteht. So kann ein Buch (Sprachwerk) als Hardcoverausgabe, Taschenbuch, digital oder akustisch (Hörbuch) verwendet werden. Musik kann auf CD oder übers Internet genutzt werden, Filme im Kino, als DVD oder ebenfalls online.

Der Grundsatz „Vergütung für die Nutzung künstlerischer Leistungen" betrifft z. B. die Kinder- und Jugendgruppe, den Gemeindeabend, die Mitgliederversammlung, das Gemeindefest, den Gottesdienst sowie Aktionen, Publikationen und Veranstaltungen, weil diese öffentlich sind und § 15 Abs. 3 UrhG erfüllen. Deshalb sind Gebühren an den Inhaber bzw. Verwerter der Rechte zu zahlen. Die Vergütungspflicht entfällt *„... für Veranstaltungen der Jugendhilfe, der Sozialhilfe, der Alten- und Wohlfahrtspflege sowie der Gefangenenbetreuung, sofern sie nach ihrer sozialen oder erzieherischen Zweckbestimmung nur einem bestimmt abgegrenzten Kreis von Personen zugänglich sind"* (§ 52 Abs. 1 S. 3 UrhG). Hierzu sei angemerkt, dass an diese Veranstaltungen sehr enge Maßstäbe angelegt werden: Teilnehmende müssen ohne Entgelt zugelassen werden; die ausübenden Künstler dürfen kein Entgelt erhalten; es darf kein Erwerbszweck des Veranstalters vorliegen; die Veranstaltung darf *„nur einem bestimmt abgegrenzten Kreis von Personen zugänglich"* sein; die Veranstaltung muss sozialer oder erzieherischer Zweckbestimmung dienen.

1.2.6 Lizenzen als einzelne (einfache) Nutzungsrechte

Der Begriff der „Lizenz" wird uneinheitlich verwendet. Klassischerweise ist eine urheberrechtliche Lizenz die vertraglich eingeräumte Erlaubnis, die einer Person oder Organisation gestattet, ein urheberrechtlich geschütztes Werk in einer ganz bestimmten Weise zu nutzen.

1.2.6.1 Freie Lizenzen

Am bekanntesten sind die freien (oder offenen) Lizenzen, die eine sehr weitgehende Verwendung des Werkes (z. B. auf Websites oder Flyern) erlauben, ohne dass Lizenzgebühren bezahlt werden müssen. Der Schwerpunkt liegt auf digitalen Inhalten (Software, Internetinhalte), die kopiert, verbreitet oder (online) zugänglich gemacht werden; die praktisch wichtigste Rolle spielt dabei die Musik.

1.2.6.2 Alternative Lizenzen – Creative Commons

Creative Commons (CC) selbst ist keine eigene Lizenz, sondern eine nicht gewinnorientierte Organisation zur freien Verbreitung von Medieninhalten (wie Texte, Bilder, Musik und Filme), die ihrerseits verschiedene freie Lizenzverträge zur Verfügung stellt. Eine für die Kinder- und Jugendarbeit praktisch bedeutsame CC-Lizenz (CC-by-sa 3.0/de = CC Namensnennung – Weitergabe unter gleichen Bedingungen in Version 3.0) wird von der Online-Enzyklopädie Wikipedia verwendet. Wer also Texte (oder sogar Bücher) und Bilder aus verschiedenen Wikipedia-Artikeln zusammenstellt, darf dies aufgrund dieser speziellen Lizenz. Wer z. B. im Rahmen der Kinder- und Jugendarbeit auf einfache Art und Weise Bildungsarbeit und Wissensvermittlung betreiben möchte, kann sich bei Wikipedia bedienen und muss lediglich „angemessene" Urheber- und Rechteangaben machen, einen Link zur Lizenz beifügen und angeben, ob Änderungen vorgenommen wurden.

Nachweise und weiterführende Praxistipps
- Creative Commons: www.creativecommons.org (Linkzugriff im März 2018)
- Erklärung zur Generierung der verschiedenen Lizenzen: www.lehrerfortbildung-bw.de/ werkstatt/freemedia/definition (Linkzugriff im März 2018)

1.2.6.3 Freie Software-Lizenzen

Software, die unter einer solchen Lizenz steht, kann kostenlos aus dem Internet heruntergeladen werden („Open Source"), allerdings müssen bei ihrer Verwendung dennoch gewisse Bestimmungen beachtet werden. Zu den wichtigsten Open-Source-Lizenzen gehört die „GNU General Public License (GPL)" und die „Mozilla Public License". Bekannte Programme, die so vertrieben werden, sind der Internetbrowser Firefox und das Betriebssystem Linux.

1.2.6.4 Gesetzliche Lizenzen

Die sog. gesetzliche Lizenzen ergeben sich direkt aus dem Gesetz und gewähren somit gesetzliche Vergütungsansprüche. Wer z. B. ein Werk ausschließlich für Menschen vervielfältigt, die aufgrund einer Behinderung sonst keinen Zugang zu dem Werk hätten, hat gegen die jeweilige Verwertungsgesellschaft Anspruch auf angemessene Vergütung aus § 45a UrhG. Weitere gesetzliche Lizenzen ergeben sich z. B. aus den §§ 27 Abs. 2, 49 Abs. 1, 46, 47, 52 Abs. 1, 52 Abs. 2, 53 i. V. m. 54 ff., 55, 60a, 60c, 60e Abs. 4 und 5, 69b, 78 Abs. 2 Nr. 1 UrhG.

1.2.6.5 Schlichte Einwilligung

Die schlichte Einwilligung ist die jederzeit widerrufliche Erklärung gegenüber einem oder mehreren anderen oder auch der Allgemeinheit, das zur Verfügung gestellte Werk im üblichen Rahmen zu nutzen. Es ist auch denkbar, dass ein Urheber die Nutzungserlaubnis zwar nicht ausdrücklich, jedoch konkludent (durch schlüssiges Verhalten) erteilt, sodass man aus seinem Verhalten schließen kann, dass er mit einer bestimmten Nutzung seines Werks durch Dritte einverstanden ist.

Beispiel: Der Jugendleiter, der seine Andachten auf seiner Website hochlädt, kann ausdrücklich schreiben: „Gern dürft ihr meine hier veröffentlichten Andachten kopieren und selbst ins Netz stellen!"; er kann aber auch nur schreiben: „Ich wünsche allen viel Freude an diesen Andachten und hoffe, dass sie große Verbreitung finden!" und damit konkludent (also im ungeschriebenen, aber impliziten Subtext) sagen: „Bitte kopiert und verbreitet diese Andachten weiter."

1.2.6.6 Vertragliche Überlassung an Dritte

Es ist zwar möglich, die Nutzung durch Dritte selbst zu regeln; wer jedoch kommerziell tätig ist, kann die ausschließlichen Nutzungsrechte auch durch Vertrag an Dritte überlassen, z. B. an Buch- und Musikverlage oder Verwertungsgesellschaften (siehe Kapitel E 1.3).

1.2.7 Die rechtmäßige Nutzung fremder Werke

Wer ein fremdes Werk nutzen will, sollte klären, wer Urheber bzw. zuständiger Verwerter ist, ob der Urheber evtl. bereits länger als 70 Jahre verstorben ist (und das Urheberrecht somit nicht mehr besteht) und ob der Urheber oder Verwerter Nutzungsrechte (z. B. Lizenzen) zur Verfügung stellt und zu welchen Bedingungen (z. B. Honorar, Quellenhinweis, Nennung des Urhebers; siehe Kapitel E 1.1.1). Eine der ersten Adressen, um eine Genehmigung zu erhalten, sind die Verwertungsgesellschaften (z. B. GEMA, VG Musikedition, CCLI; siehe Kapitel E 1.3) oder bei Druckwerken die Verlage, denn diese nehmen die Rechte der Urheber wahr. Wenn diese für den Urheber keine Nutzungs- und Verwertungsrechte besitzen, muss man sich an den Urheber direkt wenden. Es gilt: Der Nutzer muss von sich aus tätig werden und das Nutzungsrecht einholen. Die Nutzung kann nur mit der Genehmigung des Urhebers erfolgen.

Beispiel: Wird für eine Freizeit ein Liederbuch zusammengestellt (fotokopiert und die Einzelblätter werden zusammengeheftet), dann müssen für jedes Lied bei den verschiedenen Verlagen oder Verwertungsgesellschaften die Abdruckrechte eingeholt werden. Je nach Zweck müssen u. U. verschiedene Rechte eingeholt werden (z. B. können die Rechte für Text, Melodie, Noten bei verschiedenen Urhebern liegen).

Die konkrete Gestaltung der Anfrage ist immer abhängig vom Werk und Urheber sowie v. a. vom Nutzungszweck und seinen Rahmenbedingungen (z. B. (nicht-)kommerziell, Auflage, Dauer, Zielgruppe, offline/online). Bei der Nutzungsanfrage empfiehlt es sich zu erwähnen, wenn ein Werk im Zusammenhang mit religiösen Inhalten verwendet werden soll. Nicht jeder Urheber bzw. Verwerter möchte mit religiösen Inhalten in Verbindung gebracht werden.

1.3 Rechtewahrnehmung durch Verwertungsgesellschaften

Unbestreitbar hat ein Urheber das Recht, andere potenzielle Nutzer seines Werks zu überwachen und ihnen gegebenenfalls auf die Finger zu klopfen. Allerdings ist es z. B. einem Komponisten faktisch unmöglich, alle Radiosender zu überwachen, die seine Stücke spielen könnten. Da es also für den Urheber in der Praxis sehr umständlich ist, die grundsätzliche Vergütungspflicht gegenüber dem Nutzer für den Urheber durchzusetzen, wurden sog. Verwertungsgesellschaften (VG) geschaffen. Das sind Einrichtungen, die treuhänderisch für eine große Anzahl von Urhebern oder andere

Rechtsinhaber die Nutzungsrechte, Einwilligungsrechte oder Vergütungsansprüche, die sich aus dem UrhG (sowie verwandte Schutzrechte für deren Inhaber) ergeben, wahrnehmen. Derzeit gibt es in Deutschland dreizehn Verwertungsgesellschaften, die behördengleich eine öffentliche Aufgabe wahrnehmen.

Das Verwertungsgesellschaftengesetz (VGG) von 2016 löst das bisherige Urheberrechtswahrnehmungsgesetz (UrhWG, UrhWarnG) aus dem Jahr 1965 ab. In diesem neuen Gesetz wurden u. a. das Verhältnis zwischen VG und Rechteinhaber, Vergütungsregelungen und Onlinerechte geregelt. Bisher sah das UrhWarnG keine bestimmte Rechtsform für VGs vor; die meisten sind privatrechtlich als eingetragene Wirtschaftsvereine organisiert. Der Urheber schließt mit der zuständigen VG einen sog. Wahrnehmungsvertrag, aufgrund dessen die VG dann kollektiv seine kommerziellen Rechte vertritt (also verwertet). Die VG unterliegen einer doppelten Pflicht zum Vertragsschluss gegenüber dem Urheber: Einerseits müssen sie jedem spartenmäßigen Rechteinhaber die Mitgliedschaft in der VG gewähren, andererseits müssen sie den ihnen übertragenen Rechten gegenüber Dritten nachgehen (Gebühren erheben und Nutzungsrechte einräumen).

Zu den für die Kinder- und Jugendarbeit relevanten Verwertungsgesellschaften:

1.3.1 Gesellschaft für musikalische Aufführungs- und mechanische Vervielfältigungsrechte (GEMA)

Die Gesellschaft für musikalische Aufführungs- und mechanische Vervielfältigungsrechte (GEMA, www.gema.de) ist zuständig für die Wahrnehmung der Rechte der Komponisten, Textdichter und Musikverleger. Sie nimmt insbesondere das mechanische Vervielfältigungsrecht, das musikalische Aufführungsrecht und das Senderecht wahr. Weiter verwaltet sie das Recht der Wiedergabe von Hörfunk- und Fernsehsendungen, das Recht der öffentlichen Wiedergabe durch Ton-, Bildton-, Multimedia- und andere Datenträger (mit Ausnahme der öffentlichen Wiedergabe dramatisch-musikalischer Werke), den Vergütungsanspruch für das Vermieten und Verleihen von Bild- und Tonträgern sowie Musiknoten, die Vergütungsansprüche für Bild- und Tonaufzeichnungen sowie das Herstellungs- und Synchronisationsrecht an Filmen und Multimedia-Datenträgern inkl. Vorführungsrecht.

1.3.2 VG Wort

Die VG Wort (www.vgwort.de) verwaltet die Rechte der Wortautoren, deren Werke nicht mit Musik verbunden sind (also z. B. Autoren von Gebeten, liturgischen Texten, Bildbetrachtungen, Arbeiten von Übersetzern und Journalisten). Textautoren von Liedern werden von der VG Musik verwaltet (s. u.). Außerdem vertritt die VG Wort die Interessen der Verleger der Autoren. Wird der Autor eines Textes nicht von der VG Wort vertreten, so muss bei Interesse an der Verwertung seines Textes mit dem Autor direkt verhandelt werden. Zu beachten ist, dass die VG Wort nur Zweitverwertungsrechte aus Texten wahrnimmt, also wenn nach einer ersten Nutzung (z. B. Druck) dieser erneut genutzt (z. B. kopiert, vermietet oder verliehen) wird. Das Erstverwertungsrecht (Recht zur erstmaligen Vervielfältigung, Verbreitung, Aufführung und Sendung) wird dagegen direkt einem Verlag gewährt.

1.3.3 VG Musikedition

Die VG Musikedition (www.vg-musikedition.de) ist zuständig für das geschriebene Musikstück in Texten und Noten, für das sie die Urheberrechte verwaltet. Die Bezeichnung „Edition" (= Ausgabe) rührt daher, dass sie die Rechte an Erst- und Neuausgaben wissenschaftlicher Werke, insbesondere eben von Musikwerken wahrnimmt. Die VG Musikedition hält auf ihrer Internetseite eine Liste der in der Liedtextdatenbank gespeicherten und somit von ihr verwalteten Lieder bereit: https://liedtexte.vg-musikedition.de/Liedtexte.php (Linkzugriff im März 2018). Allerdings ist diese Liste nicht abschließend, da sich nicht alle Verlage diesem Service angeschlossen haben. Immerhin vertritt die VG Musikedition rund 98% aller deutschen Musikverlage (inkl. deren Autoren und Subverlage). Lediglich im Bereich des aktuellen neuen geistlichen Liedguts, das gerade für die christliche Kinder- und Jugendarbeit relevant ist, ist ihr Portfolio lückenhaft; diese Lücke schließt jedoch die CCLI (s. u.) umfangreich.

1.3.4 Gesellschaft zur Verwertung von Leistungsschutzrechten (GVL)

Die Gesellschaft zur Verwertung von Leistungsschutzrechten mbH (GVL, www.gvl.de), nimmt die Leistungsschutzrechte der Tonträgerhersteller, ausübenden Künstler sowie Videoproduzenten wahr. Allerdings nimmt die GVL nur Zweitverwertungsrechte (Zweitauswertungen) wahr, also Verwertungsformen, die voraussetzen, dass es bereits einen (Bild-)Tonträger bzw. eine Aufzeichnung gibt. Hier geht es z. B. um das Recht auf die Sendung von solchen (bereits erschienenen) Tonträgern und um das Recht auf öffentliche Wiedergabe von (Bild-)Tonträgern oder Fernsehsendungen.

1.3.5 VG Bild-Kunst

Die VG Bild-Kunst (www.bildkunst.de) dient den bildenden Künstlern u. a. zur Geltendmachung von sog. „Ausleihantiemen" und Folgerechten. Bei der allgemeinen Ausleihantieme nach § 27 UrhG ging es ursprünglich um die Ausleihe („Vermietung") von Büchern. Heute ist die VG Bild-Kunst in der Kinder- und Jugendarbeit bedeutsam bei der Nutzungsrechtevergabe und Geltendmachung von Vergütungsansprüchen für die Nutzung von Bild- und Tonaufzeichnungen.

1.3.6 Christian Copyright Licensing GmbH

Die Christian Copyright Licensing Deutschland GmbH (CCLI, www.ccli.de) ist eine Lizenzagentur speziell für den christlich-kirchlichen Bereich und stellt hierfür Lizenzen für die Vervielfältigung von Liedern und das Vorführen von Filmen zur Verfügung.

1.3.6.1 Liedlizenz

Da das Liedangebot der VG Musikedition (s. o.) im christlichen Bereich weit hinter dem derzeitigen Bedarf zurücksteht, ist es für christliche Kirchen, Gemeinden, Vereine und sonstige Organisationen sinnvoll, durch Erwerb einer Pauschallizenz oder Veranstaltungslizenz der CCLI die Liedrechte für über 300.000 Gemeinde- und Lobpreislieder (Stand März 2018) zu erwerben. Mit einer solchen Lizenz erwirbt man das Recht, die Lieder zu fotokopieren, abzudrucken, elektronisch zu erfassen und als Folien für Beamerpräsentationen zu speichern.

1.3.6.2 SongSelect-Datenbank

Die SongSelect-Lieddatenbank der CCLI enthält online Liedtexte, Noten und Akkorde von mehr als 100.000 christlichen Liedern (Stand März 2018). Sie bietet zudem Schnittstellen u. a. zu Songbeamer an, sodass SongSelect auch ganz unabhängig von der SongSelect-Website genutzt werden kann und Liedtexte direkt in Programme und Präsentationen übernommen werden können.

1.3.6.3 CVL-Filmlizenz

siehe Kapitel E 1.7.7.2

1.3.7 Urheberrechtliche Rahmenverträge der Evangelischen und Katholischen Kirche in Deutschland mit Verwertungsgesellschaften

Die Evangelische Kirche in Deutschland (EKD) sowie der Verband der Diözesen Deutschlands (VDD) haben mit einigen VGs inhaltlich ungefähr gleiche Rahmenverträge abgeschlossen. Durch diese Rahmenverträge können im kirchlichen Bereich z. B. viele Veranstaltungen mit Musik angeboten werden, ohne hierfür direkt mit der GEMA abzurechnen, da die Zahlungen pauschal durch die EKD / den VDD erfolgen. Die Verträge schließen die Landeskirchen und deren Untergliederungen (Kirchenkreise, Kirchenbezirke und Kirchengemeinden) sowie übergreifende Institutionen und Einrichtungen (Jugendverbände wie BDKJ, CVJM, EC) ein.

Im Informationsblatt der EKD u. a. zur GEMA wird darauf hingewiesen, dass „... für die katholische Kirche ein Pauschalvertrag existiert, der die gleichen Regelungen wie für die evangelische Kirche vorsieht, [deshalb] ist eine Kooperation zwischen evangelischen und katholischen Kirchengemeinden von den Pauschalverträgen abgedeckt" (Abschnitt Nr. 3.1 im Informationsblatt der EKD vom 09.08.2016[26]). Damit sind gemeinsame Veranstaltungen zwischen evangelischen und katholischen Kirchengemeinden, Jugendorganisationen möglich (Kreis der Berechtigten).

---

26 http://archiv.ekd.de/download/handreichung_urheberrecht_august2016.pdf (Linkzugriff im März 2018), S. 6

Allerdings entfällt trotz Deckung durch einen Rahmenvertrag nicht immer die Meldepflicht an die jeweilige Verwertungsgesellschaft. Beispielsweise erfasst der Rahmenvertrag der EKD mit der GEMA auch die Hintergrundmusik, dennoch muss nur die reine „Musikberieselung" nicht gemeldet werden; sobald diese aber über die reine Berieselung hinausgeht, entsteht eine Meldepflicht – ohne zusätzliche Kosten.

1.3.7.1 Vertrag über Musik im Gottesdienst zwischen EKD und GEMA

Aufgrund dieses Rahmenvertrags ist die Wiedergabe von Musikwerken in Gottesdiensten und bei kirchlichen Feiern abgegolten. Der Begriff „kirchliche Feier" kann weit ausgelegt werden: man versteht darunter jede kirchliche (oder kirchennahe, z. B. CVJM-)Veranstaltung, bei der gottesdienstliche Musik (z. B. neues geistliches Liedgut, also Musik, die geistliche Texte mit modernen Stilmitteln verbindet und deren Inhalte eindeutig verkündigenden und Gott lobenden Charakter haben) wiedergegeben wird. So kann z. B. auch ein Schulungsseminar, bei dem eine Andacht gehalten wird, bereits als „kirchliche Feier" gelten.

1.3.7.2 Vertrag über Konzerte und sonstige Veranstaltungen zwischen EKD und GEMA

Dieser Rahmenvertrag greift, wenn eine Kirchengemeinde, eine Untergliederung der Landeskirche oder eine Einrichtung zum Kreis der Berechtigten gehört und Veranstalter eines Konzerts oder einer ähnlichen Musikveranstaltung ist. Hier sind die Aufführungsrechte erfasst. Der Vertrag sieht Unterschiede vor, ob Eintritt verlangt wird und welche Art Musik (ernste Musik, neues geistliches Liedgut, Gospelkonzerte usw.) gespielt wird (Details erläutern die Merkblätter, s. u. weiterführende Praxistipps). Die Meldung muss nach einem einheitlichen Muster direkt an die GEMA erfolgen und zwar „innerhalb von zehn Tagen nach Stattfinden der Veranstaltung".

1.3.7.3 Vertrag über das Fotokopieren von Liedtexten und Noten für den gottesdienstlichen Gebrauch zwischen EKD und VG Musikedition

Der Rahmenvertrag der EKD statuiert die Erlaubnis, Kopien von Musikstücken (Liedtexte und/oder Noten) in Gottesdiensten und gottesdienstähnlichen Veranstaltungen (Taufen, Hochzeiten, Andachten) sowie auf sonstigen kirchengemeindlichen Veranstaltungen (Sommerfeste, Gemeindenachmittage, Kurse, Tagungen u. Ä.) zu verwenden. Entscheidend ist, dass es sich um nicht-kommerzielle Veranstaltungen handelt. Inhaltlich geht es hier um alle möglichen Vervielfältigungshandlungen, also nicht nur um Fotokopien, sondern auch um die Verwendung von Folien und Beamern.

zu E 1.3.7.1, E 1.3.7.2 und E 1.3.7.3
i. d. R. sind folgende Veranstaltungen, Bereiche und Angebote in den bestehenden Rahmenverträgen einbezogen:

Chorarbeit (z. B. Chöre, Posaunenarbeit, Bands, Singen in der Kinder-/ Jugendgruppe und bei Veranstaltungen der Kinder- und Jugendarbeit)	Bildungsveranstaltungen (z. B. Seminare, Mitarbeitendenausbildung, Vorträge)	Gottesdienste, Andachten, Evangelisationen, liturgische Veranstaltungen
Arbeits- und Hobbygruppen (z. B. Sport-, Posaunen- und Medienarbeit)	**Freizeiten, Ausflüge, Workcamps**	**Feste, Feiern** (kirchliche Veranstaltungen in traditionellen oder neuen Formen, z. B. Gemeinde- und Sommerfeste, Elternabende, Kinder- und Jugendtage – hier auch die Hintergrundmusik)
Gruppenarbeit und Gruppenunternehmungen für alle Altersbereiche, Clubarbeit, Angebote mit offenem Charakter	**Aufnahmen auf Ton- und Bildträger** (gilt nicht für Tanzveranstaltungen)	

Kopien für Chöre und Orchester

Das Fotokopieren von Noten für Chöre und Orchester ist ohne vorherige Zustimmung des Komponisten, des Verlags oder eben der VG Musikedition (wenn ihr die Rechte übertragen worden sind) nicht gestattet. Was aber relativ unproblematisch möglich ist, ist das manuelle Abschreiben von Liedtexten und Noten, eine solche Abschrift darf dann 10.000-mal kopiert werden. Erst ab der 10.001. Kopie muss die Kopieraktion von der VG Musik (früher: vom Berechtigten) genehmigt werden.

Feste Liedsammlungen, gebundene Liedhefte

Seit dem 1. Januar 2015 ist es vertraglich immerhin erlaubt, gebundene Liedhefte bis max. acht Seiten anzufertigen, sofern sie ausschließlich in einer einzigen Veranstaltung verwendet werden. Ansonsten gilt der Vertrag nur für lose Liedzettel.

Liedkopien in Kindergärten

Liedkopien in Kindergärten sind dann vom Rahmenvertrag mit der VG Musikedition erfasst, wenn und soweit sie für Weihnachtsfeiern, Sommerfeste usw. angefertigt werden und die entsprechende Veranstaltung nicht-kommerzieller Art ist.

Nachweise und weiterführende Praxistipps

- Merkblätter zum Urheberrecht und zu den Verträgen der EKD und des VDD mit den VGs: www.wgkd.de/rahmenvertrag/verwertungsgesellschaften.html (Linkzugriff im März 2018)

1.3.8 Weitere Rahmenverträge

Nicht nur zwischen der EKD / dem VDD und den VGs gibt es Rahmenverträge über die Nutzung von Liedtexten und Noten, sondern auch zwischen der CCLI und anderen Dachverbänden wie z. B. dem CVJM Deutschland, dem EJW und dem Ev. Gnadauer Gemeinschaftsverband inkl. EC und der CCLI (vgl. Kapitel E 1.3.6). Diese Rahmenverträge weichen im Detail teilweise von den o. g. Modalitäten ab – nähere Auskünfte können bei den Dachverbänden direkt eingeholt werden.

1.4 Vervielfältigung

KAPITEL A

Heute werden am PC oder online elektronische Daten (Texte, Bilder, Filme, Musik) kopiert und verwendet – dabei handelt es sich um Vervielfältigungshandlungen gemäß § 16 UrhG, für die bestimmte Regeln gelten. Als Vervielfältigung bezeichnet man das Herstellen weiterer identischer Werkstücke. Dieses Vervielfältigungsrecht ist nicht auf ein bestimmtes technisches Verfahren (z. B. Druck) oder bestimmte Trägermedien (z. B. Papier) beschränkt; das Projizieren von Bildern und Texten per Beamer ist genauso eine Vervielfältigungshandlung wie das Kopieren einer CD oder das Herunterladen von Musik-Files aus dem Internet. Erfasst wird vielmehr jede Art von physischer Manifestation, die zu einer wiederholbaren Wahrnehmbarkeit des Werkes führt; dazu können auch neue Technologien gehören, die jetzt noch gar nicht bekannt sind.

KAPITEL B

Im Rahmen der Kinder- und Jugendarbeit stellt sich oft die Frage, ob man für diese Arbeit ohne weitere Genehmigung und Vergütung gekaufte, geliehene oder gemietete CDs, DVDs oder Blu-Rays kopieren, Fernseh- und Radiosendungen aufzeichnen oder Dateien aus dem Internet herunterladen darf usw. Ob dies erlaubt ist, hängt davon ab, ob es sich beim geplanten Einsatz um eine öffentliche oder um eine private Veranstaltung handelt; siehe Definition unter Kapitel E 1.1.3. Gemäß dieser Definition gilt: auch Angebote der Kinder- und Jugendarbeit sind i. d. R. öffentlich und die Nutzung bedarf einer Genehmigung und ggf. auch Vergütung.

KAPITEL C

KAPITEL D

1.4.1 Ausnahme: Kopierfreiheit durch die Privatkopieschranke

Kann ein Angebot der Kinder- und Jugendarbeit als privat bezeichnet werden, kommt die sog. „Privatkopieschranke" zum Zug, die der Gesetzgeber in § 53 Abs. 1 UrhG niedergelegt hat. Danach ist die Vervielfältigung eines Werkes zum privaten Gebrauch in den Fällen zulässig, die keinem Erwerbszweck dienen. Man muss hierfür nicht einmal im Besitz des Originals sein (Ausnahme: Software). Dasselbe gilt für Inhalte (Bilder, Texte) von fremden Websites. Wiederum nicht erlaubt ist die Verbreitung dieser (legal hergestellten) Kopien oder deren öffentliche Wiedergabe (§ 53 Abs. 6 UrhG). Der private Gebrauch muss innerhalb der Privatsphäre, d. h. bei Familienmitgliedern und (engen) Freunden stattfinden, kann aber auch für diesen privaten Kreis durch einen Dritten erfolgen, solange dieser rechtmäßig in den Besitz der Kopievorlage gekommen ist.

KAPITEL E

1.4.2 Einschränkungen der Kopierfreiheit trotz Privatkopieschranke

1.4.2.1 Keine Kopierschutz-Umgehung

Ist ein digitaler Träger (z. B. CD / DVD / Blu-Ray) mit urheberrechtlich geschützten Daten oder ein E-Book mit einem Kopierschutz versehen, so darf dieser nicht umgangen werden, auch nicht mit anderen technischen Maßnahmen („Cracken"), selbst wenn die Voraussetzungen der „Privatkopieschranke" vorlägen. Gemäß § 95a UrhG ist dann die Zustimmung des Rechteinhabers notwendig. Sollte kein Kopierschutz vorhanden sein, müssen dennoch eventuelle Nutzungsbedingungen des Rechteinhabers hinsichtlich der Nutzungsmöglichkeit geprüft werden.

1.4.2.2 Software-Kopien

Grundsätzlich ist es lediglich dem berechtigten Inhaber der Software gestattet, sich eine Sicherheitskopie (z. B. der CD) zu erstellen, die sog. Backup-Kopie (§ 69d Abs. 2 UrhG). Er muss in diesem Fall für die damit verbundene Vervielfältigung keine gesonderte Zustimmung des Rechteinhabers gemäß § 69c Nr. 1 UrhG einholen. Die Anfertigung der Sicherungskopie (inkl. Installations- und Startdateien) muss jedoch erforderlich sein, was nicht der Fall ist, wenn der Programmhersteller bereits eine Sicherungskopie mitgeliefert hatte. Alle weiteren Kopien sind auf jeden Fall unzulässig, nicht zu privaten und erst recht nicht zu gewerblichen Zwecken.

1.4.2.3 Verbreiten und Inverkehrbringen

Die erteilte Erlaubnis zur Vervielfältigung schließt noch nicht das Recht ein, die legal erstellten Vervielfältigungsstücke auch zum Kauf anzubieten oder (im Sinne von körperlicher Weitergabe) zu verbreiten. Das Verbreitungsrecht aus § 17 Abs. 1 UrhG besteht selbstständig neben dem Vervielfältigungsrecht und bezieht sich sowohl auf das Anbieten und Inverkehrbringen von Vervielfältigungen als auch von Originalen. Mit „Inverkehrbringen" ist jede Überlassung an Dritte (die nicht der Privatsphäre des Handelnden zuzuordnen sind) gemeint, also sowohl das Verkaufen als auch das Verschenken und sogar das reine Verleihen. Auch wenn ein Konzertveranstalter (z. B. eines Jugendkonzerts des Musikvereins oder Posaunenchors) Noten an die Musiker verteilt, so liegt bereits hier ein Verbreiten vor, selbst wenn er die Noten nach Gebrauch wieder einsammelt.

1.5 Urheberrecht und Sprache

Kinder- und Jugendarbeit – nicht zuletzt die kirchliche bzw. verbandliche – kommt ohne (gesprochene oder geschriebene) Sprache praktisch nicht aus. Texte und Bücher werden veröffentlicht, das Internet ist voll von Artikeln und Beiträgen, es werden Reden geschwungen, literarische Vorlagen eingesetzt usw. Schnell können solche Texte eine urheberrechtlich relevante Qualität („Schöpfungshöhe") erzielen und ihre Nutzung kann daher rechtswidrig sein.

Hier greift §2 Abs. 1 Nr. 1 UrhG, der Sprachwerke schützt, also Werke, bei denen allein die (gesprochene oder fixierte) Sprache bzw. deren Inhalt in äußerlich erkennbar gemachten Gedankengängen zur Schöpfungshöhe kommt. Als die wichtigsten Sprachwerke nennt § 2 Abs. 1 Nr. 1 UrhG Schriftwerke, Reden und Computerprogramme.

1.5.1 Schriftwerke

Hier ist natürlich zunächst an das gute alte Buch zu denken, wobei allerdings immer eine persönliche geistige Schöpfung gemäß § 2 Abs. 2 UrhG im Buch stecken muss (ein Telefonbuch ist kein Schriftwerk). In der Kinder- und Jugendarbeit werden öfters (online oder gedruckt) Rundschreiben oder zeitschriftenartige Veröffentlichungen (für Teilnehmende und/oder Mitarbeitende) produziert und publiziert, wobei sich die Macher bisweilen fremder Texte bedienen. Nun ist aber das Kopieren oder Abschreiben von urheberrechtlich geschützten Werken grundsätzlich unzulässig, wenn der Inhaber der Urheberrechte dazu keine Einwilligung erteilt hat (Ausnahmen siehe Kapitel E 1.11).

1.5.2 Reden

Die Predigt eines Pfarrers / einer Pfarrerin in der Kirche ist ebenso geschützt wie die Rede der Elternvertretung bei der Abifeier oder die des Finanzdezernenten bei den Haushaltsberatungen. Das bedeutet, dass das Mitschneiden und Veröffentlichen dieser Reden nicht ohne Weiteres zulässig ist, sondern der Genehmigung bedarf.

1.5.3 Computerprogramme

Computerprogramme sind gemäß § 69a UrhG urheberrechtlich geschützt. Die Vorschrift erfasst z.B. Betriebssysteme, Apps, Anwendungsprogramme, Makros, Suchmaschinen, den Quellcode und auch einzelne Programmteile. Auch noch nicht fertiggestellte Programme sowie sämtliche Zwischenstufen, die im Rahmen der Entwicklung eines Computerprogramms entstehen, sind prinzipiell schutzfähig.

1.5.4 Inhalte von Websites und sozialen Netzwerken

Texte auf Websites und sozialen Netzwerken können genauso die notwendige Schöpfungshöhe erreichen wie Reden und sonstige Schriften und sind unter denselben Aspekten zu prüfen. Dasselbe gilt selbstverständlich auch für andere Werkarten (Foto, Film, Musik usw.), die auf Websites und sozialen Netzwerken verwendet werden.

1.5.5 Werbeaussagen

Kinder- und Jugendarbeit wirbt selbstverständlich für ihre Angebote („Wir suchen DICH"; „Mach mit"); Werbeaussagen haben es allerdings schwer, zur Schöpfungshöhe zu kommen, sie sind heute i. d. R. einfach zu kurz, um schützenswert zu sein. Vorsicht ist geboten bei der Übernahme oder Bearbeitung fremder Werbeaussagen: Selbst wenn auch diesen die notwendige Schöpfungshöhe fehlt (was i. d. R. so ist, wenn der Slogan nicht gerade als außergewöhnlich originell, kreativ oder individuell bewertet werden kann), so kann dieser durchaus markenrechtlich geschützt sein und darf von Dritten gemäß § 14 Abs. 1 MarkenG nicht bei geschäftmäßiger Tätigkeit genutzt werden. Wer also in irgendeiner Weise (z. B. bei der Bewerbung von entgeltlichen Freizeiten- und Reiseangeboten) geschäftsmäßig tätig wird, sollte fremde Werbeslogans besser nicht hierfür zweckentfremden.

1.5.6 Werktitel

Werktitel (also Titel oder Namen von z. B. Büchern, Zeitschriften, Filmen oder Fernsehserien) haben meist dasselbe Problem wie die Werbeaussagen (zu kurz, zu banal), auch bei ihnen hilft nur das Markenrecht über den sog. „Werktitelschutz" des § 5 Abs. 1 und 3 MarkenG. Dieser greift bei „ ... Namen oder besonderen Bezeichnungen von Druckschriften, Filmwerken, Tonwerken, Bühnenwerken oder sonstigen vergleichbaren Werken". Ein „sonstiges vergleichbares Werk" kann z. B. eine Internetdomain sein, eine speziell entworfene Datenbank oder ein bestimmtes Computerprogramm.

1.5.7 Literarische Figuren

Auch ein einzelner fiktiver Charakter eines Sprachwerks kann selbstständigen Urheberrechtsschutz genießen. Das ist dann der Fall, wenn der Urheber dieser Figur sowohl durch ausgeprägte Charaktereigenschaften als auch besondere äußere Merkmale eine unverwechselbare Persönlichkeit verliehen hat. Wer also für seine (geschäftsmäßige) Veranstaltung Figuren wie Harry Potter oder Sherlock Holmes einsetzen will (z. B. als Veranstaltungsmaskottchen), sollte sich die Erlaubnis einholen oder warten, bis sie gemeinfrei geworden sind.

1.5.8 Bibeltexte

Natürlich sind es nicht die eigentlichen Urtexte, sondern moderne Bibelübersetzungen und rekonstruierte Urtextausgaben sowie Bearbeitungen, die (soweit sie über eine bloße mechanistische Interlinearübersetzung hinausgehen) tatsächlich den Schutz des Urheberrechts genießen. Während der Schutzdauer muss auch bei Bibeltexten (sofern keine Ausnahme des Zitatrechts greift, vgl. Kapitel E 1.1.2) bei der Veröffentlichung längerer Bibeltexte der jeweilige Rechtsinhaber (z. B. Deutsche Bibelgesellschaft (Lutherbibel, BasisBibel, Gute Nachricht Bibel), Katholisches Bibelwerk Deutschland (Einheitsübersetzung), Brunnen Verlag Basel (Hoffnung für alle) oder Genfer Bibelgesellschaft (Neue Genfer Übersetzung) um Erlaubnis gefragt werden.

1.6 Urheberrecht und Musik

In der Kinder- und Jugendarbeit in Kirche, Verein und Verband wird – das gehört zu ihrem Wesen – Musik konsumiert und auch selbst produziert. Musik gehört zum Kanon der ausdrücklich als geschützt geltenden Werke (§ 2 Abs. 1 Nr. 2 UrhG). Urheberrechtlich relevant sind neben den Urhebern (Komponisten, Bearbeiter, Textdichter) auch die Interpreten (ausübende Künstler und teilweise Produzenten) sowie die Verwerter (Tonträgerhersteller, Musikverlage, Konzertveranstalter, Verwertungsgesellschaften, Rundfunksender, Internetanbieter usw.) und die Nutzer (Verbraucher, Musikkonsumenten). All diese Personen müssen das Urheberrecht beachten bzw. können sich in bestimmten Rechtsbeziehungen darauf berufen.

Es muss sich bei dem Musikwerk tatsächlich um eine persönliche geistige Schöpfung handeln, die sich der Töne als Ausdrucksmittel bedient. Die Anforderungen an die Schöpfungshöhe sind hier nicht besonders hoch (vgl. Kapitel E 1.2, „kleine Münze des Urheberrechts"), es genügt ein gewisses Maß an Individualität (z. B. Melodie, Motiv, Tonart, Akkorde, Klangfarben, Dynamik). Auch Liedtexte oder Libretti können als Sprachwerke im Sinne von § 2 Abs. 1 Nr. 1 UrhG urheberrechtlichen Schutz genießen. Gemäß § 3 UrhG ist auch für die Bearbeitung (also z. B. Erweiterung oder Neuinstrumentierung) eines Musikwerkes die Einwilligung des Urhebers erforderlich. Allerdings gilt hier wieder die „kleine Münze", es werden keine hohen Anforderungen an die Schöpfungshöhe der Bearbeitung gestellt.

1.6.1 Musikurheber und Miturheber (Mitkomponisten)

Bei einem Musikwerk kann es durchaus sein, dass es keine Alleinurheberschaft gibt, sondern auch Miturheberschaft an einem Musikwerk. Allerdings kann diese nur bei mehreren Mitkomponisten (oder Mitdichtern) vorliegen, wenn ihre Anteile sich nicht gesondert verwerten lassen (§ 8 Abs. 1 UrhG). Dagegen sind Text und Musik eines Musikstücks aber separat verwertbar (siehe Kapitel E 1.2.7).

1.6.2 Kompositionen und Musikplagiate

Auch Kompositionen oder Teile davon können urheberrechtswidrig kopiert werden, nämlich immer dann, wenn einem neueren Musikstück erkennbar die Melodie oder das Thema eines anderen zugrunde liegt. V. a. die Melodie ist besonders geschützt; selbst wenn ein Werk (durch Bearbeitungen, Neuinstrumentierungen usw.) einen völlig neuen Charakter erhält, aber nach wie vor die Melodie eines anderen erkennbar verwendet wird, sind dessen Urheberrechte verletzt (sog. „starrer" Melodienschutz des § 24 Abs. 2 UrhG). Erreicht eine nicht genehmigte Bearbeitung nicht einmal Schöpfungshöhe, so muss von einem Plagiat ausgegangen werden (vgl. Kapitel E 1.2.4).

1.6.3 Improvisationen

Auch die musikalische Improvisation fällt überraschenderweise unter den Schutz des Urheberrechts, sofern sie wiederum eine (wenn auch geringe) Schöpfungshöhe aufweist.

1.6.4 Noten

Auch Noten gelten als Musikwerk, nicht als Sprach- oder Schriftwerk, obwohl sie schriftlich fixiert sind. Diese Fixierung ist nur ein Hilfsmittel; es ist immerhin denkbar, dass ein besonders gestaltetes Notenbild zusätzlich als Werk der bildenden Künste (§ 2 Abs. 1 Nr. 4 UrhG) geschützt ist.

Da Noten als Musikwerke aufgrund der „kleinen Münze" (vgl. Kapitel E 1.6.8) so gut wie immer urheberrechtlich geschützt sind, greift damit auch fast immer das Kopierverbot, das sich nicht nur aus dem Vervielfältigungsrecht des Urhebers gemäß §§ 15 Abs. 1 S. 1, 16 UrhG ergibt, sondern auch aus der vorrangigen Spezialregel des § 53 Abs. 4 UrhG. Danach ist die *„Vervielfältigung grafischer Aufzeichnungen von Werken der Musik [...] soweit sie nicht durch Abschreiben vorgenommen wird, stets nur mit Einwilligung des Berechtigten zulässig [...]"*. Somit greift auch die ansonsten gegebene Möglichkeit der Privatkopie gemäß § 53 Abs. 1 UrhG (vgl. Kapitel E 1.4.1) – mit Ausnahme des Abschreibens – nicht. Das Gesetz erlaubt lediglich, Noten für ein eigenes Archiv zu kopieren (§ 53 Abs. 2 Nr. 2 UrhG), aber die Noten dürfen dann tatsächlich für nichts anderes als Archivzwecke genutzt werden. Weiterhin ist es erlaubt, Werke, die zwei Jahre vergriffen sind, zu kopieren, aber auch dies nur zum eigenen Gebrauch (§ 53 Abs. 4 a. E. UrhG).

Immerhin gibt es vertragliche Ausnahmeregelungen für Vervielfältigungshandlungen (sofern sie nicht Orchester und Chöre betreffen), die sich aus diversen Pauschalvereinbarungen mit der VG Musikedition ergeben. Solche Pauschalverträge haben die Kirchen, staatliche Schulen, Kindergärten und Musikschulen abgeschlossen. Ähnlich sind auch die Verträge zwischen christlich-kirchlichen Organisationen und der CCLI. Details zu den Rahmenverträgen siehe Kapitel E 1.3.8.

1.6.5 Aufführung

§ 19 Abs. 2 UrhG unterscheidet beim Aufführungsrecht zwischen der persönlichen, konzertmäßigen Darbietung (das sog. kleine Recht) und der bühnenmäßigen Aufführung dramatisch-musikalischer Werke (das sog. große Recht). Das „kleine Recht" nimmt hier die GEMA als für die Musik zuständige Verwertungsgesellschaft wahr, während für die „großen Rechte" die Urheber selbst bzw. ihre Bühnenverleger zuständig sind. Die Aufführungsrechte wissenschaftlicher Ausgaben und nachgelassener Werke verwaltet die VG Musikedition nach ähnlichen Grundsätzen wie die GEMA.

1.6.6 Musik auf Tonträgern

Sofern ein Plattenvertrag mit einem Verlag abgeschlossen werden soll, kommt es zu einer Änderung der Rechtslage; auch wenn das Urheberrecht beim Komponisten verbleibt, so werden die Nutzungsrechte an der geschaffenen Musik an ein Label übertragen. Jeder Komponist sollte sich vor Unterzeichnung eines solchen Vertrages vergewissern, welche Rechte er genau abtritt und welche er behält.

1.6.7 Musik im Internet

Das Internet bietet verschiedene Formen der Musiknutzung. Neben dem Download (Herunterladen auf Festplatte, SD-Card, Stick, in die Cloud o. Ä.) gibt es das Streaming (Anhören ohne Speichermöglichkeit). Eine Form des Streaming ist das „Music-on-demand"; hier werden die Musiktitel in so kurzen Intervallen gestreamt, dass der Nutzer sie quasi „jederzeit" individuell abrufen kann, also genau zum gewünschten Zeitpunkt. Somit liegt technisch zwar eine „Sendung" (§ 20 UrhG), faktisch (und juristisch) aber eine öffentliche Zugänglichmachung nach § 19a UrhG vor. Zuständige Verwertungsgesellschaft ist die GEMA. Davon abzugrenzen ist das Internetradio/Webradio, bei dem das Streaming im Rahmen eines vorgegebenen Programms, ohne interaktive Programmbeeinflussung erfolgt – hier gilt tatsächlich das Senderecht im Sinne des § 20 UrhG.

Informationen zum Herstellen von Filmen siehe Kapitel E 1.7.1 und Kapitel E 1.7.2.

1.6.8 Musik in der Kinder- und Jugendarbeit

Für die in diesem Abschnitt genannten Themen liegen die Verwertungsrechte überwiegend bei GEMA, VG Musikedition und CCLI (wenn nicht beim Urheber selbst). Gehört man zu dem Kreis der Berechtigten und kann die bestehenden Rahmenverträge in Anspruch nehmen, ist noch Folgendes zu beachten:

- Für Gruppenbesuche, Veranstaltungen und Festivitäten darf kein Eintritt verlangt werden (auch keine Spende für die Unkosten).
- Alle (Mit-)Veranstalter müssen zur Nutzung der Rahmenverträge berechtigt sein.
- Jugendkonzerte mit ernster Musik, Gospelmusik oder neuem geistlichen Liedgut sind nicht gebührenpflichtig, auch wenn ein geringer Eintrittspreis bezahlt wird.
- Für Tanzveranstaltungen und Discos ist eine Gebühr an die GEMA zu zahlen (für die Kinder- und Jugendgruppe nicht).
- GEMA ist für Unterhaltungsmusik bei Veranstaltungen nur zu bezahlen, wenn es sich um eine Tanzveranstaltung oder um kein für die Kinder- und Jugendarbeit spezifisches Angebot handelt (z. B. Rockkonzert).
- Veranstaltungen mit Musiknutzung sind der GEMA zu melden: *„Unter einer Veranstaltung ist ein zeitlich befristetes Ereignis zu verstehen, das aus einem bestimmten Anlass stattfindet, z. B. Feste. Von dieser Meldepflicht sind nicht alle Veranstaltungen betroffen"* (Informationsblatt der EKD und GEMA vom 09.08.2016, vgl. Kapitel E 1.3.7).

Hinweis: Die Mitteilung an die GEMA gilt als rechtzeitig, wenn sie bis drei Tage vor Beginn der Veranstaltung erfolgt (bei Versäumnis wird eine Strafgebühr fällig, i. d. R. der doppelte Tarifsatz). Bei der Meldung ist darauf hinzuweisen, dass der Veranstalter zum Kreis der Berechtigten des Rahmenvertrags gehört. Damit erhält der Veranstalter Vorzugssätze (Rabatt). Nach Ende der Veranstaltung müssen die tatsächlich gespielten Titel der GEMA gemeldet werden. Es empfiehlt sich, schon während der Veranstaltung die Musikfolge aufzuschreiben.

- Wenn dem Posaunenchor oder dem Kinder-/Jugendchor die gekauften Noten nicht ausreichen, müssen sie nachkaufen, da das Fotokopieren bzw. Vervielfältigen nicht erlaubt ist (nicht vom kirchlichen Rahmenvertrag erfasst).
- Werden Liedzettel oder Liedhefte im geringen Umfang hergestellt, gelten die Grenzen des Rahmenvertrages.
- Sollen Lieder mit einem Beamer projiziert werden, ist nur der Text des Liedes nutzbar. Die Verwendung von eingescannten Texten mit Notenbild ist nur möglich, wenn entsprechende Lizenzen vorhanden sind. Die CCLI unterhält Lizenzprogramme, die die grafische Nutzung von Liedern zulassen sowie die Nutzung der SongSelect-Datenbank (siehe Kapitel E 1.3.6.2).

Nachweise und weiterführende Praxistipps
- Meldebögen für die EKD und den VDD: www.wgkd.de/rahmenvertrag/verwertungsgesellschaften.html (Linkzugriff im März 2018)
- Vordrucke der GEMA: www.gema.de/musiknutzer (Linkzugriff im März 2018)

1.7 Urheberrecht und Filmherstellung sowie öffentliche Filmvorführung

Das Grundrecht der Filmfreiheit aus Art. 5 Abs. 1 S. 2, 3. Var. GG ist sowohl mit der Rundfunkfreiheit als auch der Pressefreiheit vergleichbar.

1.7.1 Herstellen von Filmen

Wer Filme herstellt (also Drehbücher schreibt, dreht, schneidet, mit Musik unterlegt usw.) erzeugt nicht nur eigenes Urheberrecht, sondern berührt auch (sofern nicht wirklich alles in Eigenregie läuft) fast schon automatisch fremde Urheber- und Persönlichkeitsrechte. Der Drehbuchautor hat Urheberrechte an der „Story" und den konkreten Texten; die Schauspieler haben Leistungsschutzrechte nach den §§ 73 ff. UrhG, ebenso der Regisseur, der Kameramann, der Cutter, der Toningenieur und weitere Mitwirkende.

Man kann auch – legal oder widerrechtlich – fremde Filme „zitieren", Einzelheiten dazu siehe Kapitel E 1.11.5.6.

1.7.2 Herstellen von Filmen in der Kinder- und Jugendarbeit

Der Anlass, in der Kinder- und Jugendarbeit einen Film, Clip usw. zu drehen, kann sehr vielfältig sein (z. B. Film von der Freizeit, Einladung zum Kinderfest). Den Akteuren muss klar sein, für welchen Anlass gedreht wird. Die Rechtssituation ist v. a. dann eine andere, wenn gefilmt wird, um den Film in der Öffentlichkeit zu zeigen. Werden Filmkopien auch nur intern weitergegeben, dann liegt i. d. R. schon die Wahrnehmung in der Öffentlichkeit vor. Die Filmschaffenden haben keinen Einfluss darauf, was mit den Filmkopien gemacht wird und ob diese letztendlich z. B. auf YouTube zu sehen sind.

Folgende Überlegungen sollten daher immer angestellt werden:

- Wird der Film in der Öffentlichkeit gezeigt oder Kopien erstellt, müssen die aufgenommenen Personen zustimmen (Ausnahme: Bericht von einer Versammlung). Die Zustimmung (vgl. Kapitel E 2.4.2.3) sollte möglichst schriftlich erfolgen oder in einem Protokoll festgehalten werden (auch unter Freunden). Wird der Film nur unter den Teilnehmenden oder zusammen mit den Sorgeberechtigten (z. B. Bericht von der Radtour) angesehen, dann ist keine Öffentlichkeit gegeben.
- Wird der Film mit Ton unterlegt, müssen die Nutzungsrechte besonders beachtet werden. Während der Filmkommentar von den Akteuren erstellt und eingesprochen wird und es kein Problem ist, wenn Zitate einfließen, darf nur Musik verwendet werden, deren Nutzungsrechte man besitzt. Mit der gekauften MP3-Datei besitzt man noch nicht das Recht, einen Film zu vertonen und in der Öffentlichkeit zu zeigen (im internen Kreis ist das möglich), da neben den üblichen Nutzungsrechten bei Filmen das sog. „Synchronisationsrecht" (Bild wird mit Ton zusammengebracht, synchronisiert) benötigt wird. Auch wenn die Band der Gruppe spielt oder die Gruppe singt, müssen diese Lieder von den Rechten Dritter frei sein oder die Lizenz vorliegen.

Nachweise und weiterführende Praxistipps
Tipps und Infos für Filmemacher
- www.bjf.info (Linkzugriff im März 2018)
- www.filmfestivals4u.net/service/macher.php (Linkzugriff im März 2018)
- www.jungefilmszene.de/links/index.htm (Linkzugriff im März 2018)
Quellen für Musikstücke (teilweise kostenlos)
- www.sonoton.de (Linkzugriff im März 2018)
- www.youtube.com/audiolibrary (auch kommerzielle Nutzung; Linkzugriff im März 2018)
- www.hoerspielbox.de (Linkzugriff im März 2018)
- www.musikzapfsaeule.de (Linkzugriff im März 2018)

1.7.3 Filme im Internet hochladen

Definitiv urheberrechtsfrei hochladen darf man Filme z. B. auf der eigenen Website, Facebookseite oder bei YouTube nur, wenn es sich um selbstgedrehte und selbstproduzierte Filme handelt, wenn also sichergestellt ist, dass keine fremden Urheber- oder Leistungsschutzrechte beeinträchtigt werden oder diese entsprechend lizenziert sind. Typischerweise sind hier v. a. Bilder (vgl. Kapitel E 2.4), Musik (vgl. Kapitel E 1.2.6) und Darsteller – sei es als Schauspieler, Teilnehmer/Teilnehmerin einer Veranstaltung oder bloße Passanten (vgl. Kapitel E 2.4.2.3) – betroffen.

Speziell bei YouTube muss Nr. 5.3 der Nutzungsbedingungen beachtet werden, wonach YouTube keine Haftung für illegal verwendetes Material übernimmt, sondern die Nutzer, die das Material einstellen, dafür verantwortlich macht, nur Filme und Musik hochzuladen, für die auch das entsprechende Einverständnis des Urhebers gegeben ist. Die Person, die Videos, Clips usw. hochlädt (Upload) ist in der Lizenzpflicht und nicht YouTube (OLG München vom 28.01.2016; Az. 29 U 2798/15 – eine Revision ist noch beim BGH anhängig). Der Lizenzvertrag zwischen GEMA und YouTube (gültig seit 01.11.2016) deckt nun die öffentliche Wiedergabe urheberrechtlich geschützter YouTube-Videos ab, die der GEMA-Verwertung unterliegen. Damit entfallen auch die „Sperrtafeln" bei YouTube. Es ist also z. B. möglich, ein Video des Jugendtags (oder sonst einer Veranstaltung) auf YouTube zu veröffentlichen. Gleichzeitig können andere Gruppen und Vereine dieses YouTube-Video auf ihrer eigene Webseite einbinden bzw. verlinken. Beim Einbetten, dem sogenannten „Embedding", wird das Video so angezeigt, als sei es dort gespeichert. In Wirklichkeit bleibt es an der Originalquelle und wird von dort gestreamt. Das Einbetten ist juristisch nicht anders zu bewerten wie ein Link (EuGH, Beschluss vom 21.10.2014, C-348/13) und stellt keine Urheberrechtsverletzung dar (siehe Kapitel E 2.3.2.1).

1.7.4 Mitschnitte von Fernsehsendungen

Grundsätzlich ist der Mitschnitt einer Fernsehsendung erlaubt, allerdings nur zum Zweck der privaten Nutzung und nicht für die öffentliche Vorführung. Insbesondere gilt dies auch für die Weitergabe von Fernsehmitschnitten über das Internet, z. B. über Filesharing-Programme. Die Nutzer, die den Mitschnitt herunterladen, sind dem Hochladenden und untereinander grundsätzlich nicht bekannt, es liegt also keine private Vervielfältigung vor.

1.7.5 Öffentliche Wiedergabe von Filmen

Die öffentliche Vorführung von Filmwerken ist grundsätzlich nur mit der Einwilligung des Berechtigten zulässig. Dieser kann selbst oder über einen Verwerter ein einfaches Nutzungsrecht, eine Filmvorführungslizenz einräumen. Der geliehene Film aus der Bibliothek oder der gekaufte Film im Handel (z. B. auf DVD/Blu-Ray) ist nie für die Öffentlichkeit bestimmt. Es dürfen nur Filme eingesetzt werden, die entsprechende Lizenzen für die Öffentlichkeit haben. Die entsprechenden Möglichkeiten der Lizenzierung werden in Kapitel E 1.2.6 und E 1.3 dargestellt.

Wenn Filme dagegen im Internet, z. B. auf YouTube, zur Verfügung stehen, dann können diese gezeigt werden. Nur, wenn es sich um ein offensichtlich rechtswidrig eingestelltes Video handelt, darf man dieses nicht zeigen. Wichtig ist dabei, dass diese Filme online gezeigt werden; ein Herunterladen und Vorführen ist nicht erlaubt.

Da die gängigen Lizenzen nur die Rechte für die Aufführung der Bilder vergeben, muss bezüglich der enthaltenen Filmmusik die Zuständigkeit der GEMA beachtet werden; das betrifft auch Onlinefilme. Wenn man zum Kreis der Berechtigten gehört, ist dies über die kirchlichen Rahmenverträge (siehe Kapitel E 1.3.7) abgedeckt.

1.7.6 Filmvorführungen im Schulunterricht

V. a. Biologie- und Religionslehrer und -lehrerinnen veranschaulichen ihre Themen gern durch kleine Lehrfilme oder adäquate Ausschnitte von Spielfilmen, die dann, wenn es sich um Filme einer Medienzentrale handelt, mit umfassenden Nutzungsrechten zum Einsatz in Bildungseinrichtungen ausgestattet sind.

1.7.6.1 Vorführung privat erworbener oder entliehener Filme im Unterricht

Die Vorführung von Filmen im Klassenverband ist keine öffentliche Wiedergabe im Sinne von § 15 Abs. 2, 3 UrhG, da die Beziehung der Schüler/Schülerinnen einer Schulklasse untereinander und zur Lehrkraft nach herrschender Meinung so intensiv ist, dass sie als persönliche Beziehung im Sinne des Abs. 3 anerkannt wird. Daher sind klassenverbandliche Filmvorführungen lizenzfrei möglich. Bei klassenverbandsübergreifenden Vorführungen dagegen (also wenn eine Vorführung sich an verschiedene Klassen oder eine gesamte Jahrgangsstufe richtet) ist § 52 Abs. 3 UrhG einschlägig, der u. a. besagt, dass *„... öffentliche Vorführungen eines Filmwerks [...] stets nur mit Einwilligung des Berechtigten zulässig"* sind, also eine Lizenz notwendig ist.

1.7.6.2 Vorführung privater Aufzeichnungen von Rundfunksendungen im Unterricht

Nach dem neuen § 60a UrhG dürfen jetzt 15% eines veröffentlichten Werkes nichtkommerziell zur Veranschaulichung des Unterrichts und der Lehre an Schulen (und anderen Bildungseinrichtungen) vervielfältigt und in sonstiger Weise öffentlich wiedergegeben werden dürfen. Bislang war dies nur unbestimmt „in kleinen Teilen" möglich.

1.7.7 Lizenzen für die öffentliche Aufführung von Filmen

I. d. R. erfolgt die Verbreitung eines Films aufgrund eines Lizenzvertrages (Filmverwertungsvertrages) zwischen dem Hersteller und dem Filmverleiher (juristisch korrekt „Vermieter"), mit dem meistens die ausschließlichen Nutzungsrechte übertragen werden. Der Filmverleiher selbst wiederum schließt Vorführungsverträge z. B. mit Kinos; außerdem kann er einfache Lizenzen an einzelne Nutzer übertragen.

Die folgenden Lizenzen sind für die Kinder- und Jugendarbeit von Interesse. Da sowohl die MPLC als auch CCLI nur die Rechte für die Aufführung der Bilder vergeben kann, muss bezüglich der enthaltenen Filmmusik die Zuständigkeit der GEMA beachtet werden, s. u.

1.7.7.1 Schirmlizenz der MPLC

Die Motion Pictures Licensing Company (MPLC, www.mplc-film.de) ist eine unabhängige Gesellschaft, die Filmwerke mit entsprechenden Lizenzierungen anbietet. Sie repräsentiert derzeit (Stand März 2018) schon mehr als 900 Produzenten und Studios, darunter Warner Brothers, Paramount Pictures, 20th Century Fox, Universal, Sony Pictures, Walt Disney, Columbia Pictures und Metro Goldwyn Mayer, außerdem viele lokale Verleiher, Filmproduktionsunternehmen und unabhängige Produzenten. Allerdings ist die MPLC nicht grundsätzlich für kirchliche Einrichtungen zuständig, sondern nur für kirchlich verbundene selbstständige Tagungsstätten und Gästehäuser. Für die klassischen Gruppenangebote der kirchlichen und verbandlichen Kinder- und Jugendarbeit kommt die CCLI mit der CVL-Filmlizenz (s. u.) ins Spiel.

Schirmlizenz
Eine Einrichtung, die eine solche Lizenz erworben hat, darf alle von der MPLC verwalteten Filme mehr oder weniger unbegrenzt nutzen. Wichtig ist hierbei, dass öffentliche Aufführungen keinen gewerblichen Charakter haben, insbesondere darf kein Eintritt erhoben werden. Außerdem sind Filmveranstaltungen nur in eigenen Räumlichkeiten oder auf eigenen Grundstücken der lizenzierten Einrichtung gestattet. Weiterhin ist keine öffentliche Außenwerbung mit dem Filmtitel gestattet, weder auf der Website noch über Plakate oder die Tagespresse. Lediglich intern darf die Einrichtung durch Aushänge o. Ä. über die Veranstaltung informieren.

Beispiel: Will eine evangelische Kirchengemeinde zum Reformationsfest den Luther-Film vorführen, darf sie lediglich im eigenen Gemeindehaus oder im Kirchengebäude diese Information streuen, auch anlässlich eigener Veranstaltungen oder z. B. in einem passwortgeschützten Internet- bzw. Intranetbereich.

Single-Event-Lizenz
Diese Lizenz kann für nichtkommerzielle Einzelveranstaltungen gewählt werden.

1.7.7.2 CVL-Filmvorführungslizenzen der CCLI
Auch die CCLI bietet eine umfassende Lizenz zur öffentlichen Filmvorführung, die CVL-Filmlizenz (www.ccli.de > Filmlizenz). Sie ist aber aufgrund einer internen Abmachung zwischen MPLC und CCLI ausschließlich für Kirchen und Gemeinden (und sonstige kirchliche Gliederungen und kirchennahe Veranstalter) und deren Räumlichkeiten zuständig. Die oben erwähnte Ausnahme für Gästehäuser und Tagungsstätten, die wiederum in den Zuständigkeitsbereich der MPLC fallen, gilt auch dann, wenn eine kirchliche Einrichtung die Häuser betreibt. Im Übrigen gelten hier dieselben Einschränkungen bezüglich Werbung und Vorführung wie bei der MPLC-Schirmlizenz.
Die CVL-Lizenz gilt für (privat) gekaufte, geliehene und gemietete Filme – und zwar sowohl für Ausschnitte als auch den ganzen Film – und läuft i. d. R. für ein Jahr; es gibt aber auch einzelne Veranstaltungslizenzen. Die Kosten für die Lizenzen sind – abhängig von der durchschnittlichen Besucheranzahl – gestaffelt. Die Lizenz gilt auch hier für alle angeschlossenen Filmstudios, derzeit über 1.000 (Stand März 2018).

Einzelne Dachverbände (z. B. das EJW, der CVJM Deutschland oder der Ev. Gnadauer Gemeinschaftsverband inkl. EC) haben Pauschalverträge mit der CCLI abgeschlossen, die den jeweiligen Gliederungen Sonderkonditionen anbieten.

1.7.7.3 Das Katholische Filmwerk

Das Katholische Filmwerk in Frankfurt a. M. (www.filmwerk.de) ist eines der größten Filmwerke, bei dem sich die Filme online bestellen lassen. Auch die Lizenzbedingungen des KFW erlauben keine Werbung für den Filmtitel in Internet und Zeitung. Eintrittsgelder sind allenfalls zur Kostendeckung erlaubt. Eine weitere Einschränkung besteht darin, dass Open-Air-Filmveranstaltungen nicht zulässig sind.

1.7.7.4 Matthias Film

Die Matthias-Film (www.matthias-film.de) bietet seit 1948 Filme an, deren Vorführungsschwerpunkt im Schulunterricht und sonstigen Bildungseinrichtungen sowie im kirchlichen Bereich liegt.

1.7.7.5 Sonstige Medienzentren

Medienzentren der Länder, der Kommunen und der Kirchen runden das Filmangebot ab. Das Angebot der Länder kann unter www.bildungsserver.de/Landesbildstellen-Medienzentren-525.html (Linkzugriff im März 2018) abgerufen werden. Kirchliche Medienzentren können unter www.medienzentralen.de (Linkzugriff im März 2018) gesucht werden. Eine umfassende Suchmöglichkeit für Medienzentren der Länder sowie kirchliche und kommunale Medienzentren bietet www.kinofenster.de/adressen-rubrik/medienzentren (Linkzugriff im März 2018).

1.7.7.6 Filmmusik

MPLC und CCLI lizenzieren nur die Aufführung der Bilder, aber nicht die Filmmusik, soweit sie bei der GEMA gelistet ist. Da jedoch ein Film nicht losgelöst von der entsprechenden Filmmusik vorgeführt werden kann, muss eine Filmvorführung grundsätzlich auch der GEMA gemeldet und entsprechende Gebühren bezahlt werden. Allerdings erfassen die GEMA-Rahmenverträge vieler Dachverbände und Kirchen auch die Filmmusik (siehe Kapitel E 1.3.7). Der Rahmenvertrag zwischen EKD und GEMA regelt z. B., dass für die Wiedergabe keine Vergütung gezahlt werden muss, wenn die Gemeinde maximal einmal pro Woche eine Filmvorführung organisiert und der Eintritt maximal 1 Euro beträgt.

1.8 Urheberrecht und Fotografien

Beim Fotografieren und bei der Verwendung von Fotos sind neben dem Urheberrecht auch andere Rechte zu beachten, insbesondere der Datenschutz, der Persönlichkeitsschutz und die Besonderheiten des Kunsturhebergesetzes (KUG); siehe Kapitel E 2.4.

1.8.1 Fotografien

Wer fotografiert, gilt als schützenswerter Urheber des Bildes; unabhängig davon, wie gut oder schlecht, scharf oder unscharf die Bilder sind, wie banal oder spannend die Motive. Dazu kommt noch der Schutz der fotografierten Werke: Sind diese selbst urheberrechtlich geschützt, so liegt eine zustimmungspflichtige Vervielfältigungshandlung im Sinne des Urheberrechts vor.

1.8.1.1 Lichtbildwerke

Lichtbildwerke (§ 2 Abs. 1 Nr. 5 UrhG) sind urheberrechtlich wesentlich stärker geschützt als einfache Lichtbilder (s. u.), von denen sie sich dadurch abheben, dass sie eine persönliche geistige Schöpfung darstellen. Allerdings gilt auch bei der Fotografie wie bei der Musik der „Schutz der kleinen Münze" (vgl. Kapitel E 1.2), weshalb die Gestaltung des Lichtbildwerkes das Können des Durchschnittsfotografen nicht deutlich überragen muss.

1.8.1.2 Einfache Lichtbilder

Als einfache Lichtbilder bezeichnet das Gesetz Fotos, die das Kriterium der geistigen Schöpfung überhaupt nicht erfüllen. Diese sind von § 72 UrhG allein aufgrund der technischen Leistung geschützt, also durch ein Leistungsschutzrecht (vgl. Kapitel E 1). Diese Vorschrift schützt alle Bilder, die durch irgendeine Art von Strahlung (Licht, Infrarot-, Röntgen- oder sonstige Strahlen) hergestellt werden und die technisch (elektromagnetisch, digital oder chemisch) festgehalten werden.

Unterschiede zwischen Lichtbildern und Lichtbildwerken ergeben sich beim Schutzumfang und insbesondere bei der Schutzdauer:

1.8.1.3 Unterschiede bei Schutzumfang und Schutzdauer

Zum einen sind Lichtbildwerke bei der Motivnachstellung stärker geschützt als Lichtbilder, denn bei ihnen kann schon die Übernahme von prägenden Teilen unzulässig sein (unfreie Bearbeitung gem. § 23 UrhG), während einfache Lichtbilder nur gegen identisches Nachstellen geschützt sind. Ansonsten liegt beim nur teilweisen Nachstellen von Lichtbildern eine freie Benutzung der als Vorlage verwendeten Aufnahme (§ 24 UrhG) vor.

Unterschiedlich sind aber v. a. die Schutzfristen: Während der Urheberrechtsschutz bei Lichtbildwerken erst 70 Jahre nach dem Tod des Urhebers erlischt (§ 64 UrhG), haben einfache Lichtbilder gemäß § 72 Abs. 3 UrhG eine Schutzdauer von nur 50 Jahren nach dem Erscheinen des Bildes bzw. nach dessen Herstellung.

Beispiel: Wer mit alten Fotos arbeiten will (z. B. um die Vereinsgeschichte zu dokumentieren), muss sorgfältig nach dem Urheber recherchieren. Im Zweifel sind historische Fotos, die vor dem Boom der Sofortbildkameras in den 1980er Jahren erstellt wurden, echte Lichtbildwerke, da damals das Fotografieren und Entwickeln noch ein teurer Vorgang war.

1.8.1.4 Fotos urheberrechtlich geschützter Werke

Bereits das Ablichten eines Werkes ist eine Vervielfältigungshandlung im Sinne § 16 Abs. 1 UrhG, weshalb bereits die Herstellung der Fotografie dann der Einwilligung des Werkurhebers bedarf, wenn es sich um ein Werk mit Schöpfungshöhe handelt und der Urheber nicht bereits 70 Jahre verstorben ist. Zwar greift in vielen Fällen die „Panoramafreiheit" des § 59 UrhG (vgl. Kapitel E 1.11.10) für Fotos von Gebäuden und Kunstwerken, die sich dauerhaft an öffentlichen und frei zugänglichen Plätzen und Straßen befinden, diese gilt jedoch nicht, wenn es sich um ein für einen bestimmten Zeitraum aufgestelltes Kunstwerk handelt, wenn Gebäude z. B. durch eine Umfriedung vor Blicken geschützt sind oder wenn etwas erst aus der Luft sichtbar wird.

D. h. grundsätzlich dürfen z. B. im Rahmen von Freizeiten Fotos von Bauwerken an öffentlichen Plätzen gemacht und anschließend verwendet, sogar (z. B. auf der Website oder den eigenen Seiten in sozialen Netzwerken) verbreitet werden. Gefährlich wird es (unabhängig vom Standort) beim Fotografieren von sonstigen urheberrechtlich geschützten Gegenständen, wie z. B. Designergegenständen oder Gemälden. Als „unwesentliches" Beiwerk (§ 57 UrhG) dürfen sie abgelichtet und verwertet werden, nicht jedoch, wenn sie so in den Vordergrund gestellt werden, dass sie mehr als bloßes Beiwerk sind.

1.8.2 Stockfotos von Onlinebilddatenbanken

Onlinebilddatenbanken wie PHOTOCASE, Pixelio, iStockPhoto, Fotolia, Shutterstock, Pexels oder Getty Images stellen sog. Stockfotos zur Verfügung, also Fotos, die speziell für den Verkauf produziert wurden. Es sind künstlerisch und technisch meist hochwertige Fotos, die heruntergeladen und lizenziert werden können. Eine Lizenzierung schafft zwar eine sog. „Lizenzfreiheit", das bedeutet aber lediglich, dass ein kostenfreies Nutzungsrecht erworben wird, nicht jedoch, dass man nunmehr mit dem Foto frei verfahren kann. Vielmehr verbinden die Bilddatenbanken die Lizenzierung mit bestimmten, oft sehr unterschiedlichen Lizenzbedingungen (teilweise können auch verschieden umfangreiche Lizenzen erworben werden), und diese können bei Nichtbeachtung (z. B. erlaubt PHOTOCASE nicht die Verwendung im Zusammenhang mit religiösen Inhalten) schnell zum Fallstrick werden, der hohe Schadensersatzforderungen, Vertragsstrafen u. Ä. nach sich ziehen kann. So sind die Nutzer i. d. R. immer verpflichtet, den Namen des Autors und den des Anbieters (bisweilen mit Linkpflicht) zu nennen, bei Printprodukten i. d. R. im Impressum, bei Onlineprodukten i. d. R. direkt am Bild (da z. B. bei einem zweiseitigen Flyer nicht verhindert werden kann, dass Vorder- und Rückseite voneinander getrennt weitergegeben werden und so der Rechtshinweis auf der Rückseite zum Bild auf der Vorderseite verloren gehen könnte). Zudem gibt es oft Einschränkungen bei der Verwendung für Websites und soziale Netzwerke sowie im Rahmen von Werken, die Dritten zur Nutzung überlassen werden.

Nachweise und weiterführende Praxistipps
- www.medienrehvier.de (Linkzugriff im März 2018)
- www.medienarche.de (Linkzugriff im März 2018)

1.9 Urheberrecht und Grafiken, Zeichnungen, Webdesigns

Auch auf Grafiken und Zeichnungen kann ein Urheberrecht liegen, das durch das UrhG geschützt ist. Allgemein gilt: Ist die Gestaltung einer Veröffentlichung (z. B. eine Grafik oder eine Comicfigur) aufgrund ihrer Schöpfungshöhe urheberrechtlich geschützt, darf sie nicht abgebildet werden. Einfache Gestaltungen (z. B. Strichmännchen) erreichen keine Schöpfungshöhe, es muss schon eine gewisse Kunst und Gestaltungsqualität erkennbar sein.

1.9.1 Comicfiguren

Im Rahmen der Kinder- und Jugendarbeit gibt es häufig Versuche, bekannte Comicfiguren für eigene Zwecke zu verwerten, z. B. als Werbeträger für eine Veranstaltung oder als eine Art Maskottchen für eine Freizeit. Hier ist Vorsicht geboten, denn auch der Urheber einer Comicfigur / eines Comics kann sein Urheberrecht geltend machen, selbst wenn überhaupt keine kommerzielle Nutzung der Figur stattfindet.

Zu Asterix dem Gallier gibt es sogar eine Entscheidung des BGH, in der es um Urheberpersönlichkeitsrechte und das Verbot geht, mit einer vorhandenen Figur andere Comics zu erschaffen (Urteil vom 11.03.1993, Az. I ZR 263/91). Liegt ein urheberrechtlich geschütztes Werk wie eine Comicfigur vor, so sind auch alle Vervielfältigungen und Bearbeitungen (z. B. Merchandisingartikel, die erkennbar die gleiche Figur zeigen) geschützt und können nicht abgebildet werden. Es nützt also nichts, wenn man ein Bild bearbeitet oder die Figur selbst nachzeichnet.

1.9.2 Technische Grafiken

Wenn eine Grafik lediglich technische Abläufe illustrieren soll, ohne jedoch als wesentlicher Bestandteil einer technischen Darstellung besonders kreativ zu deren Verständlichkeit und Übersichtlichkeit beizutragen, kann i. d. R. keine nennenswerte Schöpfungshöhe angenommen werden.

1.9.3 Sonstige Illustrationen

Bei den sonstigen Illustrationen unterscheidet die Rechtsprechung zum einen zwischen Werken, die der Bildenden Kunst zugehörig (und daher umfassend geschützt) sind, und solchen, die als Werke der angewandten Kunst (meist sog. „Gebrauchsgrafiken") nur zweckgebunden Urheberrechtsschutz genießen.

1.9.4 Layouts

Wer professionelle Layouts erstellt, hat das handwerklich gelernt und folgt damit auch lediglich handwerklichen Regeln. Somit erreichen derart geschaffene Layouts normalerweise keine schützenswerte Schöpfungshöhe.

1.9.5 Urheberrecht bei Websites

1.9.5.1 Screen- und Webdesign
Die allgemeinen Überlegungen zu Layouts gelten auch speziell fürs Screen- oder Webdesigns, allerdings muss hier differenziert jedes Element (Texte, Bilder, Grafiken) sowie das Gesamtkonzept der Seite betrachtet werden. Es kann durchaus geschehen, dass ein Gericht dem reinen Erscheinungsbild einer Website die urheberrechtlich relevante Schöpfungshöhe abspricht und Konkurrenten und Mitbewerber das Design einer Website übernehmen dürfen.[27] In der Kinder- und Jugendarbeit setzen die Organisationen aus Kostengründen meist freie Software für ihren Webauftritt ein. WordPress ist derzeit vor Joomla und Drupal das meistgenutzte, kostenlose Content Management System für professionelle Webauftritte und Weblogs. Die darin enthaltenen Templates usw. können im Rahmen der Lizenzbedingungen genutzt und auch angepasst werden.

1.9.5.2 Quelltexte
Jede Website ist aus sog. Quelltexten (oder Quellcodes) wie z. B. HTML oder CSS aufgebaut. Diese sind als solche urheberrechtlich selbstständig geschützt.

1.9.5.3 Websites als Computerprogramme
Wie bereits unter Kapitel E 1.5.3 beschrieben, sind Computerprogramme grundsätzlich geschützt; Websites jedoch machen (durch den Quellcode) nur Texte und Grafiken sichtbar, sie sind also selbst keine Computerprogramme.

1.9.5.4 Content von Websites
siehe Kapitel E 1.9.5.1

1.9.5.5 Fotos auf Websites
siehe Kapitel E 1.10.1 und E 2.4

1.9.6 Eingetragenes Design (früher Geschmacksmuster)
Wenn ein „Design" (also eine bestimmte Farb- und Formkombination z. B. auf Stoffen, Dekorationen oder Schriftgrafiken) zwar keine Schöpfungshöhe aufweist, sich aber immerhin von anderen Produkten insoweit unterscheidet, dass es „neu" ist, kann man es beim Deutschen Patent- und Markenamt (DPMA) eintragen lassen (auch wenn das Produkt eben doch urheberrechtlich geschützt ist; man hat dadurch einen doppelten

27 OLG Hamm, Urteil vom 24.08.2004, Az. 4 U 51/04, unter www.telemedicus.info/urteile/Urheberrecht/Webseiten/310-OLG-Hamm-Az-4-U-5104-Schutzfaehigkeit-von-Webseiten.html (Linkzugriff im März 2018)

Schutz und eine zusätzliche Beweismöglichkeit für das bestehende Urheberrecht, das selbst nicht eingetragen wird). Man spricht daher auch vom „kleinen Urheberrecht". Bis 2013 war noch der Begriff „Geschmacksmuster" üblich, allerdings wurde das Geschmacksmustergesetz 2014 durch das Designgesetz abgelöst. Inhaltlich geht es im Wesentlichen um dasselbe.

1.10 Urheberrecht im Internet

Dass das Internet kein rechtsfreier Raum ist, gilt natürlich auch für das Urheberrecht. Auf der Website oder den Seiten in sozialen Netzwerken der Gemeinde, des Vereins oder des Jugendverbandes müssen sämtliche Regeln des Urheberrechts für Sprachwerke, Musikwerke, Filme, Bilder usw. beachtet werden. Dies gilt sowohl für selbst online gestellte Inhalte als auch für eingebundene bzw. heruntergeladene Inhalte, um sie wieder zu veröffentlichen. So einfach gerade online die Funktion „Copy & Paste" ist, so kritisch kann ihre Anwendung sein, wenn nicht sichergestellt wird, dass die Inhalte verwendet werden dürfen bzw. die zur Verwendung notwendige Erlaubnis (Nutzungsrecht) eingeholt wurde.

Da die Kinder- und Jugendarbeit das Internet nicht mehr nur zur Information/Kommunikation nutzt, sondern teilweise dort auch stattfindet, ist auf diese Problematik ganz besonders zu achten.

1.10.1 Texte, Fotos, Grafiken und Soundeffekte

Es ist unglaublich verführerisch, die eigene Website oder Seiten in sozialen Netzwerken mit passenden Texten, Bildern, Grafiken, Filmen oder gar Musikstücken und Soundeffekten zu optimieren, die das Internet nach kurzer Suchmaschinenaktivität zu Tausenden bietet. Das kann unproblematisch sein, solange die kopierten Inhalte keine relevante Schöpfungshöhe erreicht haben. Ist das aber doch der Fall, so können gravierende Folgen eintreten (vgl. Kapitel E 1.4). Genauso leicht und daher risikoreich ist das Kopieren, Einfügen und Veröffentlichen von Fotos; da diese gemäß § 72 UrhG – unabhängig von der Schöpfungshöhe – in jedem Fall durch das Urheberrecht geschützt sind (vgl. Kapitel E 1.8), muss hier umso mehr geprüft werden, ob eine Einwilligung und gegebenenfalls Vergütung erforderlich ist.

Durch entsprechende Software können verbotenerweise verwendete Inhalte, v. a. Musikwerke, von sog. „Abmahnanwälten" sehr leicht aufgespürt und entsprechend geahndet werden.

1.10.2 Anfahrtsskizze

Auch auf den Websites von Vereinen, Kirchengemeinden u. ä. Organisationen werden oft Wegbeschreibungen inklusive Ausschnitten von Stadtplänen verwendet, um Gästen den Weg zum Vereinsheim oder Gemeindehaus zu veranschaulichen. Auch bei dem hierzu verwendeten Kartenmaterial ist zu prüfen, ob nicht Urheberrechte darauf liegen. Bei entsprechenden Tools, die in die Website integriert werden können, sind die Lizenzbedingungen zur Nutzung genau zu beachten (z. B. Quellenangabe, (nicht-)kommerzielle Nutzung, Vergütung).

1.10.3 Ausnahme für nicht-öffentliche Websites (passwortgeschützt)

Entscheidendes Kriterium im Urheberrecht ist grundsätzlich die Frage der Öffentlichkeit (siehe Kapitel E 1.1.3). Nun sind Websites in aller Regel öffentlich zugänglich (im Sinne des § 6 Abs. 1 UrhG), selbst geschlossene Intranets werden gegebenenfalls als öffentlich betrachtet. Nur wenn eine Website durch ein Passwort geschützt ist, dieses nur einem konkret bestimmten Nutzerkreis bekanntgemacht wurde und der Zugang nur diesen Personen freigegeben ist, kann davon ausgegangen werden, dass die entsprechende Seite nicht-öffentlich ist.

1.10.4 Podcasts

Podcasts sind Audio- oder Videodateien, die in Episoden automatisch („Abo") oder auf Abruf bezogen werden können. Wer solche Podcasts redaktionell zusammenstellt und anbietet, muss das Material, das er verwendet, genau auf fremde Urheberrechte prüfen, da das Bereitstellen der einzelnen Episoden zum Download durch Dritte ein öffentliches Zugänglichmachen im Sinne des § 19a UrhG ist. Vor allem bei Musikdateien ist in aller Regel die GEMA die Berechtigte, die deshalb auch spezielle Podcasting-Lizenzen zur Verfügung stellt – siehe Details unter https://online.gema. de/lipo/produkte/podcast/index.hsp (Linkzugriff im März 2018). Aber auch die GVL kann in Einzelfällen zuständig sein, weshalb vorsorglich mit dem jeweiligen Tonträgerhersteller geklärt werden sollte, ob ein entsprechender Wahrnehmungsvertrag existiert (vgl. Kapitel E 1.3).

Der neu erstellte Podcast selbst ist in seiner Gesamtheit ebenfalls urheberrechtlich als Werk geschützt, soweit er legal zustande kam.

1.10.5 Filme im Internet hochladen

siehe Kapitel E 1.7.3

1.10.6 Sonstige Daten zum Download bereitstellen

Grundsätzlich gilt: Wer Daten mit der Absicht ins Internet stellt, dass diese von den Internetnutzern heruntergeladen und genutzt werden, muss sicherstellen, dass er damit keine fremden Rechte (Urheberrechte, Persönlichkeitsrechte, Marken- oder Kennzeichenrechte) verletzt.

1.11 Grenzen/Schranken des Urheberrechts

Die Nutzung von geschützten Werken (z. B. durch Vervielfältigung, § 16 UrhG) erfordert grundsätzlich die Zustimmung des Urhebers (§ 24 Abs. 1 S. 1 UrhG, vgl. Kapitel E 1.2.7). Ausnahmsweise ermöglichen jedoch einige Vorschriften des UrhG, ein Werk trotz bestehenden fremden Urheberrechts frei zu nutzen, wenn öffentliche Gemeininteressen höherwertig sind als das Urheberrecht. Diese als Schranken bezeichneten Vorschriften der §§ 44a ff. UrhG stellen einen abschließenden Katalog dar.

1.11.1 Privatkopieschranke
Siehe Näheres zur Vervielfältigung von z. B. CD, DVD, Blu-Ray, E-Book, Software, Print in Kapitel E 1.4 und zur Vervielfätigung von Noten in Kapitel E 1.6.4.

1.11.2 Amtliche Werke
Amtliche Werke genießen gemäß § 5 UrhG keinen urheberrechtlichen Schutz.

1.11.3 Vorübergehende Vervielfältigungshandlungen
Die Schranke des § 44a UrhG bezieht sich auf flüchtige Vervielfältigungen (Zwischenspeicherungen), die im Onlineverkehr technisch schlicht notwendig sind, ohne dass durch die Vervielfältigung wirtschaftliche Interessen des Urhebers oder das Urheberpersönlichkeitsrecht betroffen wären. Sie sind zulässig.

1.11.4 Sammlungen für den Kirchen-, Schul- und Unterrichtsgebrauch
Die Erlaubnis des § 46 Abs. 1 UrhG, Werke für den Kirchen-, Schul- und Unterrichtsgebrauch zu vervielfältigen, zu verbreiten oder öffentlich zugänglich zu machen, setzt voraus, dass eben diese Art des Gebrauchs der ausschließliche Zweck der Sammlung ist.

1.11.5 Zitatrecht
Das Zitatrecht des § 51 UrhG als eine wichtige Schranke des Urheberrechts erlaubt in engen Grenzen die teilweise oder komplette Übernahme eines urheberrechtlich geschützten Werks, aber nur, wenn das Zitat dem Beleg für die eigenen Aussagen dient, nicht jedoch, wenn es das eigene Werk nur schmücken oder aufwerten oder ergänzen soll.

1.11.5.1 Textzitat
§ 51 UrhG ist primär auf Textzitate zugeschnitten. Ein Textzitat ist die unveränderte Übernahme der zitierten Stelle (vgl. Änderungsverbot des § 62 Abs. 1 S. 1 UrhG), die aber nur zulässig ist, wenn ein bestimmter Zitatzweck verfolgt wird. Diese von § 51

geforderte Voraussetzung spielt v. a. im wissenschaftlichen Gebrauch eine Rolle, wenn z. B. eine bestimmte wissenschaftliche These untermauert und erläutert werden soll.

1.11.5.2 Kennzeichnung und Quellenangabe

Weitere Voraussetzung für die Zulässigkeit eines Zitats ist darüber hinaus die Erkennbarkeit als Zitat, indem es z. B. in Anführungszeichen oder in eine andere Schriftart gesetzt ist. Zur Erkennbarkeit gehört auch die Quellenangabe, also nicht nur die Bezeichnung des Urhebers (Autors), sondern auch die der Publikation, der das Zitat entnommen ist.

1.11.5.3 Kleinzitat und Großzitat

Man unterscheidet grundsätzlich zwischen Großzitat und Kleinzitat, wobei „klein" und „groß" nicht dasselbe ist wie „kurz" oder „lang"; es geht vielmehr um das Verhältnis zum Umfang des zitierten Gesamtwerks. Werden vier Sätze einer Kolumne entnommen, die aus sechs Sätzen besteht, so handelt es sich um ein Großzitat; werden dagegen zwanzig Sätze aus einem dreihundert Seiten starken Werk entnommen, liegt ein Kleinzitat vor. Diese Kleinzitate können regelmäßig ohne Genehmigung in ein eigenes selbstständiges Sprachwerk übernommen werden; Probleme machen eher die Großzitate. Diese sind gemäß § 51 Nr. 1 UrhG nur erlaubt, wenn ein erschienenes wissenschaftliches Werk in ein selbstständiges neues wissenschaftliches Werk übernommen wird. In allen anderen Fällen ist die Einholung der Zustimmung des Urhebers (oder seiner Vertretung, z. B. ein Verlag) unumgänglich.

1.11.5.4 Wörtlich zitieren ohne sinnverändernde Kürzungen/Einfügungen

Zitate unterliegen, wie oben erwähnt, dem Änderungsverbot. Ausnahmsweise jedoch sind Kürzungen bzw. Einfügungen dann zulässig, wenn sie den Sinn der zitierten Passage nicht entstellen. Solche Kürzungen sind zu kennzeichnen, z. B. durch Punkte in eckigen Klammern: [...]. Ebenso werden auch einzelne eingefügte Wörter mit eckigen Klammen gekennzeichnet, durch die das Zitat verständlicher wird, z. B. „Durch die Einwilligung [ihres] gesetzlichen Vertreters ...". Enthält ein Zitat Rechtschreibfehler oder Abweichungen vom heutigen Sprachgebrauch, übernimmt man diese unverändert und setzt hinter das Wort in eckigen Klammern den Hinweis [sic] (lateinisch für „so" – „so steht es in der Quelle"), z. B. „Es ist gut, daß [sic] du gekomen [sic] bist.".

1.11.5.5 Bildzitat

Im Unterschied zu einem Textzitat sind die Anforderungen an ein Bildzitat höher. Das liegt daran, dass man bei Texten einen Ausschnitt zitieren kann. Bei einem Bildzitat wird dagegen ein ganzes Bild übernommen, da die ausschnittsweise Wiedergabe von Bildern i. d. R. keinen Sinn macht und zudem meist die Aussage des Bildes nicht trifft.

Dementsprechend liegt bei Bildern meistens ein Großzitat vor, weshalb die Belastung für den Urheber weitaus höher ist (sein ganzes Werk wird ohne eine Gegenleistung verwendet) – somit besteht i. d. R. immer Genehmigungspflicht. Auch hier muss selbstverständlich die Quelle (der Fotograf bzw. der Rechteinhaber) unmittelbar unter dem Bild genannt werden.

1.11.5.6 Filmzitat

Man kann fremde Filme auf verschiedene Arten „zitieren", z. B. indem man urheberrechtlich geschütztes Filmmaterial (Bild, Ton und Text) aus anderen Quellen in den eigenen Film einbaut. Sehr beliebt ist es beispielsweise im kirchlichen Bereich, kleine Filme mit missionarischem Impetus mit Filmausschnitten aus attraktiven 70er-Jahre-Jesusfilmen anzureichern. Eine andere Möglichkeit des Filmzitats ist die absichtliche künstlerische Anlehnung an Szenen oder Merkmale eines anderen Films, die aber meist urheberrechtlich unbedenklich ist, solange es nicht zum Filmplagiat kommt. Allerdings räumt die Rechtsprechung (ausgehend von § 51 UrhG) auch hier ein „Zitatrecht" ein: man „zitiert" ein anderes Filmwerk als Beleg oder zur Erörterung des eigenen Werkes (z. B. des eigenen Films, der Predigt, des Vortrags o. Ä.). D. h. es sind kurze Filmausschnitte möglich, wenn diese in den eigenen Film / Vortrag / Gottesdienst eingebunden werden und eine innere Verbindung mit dem eigenen Gedanken hergestellt wird (so der BGH in NJW 2008, S. 2346). Diese Ausschnitte dürfen somit nicht lediglich als Blickfang oder als Dekoration dienen, sondern müssen bewusst und verständlich eingebunden werden. Wie lang ein Ausschnitt (sofern er vom Zitatzweck gedeckt ist) in Minuten ausgedrückt sein darf, kann nur im Einzelfall festgestellt werden, als Obergrenzen werden manchmal 5, manchmal 2 ½ Minuten genannt. Auch sollte hier, soweit technisch und faktisch möglich, die Quelle genannt werden, also der Filmtitel, der Regisseur, das Produktionsland, das Produktionsjahr sowie die Zitatdauer (in Sekunden). Je nach Zusammenhang der Vorführung kann die Quellenangabe in den Film selbst integriert werden (z. B. in den Abspann oder als Einblendung).

1.11.5.7 Linkzitat

In themenspezifischen Blogs sehen wir die Besonderheit, dass Blogkommentare keine Links aufweisen, aber Linkzitate. Wird im Textbeitrag ein Link zitiert, dann erscheint dieser als Teil der Textebene. Linkzitate belegen im Text eines Kommentars die Wichtigkeit der Information (zu Haftungsfragen siehe Kapitel E 2.3.2.2).

1.11.6 Das öffentlich gesprochene und geschriebene Wort

1.11.6.1 Öffentliche Reden (§ 48 UrhG)

In der Kinder- und Jugendarbeit ist es nicht ungewöhnlich, öffentliche Reden zu konsumieren, zu diskutieren oder gar selbst zu halten, sowohl in Kirche (Predigten, Andachten) als auch in Vereinen (Fachvorträge, politische Reden). Da aber sowohl die Predigt als auch der Vortrag in aller Regel öffentlich sind, dürfen sie weitgehend schrankenlos vervielfältigt und verbreitet werden, solange dies nicht in Form einer Sammlung geschieht.

1.11.6.2 Zeitungsartikel, Rundfunkkommentare (§ 49 UrhG)

Auch journalistische Arbeiten in Zeitungen und Radiosendungen können – je nach inhaltlichem Schwerpunkt – Gegenstand der Kinder- und Jugendarbeit sein. § 49 UrhG gestattet die Vervielfältigung/Verbreitung solcher Kommentare, wenn es sich um politische, wirtschaftliche oder religiöse Tagesfragen handelt, also nicht bei wissenschaftlichen, kulturellen und philosophischen Themen. Dies gilt ebenfalls nicht, wenn sich der Autor seine Rechte vorbehalten hat. In jedem Fall wird eine Vergütung fällig, die an eine Verwertungsgesellschaft zu entrichten ist.

1.11.6.3 Berichterstattung über Tagesereignisse (§ 50 UrhG)

Zur Berichterstattung über Tagesereignisse dürfen geschützte Werke grundsätzlich in dem Umfang wiedergegeben werden, den der Zweck erfordert. Praktisch bedeutet das z. B., dass beim lokalen TV-Bericht über die Eröffnung des neuen Jugendzentrums die im Hintergrund zu hörende Musik unentgeltlich öffentlich gesendet werden darf.

1.11.7 Freie Benutzung

Keine Zustimmung des Urhebers für eine Werknutzung ist nach § 24 UrhG erforderlich, wenn bei einer „freien Benutzung" des benutzten Werkes ein selbstständiges Werk im Sinne des § 2 UrhG entsteht, wenn das Original also lediglich als gedankliche Vorlage oder als Vorbild verwendet wird. Erforderlich ist hier allerdings ein sehr hohes Maß an Individualität, also ein deutlicher Abstand zum Original, das allenfalls noch als Anregung zum neuen Werk erkennbar sein darf.

1.11.8 Pressespiegel

§ 49 UrhG erlaubt, dass ohne Zustimmung des Urhebers einzelne Zeitungsartikel und veröffentlichte Abbildungen aller Art sowie Rundfunkkommentare, die politische, wirtschaftliche oder religiöse Tagesfragen betreffen, in Zeitungen und anderen Informationsblättern abgedruckt, vervielfältigt und öffentlich wiedergegeben werden dürfen (sog. Pressespiegelprivileg). Elektronische Pressespiegel dürfen nur zur betriebs- oder behördeninternen Verbreitung als grafische Datei erstellt werden.

1.11.9 Fotos von Beiwerken

Gemäß § 57 UrhG ist die Vervielfältigung, Verbreitung und öffentliche Wiedergabe von Werken zulässig, wenn sie neben dem eigentlichen Gegenstand der Vervielfältigung, Verbreitung oder öffentlichen Wiedergabe nur als unwesentliches Beiwerk anzusehen sind. Der BGH hat im Urteil vom 17.11.2014 (Az. I ZR 177/13) ein Beiwerk dann

als unwesentlich definiert, wenn es ohne echte Wirkung auf das Hauptwerk wegge-
lassen oder ausgetauscht werden könnte. Außerdem darf es nicht erkennbar stil- oder
stimmungsbildend für das Hauptwerk sein. Vgl. auch Kapitel E 2.4.2.3.

1.11.10 Panoramafreiheit (Straßenbildfreiheit)

Gemäß der Panoramafreiheit des § 59 UrhG dürfen Außenaufnahmen (nicht Innen-
aufnahmen!) von dauerhaft öffentlich zugänglichen Werken (z. B. Bauwerken, Skulp-
turen), die von öffentlich zugänglichen Straßen und Plätzen aufgenommen wurden,
zustimmungsfrei veröffentlicht werden. Aus einer neueren Entscheidung des BGH
vom 19.01.2017 ergibt sich, dass im Rahmen dieser Panoramafreiheit Fotos von solchen Werken auch auf dreidimensionalen Trägern (z. B. Tassen, Modellbauten, Souve-
nirstücke) verwertet werden dürfen, solange kein dreidimensionaler Nachbau daraus
wird. Vgl. auch Kapitel E 2.4.

1.11.11 Bildnisse

Bildnisse gemäß § 60 UrhG sind Personendarstellung (also Porträtfotos oder -zeich-
nungen), sie spielen insbesondere beim Recht am eigenen Bild eine Rolle, sind aber
auch urheberrechtlich geschützt. Die abgebildete Person und der Besteller haben
jedoch eine besondere persönliche Beziehung zum Bildnis, weshalb ihnen (und gegebenenfalls dem Rechtsnachfolger bzw. den Angehörigen) nach § 60 UrhG ein Nutzungsrecht eingeräumt wird.

1.11.12 Verwaiste Werke

Wenn kein Urheber zu ermitteln ist („verwaiste Werke"), darf man urheberrechtlich
geschützte Werke trotzdem nicht veröffentlichen, zumindest, solange das Urheberrecht offensichtlich noch besteht (§ 61 UrhG).

1.12 Rechtsfolgen bei Urheberrechtsverletzungen

Nicht zuletzt durch die allgegenwärtige Digitalisierung der Medien sind Urheber-
rechtsverstöße heutzutage ohne jeden Aufwand und ohne kriminelle Energie möglich – sie geschehen schneller als gedacht und werden subjektiv oft gar nicht als
solche wahrgenommen. Im Bereich der Kinder- und Jugendarbeit werden z. B. gern
Aufnahmen aktueller Lieder in eigenen Veröffentlichungen verwertet und verbreitet,
auch werden oft Texte und Bilder aus dem Internet bedenkenlos kopiert, gerade weil
es extrem einfach ist.

1.12.1 Urheberrechtsverletzung

In dem Moment, in dem ein ausschließliches Recht des Urhebers beeinträchtigt wird, ohne dass dies durch eine der oben beschriebenen Schrankenregelungen des UrhG (vgl. Kapitel E 1.4) gerechtfertigt wäre, liegt eine Urheberrechtsverletzung vor.

1.12.2 Zivilrechtliche Folgen

Die zivilrechtlichen Folgen einer Urheberrechtsverletzung sind die praktisch wichtigsten – nicht zuletzt aus dem zweifelhaften Grund, weil sich mit ihnen relativ einfach Geld verdienen lässt. Folgende Ansprüche sind – je nach Art der Urheberrechtsverletzung – denkbar und einklagbar:

- Unterlassung weiterer Rechtsverletzungen (§ 97 Abs. 1 UrhG)
- Beseitigung der Beeinträchtigung (§ 97 Abs. 1 S. 1 UrhG)
- Anspruch auf Auskunft, Vorlage und Besichtigung (§§ 101, 101a UrhG)
- Schadensersatz (§ 97 Abs. 2 UrhG)
- Immaterieller Schadensersatz in Geld (§ 97 Ab. 2 S. 3 UrhG)
- Vorbehaltene Ansprüche aus anderen Vorschriften (§ 102 a UrhG)
- Vernichtung, Rückruf und Überlassung (§ 98 UrhG)
- Anspruch auf Urteilsveröffentlichung (§ 103 UrhG)

1.12.3 Strafrechtliche Konsequenzen

Unabhängig von diesen zivilrechtlichen Folgen sind auch strafrechtliche Sanktionen möglich, die in den §§ 106 ff. UrhG beschrieben sind. Das Strafrecht hat sowohl die Verletzung von Verwertungsrechten im Blick als auch die Verletzung des Urheberpersönlichkeitsrechts und die der verwandten Schutzrechte.

2 MEDIENRECHT

Das Medienrecht stellt keine fest umgrenzte, eigenständige Rechtsmaterie dar, vielmehr hat sich der Begriff als Überbegriff verschiedenster Rechtsgebiete herausgebildet, zu denen z. B. auch das Urheberrecht gehört (soweit es sich mit Medien befasst). In diesem Abschnitt sollen die Aspekte beleuchtet werden, die noch nicht im Zusammenhang mit dem Urheberrecht genannt wurden und die in der praktischen Kinder- und Jugendarbeit von Bedeutung sind.

2.1 Presse und Öffentlichkeitsarbeit

Öffentliche Aufgabe der Presse ist die Nachrichtenbeschaffung und -verbreitung sowie die Mitwirkung an der öffentlichen Meinungsbildung durch Stellungnahme und Kritik.

2.2 Rundfunk (Radio und Fernsehen) — Rundfunkbeitrag

Das Rundfunkrecht umfasst die Bereiche des Hörfunks (Radio) und des Fernsehens, wobei diese umfangreiche Materie hier nicht vertieft werden kann.
Wichtig zu wissen ist, dass Einrichtungen des Gemeinwohls seit 2013 den Rundfunkbeitrag entsprechend der Zahl ihrer Betriebsstätten, sozialversicherungspflichtig Beschäftigten sowie vorhandenen beitragspflichtigen Kraftfahrzeugen und Hotel- und Gästezimmer bezahlen. Beitragsfrei sind Gästezimmer für Personen, die an den Bildungsveranstaltungen der Einrichtung teilnehmen. Hier sollten genaue Aufzeichnungen zwischen rein touristischen und „eigenen" Übernachtungen trennen.

Nachweise und weiterführende Praxistipps
- Informationen zum Rundfunkbeitrag: www.rundfunkbeitrag.de (Linkzugriff im März 2018)

2.3 Internet — Website und soziale Netzwerke

Immer wieder stehen soziale Netzwerke negativ in den Schlagzeilen. Mal geht es um mangelnden Datenschutz, mal um das Ende der Privatsphäre und nicht selten ist Cybermobbing ein Thema. All diese Problematiken ändern nichts daran, dass für sehr viele Kinder und Jugendliche der Umgang mit ihnen zum Alltag gehört. Sie verbringen i. d. R. mehr Zeit mit der Nutzung des Internets und der sozialen Medien als in einer Jugendeinrichtung oder Jugendgruppe. Mitarbeitende sehen eine Chance, digitale Medien kompetent für Aktionen und die Kommunikation mit Kindern und Jugendlichen sowie unter Mitarbeitenden zu nutzen. Sie haben eine Vorbildfunktion und können den sensiblen Umgang mit persönlichen Daten vorleben oder den Umgangston in der Kommunikation beeinflussen. Indem diese Themen mit Kindern und Jugendlichen z. B. auf einer Freizeit oder in der Gruppe besprochen werden, können vielfältige Kompetenzen (Technik, Datenschutz, Urheberrecht usw.) vermittelt werden.

- Das Internet vergisst nichts, deshalb ist auf den „Ton" und den Inhalt der schriftlichen Mitteilungen zu achten: nur wahre Tatsachen mitteilen, keine Spekulationen oder Vermutungen, keine privaten Informationen.
- Einmal veröffentlicht, hat man keinen Einfluss mehr auf die weitere Verbreitung.
- Ein kritischer Bericht kann „Shit Storms" („Stürme der Entrüstung") auslösen.
- Vorsicht ist geboten bei Bildern und Videos.
- Kritischer Umgang mit Unbekannten und Vertrauensanfragen.
- Privatsphäre, Beruf, Kinder-/Jugendarbeit sollten nicht vermischt werden.

Facebook ist das am häufigsten verbreitete soziale Netzwerk. Viele Organisationen nutzen deshalb diesen Dienst. Die Mitarbeitenden, die eine Seite in sozialen Netzwerken einrichten, müssen darauf achten, dass es rechtliche Vorgaben gibt (Impressum, siehe Kapitel E 2.3.1; Datenschutz, siehe Kapitel E 3.10.1; Urheberrecht, siehe Kapitel E 1.11; Social Plugins, siehe Kapitel E 3.10.1.5 usw.). Für die Gestaltung und Inhalte sowie Nachrichten und Hyperlinks gelten die gleichen rechtlichen Haftungsfragen wie bei Websites. Whatsapp ist ein Messagingdienst. Dieser kostenlose Dienst wird am häufigsten eingesetzt und ist einfach zu bedienen. Er kann gemäß AGB ab 16 Jahren genutzt werden. Bei der Installation findet allerdings keine Altersabfrage statt. Andere Dienste wie Threema gestatten Kindern ab 4 Jahren die Nutzung. Die USK hat Whatsapp und Threema ab 0 Jahren freigegeben.

Aus Datenschutzgründen sind diese Dienste sehr kritisch zu betrachten. Zur Finanzierung der kostenlosen Dienste dienen die Werbeeinnahmen und vor allem auch die entsprechenden Auswertungen z. B. zum Nutzungsverhalten, die zu Marketingzwecken verkauft werden. Nutzer müssen sich im Klaren sein, dass Inhalte und Kontakte jederzeit ausgewertet werden können. Daher ist eine Sensibilisierung von Kindern und Jugendlichen für die Verbreitung von (persönlichen) Informationen sehr wichtig.

Nachweise und weiterführende Praxistipps
- Aktuelle Statistiken zu Sozialen Online-Netzwerken: de.statista.com/themen/ 1842/soziale-netzwerke (Linkzugriff im März 2018)
- USK-Einstufung: www.smiley-ev.de/usk_beurteilt_apps.html (Linkzugriff im März 2018)
- Leitfaden zum Whatsapp-Broadcast: www.saferinternet.at/news/news-detail/ article/broadcasting-mit-whatsapp-ein-neues-tool-fuer-die-jugendarbeit-533 (Linkzugriff im März 2018)
- Für mehr Sicherheit im Internet: www.klicksafe.de (Linkzugriff im März 2018)

2.3.1 Impressum

2.3.1.1 Impressum = Anbieterkennzeichnung

Die sog. Impressumspflicht[28] für geschäftlich genutzte Seiten im Internet ergibt sich heute aus § 5 des Telemediengesetzes (TMG) und § 55 des Rundfunkstaatsvertrages (RStV). § 5 TMG verpflichtet Telemedien-Dienste-Anbieter (also insbesondere Website-betreiber, die über ihre Website Geschäfte anbahnen und/oder abwickeln), ständig bestimmte Informationen leicht erkennbar und unmittelbar erreichbar zu halten. Sehr schnell kann auch der private Websitebetreiber zum geschäftlichen Nutzer werden, wenn er z. B. auch nur einen einzigen Werbebanner oder Affiliate-Link[29] einbindet. Dasselbe gilt, wenn ein Anbieter (ohne unmittelbare Gewinnerzielungsabsicht, also ohne eine direkte Vergütung für ein Angebot zu erwarten) mit seinem auf Dauer ange-legten Angebot ein werbendes und damit wirtschaftliches Interesse verbindet. Somit kann festgehalten werden, dass im Prinzip jeder Websitebetreiber, auch wenn er sich subjektiv noch so „privat" vorkommt, eine Anbieterkennzeichnung auf seiner Seite anbringen sollte. Das gilt insbesondere auch für Websites von Organisationen, Verei-nen und Kirchengemeinden, denn diese bewerben i. d. R. ihre Angebote, Freizeiten usw. Zu beachten ist, dass für soziale Netzwerke wie Facebook, Google+, Twitter, Instagram, Youtube usw. die gleiche Impressumspflicht besteht.

2.3.1.2 Pflichtangaben

Die Anbieterkennzeichnung muss gemäß § 5 TMG mindestens folgende Angaben enthalten: den Betreiber der Website, seine vollständigen Adressdaten und auf jeden Fall die Kontaktdaten (Telefon, ggf. Fax und E-Mail), bei Unternehmen, Vereinen usw. auch die Rechtsform, das Register (z. B. Vereinsregister oder Handelsregister) inkl. Registernummer und die Vertretungsberechtigten (inkl. Adresse und Kontaktdaten) und – sofern vorhanden – die Umsatzsteueridentifikationsnummer.

2.3.1.3 Anbringung des Impressums

Das Impressum muss § 5 Abs. 1 S. 1 TMG zufolge „leicht erkennbar, unmittelbar erreichbar und ständig verfügbar" sein. „Leicht erkennbar" bedeutet, dass der Link entsprechend benannt sein muss („Impressum" oder juristisch korrekt „Anbieter-kennzeichnung"). „Unmittelbar erreichbar" bedeutet, dass der Nutzer nicht mehr als zweimal klicken darf, um das Impressum zu erreichen. „Ständig verfügbar" bedeutet, dass der Link auf jeder Seite verfügbar sein sollte.

---

28 Weder das TMG noch der RStV noch deren Vorgänger, das Teledienstegesetz (TDK) und der Mediendienste-Staatsvertrag (MDStV), verwenden die Begriffe „Impressum" oder „Anbieterkennzeichnung"; juristisch korrekter ist der Begriff „Anbieter-kennzeichnung", da der mittlerweile gebräuchliche Begriff des Impressums aus den Landespressegesetzen stammt.
29 Affiliate-Marketing ist eine ähnliche Onlinemarketing-Form wie die normale Bannerwerbung, mit dem Unterschied, dass die Vergütung im Normalfall von der Zahl der Klicks (auf die Werbefläche) abhängig ist, während sie beim Affiliate-Marketing erfolgsabhängig ist. Der Websitebetreiber (Affiliate oder Partner) bekommt nur dann eine Provision, wenn der Klick zum Erfolg führt, also wenn der Nutzer auf der verlinkten Firmenwebsite etwas Bestimmtes tut (meist: einkauft).

Für Seiten in sozialen Netzwerken kann das Impressum der Website mitgenutzt werden (nicht alle Kanäle ermöglichen die korrekte Integration eines Impressums). Allerdings muss es vom Kanal aus trotzdem mit max. zwei Klicks erreichbar sein. Im Impressum der Website sollte dann aufgeführt werden, für welche Kanäle/Seiten das Impressum auch gilt.

Wer Websiteinhalte statt als Text als Bild online stellt, kann zwar verhindern, dass Spammer die E-Mail-Adresse auslesen können, hindert aber blinde Menschen daran, sich das Impressum durch ein entsprechendes Programm akustisch vorlesen zu lassen. Das ist also nicht zulässig.

2.3.1.4 Gesetz zur Online-Streitbeilegung

Werden über die Website kostenpflichtige Angebote wie Freizeiten, Kurse, Seminare usw. mit Buchungsmöglichkeit angeboten oder wird ein Web-Shop betrieben, muss im Impressum bzw. in den die Geschäftsbedingungen ein Hinweis zur Streitbeilegung aufgenommen werden. Das Verbraucherstreitbeilegungsgesetz (VSBG) verlangt vom Webshop-Betreiber die Information darüber, ob dieser am Streitbeilegungsverfahren vor einer Verbraucherschlichtungsstelle teilnimmt (ADR-Richtlinie). Gesetzliche Grundlage ist die europäische sogenannte ODR-Verordnung (Online-Dispute-Resolution). Die EU-Kommission stellt dafür die sog. OS-Plattform zur Verfügung, um Verbrauchern eine schnelle und kostengünstige Möglichkeit zur Streitschlichtung im Onlinehandel zu bieten.

Nachweise und weiterführende Praxistipps
- Details und Muster: www.drschwenke.de/b2c-unternehmer-februar-2017-informationspflichten-streitbeilegung (Linkzugriff im März 2018)
- www.haendlerbund.de (Linkzugriff im März 2018)

2.3.1.5 Umgehung der Impressumspflicht

Auch durch die Nutzung eines ausländischen Servers lassen sich die Regelungen des deutschen Urheberrechts nicht umgehen: Wer in Deutschland wohnt, der muss ein Impressum angeben, egal wo der Server steht.

2.3.1.6 Rechtsfolgen bei fehlendem Impressum

Ein fehlendes oder fehlerhaftes Impressum kann § 16 Abs. 3 TMG zufolge zu einer Buße von bis zu 50.000 Euro führen. Weiterhin kann es dadurch auch zu einem Unterlassungs- und Schadensersatzanspruch nach dem Gesetz gegen den unlauteren Wettbewerb (UWG), insbesondere nach § 1 UWG kommen.

Nachweise und weiterführende Praxistipps
- Auswahl von Impressumsgeneratoren: www.impressum-generator.de; www.impressum-recht.de/impressum-generator; www.impressum-generator24.de (Linkzugriff im März 2018)

2.3.2 Verlinkung

2.3.2.1 Der Hyperlink

Eine zentrale Funktion des Internets ist die Möglichkeit, Inhalte und Angebote untereinander zu verlinken. Durch einen einfachen Klick auf einen sog. Hyperlink springt der Nutzer von Website zu Website. Hier ergeben sich juristisch zwei Problemfelder:

- Ist es überhaupt zulässig, solche Links zu setzen?
- Kann die verlinkende Person für die Inhalte der verlinkten Seite haften?

Unter den Aspekten des Urheberrechts sowie des Wettbewerbsrechts ist das Setzen eines Hyperlinks dem Grund nach zunächst einmal unbedenklich, zumindest wenn er unmittelbar auf die Website der Zieladresse gerichtet ist (sog. Surface-Link). Insbesondere ist das Setzen eines Hyperlinks keine Übernahme einer fremden Leistung im Sinne des § 4 Nr. 9 UWG. Allerdings gibt es verschiedene Möglichkeiten der Verlinkung, die u. U. heikel sind:

Deep Links: Deep Links sind Hyperlinks, die nicht auf die Startseite, sondern direkt auf eine Unterseite der fremden Website gesetzt werden. Sie werden allgemein als zulässig betrachtet, solange beim direkten Zugriff auf die Unterseite keine technischen Schutzmaßnahmen umgangen werden.

Framing und Inline-Linking (Embedding): Beim sog. Framing werden Inhalte von einer anderen Website unmittelbar innerhalb der eigenen Website eingeblendet. D. h. die eigene Website wird nicht verlassen, sondern die verlinkte Website wird in verschiedene Fenster oder Rahmen (Frames) der verlinkenden eigenen Website eingebunden. Ähnlich ist es beim Inline-Link, wobei mit diesem nur einzelne fremde Dateien direkt in das eigene Angebot integriert werden, die dann wie eigene Informationen angezeigt werden. Werden auf diese Weise fremde Inhalte eingebunden, so liegt allein deswegen noch keine öffentliche Wiedergabe und damit auch noch keine Urheberrechtsverletzung vor. Eine urheberrechtlich relevante Nutzung liegt erst vor, wenn durch die Einbettung ein neues Publikum erreicht wird, an das der Urheberrechtsinhaber nicht gedacht hatte. Das Gleiche gilt, wenn für die Wiedergabe ein anderes technisches Verfahren verwendet wird als das des Urhebers.

2.3.2.2 Haftung für Links
und Möglichkeiten eines Haftungsausschlusses (Disclaimer)

Das Telemediengesetz (TMG) macht keine Aussagen zur Haftung für Hyperlinks. Der BGH stellte in seinem Urteil vom 01.04.2004 (BGHZ, Az. I ZR 317/01)[30] klar, dass die Haftung für Links nach den allgemeinen Grundsätzen des Zivilrechts (und nicht nach

---

30 http://juris.bundesgerichtshof.de/cgi-bin/rechtsprechung/document.py?Gericht=bgh&Art=en&nr=29367&pos=0&anz=1 (Linkzugriff im März 2018)

spezialgesetzlichen Regelungen) zu prüfen ist. Ergänzend dazu entschied er dann im Oktober 2010 (BGHZ, Az. I ZR 191/08, u. a. in NJW 2011, S.2436-2440), dass die Verlinkung auf Websites mit urheberrechtswidrigen Inhalten im Rahmen einer Berichterstattung durch die Presse- und Meinungsfreiheit gemäß Art. 5 GG geschützt ist. Auf der Grundlage dieses BGH-Urteils stellte sodann das LG Braunschweig mit Urteil vom 05.10.2011 (Az. 9 O 1956/11)[31] fest, dass das Recht der freien Berichterstattung grundsätzlich auch das Setzen von Hyperlinks erfasst, wenn ein überwiegendes Informationsinteresse der Allgemeinheit besteht und der Inhalt der verlinkten Seiten sich nicht zu Eigen gemacht wird.

Wenn der Verweis auf den Link den Eindruck erweckt, dass sich der Website-Betreiber die Informationen auf der verlinkten Seite zu eigen macht, muss er für diese Informationen einstehen wie für eigene. Eine Haftung besteht immer, wenn auf der verlinkten Seite ein rechtswidriger Inhalt steht oder der Betreiber der Website auf den rechtswidrigen Inhalt hingewiesen wurde, so das BGH-Urteil vom 18.06.2015 (Az. I ZR 74/14). Der EuGH hat im Urteil vom 08.09.2016 (EuGH, C-160/15) entschieden, dass eine verlinkte Webseite auch eine Urheberrechtsverletzung sein kann, wenn auf dieser ohne Einwilligung des Urhebers ein urheberrechtlich geschütztes Werk gezeigt wird. In diesem Fall war es eine gewerblich betriebene Webseite. Das LG Hamburg hat die Entscheidung des EuGH präzisiert, denn es hängt nicht davon ab, *„... ob mit der Linksetzung unmittelbar Gewinne erzielt werden sollen, sondern nur davon, ob die Linksetzung im Rahmen eines Internetauftritts erfolgt, der insgesamt zumindest auch einer Gewinnerzielungsabsicht dient"* (LG Hamburg 18.11.2016, Az. 310 O 402/16). Soll auf der Website einer Jugendorganisation für Reisen, Veranstaltungen usw. geworben werden oder Werbung platziert sein, dann liegt höchstwahrscheinlich Gewinnerzielungsabsicht im Sinne dieser Rechtsprechung vor. Möchte man ganz sichergehen, ist vom Betreiber der verlinkten Website die schriftliche Bestätigung einzuholen, dass z. B. das Bild frei von Rechten Dritter ist.

Eine pauschale Haftungsfreizeichnungsklausel (Disclaimer) im Impressum für die Inhalte, auf die man verlinkt, ist eben nicht ausreichend (LG Hamburg vom 12.05.1998, Az. 312 O 85/98). Auf einen Disclaimer kann deshalb verzichtet werden. Der übliche Hinweis auf das o. g. (übrigens nie rechtskräftig gewordene) Urteil des LG Hamburg ist regelmäßig irreführend, da das LG Hamburg eben betonte, dass die bloße Erklärung einer Distanzierung von fremden Inhalten eben keine Haftungsfreizeichnung darstelle.

Nachweise und weiterführende Praxistipps
- Informationsplattform iRights e. V.: www.irights.info (Linkzugriff im März 2018)
- www.allfacebook.de/policy/adieu-freies-internet-gerichte-verschaerfen-haftung-fuer-links-sharing-vorschaubilder-und-embedding-faq (Linkzugriff im März 2018)

---

31 www.damm-legal.de/tag/link/page/3 (Linkzugriff im März 2018)

2.3.3 Datenschutz

siehe Kapitel E 3.10

2.3.4 eBay-Handel

So manche Kinder- und Jugendgruppe, die ihr Lager ausräumt, findet dort gebrauchte Bücher, DVDs und CDs oder andere Dinge, die sie entweder im Rahmen eines traditionellen Flohmarkts oder online auf eBay oder einer ähnlichen Plattform zu Geld machen will, um die Gruppenkasse aufzubessern (diese Umsätze haben Auswirkung auf die Steuerproblematik der Organisation). Dies ist grundsätzlich möglich, zu beachten ist jedoch aus medienrechtlicher Sicht, dass es sich bei Datenträgern nur um Originale handeln darf.

2.4 Recht am eigenen Bild – Bildnisschutz

Sowohl bei Einzelbildern als auch bei bewegten Filmaufnahmen ist zu prüfen, ob deren Veröffentlichung nicht das Persönlichkeitsrecht der Abgebildeten tangiert. Dies spielt einerseits bei Fotos und Filmen von Freizeitveranstaltungen eine Rolle, andererseits auch bei Aufnahmen von Vereins- oder Gemeindeveranstaltungen und nicht zuletzt bei expliziten Gruppen- und Portraitaufnahmen. Der verfassungsrechtliche Persönlichkeitsschutz umfasst auch das Recht, die Darstellung der eigenen Person anderen gegenüber selbst zu bestimmen.[32]

2.4.1 Rechtliche Grundlagen: Grundgesetz und Kunsturhebergesetz

Aus Art. 2 und 1 GG ergibt sich ein Recht am eigenen Bild, dessen weitere rechtliche Ausgestaltung aus dem (zeitlich vorausgehenden, aber dennoch verfassungskonformen) Kunsturhebergesetz (KUG) von 1907 ergibt.

2.4.2 Herstellung von Personenfotos – das Fotografieren von Menschen

Bereits bei der Anfertigung eines Fotos kann man das Persönlichkeitsrecht eines Menschen verletzen, auch wenn teilweise der Irrglaube besteht, dass nur das Verbreiten und Veröffentlichen von Aufnahmen rechtsverletzend ist.

2.4.2.1 Bilder und Bildnisse

Bei einigen Regelungen des KUG geht es einfach um das „Bild", so in § 23 Abs. 1 Nr. 2, 3 KUG, in § 22 KUG dagegen sowie in den § 23 Abs. 1 Nr. 1, 4 um das „Bild-

---

32 Jarass, Hans-Dieter: Das allgemeine Persönlichkeitsrecht im Grundgesetz, in NJW 1989, 857 ff.

nis". Während der Begriff Bild der allgemeine Oberbegriff ist, der keiner Erläuterung bedarf, sind Bildnisse (um die es beim Persönlichkeitsschutz gemäß § 22 KUG zentral geht) Abbildungen, die Personen erkennbar wiedergeben, so der BGH bereits in seiner berühmten „Herrenreiter-Entscheidung".[33] Die klassische Definition der Rechtsprechung hat der BGH dann in seiner „Spielgefährtin"-Entscheidung vom 09.06.1965 (Az. Ib ZR 126/63) formuliert. Danach liegt ein „Bildnis" dann vor, *„wenn die Darstellung dazu bestimmt und geeignet sei, eine Person in ihrer dem Leben nachgebildeten äußeren Erscheinung dem Beschauer vor Augen zu führen und das Aussehen, wie es gerade dieser bestimmten Person eigen sei, im Bilde wiederzugeben, wobei es in der Regel die Gesichtszüge* [sind], *die einen Menschen von seinen Mitmenschen unterschieden und für den Betrachter erkennbar* [machen]".[34]

2.4.2.2 Erkennbarkeit

Eine Verletzung der Persönlichkeitsrechte der Betroffenen kann unter diesem Gesichtspunkt nur vorliegen, wenn die wiedergegebene Person individuell erkennbar ist. Das ist i. d. R. nur bei einer Frontal-, Halbfrontal oder Seitenaufnahme des Gesichts der Fall. Aufnahmen von hinten oder in nicht identifizierbaren Seitenansichten sind also kein Bildnis. Allerdings kann ein Mensch schon bei unscharfen Aufnahmen erkannt werden, auch wenn allein die Gesichtszüge noch nicht zu erkennen sind, selbst ein Augenbalken schließt die Erkennbarkeit nicht zwingend aus. Natürlich können sich auch Beamte im Dienst auf ihr Allgemeines Persönlichkeitsrecht berufen (z. B. Polizeibeamte), wenn sie nicht gerade in einem zeitgeschichtlich hervorgehobenen Kontext tätig werden. Nur in einem solchen dürfen sie risikolos fotografiert werden.

2.4.2.3 Grundsatz: Einwilligung zur Veröffentlichung

Soll nun ein Bildnis veröffentlicht werden, so ist nach § 22 S. 2 KUG grundsätzlich die Einwilligung der abgebildeten Person erforderlich. Sofern das Foto von vornherein in einer ganz bestimmten Weise verwertet werden soll, so muss diese Person darauf aufmerksam gemacht werden und die Einwilligung muss sich klar darauf beziehen (vgl. Kapitel E 3.5.4.2).

Begriff der Einwilligung

Was eine „Einwilligung" im Sinne des § 22 KUG ist, ergibt sich aus § 183 S. 1 BGB: Einwilligung ist die vorherige Zustimmung. Da das KUG für die Einwilligung keine Formerfordernisse aufstellt, ist eine Einwilligung grundsätzlich auch formlos oder konkludent möglich. Bei entsprechender Fragestellung an eine Person kann auch ihr Schweigen eine Form der Einwilligung sein, z. B. wenn in einem Schreiben an den Adressaten eine Widerspruchsfrist gesetzt wird: „Wenn Sie bis zum <Termin> nicht widersprechen, verstehen wir dies als Einverständnis, das beiliegende Bild auf unserer

---

33 BGHZ Az. 26, 349 (351) – Herrenreiter; BGH NJW 1974, 1947 (1948) – Nacktaufnahme
34 www.jurion.de/Urteile/BGH/1965-06-09/Ib-ZR-126_63 (Linkzugriff im März 2018)

Webseite zu veröffentlichen." Eine Einwilligung Minderjähriger kann nur durch die gesetzlichen Vertreter wirksam erklärt werden, da es sich um eine rechtsgeschäftliche Willenserklärung handelt. Zwar ist es theoretisch bei beschränkt geschäftsfähigen Personen (7 bis 17 Jahre) möglich, dass diese selbst schon entsprechende Entscheidungen treffen können, entscheidendes Kriterium ist jedoch die individuelle Einsichtsfähigkeit, der Reifegrad. Der Gesetzgeber schreibt nach Art. 8 DS-GVO (siehe Kapitel E 3.5.4.2; vgl. Kapitel B 2.2) vor, dass bis zum 16. Lebensjahr die Sorgeberechtigten zustimmen müssen.

Ausnahmen vom Erfordernis der Einwilligung
Die Veröffentlichung kann auch unabhängig von einer Einwilligung zulässig sein, wenn eine der Ausnahmen des § 23 Abs. 1 KUG vorliegt.
Hinweis: Ob die neuen Datenschutzgesetze (siehe Kapitel E 3) die Gültigkeit diese Ausnahmen einschränken werden, kann zum Zeitpunkt der Drucklegegung dieser Auflage nicht abschließend bewertet werden.

Bildnisse aus dem Bereich der Zeitgeschichte, § 23 KUG: § 23 Abs. 1 Nr. 1 KUG erlaubt es, bei der Berichterstattung über Vorgänge von zeitgeschichtlichem Interesse Personen abzubilden, die an diesen Ereignissen beteiligt sind. Allerdings muss es sich bei diesen Personen selbst um sog. „Personen der Zeitgeschichte" handeln, da im Rahmen der Zeitgeschichte ein „Bildnis" nur von diesen interessant ist. Wer dagegen bei einem zeitgeschichtlichen Ereignis ins Bild kommt, ohne an diesem zentral (geschichtlich) beteiligt zu sein, kann sich auf den Schutz des § 22 KUG berufen (wenn er nicht als „Beiwerk" angesehen werden muss, s. u.). Unter dem Begriff des Zeitgeschehens versteht man ganz allgemein alle Fragen von allgemeinem gesellschaftlichem Interesse, wobei dies keine dauerhaft interessanten Geschehnisse zu sein brauchen, es genügt, wenn sie kurzfristig ins Blickfeld der Öffentlichkeit treten[35]. Die frühere Unterscheidung zwischen „absoluten" und „relativen" Personen der Zeitgeschichte, die immer wieder angesprochen wird, wurde seit einer Entscheidung des EuGH für Menschenrechte aufgegeben.

Personen als Beiwerk: Auch die Abbildung von Personen, die keinen Einfluss auf die Thematik des Bildes ausüben und nicht die Aufmerksamkeit des Betrachters auf sich ziehen, ist zulässig (§ 23 Abs. 1 Nr. 2 KUG). Bei Bildern im Sinne des § 23 Abs. 1 Nr. 2 KUG steht keine Person im Vordergrund, sondern ein Ort, also ein Raum, ein räumlicher Bereich oder eine Landschaft. Die fragliche Darstellung der im Bild befindlichen Personen spielt eine derartig unbedeutende Rolle, dass sie auch entfallen könnte, ohne dass Gegenstand und Charakter des Bildes verändert würden. Im Umkehrschluss bedeutet das aber auch, dass die Abbildung einer Landschaft oder sonstigen Örtlichkeit das Bild prägen muss und nicht selbst Beiwerk ist.

Personen innerhalb einer Versammlung: Wenn Menschen an Versammlungen (z. B. Vereinsversammlung, Gemeindefest, Kinder- oder Jugendtag), Aufzügen u. ä. Veran-

---

35 BGHZ, Urteil vom 21.4.2015 in NJW 2015, 2500-2503

staltungen teilnehmen und dabei fotografiert werden, geben sie damit bis zu einem gewissen Grad ihre Individualität auf und reihen sich in ein Gesamtgeschehen ein, in dem ihre Persönlichkeit verschwindet bzw. keine nennenswerte Rolle spielt.

Stillschweigende Einwilligung: Wenn die fotografierte Person direkt in die Kamera schaut und nichts gegen das Foto einwendet; das Risiko bleibt hier die anzunehmende Unwissenheit der Person über die Verwendung des Fotos. Andersherum ist eine deutliche Ablehnung der Person ein klares Verbot. Das gilt auch, wenn deutlich wird, dass die Person die Aufnahme des Bildes nicht bemerkt hat.

Kunstfreiheit: Die Ausnahme vom Einwilligungsvorbehalt des § 23 Abs. 1 Nr. 4 KUG gilt für Bildnisse, *„… die nicht auf Bestellung angefertigt sind, sofern die Verbreitung oder Schaustellung einem höheren Interesse der Kunst [dienen]“.* Sie hat kaum praktische Bedeutung, da es nicht um das „kunstvolle" Bild geht, sondern um dessen Verbreitung und Schaustellung zu Zwecken der Kunst. Diese Zwecke (nicht die Kunst selbst) darzulegen, dürfte den meisten Durchschnittsfotografen sehr schwer fallen.

Keine Sonderregel für Gruppenfotos

Vermutlich aus den Ausnahmevorschriften des § 23 Abs. 1 KUG hat sich der Mythos entwickelt, dass Fotos von Personengruppen ab einer bestimmten Personenzahl ohne Einwilligung der Abgebildeten veröffentlicht werden dürfen, weil die Einzelnen bloßes Beiwerk sind oder eine Versammlung im Sinne des KUG vorliegt. Das ist aber nicht der Fall. Entscheidendes Kriterium ist vielmehr die Erkennbarkeit der Person. Wer auf einem Gruppenfoto (aufgrund der Bildgröße und der Pixelzahl) klar erkennbar ist und keiner der vier Ausnahmen des § 23 Abs. 1 KunstUrhG vorliegt, hat das Recht, gegen die Veröffentlichung dieses Bildes vorzugehen, insbesondere, wenn er sich „unvorteilhaft" getroffen fühlt.

2.4.2.4 Personenfotografie kann strafbar sein

Unter Umständen kann es bereits strafbar sein, bestimmte Aufnahmen überhaupt ohne Befugnis herzustellen, vgl. den 2015 neu gefassten Paparazzi-Paragraphen § 201a StGB. Die Vorschrift schützt zunächst Menschen in ihrem Intimbereich (z. B. in ihrer eigenen oder einer fremden Wohnung, in ihrem Garten, einer Umkleidekabine oder einem Behandlungszimmer) und zwar so streng, dass bereits das unbefugte (heimliche) Herstellen einer solchen Aufnahme verpönt ist, auch wenn diese gar nicht weitergegeben wird (§ 201a Abs. 1 Nr. 1 StGB).

Ein weiterer wichtiger Schutzbereich ist gemäß Ziffer 2 die Hilflosigkeit von Personen, die aufgrund ihrer körperlichen oder geistigen Verfassung oder aufgrund äußerer Einflüsse nicht mehr in der Lage sind, ihren Willen adäquat zu bilden oder sich entsprechend zu verhalten und sich gegen das Fotografiert-Werden zu wehren. Gemeint sind hier z. B. Ohnmächtige, Bewegungsunfähige oder Betrunkene (vgl. Kapitel D 7.1). Selbst wer sich selbst sinnlos besäuft, soll nicht im derangierten Zustand fotografiert und somit dem Gespött Dritter ausgesetzt werden.

Bestraft wird seit einer Ergänzung im Jahre 2015 auch, wer unbefugt eine Bildaufnahme einer anderen Person, *„die geeignet ist, dem Ansehen der abgebildeten Person erheblich zu schaden, einer dritten Person zugänglich macht"* (§ 201a Abs. 2 StGB). Bestraft wird weiterhin, wer eine Bildaufnahme von einer noch nicht volljährigen Person macht bzw. herstellt und diese gegen Entgelt anbietet bzw. verkauft oder von Dritten käuflich erwirbt (§ 201a Abs. 3 StGB).

2.5 Künstlersozialversicherungsgesetz

Organisationen, die künstlerische und publizistische Leistungen gegen Entgelt für eigene Zwecke in Anspruch nehmen oder verwerten, fallen unter das Künstlersozialversicherungsgesetz (KSVG). Die Rechtsform der Organisation oder die Verfolgung gemeinnütziger Zwecke ist hierbei unerheblich.

2.5.1 Abgabepflicht

Zum abgabepflichtigen Entgelt (z. B. Auftrag und Honorar an Fotograf, Grafiker, Layouter, Musiker) zählen Entgelte für:

- Freizeitprospekt, Vereinszeitschrift, Aktionsflyer, Veranstaltungsprogramm
- Gestaltung des Webauftritts
- Öffentliche Vorträge und Beiträge zu Publikationen
- Band im Jugendgottesdienst , DJ in Jugenddisco, Konzert einer Musikgruppe
- Kleinkunst und Theateraufführungen wie Zauberer, Clown, Animateur
- usw.

Nicht zum abgabepflichtigen Entgelt zählen folgende Leistungen:

- Der auf der Rechnung ausgewiesene Umsatzsteuerbetrag
- Reisekosten
- Die sog. „Übungsleiterpauschale" (§ 3 Nr. 26 EStG) als steuerfreie Aufwandsentschädigung
- Zahlungen an juristische Personen des privaten oder öffentlichen Rechts (z. B. GmbH, e. V. GmbH & Co KG, AG, öffentlich-rechtliche Körperschaften)

Unabhängig davon, wie die Organisation Honorar, Gage, Lizenzen zzgl. aller Sachleistungen, Auslagen und Nebenkosten finanziert hat (z. B. öffentlicher Zuschuss, Sponsor oder sonstige Einnahmen), besteht für sie Abgabepflicht. Die Berechnungsgröße für die Abgabe ist dabei die Summe aller Entgelte, die die Organisation in einem Kalenderjahr für selbstständig erbrachte künstlerische und publizistische Leistungen an selbstständig tätige Künstler oder Publizisten (Profis und Amateure) gezahlt hat. Die Künstlersozialkasse (KSK) legt jährlich einen einheitlichen Abgabesatz fest, dieser liegt z. B. im Jahr 2018 bei 4,2%.

Für die Künstlersozialabgabe besteht Melde- und Aufzeichnungspflicht sowie Auskunfts- und Vorlagepflicht. Die Verjährung der Künstlersozialabgabe liegt bei vier Jahren (SGB IV) nach Ablauf des Kalenderjahres, in dem die Ansprüche fällig geworden sind. Die KSK wertet verschiedenste Informationsquellen (Zeitung, Rundfunk, Vereinsmitteilungen usw.) aus, um ihren gesetzlichen Anspruch durchzusetzen, auch soweit eine Organisation ihrer Meldepflicht nicht nachgekommen ist. Beauftragte Einzugs- und Verwaltungsstellen sind die Träger der Deutschen Rentenversicherung. Finanziert wird diese Sozialversicherung durch die Abgaben der Organisationen, durch die Künstler selbst und durch Bundeszuschüsse.

Zwischen EKD und KSK besteht eine Ausgleichsvereinbarung, in die die Gliedkirchen der EKD „... *und die ihnen nachgeordneten kirchlichen Körperschaften des öffentlichen Rechts (z.B. Kirchengemeinden, Kirchenkreise. Dekanate) und Anstalten (z. B. Schulen, Fachschulen, Fachhochschulen – außer Fachhochschulen für Musik und Kunst) ...*" eingeschlossen sind (§ 1 der Vereinbarung). Der VDD hat ebenfalls eine entsprechende Vereinbarung mit der KSK abgeschlossen. Die Ausgleichvereinbarung bewirkt, dass die EKD die Beiträge z. B. für ihre Kirchengemeinden, Einrichtungen und Anstalten an die KSK bezahlt. Dagegen fallen die privatrechtlich organisierten Vereine und Verbände (z. B. CVJM, EC, VCP) nicht unter diese Vereinbarung.

2.5.2 Ausnahme von der Abgabepflicht – Geringfügigkeitsregelung

- Werden in einem Kalenderjahr bis zu drei Veranstaltungen durchgeführt (und nicht mehr), besteht unabhängig von der folgenden 450-Euro-Grenze keine Abgabepflicht (§ 24 Abs. 2 KSVG).
- Wird in einem Jahr nicht mehr als 450 Euro an Honoraren usw. insgesamt bezahlt, besteht keine Abgabepflicht (§ 24 Abs. 3 KSVG).

Nachweise und weiterführende Praxistipps
- www.kuenstlersozialkasse.de (Linkzugriff im März 2018)
- www.kirchenrecht-ekd.de/pdf/3148.pdf (Linkzugriff im März 2018)
- www.bistum-trier.de/bistum-bischof/bistumsverwaltung/kirchliches-amtsblatt/ details/amtsblatt/vereinbarung-mit-der-kuenstlersozialkasse-ueber-die-bildung-einer-ausgleichsvereinigung-gemaess-32-ksv (Linkzugriff im März 2018)
- www.deutsche-rentenversicherung.de/Allgemein/de/Inhalt/5_Services/04_formulare_ und_antraege/formulare_und_antraege_index.html (Linkzugriff im März 2018)

3 DATENSCHUTZ

Wenn Sorgeberechtigte ihre Schutzbefohlenen zu einer Gruppe, Veranstaltung oder Freizeit, Zeltlager usw. anmelden, sollen sie sehr viele Informationen der Person (Daten) weitergeben, die normalerweise nicht jedermann etwas angehen. Manche Eltern sind dann oft gar nicht bereit, alle geforderten Details zu nennen und begründen dies mit „dem Datenschutz". Die Mitarbeitenden werden dadurch oft gleichermaßen verunsichert: Darf ich diese Daten tatsächlich nicht abfragen? Welche Daten brauche ich, welche sind fakultativ und wie weit geht die Auskunftspflicht? Wie muss ich mit den mir anvertrauten Daten umgehen? Darf ich vertrauliche Angaben, die mir Eltern oder Kinder z. B. zur familiären Situation machen, weitergeben? Wem? Unterliege ich einer Schweigepflicht? Dazu kommt, dass sich die praktische Jugendarbeit kaum mehr vom Internet abkoppeln kann. Kinder und Jugendliche, die mit dem Web 2.0 aufwachsen, sind nicht nur einer elektronischen Datenflut ausgesetzt, sie beteiligen sich auch selbst daran, den weltweiten Datenstrom – gewollt oder ungewollt – mit eigenen Daten zu versorgen. Gleichzeitig beteiligen sich auch die Träger der freien Jugendhilfe und sonstige Veranstalter über Facebook und Co oder über den Weiterversand von Daten per E-Mail fleißig an diesem Datenverkehrschaos. Mitarbeitende müssen sich auch hier die Frage stellen: Was geht, was geht nicht? Darf ich ohne Weiteres persönliche Dinge oder Fotos in sozialen Medien online stellen? Was darf ich wem versenden? Für die Beantwortung derartiger Fragen will diese Kapitel Hilfestellung geben.

3.1 Rechtliche Rahmenbedingungen

Datenschutz bezweckt im Endeffekt nicht den Schutz irgendwelcher Daten, sondern es geht ihm um den Schutz der Persönlichkeit, also um den Menschen. Hierfür bietet unsere Verfassung sogar ein Grundrecht, das zwar nicht ausdrücklich so im Grundgesetz (GG) steht, der Rechtsprechung zufolge aber aus diesem abgeleitet werden kann:

3.1.1 Persönlichkeitsrecht

Aus dem sog. Allgemeinen Persönlichkeitsrecht ergibt sich, dass jede Person das Recht hat, selbst über die Verwendung der eigenen Daten zu bestimmen. Dieses Persönlichkeitsrecht gehört zu den höchsten von der Verfassung geschützten Werten und wird abgeleitet aus Art. 1 Abs. 1 in Verbindung mit Art. 2 Abs. 1 GG:
„Die Würde des Menschen ist unantastbar. Sie zu achten und zu schützen ist Verpflichtung aller staatlichen Gewalt" (Art. 1 Abs. 1 GG). *„Jeder hat das Recht auf die freie Entfaltung*

seiner Persönlichkeit, soweit er nicht die Rechte anderer verletzt und nicht gegen die verfassungsmäßige Ordnung oder das Sittengesetz verstößt" (Art. 2 Abs. 1 GG).

3.1.2 Rechtsgrundlagen

Der Datenschutz in der Kinder- und Jugendarbeit spielt sich auf verschiedenen rechtlichen Ebenen ab: auf Verfassungsebene sowie auf zivil- und auf strafrechtlicher Ebene.

3.1.2.1 Grundgesetz und Rechtsprechung

Verfassungsrechtliche Grundlage des Datenschutzrechts ist wie beschrieben das Allgemeine Persönlichkeitsrecht (Art. 2 Abs. 1 i. V. m Art. 1 Abs. 1 GG), ergänzt durch die bekannte Entscheidung des Bundesverfassungsgerichts (BVerfG) zur informationellen Selbstbestimmung aus dem Jahr 1983 (BVerfGE 65, S. 1, 41 ff.)[36]. In diesem sog. „Volkszählungsurteil" erkannte das Verfassungsgericht für Recht, dass unter den Bedingungen der modernen Datenverarbeitung *„... der Schutz des Einzelnen gegen unbegrenzte Erhebung, Speicherung, Verwendung und Weitergabe seiner persönlichen Daten"* im GG von dem Allgemeinen Persönlichkeitsrecht umfasst sein muss. Aus diesem Grundrecht ergibt sich *„... die Befugnis des Einzelnen, grundsätzlich selbst über die Preisgabe und Verwendung seiner persönlichen Daten zu bestimmen."* Dies gilt unabhängig von der Verarbeitungsform, also auch für Daten und Informationen in Akten sowie aus Sammlungen von Texten und Bildern.

3.1.2.2 Strafgesetzbuch

Neben den datenschutzspezifischen Strafvorschriften des Bundesdatenschutzgesetzes (BDSG) (§§ 42 und 43 BDSG) kann sich eine Strafbarkeit wegen des rechtswidrigen Umgangs mit Daten auch aus verschiedenen Straftatbeständen des Strafgesetzbuches (StGB) ergeben (§§ 202a, 202b, 202c, 203, 204, 303a und 303b). Diese beschäftigen sich allerdings überwiegend mit Computerkriminalität (also mit „Hackern" u. Ä.), sind also im Rahmen der Jugendarbeit weniger relevant. Auch die „Verletzung von Privatgeheimnissen" gemäß § 203 StGB verpflichtet nur bestimmte Berufsgruppen und Amtsträger zur Verschwiegenheit und stellt Verstöße dagegen unter Geld- bzw. Freiheitsstrafe. Das betrifft nicht die Mitarbeitenden (z. B. Jugendgruppenleitende) in der Jugendverbandsarbeit, sondern bezieht sich im Rahmen der Jugendarbeit insbesondere auf Jugend- und Erziehungsberater, die von einer Behörde oder einer Körperschaft des öffentlichen Rechts (wie z. B. der Kirche) als solche anerkannt sind.

36 Unter „Informationeller Selbstbestimmung" versteht man die Fähigkeit des Einzelnen, über „seine Daten" selbstbestimmt verfügen zu können. Das Recht auf informationelle Selbstbestimmung wurde aus dem besagten Volkszählungsurteil des BVerfG entwickelt. Das BVerfG hatte über eine Verfassungsbeschwerde zu entscheiden, die sich dagegen zur Wehr setzte, dass anlässlich einer Volkszählung persönliche Daten erhoben werden sollten, ohne dass mitgeteilt wurde, in welcher Form und für welche Zwecke diese Daten ausgewertet werden. Die Volkszählung musste tatsächlich abgesagt werden, weil das BVerfG entschied, dass zum Schutz der freien Entfaltung der Persönlichkeit jeder über die Preisgabe und Verwendung seiner persönlichen Daten selbst bestimmen kann. Daran anknüpfend entwickelte es im Jahr 2008 in einem anderen Urteil das „Grundrecht auf Gewährleistung der Vertraulichkeit und Integrität (Verlässlichkeit) informationstechnischer Systeme".

3.1.2.3 EU-Datenschutz-Grundverordnung und Bundesdatenschutzgesetz

Die zentralen Rechtsvorschriften sind die Verordnung (EU) 2016/679 des Europäischen Parlaments und des Rates vom 27. April 2016 (EU-Datenschutz-Grundverordnung, DS-GVO) zum Schutz natürlicher Personen bei der Verarbeitung personenbezogener Daten und zum freien Datenverkehr, das unmittelbare Wirkung in der EU entfaltet, sowie die nationalen Ergänzungen durch das Bundesdatenschutzgesetz (BDSG).

Zweck des BDSG ist die Konkretisierung und Regelung der Umsetzung der Vorschriften der DS-GVO in Deutschland. Es ist im Regelungsbereich zahlreicher Öffnungsklauseln auch weiterhin Ausdruck nationaler Gesetzgebungskompetenz. Beide Gesetze finden Anwendung ab dem 25. Mai 2018 und stehen gleichrangig nebeneinander (siehe www.datenschutz-grundverordnung.eu – Linkzugriff im März 2018).
Zentrale Anliegen der DS-GVO sind die umfassende, transparente und verständliche Information der betroffenen Person über die Erhebung und Verarbeitung ihrer personenbezogenen Daten sowie die Nachweisbarkeit der Rechtmäßigkeit entweder aufgrund einer gesetzlichen Erlaubnis (siehe Kapitel E 3.5.4.1) oder einer Einwilligung (siehe Kapitel E 3.5.4.2).

Zum BDSG können die Bundesländer ergänzende Datenschutzgesetze (LDSG) erlassen. Diese kommen nur zur Anwendung, soweit keine spezielleren Datenschutzregelungen bestehen. Die Kirchen dürfen ihr eigenes Datenschutzrecht weiter anwenden, wenn es mit der DS-GVO in Einklang ist (Art. 91 Nr. 1 DSGVO, siehe Kapitel E 3.1.2.4).

Vereine, Jugendverbände und die kirchliche Kinder- und Jugendarbeit sind von diesen Gesetzen betroffen, sofern sie die Daten ihrer Mitglieder und sonstiger Personen im Rahmen einer automatisierten Datenverarbeitung (oder auch konventioneller Karteikarten) erheben oder verarbeiten (Art. 2 DS-GVO, § 1 Abs. 1 BDSG).

3.1.2.4 Kirchlicher Datenschutz

Zur Gewährleistung des kirchlichen Datenschutzes sind die Religionsgemeinschaften und kirchlichen Organisationen aufgrund des verfassungsrechtlich garantierten kirchlichen Selbstverwaltungsrechts aus Art. 137 Abs. 3 Weimarer Reichsverfassung (WRV) in Verbindung mit Art. 140 GG befugt, eigene Regelungen zu erlassen (sog. Kompetenz-Kompetenz der Kirchen oder auch Kirchenprivileg). Diese Regelungen gelten aber nur, solange und soweit die Kirchen im Rahmen ihres kirchlichen, karitativen oder diakonischen Auftrags tätig werden. Im Übrigen gelten die allgemeinen staatlichen Regelungen.

Datenschutz der Evangelischen Kirche in Deutschland

Auf der oben genannten Grundlage ist das innerkirchliche „Datenschutzgesetz der Evangelischen Kirche in Deutschland (EKD)" (DSG-EKD) entstanden und 2017 unter Berücksichtigung der Vorgaben der DS-GVO novelliert worden. Dieses neue DSG-EKD ist in allen Landeskirchen der EKD ab 24. Mai 2018 (§ 2 Abs. 1 DSG-EKD) anzuwenden.

Der Anwendungsbereich des Gesetzes erstreckt sich auch auf die Diakonie sowie auf alle anderen kirchlichen Stellen unabhängig von ihrer Rechtsform.

Das DSG-EKD orientiert sich weitgehend sehr eng an der DS-GVO. In § 2 DSG-EKD ist der Anwendungsbereich dieses Gesetzes normiert. Demnach findet das DSG-EKD unmittelbare Anwendung auch in der kirchlichen Kinder- und Jugendarbeit in den Gliedkirchen der EKD (z. B. Jugendwerke, Gemeindejugend). Spezielle (abweichende und/oder ergänzende) Regelungsinhalte des DSG-EKD beziehen sich u. a. auf die Videoüberwachung in kirchlichen Gebäuden und Grundstücken sowie auf den Umgang mit dem Seelsorgegeheimnis und der Amtsverschwiegenheit. Bei Angeboten der kirchlichen Stellen sind Einwilligungen auf elektronische Angebote, die nach Art. 8 DS-GVO bis zum 16. Lebensjahr eigentlich nur mit Zustimmung der Sorgeberechtigten (siehe Kapitel E 3.5.4.2) möglich sind, ausnahmsweise bereits mit Erreichen der Religionsmündigkeit (Vollendung des 14. Lebensjahres, siehe Kapitel B 1.1.2) ohne Zustimmung der Sorgeberechtigten möglich. Bei Verstößen gegen das DSG-EKD können die kirchlichen Aufsichtsbehörden Bußgelder bis 500.000 Euro (§ 45 DSG-EKD) verlangen. In den einzelnen kirchlichen Stellen und Einrichtungen sollen örtlich Beauftragte oder Betriebsbeauftragte für den Datenschutz bestellt werden. Die Datenschutzaufsicht innerhalb der EKD wird durch eine eigene Behörde wahrgenommen.

Datenschutz in der römisch-katholischen Kirche in Deutschland
Der Codex Iuris Canonici, also das Kanonische Recht der katholischen Kirche, beinhaltet ungefähr 20 sog. Fundamentalregeln, wozu in Can. 220 die grundsätzliche Datenschutzregel gehört: *„Niemandem ist es erlaubt, den guten Ruf, den jemand hat, rechtswidrig zu schädigen und das Recht irgendeiner Person auf Schutz der eigenen Intimsphäre zu verletzen."* Da gemäß Can. 223 der Ortsbischof das Recht hat, Regelungen zur Ausübung der Fundamentalrechte zu erlassen, und es so zu einer Rechtszersplitterung in den verschiedenen Bistümern kommen könnte, hat die Vollversammlung der Deutschen Bischofskonferenz das „Gesetz über den Kirchlichen Datenschutz" (KDG) eingeführt (anzuwenden ab 24. Mai 2018), das damit Gültigkeit in allen Diözesen und Ordensgemeinschaften hat.

Das KDG weist viele Parallelen zum DSG-EKD auf. Allerdings wird z. B. bei der Einwilligung in elektronische kirchliche Angebote nicht auf die Religionsmündigkeit abgestellt. Jede Diözese hat einen Diözesandatenschutzbeauftragten, der die Datenschutzaufsicht wahrnimmt. Betriebliche Stellen, die Kirchengemeinden usw. müssen einen Datenschutzbeauftragten benennen.

3.1.2.5 Datenschutzbestimmungen im Sozialgesetzbuch
Dem Schutz der sog. Sozialdaten (siehe Kapitel E 2.4) sind grundsätzlich zunächst die öffentlichen Stellen verpflichtet, die diese Sozialdaten verarbeiten (SGB X). Allerdings verpflichtet § 61 Abs. 3 SGB VIII die Jugendverbände, Wohlfahrtsverbände sowie Kirchen und Religionsgemeinschaften des öffentlichen Rechts, insbesondere die Diakonie, den Schutz von Sozialdaten „in entsprechender Weise zu gewährleisten". Die

Vorschriften des Sozialrechts sind also zwar nicht unmittelbar anzuwenden, stellen aber einen guten Maßstab für einen adäquaten Datenschutz dar. Somit ergeben sich für die gesamte Jugendhilfe (mittelbar oder unmittelbar) spezielle Datenschutzregeln (aus § 35 SGB I, aus den §§ 61 – 65, 68 SGB VIII und eben den §§ 67 – 85a SGB X).

3.1.2.6 Dienstvereinbarungen und Betriebsvereinbarungen

Im privatwirtschaftlichen Bereich werden Betriebsvereinbarungen oder im öffentlichen Dienst inklusive der Kirchen Dienstvereinbarungen zum Datenschutz getroffen. Grundlage ist hier § 26 BDSG.

3.2 Personenbezogene Daten

Personenbezogene Daten sind Einzelangaben über persönliche oder sachliche Verhältnisse (Merkmale, Umstände) einer bestimmten oder zumindest bestimmbaren Person; dazu gehören also alle Informationen wie Name, Familienstand, Zahl der Kinder, Geschwister, Anschrift, Telefonnummer, E-Mail-Adresse, Nationalität, Geburtsdatum, Schul- und Berufsbildung, Beruf, Geschlecht, politische oder religiöse Anschauung, Vermögens-, Eigentums- oder Besitzverhältnisse, persönliche Interessen, Mitgliedschaften sowie Teilnahmen an Reisen, Freizeiten, Seminaren, Wettbewerben und Sportveranstaltungen u. Ä. (Art. 4 Nr. 1 DS-GVO, § 46 Nr. 1 BDSG). Sobald diese Daten einer natürlichen Person (also einem lebenden Menschen) zugeordnet sind bzw. zugeordnet werden können, handelt es sich um personenbezogene Daten.

Zudem definiert die DS-GVO „besondere Kategorien personenbezogener Daten". Diese sind besonders geschützt und dürfen nur in bestimmten, gesetzlich vorgegebenen Fällen verarbeitet werden. Grundsätzlich untersagt ist nach Art. 9 Abs. 1 DS-GVO *„die Verarbeitung personenbezogener Daten, aus denen die rassische und ethnische Herkunft, politische Meinungen, religiöse oder weltanschauliche Überzeugungen oder die Gewerkschaftszugehörigkeit hervorgehen, sowie die Verarbeitung von genetischen Daten, biometrischen Daten zur eindeutigen Identifizierung einer natürlichen Person, Gesundheitsdaten oder Daten zum Sexualleben oder der sexuellen Orientierung einer natürlichen Person [...]"*. Die möglichen Ausnahmen (z. B. Einwilligung) finden sich in Art. 9 Abs. 2 und 3 DS-GVO bzw. § 22 BDSG. Die mit der Verarbeitung solcher Daten betrauten Personen müssen besonders sensibilisiert sein (§ 48 Abs. 2 Nr. 3 BDSG). Dies spielt z. B. in der Freizeitarbeit eine Rolle, wenn Werkzeuge wie der Freizeitpass eingesetzt werden (siehe Kapitel C 2.4), in denen die Freizeitleitung Gesundheitsdaten der Teilnehmenden erfährt.

Dazu kommt der Schutz von Fotos, Film- und Tonaufnahmen einer Person (nicht zuletzt eines Kindes!), auch diese enthalten personenbezogene Daten.

Dagegen ist die Verarbeitung anonymisierter und pseudonymisierter Daten zulässig. Wenn allerdings bei der Verwendung pseudonymisierter Daten die technische Möglichkeit besteht, diese unter Anwendung eines Schlüssels oder Codes wieder einer Person zuzuordnen (z. B. durch Kombination einzelner Daten miteinander, sog. Profiling), ist die Einwilligung der betroffenen Person oder eine gesetzliche Erlaubnis erforderlich (Art. 6 Abs. 4 und Art. 89 DS-GVO, §§ 27 und 50 BDSG).

D. h. Daten wie z. B. Name, Geburtsdatum sind immer personenbezogen; andere Daten können anonym sein, aber personenbezogen werden, wenn sie mit anderen Daten verbunden werden.

3.3 Sozialdaten und Sozialdatenschutz

Sozialdaten sind Daten (§ 67 SGB X), die von einem Sozialleistungsträger (z. B. der Bundesagentur für Arbeit, den gesetzlichen Krankenkassen oder den Sozial- und Jugendämtern) erhoben, verarbeitet oder genutzt werden. Diese erheben ggf. auch Daten über Familienverhältnisse, Vermögensverhältnisse oder den Gesundheitszustand. Sozialleistungsträger sind auf das sog. „Sozialgeheimnis" verpflichtet, eine Art Amtsgeheimnis ähnlich dem Steuergeheimnis (§ 35 SGB I). Dieses Sozialgeheimnis gibt den Kindern und Jugendlichen bzw. ihren gesetzlichen Vertretern das Recht, dass ihre Sozialdaten auch von den Trägern der freien Jugendhilfe nicht unbefugt erhoben, verarbeitet oder genutzt werden dürfen.

Ein Eingriff in das Sozialgeheimnis liegt vor, wenn

- diese Daten an Dritte außerhalb der Einrichtung übermittelt werden und
- diese Daten anderswo als beim Betroffenen selbst erhoben werden.

3.4 Verbot mit Erlaubnisvorbehalt

Die Erhebung, Speicherung und Nutzung personenbezogener Daten ist im Grundsatz verboten. Es handelt sich jedoch um ein „Verbot mit Erlaubnisvorbehalt", denn in zahlreichen Fällen ist es sogar unabdingbar, bestimmte Daten von Teilnehmenden in der Kinder- und Jugendarbeit zu erhalten.

3.4.1 Verantwortlichkeit von Organisationen und Veranstaltern für die zu erhebenden Daten

In jeder Organisationen, bei jedem Veranstalter (der sog. „verantwortlichen Stelle") gibt es Personen, die für den Umgang mit personenbezogenen Daten zuständig sind. „Verantwortlicher" im Sinne der DS-GVO ist jedoch die „… *natürliche oder juristische Person, Behörde, Einrichtung oder andere Stelle, die allein oder gemeinsam mit anderen über die Zwecke und Mittel der Verarbeitung von personenbezogenen Daten entscheidet* …" (Art. 4 Nr. 7 DS-GVO), also die leitenden Personen der Organisation bzw. des Veranstalters. Diese müssen die Einhaltung der Verarbeitungsgrundsätze nach der DS-GVO nachweisen können. Der jeweilige Zuständigkeitsbereich muss intern geregelt werden, die Gesamtzuständigkeit der leitenden Verantwortlichen einer Organisation erstreckt sich auch auf deren unselbständige Untergliederungen (z. B. Ortsgruppen, Abteilungen) sowie deren Funktionsträger, Auftragnehmer und Mitarbeitende.

Die verantwortliche Stelle muss auch ein Verzeichnis aller Verarbeitungstätigkeiten führen (Art. 30 DS-GVO). Welche Angaben das Verzeichnis enthalten muss, ist in Art. 30 DS-GVO festgelegt (siehe Kapitel E 3.7.4.1).

Oft werden in der Kinder- und Jugendarbeit zum einen personenbezogene Daten nicht nur gelegentlich verarbeitet, sondern zum anderen auch sensible Daten im Sinne von Art. 9 oder 10 DS-GVO (sog. „besondere Kategorien personenbezogener Daten"). In diesen Fällen greift die Ausnahmeregelung des Art. 30 Abs. 5 DS-GVO für Einrichtungen mit weniger als 250 Mitarbeiten nicht. Im kirchlichen Bereich regelt dies § 31 Abs. 5 DSG-EKD bzw. § 31 Abs. 5 KDG.

Werden bei Anmeldungen zu Freizeiten, zur Vereinsmitgliedschaft usw. personenbezogene Daten verarbeitet, so ist die betroffene Person von der elektronischen Erfassung in Kenntnis zu setzen. Konkret muss festgelegt werden, für welche Zwecke und Dauer welche personenbezogene Daten erhoben werden (Art. 5 Abs. 1b DS-GVO). Eine Organisation hat die Pflicht, die Einhaltung der Grundsätze für die Verarbeitung personenbezogener Daten jederzeit nachweisen zu können, weshalb es sich empfiehlt, entsprechende Datenschutzregeln schriftlich festzulegen. Vereine können diese Regelungen in der Satzung oder in einer separaten Datenschutzordnung verankern.

Zweckbindung durch Vereinsziele in der Satzung
Im Datenschutz ist die sog. Zweckbindung ein wichtiger Indikator, ob eine Erhebung, Verarbeitung, Nutzung von Daten zulässig ist. Die Mitgliedschaft in einem Verein stellt eine Art Vertragsverhältnis dar, das die Satzung regelt. Die Satzung kann Vereinsziele benennen, die den Umgang mit Mitgliederdaten regeln. Dabei können nur Zwecke benannt werden, die zur Erreichung der Vereinsziele tatsächlich erforderlich sind. D. h. es dürfen alle Daten erhoben werden, die zum Erreichen der Vereinsziele und für die Mitgliederbetreuung erforderlich sind. Sind Ziele nicht erwartungsgemäß, muss explizit auf sie hingewiesen werden. Empfehlenswert ist, die erforderlichen Daten, die Zugriffe von Funktionsträgern (aufgabenabhängig beschränkter Zugriff) sowie die Zwecke der Verarbeitung und Nutzung (ggf. auch durch Dritte) schriftlich festzuhalten. Ebenso sollte geregelt werden, welche Daten üblicherweise im z. B. Vereinsblatt/Gemeindebrief, Intranet, Internet veröffentlicht werden und wie dagegen widersprochen werden kann. Änderungen der Vereinsziele mit Folgen für die Zwecke der Datenverarbeitung sind nur in einem begrenzten Rahmen möglich.

Mitglieder dürfen nur dann Zugriff auf die Daten anderer Mitglieder erhalten, wenn dies zum Erreichen eines in der Satzung benannten Vereinsziels notwendig ist (z. B. wenn der Vereinszweck darin besteht, persönliche Kontakte zu pflegen). Die Art der Daten ergibt sich wiederum aus dem Erfordernis. Mitglieder können dagegen Widerspruch einlegen (z. B. keine Aufnahme in eine Mitgliederliste oder Aufnahme nur mit ausgewählten Daten). Es ist zu regeln, wozu die Empfänger die Daten nutzen dürfen. Vereine haben i. d. R. großes Interesse an Mitglieder- und Spendenwerbung. Mitgliederdaten dürfen dabei nur für Spendenaufrufe und Werbung zur Erreichung der eigenen Vereinsziele genutzt werden.

Dachverbände sind gegenüber den Mitgliedern grundsätzlich Dritte. Deshalb dürfen die vom Verein erhobenen Mitgliederdaten nur dann auch dem Dachverband zur Verfügung stehen, wenn das Mitglied selbst auch in diesem Dachverband Mitglied ist. Die Mitgliedschaft des Vereins im Dachverband genügt nicht. Müssen Daten regelmäßig weitergeleitet werden, sollte dies über die Satzung geregelt werden (mit Angabe des Zwecks). Es muss jedoch mindestens darüber informiert werden. Auch mit einem Dachverband sollte die weitere Nutzung der Daten geregelt werden.

3.4.2 Informationspflicht

Werden personenbezogene Daten bei der betroffenen Person unmittelbar erhoben, so gilt das Transparenzgebot nach Art. 13 DS-GVO. Zum Zeitpunkt der Datenerhebung muss eine datenschutzrechtliche Unterrichtung vorgenommen werden. Jedes digitale oder gedruckte Formular, mit dem personenbezogene Daten erhoben werden, muss folgende datenschutzrechtliche Hinweise enthalten (vgl. Art. 13 Abs. 1 und 2 DS-GVO):

- Name und Kontaktdaten der Verantwortlichen und ggf. ihrer Vertreter
- ggf. Kontaktdaten des Datenschutzbeauftragten (siehe Kapitel E 3.11)
- Zwecke, für die die personenbezogenen Daten verwendet werden sollen (ggf. einzeln aufzählen), sowie die Rechtsgrundlage für die Verarbeitung (siehe Kapitel E 3.5.2, E 3.5.4)
- Berechtigte Interessen i. S. d. Art. 6 Abs. 1f (u. a. Wahrung der Grundrechte und Grundfreiheiten einer betroffenen Person)
- Empfänger oder Kategorien von Empfängern (z. B. Weitergabe der personenbezogenen Daten bei Schäden an eine Versicherung oder Weitergabe bei Beantragung von Fördermitteln an Verbandszentralen und Regierungspräsidien)
- Absicht, die personenbezogenen Daten an ein Drittland oder eine internationale Organisation zu übermitteln (z. B. bei einer Auslandsfreizeit mit polizeilicher Anmeldung der Teilnehmenden oder wenn Daten der Vereinsmitglieder vom Provider oder in einer Cloud im Ausland gehostet werden); Hinweis auf das Vorhandensein oder das Fehlen von Garantien zur Datensicherheit (siehe Kapitel E 3.8.1.2)
- Speicherdauer der personenbezogenen Daten; wenn dies nicht möglich ist: Beschreibung und Nennung von Kriterien zur Speicherdauer (siehe Kapitel E 3.7.2)
- Information der betroffenen Person über ihre Rechte (siehe Kapitel E 3.4.3)
- Hinweise auf das Beschwerderecht bei einer Aufsichtsbehörde

Es ist zudem darauf zu achten, dass die Information für jede betroffene Person verständlich ist. Werden diese Informationspflichten nicht eingehalten, ist ein Bußgeld gemäß Art. 83 Abs. 5b möglich.

Erhält eine Organisation oder ein Veranstalter personenbezogene Daten nicht direkt von der betroffenen Person, sondern über Dritte (z. B. wenn eine Verbandszentrale personenbezogene Daten von einem Ortsverein zur Teilnahme an einer Veranstaltung erhält), dann richten sich die Informationspflichten nach Art. 14 Abs. 1 und 2 DS-GVO. Die Informationspflichten entsprechen wesentlich der oben aufgeführten Liste. Zusätzlich muss die Organisation, die die Daten empfangen hat, die betroffene Person über die Quelle der erhobenen Daten sowie die Kategorie der personenbezogenen Daten (siehe Kapitel E 3.2) informieren. Die betroffene Person muss innerhalb eines Monats darüber informiert werden (Art. 14 Abs. 3a DS-GVO). Ein Verstoß kann eine Geldbuße gemäß Art. 83 Abs. 5b DS-GVO zur Folge haben.

Grundsätzlich besteht kein „Verfallsdatum" für die Information; sollten jedoch personenbezogene Daten für einen anderen Zweck verarbeitet werden als den, für den sie erlangt wurden, so müssen die Verantwortlichen die betroffene Person vor dieser Weiterverarbeitung neue Informationen über diesen anderen Zweck und alle anderen maßgeblichen Hinweise zur Verfügung stellen (Art. 14 Abs. 4 DS-GVO). Unter bestimmten Umständen ist nach Art. 14 Abs. 5 DS-GVO eine Benachrichtigung nicht notwendig.

3.4.3 Rechte der betroffenen Person

Auskunftsrecht
Die betroffene Person kann von der verantwortlichen Stelle Auskunft über die gespeicherten personenbezogenen Daten verlangen (Art. 15 DS-GVO).

Recht auf Berichtigung
Die betroffene Person hat das Recht, die Berichtigung unrichtiger personenbezogener Daten zu verlangen (Art. 16 DS-GVO).

Recht auf Löschung („Recht auf Vergessenwerden")
Nach Art. 17 DS-GVO kann die betroffene Person die Löschung ihrer gespeicherten personenbezogenen Daten verlangen, sofern kein gesetzlicher Erlaubnistatbestand insbesondere der Art. 6 und 9 Abs. 2 DS-GVO vorliegt.

Recht auf Datenübertragbarkeit
Nach Art. 20 DS-GVO hat eine betroffene Person das Recht, ihre personenbezogenen Daten, die sie einer verantwortlichen Stelle anvertraut hat, in einem geeigneten Format gesammelt von dieser zu erhalten (z. B. über einen USB-Stick, eine CD-ROM, einen Barcode). Die betroffene Person kann diese Daten dann relativ einfach an einen anderen Anbieter übermitteln oder von einem Anbieter an einen anderen Anbieter übermitteln lassen. Über die Problematik dieser umstrittenen gesetzlichen Regelung

informiert die Stiftung Datenschutz unter www.stiftungdatenschutz.org/themen/datenportabilitaet (Linkzugriff im März 2018).

Widerspruchsrecht

Unter bestimmten Voraussetzungen kann die betroffene Person jederzeit Widerspruch gegen die Verarbeitung ihrer personenbezogenen Daten einlegen (Art. 21 Abs. 1 DS-GVO). Die verantwortliche Stelle kann dagegen nur Einwand erheben, wenn ein Vertrag oder gesetzliche Pflichten nicht erfüllt werden können oder ihr Nachteile entstehen. Art. 21 Abs. 2 DS-GVO sieht ein Widerspruchsrecht ausdrücklich für den konkreten Fall vor, dass die Datenverarbeitung Direktwerbung beim Betroffenen bezweckt.

Widerrufsrecht

siehe Einwilligung, Kapitel E 3.5.4.2

3.5 Grundsätze und Prinzipien des Datenschutzes

Um den Missbrauch von personenbezogenen Daten bei der Datenerhebung und -verarbeitung zu vermeiden, müssen folgende Grundsätze beachtet werden:

3.5.1 Grundsatz der Erforderlichkeit

Der Erforderlichkeitsgrundsatz bestimmt, dass das Erheben personenbezogener Daten nur dann zulässig ist, wenn ihre Kenntnis zur rechtmäßigen Erfüllung der Aufgaben der erhebenden Stelle erforderlich ist (Art. 6 Abs. 1 DS-GVO; § 48 BDSG). Dieses Prinzip der Erforderlichkeit gilt auch bei der Verarbeitung, Nutzung und Weitergabe der Daten. Beim Umgang mit Sozialdaten muss für die zu erledigende Aufgabe eine gesetzliche Grundlage (i. S. d. § 31 SGB I) bestehen.

Für die Kinder- und Jugendarbeit bedeutet dies, dass z. B. bei einem Aufnahmeantrag in einen Verein grundsätzlich nur der Name, die Anschrift und eventuell das Geburtsdatum und die Bankverbindung abgefragt werden (soweit zur Mitgliederverwaltung notwendig), i. d. R. jedoch nicht der Schulabschluss, der Familienstand oder die Konfessionszugehörigkeit. Solche Daten wären höchstens erforderlich, wenn der Vereinszweck nur in Kenntnis dieser Daten erreicht werden kann.

3.5.2 Grundsatz der Zweckbindung

Dem Zweckbindungsgrundsatz zufolge dürfen personenbezogene Daten grundsätzlich nur im Rahmen der Zweckbestimmung, für die sie erhoben worden sind, verarbeitet werden (Art. 5 Abs. 1b DS-GVO). Dazu bedarf es einer Zweckfestlegung: Nur wenn die betroffene Person den Zweck der Datenerhebung und -verarbeitung kennt, ist die informationelle Selbstbestimmung gewährleistet, denn dann kann sie selbstbestimmt entscheiden, wer was, wann und bei welcher Gelegenheit über sie weiß (z. B. Anmeldedaten zu einer Freizeit). Daher ist es grundsätzlich wichtig, dass dieser Zweck bereits bei der Datenerhebung festgelegt ist und spätestens auf Nachfrage mitgeteilt werden kann (Auskunftsrecht, Art. 15 DS-GVO). Abweichungen von der Zweckbindung sind nur aufgrund einer gesetzlichen Regelung zulässig (Art. 6 Abs. 4 DS-GVO). Im Falle einer Zweckänderung muss die betroffene Person neu informiert werden (vgl. Kapitel E 3.4.2).

3.5.3 Grundsätzlich keine Vorratsdatenhaltung

Die Erhebung und Verwendung von Vorratsdaten (also Daten, die man derzeit nicht braucht, aber in der Zukunft benötigen könnte) verstößt sowohl gegen den Erforderlichkeits- als auch gegen den Zweckbindungsgrundsatz und ist verboten. Das gilt somit auch für Daten, bei denen der Zweck der Speicherung entfallen ist; diese müssen gelöscht werden (§ 13 Abs. 4 S. 1 Nr. 2 TMG; Recht auf Berichtigung Art. 16 DS-GVO; Recht auf Vergessenwerden (Löschung) Art. 17 DS-GVO und § 35 BDSG).

3.5.4 Grundsatz der Rechtmäßigkeit

Die Datenverarbeitung muss rechtmäßig sein. Ein Verein, eine Kirchengemeinde oder ein Verband darf nach Art. 6 DS-GVO (bzw. aufgrund der einschlägigen kirchlichen Datenschutzgesetze) personenbezogene Daten nur erheben, verarbeiten oder nutzen, wenn eine Rechtsvorschrift dies erlaubt oder wenn die betroffene Person eingewilligt hat.

3.5.4.1 Rechtmäßigkeit aufgrund einer Rechtsvorschrift

Mögliche gesetzliche Grundlagen sind

- Erlaubnis durch Erfordernis zur Erfüllung eines Vertrages
  (z. B. Mitgliederverwaltung, Reisevertrag, Veranstaltungsteilnahme)
- Erlaubnis durch Erfordernis zur Bearbeitung einer Anfrage
  (z. B. Beantwortung einer Kontaktanfrage)
- Erlaubnis aufgrund gesetzlicher Pflichten
  (z. B. steuerliche Aufbewahrung von Rechnungen)
- Erlaubnis zum Schutz des Lebens (z. B. medizinische Angaben im Freizeitpass)
- Erlaubnis aufgrund „berechtigter Interessen" (z. B. Spendenwerbung)

Hinweis zum „berechtigen Interesse"

Nach der DS-GVO wird Werbung damit erleichtert. Die betroffene Person muss dem Erhalt von Werbung nicht mehr unbedingt zustimmen. Erwägungsgrund (ErwG) 47 zur DS-GVO ist zu entnehmen, dass Organisationen personenbezogene Daten zu Werbezwecken auch ohne Einwilligung verarbeiten dürfen. Allerdings dürfen die Interessen, die Grundrechte und Grundfreiheiten der betroffenen Personen nicht überwiegen. Bei Bestehen eines „berechtigten Interesses" hat der Verantwortliche diese Rechte besonders sorgfältig abzuwägen und z. B. in den Informationspflichten (siehe Kapitel E 3.4.2) zu begründen. Ausdrücklich wird in ErwG 47 ausgeführt: *„Die Verarbeitung personenbezogener Daten zum Zwecke der Direktwerbung kann als eine einem* *berechtigten Interesse dienende Verarbeitung betrachtet werden."* (Vgl. das Kurzpapier Nr. 3 der Datenschutzkonferenz unter www.datenschutz-berlin.de/kurzpapiere.html (Linkzugriff im März 2018)). Folgendes kann zur Orientierung dienen, ob ein „berechtigtes Interesse" vorliegt:

- Erwartungshaltung (Ist die Aktivität typisch und erwartbar?)
- Information (Klärt z. B. die Datenschutzerklärung ausreichend auf?)
- Opt-out (Ist ein Widerspruch einfach möglich?)
- Pseudonymisierung von Daten
- Beeinträchtigung (Wie negativ sind die Auswirkungen für die betroffene Person?)
- Besonderer Schutz Minderjähriger

3.5.4.2 Rechtmäßigkeit aufgrund einer Einwilligung der betroffenen Person

Ist die Erhebung, Verarbeitung und Nutzung personenbezogener Daten nicht aufgrund einer gesetzlichen Erlaubnis gestattet oder geboten, so ist sie nur bei Einwilligung der betroffenen Person zulässig. Die Organisation, der Veranstalter muss in jedem Fall prüfen, ob bereits eine gesetzliche Grundlage die Datenverarbeitung ermöglicht; er darf nicht „vorsorglich" auch eine ausdrückliche Einwilligung einholen. Letztere ist nur dann sinnvoll, zulässig und notwendig, wenn es eben keinen gesetzlichen Erlaubnistatbestand gibt.

Gesetzliche Anforderungen an eine wirksame Einwilligung

Eine Einwilligung muss auf einer freien Entscheidung beruhen. Jede Person kann im Grundsatz selbst entscheiden, ob und in welchem Umfang sie ihre persönlichen Sachverhalte offenbart (Prinzip der informationellen Selbstbestimmung). Meldet sich eine Person ordnungsgemäß zu einer Veranstaltung an, dann willigt sie automatisch ein, die von ihr genannten persönlichen Daten für diese Veranstaltung zu verwenden.

- Die Bitte um Einwilligung muss in leicht zugänglicher Form und in verständlicher, klarer und einfacher Sprache erfolgen (Art. 7 Abs. 2 DS-GVO).
- Das Transparenzgebot und die Informationspflicht nach Art. 13 u. 14 DS-GVO gegenüber der betroffenen Person müssen beachtet werden.
- Betroffene müssen über die Folgen einer Verweigerung ihrer Einwilligung informiert werden (§ 51 Abs. 4 S. 3 u. 4 BDSG).
- Der Einwilligungsvorgang muss als unmissverständliche und eindeutige Handlung gestaltet sein, z. B. durch aktives Anklicken eines Kästchens (vorbesetzte Kästchen gehen nicht, Art. 4 Nr. 11 DS-GVO); auch darf keine Irreführung im Ablauf der Menüführung durch Verweise mit Links (z. B. Verweis auf Klauseln) entstehen. Für jeden Verarbeitungsvorgang ist eine gesonderte Einwilligung notwendig.
- Weiterhin notwendig sind Information darüber, welche Daten für welchen Zweck verarbeitet und welche an Dritte zu welchem Zweck weitergegeben werden.

- Die verantwortliche Stelle muss nachweisen können, dass die betroffene Person zugestimmt hat (Art. 7 Abs. 1 DS-GVO, § 51 BDSG).
- Erforderlich ist ein Hinweis auf das Widerrufsrecht (Art. 7 Abs. 3 DS-GVO, § 51 Abs. 3 S. 3 BDSG) sowie auf die Folgen, die ein Widerruf für die betroffene Person hat.
- Bei Minderjährigen ist die Erklärung der Einwilligung oder Zustimmung durch die Sorgeberechtigten notwendig (Art. 8 DS-GVO, siehe Kapitel E 3.5.4.3).
- Bei der Verarbeitung personenbezogener Daten besonderer Kategorien (siehe Kapitel E 3.2) oder Weiterleitung an Drittländer (Art. 49 Abs. 1a DS-GVO) bedarf es der ausdrücklichen Zustimmung.

Die Einwilligung muss nicht in Schriftform (elektronisch, analog) abgegeben werden, auch eine unmissverständliche Willensäußerung (z. B. mündliche Äußerung oder sonstige eindeutig zustimmende Handlung) reicht aus, allerdings wird diese kaum nachweisbar sein; die schriftliche Einwilligung bzw. die Nutzung des Double-Opt-in-Verfahrens bleibt die beste Wahl.

Darüber hinaus sind wettbewerbsrechtliche (§ 7 UWG) und telemedienrechtliche (§ 13 TMG) Aspekte zu beachten!

Die im Rahmen der Arbeit mit Kindern und Jugendlichen wichtigste Rechtsgrundlage für eine zulässige Datenverarbeitung stellt § 8a SGB VIII (bei Kindeswohlgefährdung) dar (siehe Kapitel B 3.2.4). Im Rahmen der Arbeit in Vereinen und Verbänden ergibt sich die Rechtmäßigkeit der Erhebung und Verarbeitung von Daten aus der allgemeinen Regel des Art. 6 DS-GVO. Arbeitsrechtlich gelten für die Daten im Beschäftigungsverhältnis z. B. Hauptamtlicher die Regelungen des Art. 88 DS-GVO bzw. § 26 BDSG.

3.5.4.3 Kinder und Jugendliche

Art. 8 DS-GVO regelt die Bedingungen, unter denen Kinder und Jugendliche eine rechtswirksame Einwilligung in die Erhebung, Verarbeitung oder Nutzung ihrer personenbezogenen Daten *„... bei einem Angebot von Diensten der Informationsgesellschaft"* erteilen können. „Dienste der Informationsgesellschaft" sind (meist entgeltliche) Dienstleistungen, die elektronisch im Fernabsatz auf individuellen Abruf erbracht werden, also z. B. Webshops, Onlinespiele oder Anmeldungen. Werden solche Angebote *„einem Kind direkt gemacht [...], so ist die Verarbeitung der personenbezogenen Daten des Kindes rechtmäßig, wenn das Kind das sechzehnte Lebensjahr vollendet hat. Hat das Kind noch nicht das sechzehnte Lebensjahr vollendet, so ist diese Verarbeitung nur rechtmäßig, sofern und soweit diese Einwilligung durch den Träger der elterlichen Verantwortung [Anmerkung: in Deutschland die Sorgeberechtigten] für das Kind oder mit dessen Zustimmung erteilt wird"* (Art. 8 Abs. 1 DS-GVO). Eine abweichende Altersregelung ist in Deutschland bis jetzt nicht vorgesehen.

Unabhängig von dieser Regelung gelten nach wie vor die staatlichen zivilrechtlichen Regeln über das Zustandekommen und die Rechtsfolgen eines Vertrags, denn die Einwilligung in die Datenverarbeitung ist keine rechtsgeschäftliche Willenserklärung (Art. 8 Abs. 3 DS-GVO). Es ist also theoretisch denkbar, dass ein Jugendlicher / eine

Jugendliche im Zuge derselben Verhandlungen eine wirksame Datenverarbeitungs-einwilligung erteilt hat, aber das zugehörige Rechtsgeschäft doch nicht wirksam ab-schließen konnte.

Verantwortliche in den Vereinen und Jugendverbänden müssen „... unter Berücksichti-gung der verfügbaren Technik angemessene Anstrengungen ...“ (Art. 8 Abs. 2 DS-GVO) unternehmen, um sicherzugehen, dass die Sorgeberechtigten ihre Zustimmung er-teilt haben.

3.5.5 Grundsatz der Datenvermeidung und Datensparsamkeit

Der Grundsatz der Datenvermeidung und Datensparsamkeit stellt eine Konkretisie-rung des Verhältnismäßigkeitsgrundsatzes dar. Er ist ausdrücklich in Art. 5 Abs. 1c DS-GVO geregelt und soll „... dem Zweck angemessen und [...] auf das [...] notwendige Maß beschränkt sein („Datenminimierung“) ...“ Damit soll von vornherein das Risiko minimiert werden, dass das Recht auf informationelle Selbstbestimmung überhaupt wesentlich tangiert wird.

3.5.6 Grundsatz der Datenerhebung bei der betroffenen Person selbst

Grundsätzlich sollen alle Daten bei der betroffenen Person selbst und mit ihrer Kennt-nis erhoben werden (Art. 13 DS-GVO und § 67a SGB X). Bei Dritten dürfen Daten nur ausnahmsweise entweder vom Jugendamt (§ 62 Abs. 3 Nr. 2d und Nr. 4 SGB VIII) oder von der Polizei aufgrund des jeweiligen landesrechtlichen Polizeigesetzes eingeholt werden. Der Verhältnismäßigkeitsgrundsatz muss gewährleistet sein und ist als Über-maßverbot ein Merkmal des Rechtsstaats. Staatliches Handeln muss im Hinblick auf den jeweils verfolgten Zweck stets geeignet, erforderlich und angemessen sein.

3.6 Datenerhebung

Wer Daten erhebt oder verarbeitet, muss dies „... auf rechtmäßige Weise, nach dem Grundsatz von Treu und Glauben und in einer für die betroffene Person nachvollziehba-ren Weise ...“ tun (Art. 5 Abs. 1a DS-GVO). Dieses „Transparenz-Gebot“ fordert, dass jeder/jede wissen soll, wann und warum Daten über ihn/sie erhoben werden (siehe Kapitel E 3.4.2).

Sozialdaten dürfen nach § 62 SGB VIII nur erhoben werden, wenn sie für die päda-gogische Aufgabenausübung in der Einrichtung erforderlich sind. Es muss also vor der Datenerhebung geklärt werden, ob es nicht nur nützlich (das würde nicht aus-reichen), sondern auch zur fach- und sachgerechten Arbeit notwendig ist, z. B. nach Religion, Einkommen, Krankheiten oder Geschwistern zu fragen.

Vereine und Verbände dürfen grundsätzlich nur die Daten erheben, die sie einerseits zur Mitgliederverwaltung benötigen (im Regelfall dürften hier Name, Anschrift, meist noch das Geburtsdatum und eine Bankverbindung, Bankleitzahl und Kontonummer genügen). Nur, wenn es zur Verfolgung der Vereinsziele notwendig ist (vgl. Kapitel E 3.4.1), können ggf. noch weitere Daten erhoben werden (vgl. Art. 6 Abs. 1 DS-GVO). Führt der Verein im Rahmen seiner Zwecke Veranstaltungen wie z. B. Freizeiten oder sportliche Wettbewerbe durch, bei denen auch Dritte, also Nichtmitglieder teilnehmen können, so kann er auch Daten von diesen Dritten erheben. Voraussetzung ist stets, dass dies zur Wahrnehmung berechtigter Interessen des Vereins erforderlich ist und außerdem keine schutzwürdigen Belange der betroffenen Personen dem entgegenstehen (Art. 6 Abs. 1f DS-GVO).

Beispiel: Der CVJM bietet ein Sommerferienprogramm für Kinder, Jugendliche und Erwachsene an, bei dem unter anderem ein Erlebnispark besucht werden soll. Allerdings sind viele der Attraktionen erst für Kinder ab 12 Jahren zugelassen. Damit der CVJM weiß, für wie viele Kinder er ein adäquates Alternativprogramm planen muss, darf er das Geburtsdatum der Teilnehmenden abfragen.

3.7 Datenverarbeitung

Verarbeiten die Träger der öffentlichen (und somit auch der freien) Jugendhilfe personenbezogene Daten, so müssen diese alle angemessenen personellen, technischen und organisatorischen Maßnahmen treffen, um eine gesetzeskonforme Datenverarbeitung zu gewährleisten (vgl. § 80 Abs. 1 Nr. 1 SGB X). „Verarbeitung" von personenbezogenen Daten ist „... das Erheben, das Erfassen, die Organisation, das Ordnen, die Speicherung, die Anpassung oder Veränderung, das Auslesen, das Abfragen, die Verwendung, die Offenlegung durch Übermittlung, Verbreitung oder eine andere Form der Bereitstellung, den Abgleich oder die Verknüpfung, die Einschränkung, das Löschen oder die Vernichtung" von personenbezogenen Daten (Art. 4 Abs. 2 DS-GVO).

3.7.1 Speichern personenbezogener Daten

Unter der Speicherung von Daten versteht man das Erfassen, Aufnehmen und Aufbewahren bzw. Dokumentieren von Daten auf einem (elektronischen oder herkömmlichen Karteikarten-)Datenträger zum Zwecke ihrer weiteren Verarbeitung oder Nutzung.
Um möglichem Missbrauch vorzubeugen, sind Unterlagen, die personenbezogene Daten beinhalten, grundsätzlich so aufzubewahren, dass sie vor unbefugtem Zugriff geschützt sind.

3.7.2 Aufbewahrungsfristen

Personenbezogene Daten dürfen grundsätzlich nur so lange gespeichert werden, wie dies für die Erfüllung des festgelegten Zwecks erforderlich ist. Es besteht die Verpflichtung, diese Daten danach unverzüglich zu löschen (Art. 17 Abs. 1a DS-GVO). Wann Daten zu löschen sind, ergibt sich aus der jeweils anzuwendenden Rechtsvorschrift, z. B. Aufbewahrung von Rechnungen nach dem Steuerrecht (vgl. Schadensersatzansprüche, siehe Kapitel C 2.7.6). Wenn nicht mehr benötigte Daten von Kindern und Jugendlichen dennoch aufbewahrt werden sollen (z. B. für Einladungen zu anderen Veranstaltungen oder Nachtreffen), ist das Einverständnis der Sorgeberechtigten einzuholen und die Zweckbindung festzulegen.

3.7.3 Technische und organisatorische Maßnahmen zur IT-Sicherheit (Integrität und Vertraulichkeit)

Daten müssen in Unternehmen „... *in einer Weise verarbeitet werden, die eine angemessene Sicherheit der personenbezogenen Daten gewährleistet, einschließlich Schutz vor unbefugter oder unrechtmäßiger Verarbeitung und vor unbeabsichtigtem Verlust, unbeabsichtigter Zerstörung oder unbeabsichtigter Schädigung durch geeignete technische und organisatorische Maßnahmen („Integrität und Vertraulichkeit")"* (Art. 5 Abs. 1f DS-GVO, § 32 BDSG). Die verantwortliche Stelle ist für die Umsetzung dieser gesetzlichen Vorgabe verantwortlich und muss deren „... *Einhaltung nachweisen können* („*Rechenschaftspflicht")"* (Art. 5 Abs. 2 DS-GVO). Gemeint ist hier nicht nur die digitale Verarbeitung und Speicherung, sondern auch die klassischen physischen „Akten" und „Aktensammlungen" (z. B. Handakten, Karteikarten).

3.7.4 Datenschutzmanagement

Ausgehend von den Grundsätzen für die Verarbeitung personenbezogener Daten nach Art. 5 DS-GVO ist jede verantwortliche Stelle (also auch der kleinste Verein) rechenschaftspflichtig, wie sie ihren Datenschutz organisiert. Hierzu muss sie ein Datenschutzmanagement einführen, das ihr ermöglicht,

- Nachweise über Art, Umfang und Zweck der personenbezogenen Datenverarbeitung zu erbringen (Art. 24 Abs. 1 DS-GVO);
- vorsorgliche Maßnahmen zu ergreifen, die sich an der „... *Eintrittswahrscheinlichkeit und Schwere der Risiken für die Rechte und Freiheiten natürlicher Personen ..."* (Art. 24 Abs. 1 DS-GVO) orientieren;
- hierzu insbesondere technisch-organisatorische Maßnahmen zu treffen („Datenschutz durch Technikgestaltung") und hierdurch auch die Sicherheit der Verarbeitung (Datensicherheit gemäß Art. 32 DS-GVO) zu gewährleisten (vgl. Kapitel E 3.7.3);
- ggf. (vor allem bei neuen Technologien der Datenverarbeitung) gemäß Art. 35 DS-GVO eine Datenschutz-Folgenabschätzung vornehmen zu können.

3.7.4.1 Verzeichnis von Verarbeitungstätigkeiten

Es besteht eine Nachweispflicht über alle Zusammenhänge, in denen mit personenbezogenen Daten gearbeitet wird. Das sog. „Verzeichnis von Verarbeitungstätigkeiten" stellt daher eine Beschreibung sämtlicher datenverarbeitenden Prozesse in Grundzügen dar. Es ist nicht öffentlich, sondern dient ausschließlich als Nachweis gegenüber der Aufsichtsbehörde. Es sollte jedoch auch als interne Qualitätskontrolle und hilfreiche Tätigkeitsübersicht verstanden werden. Die Ausnahmeregelung nach Art. 30 Abs. 5 DS-GVO greift in der Kinder- und Jugendarbeit i. d. R. nicht (siehe Kapitel E 3.4.1). Mindestens folgende Inhalte sind gemäß Art. 30 DS-GVO, § 70 BDSG aufzuführen:

- Name und Kontaktdaten der Verantwortlichen und ggf. ihrer Vertreter
- ggf. Kontaktdaten des Datenschutzbeauftragten (siehe Kapitel E 3.11)
- Zwecke der Verarbeitung der personenbezogenen Daten (siehe Kapitel E 3.5.2)
- Beschreibung der Kategorien betroffener Personen
- Beschreibung der Kategorien personenbezogener Daten (siehe Kapitel E 3.2)
- Kategorien der Empfänger
- vorgesehene Löschfristen (siehe Kapitel E 3.7.2)
- nach BDSG auch Rechtsgrundlagen sowie ggf. Sicherheitsmaßnahmen

Nachweise und weiterführende Praxistipps
- Muster für verantwortliche Stellen (Kurzform): www.lda.bayern.de/media/muster_1_verein_verzeichnis.pdf (Linkzugriff im März 2018)
- Muster für verantwortliche Stellen (Langfassung): www.lda.bayern.de/media/dsk_muster_vov_verantwortlicher.pdf (Linkzugriff im März 2018)
- Muster für Auftragsverarbeiter: www.baden-wuerttemberg.datenschutz.de/wp-content/uploads/2018/03/dsk_muster_vov_auftragsverarbeiter.pdf (Linkzugriff im März 2018)

3.7.5 Melde- und Mitteilungspflicht bei Datenpannen

Bei einer Verletzung des Schutzes personenbezogener Daten hat die verantwortliche Stelle *„... unverzüglich und möglichst binnen 72 Stunden, nachdem [ihr] die Verletzung bekannt wurde, diese [...] der zuständigen Aufsichtsbehörde ..."* zu melden. Dies gilt nicht, wenn die Verletzung *„...voraussichtlich nicht zu einem Risiko für die Rechte und Freiheiten natürlicher Personen führt"* (Art. 33 Abs. 1 DS-GVO). Bringt die Datenschutzverletzung jedoch *„... voraussichtlich ein hohes Risiko für die persönlichen Rechte und Freiheiten ..."* mit sich, ist die betroffene Person umgehend zu benachrichtigen (Art. 34 Abs. 1 DS-GVO).

3.8 Datenübermittlung

Unter Datenübermittlung versteht man das Bekanntgeben gespeicherter oder durch Datenverarbeitung gewonnener personenbezogener Daten an einen Dritten; dazu gehört auch das Einsehen durch Dritte, wenn die Daten zur Einsicht oder zum Abruf bereitgehalten werden. Grundsätzlich muss die Informationsweitergabe bzw. die Datenübermittlung an Dritte immer mit Wissen und mit dem Einverständnis der betroffenen Person erfolgen.

3.8.1 Sozialdatenübermittlung

Der Sozialdatenschutz der §§ 67 – 75 SGB X lässt eine Datenübermittlung an Personen oder öffentliche Stellen außerhalb der Einrichtung (z. B. an andere Schulen,

Lehrer, Eltern oder auch das Jugendamt) nur unter engen Voraussetzungen zu. Entweder muss die betroffene Person eingewilligt haben oder es muss eine gesetzliche Übermittlungsbefugnis vorliegen (die sich zum z. B. daraus ergeben kann, dass die Datenweitergabe der Abwendung einer schweren, nach § 138 StGB meldepflichtigen geplanten Straftat dient oder weil eine Mitteilungspflicht nach dem Infektionsschutzgesetz (IfSG, siehe Kapitel C 3.2) greift).

3.8.1.1 Strafbarkeit der Datenübermittlung

§ 203 StGB listet einen Katalog bestimmter Berufsgruppe auf, unter anderen auch die Fachkräfte der Jugendhilfe (siehe Kapitel B 3.2.4), die unter Androhung von Strafe zu besonderer Verschwiegenheit bezüglich der in diesem Rahmen gewonnenen persönlichen Daten verpflichtet sind.

3.8.1.2 Datenweitergabe innerhalb der Organisation und an Dritte

§ 35 Abs. 1 SGB I führt im Zusammenhang mit dem Sozialgeheimnis aus: *„Die Wahrung des Sozialgeheimnisses umfasst die Verpflichtung, auch innerhalb des Leistungsträgers sicherzustellen, dass die Sozialdaten nur Befugten zugänglich sind oder nur an diese weitergegeben werden [...]"*
Die §§ 64 und 65 SGB VIII unterscheiden bei den Trägern der Jugendhilfe nun danach, ob es sich um „anvertraute" oder „nicht-anvertraute" Daten handelt. Wurden Daten dem/der Mitarbeitenden in einem vertraulichen (z. B. seelsorgerlichen) Gespräch anvertraut, so dürfen sie gemäß § 65 Abs. 1 Nr. 1 SGB VIII nur mit Einwilligung der betroffenen Person oder unter den Voraussetzungen des § 65 Abs. 1 Nr. 2-5 SGB VIII übermittelt werden. Handelt es sich dagegen um nicht-anvertraute Daten, die also z. B. aufgrund eigener Beobachtung erlangt wurden, so ist deren Weitergabe innerhalb der Institution (z. B. des Jugendamtes) auch ohne Einwilligung zulässig, wenn sie zu dem Zweck erfolgt, zu dem die Daten erhoben wurden (§ 64 Abs. 1 SGB VIII).

Sollte die Organisation personenbezogene Daten zur Verarbeitung an Dienstleistungsunternehmen (z. B. Banken, Druckdienstleister) weitergeben, so sind für diese sog. „Auftragsverarbeitung" besondere Rechtsvorschriften zu beachten (Art. 28 ff. DS-GVO). Werden personenbezogene Daten ins Ausland weitergegeben, z. B. Teilnehmerdaten eines Kurses oder durch die Nutzung eines Cloudservices wie Dropbox, dann sind die Vorschriften nach Art. 44 ff. DS-GVO zu beachten, insbesondere bei der Weitergabe außerhalb der EU. Das gleiche gilt, wenn die Verarbeitung der personenbezogenen Daten auf privaten PCs von Mitarbeitenden vorgenommen wird. Daher ist es notwendig, die Mitarbeitenden auf das Datenschutzgesetz und den Umgang mit den Daten schriftlich zu verpflichten. Dritte, die im Auftrag personenbezogene Daten verarbeiten, haften nach Art. 82 Abs. 4 DS-GVO gesamtschuldnerisch gemeinsam mit der verantwortlichen, beauftragenden Organisation. Ein Vertrag über die Datenverarbeitung ist notwendig, entlässt die verantwortliche Organisation aber nicht aus ihrer Verantwortung.

Nachweise und weiterführende Praxistipps

- Musterverträge zur Auftragsverarbeitung i. S. d. Art. 28 Abs. 3 DS-GVO (Linkzugriff im März 2018):
  - » www.bitkom.org/NP-Themen/NP-Vertrauen-Sicherheit/Datenschutz/ EU-DSG/170515-Auftragsverarbeitung-Anlage-Mustervertrag-online.pdf
  - » www.baden-wuerttemberg.datenschutz.de/wp-content/uploads/2018/01/muster_adv.pdf

3.8.1.3 Rechtfertigender Notstand als Ausnahme

Müssen Personen, die verschwiegenheits- und geheimnispflichtig sind, eine aktuelle Gefahr für Leib und Leben eines Kindes abwenden, indem sie zuständige Stellen informieren, so können sie u. U. durch die Vorschrift des § 34 StGB gerechtfertigt sein. § 34 StGB schafft also keine Befugnis zur Datenweitergabe, diese ist nach wie vor verboten, allerdings im (konkreten) Einzelfall nicht rechtswidrig!

3.9 Schweigepflicht

Eine echte, berufliche Schweigepflicht gibt es zunächst in der Sozialarbeit, wie sich aus dem bereits angesprochenen § 203 StGB ergibt. Wenn persönliche Daten, die einer schweigepflichtigen Fachkraft (z. B. innerhalb des Teams) anvertraut wurden, weitergegeben werden sollen, so bedarf es der vorherigen Einwilligung der betroffenen Person, selbst wenn die übrigen Teammitglieder ebenfalls der Schweigepflicht unterliegen. Auch für das Ehrenamt können sich echte Schweigepflichten ergeben, beispielsweise aus dem Kirchenrecht. Pfarrer unterliegen ohnehin dem Seelsorgegeheimnis (§ 139 StGB) und der Amtsverschwiegenheit, aber auch ehrenamtlich Mitarbeitende können für ihre Tätigkeit auf das Datengeheimnis verpflichtet werden.

3.10 Medien und Datenschutz

3.10.1 Website und soziale Netzwerke

Im Zusammenhang mit dem Internet ist hier insbesondere das Telemediengesetz (TMG) zu nennen, gegen das in der Praxis vielfach verstoßen wird. Auch bei der Bereitstellung von Telemedien gelten die Datenschutzgrundsätze der DS-GVO und des BDSG, wobei die Regelungen des TMG als spezialgesetzliche Regelungen den allgemeinen Vorschriften im Range vorgehen.

Im TMG wird der Umgang mit Nutzungsdaten geregelt. Nutzungsdaten entstehen, wenn man eine Website eines Vereines, eines Jugendverbandes usw. besucht. Die Nutzungsdaten lassen eine Identifikation eines Nutzers über seine IP-Adresse oder die Vertragsdaten zu und enthalten Informationen über das Nutzungsverhalten (z. B. Beginn und Ende der Nutzung, welche Internetseiten besucht wurden). Die unter der gespeicherten IP-Adresse registrierten Nutzer haben ein Auskunftsrecht gegen den Anbieter über die von ihnen gespeicherten Daten. Das TMG schreibt außerdem Mindestinformationen zum Internetauftritt vor; u. a. zum Impressum (siehe Kapitel E 2.3.1), zum Datenschutz bei Nutzung von Webanalyse-Tools (siehe Kapitel E 3.10.1.3), von Social Plugins (siehe Kapitel E 3.10.1.5) oder bei der Anmeldung zum Erhalt eines Newsletters (siehe Kapitel E 3.10.1.4) usw.

Im Arbeitsbereich der freien Jugendhilfe gibt es sehr selten Onlineshops oder -dienste, die über Onlinebestellungen Verträge abschließen. Auf die besondere Regelung der Onlineanmeldung für Freizeiten wird in Kapitel C 1.6.2.5 näher eingegangen.

Werden über eine Website personenbezogene Daten erhoben und übermittelt (z. B. Kontakt- und Anmeldeformular) oder ein Webshop betrieben, dann sollte das TLS-Verschlüsselungverfahren (Transport Layer Security) verwendet werden, das das Kommunikationsprotokoll (also die vereinbarte Netzwerk-„Sprache") „https://" verwendet (anstatt des unverschlüsselten „http://"). Diese Webanwendung bietet einen hohen Sicherheitsstandard und entspricht den Vorgaben des Telemediengesetzes (§ 13 Abs. 7 TMG). Somit werden Nutzerdaten und personenbezogene Informationen geschützt und können nicht durch Dritte abgegriffen werden. Bei Verzicht auf Datenverschlüsselung können die Datenschutzbehörden rechtliche Schritte gegen den Webshopbetreiber einleiten und diese Ordnungswidrigkeit mit einem Bußgeld von bis zu 50.000 € ahnden (§ 16 Abs. 2 Nr. 3, Abs. 3 TMG).

3.10.1.1 Pflicht zur Datenschutzerklärung

Die Pflicht, eine Datenschutzerklärung auf der Website einzubinden, ergibt sich aus § 13 TMG. Danach muss der Betreiber der Website den Nutzer über Art, Umfang und Zweck der Erhebung und Verwendung personenbezogener Daten sowie über etwaige Weitergaben von Daten unterrichten. Hierzu bietet sich das Impressum an, denn damit kann die Datenschutzerklärung jederzeit abgerufen werden. In diesem Fall sollte der Link mit „Impressum und Datenschutzerklärung" (nicht nur „Impressum") benannt sein. Ansonsten gilt analog zum Impressum, dass die Datenschutzerklärung leicht erkennbar, unmittelbar erreichbar und ständig verfügbar sein muss (vgl. Kapitel E 2.3.1). Werden Daten erhoben (z. B. zum Newsletterversand, zur Anmeldung zu einer Veranstaltung), dann muss die Unterrichtung zu Beginn des Nutzungsvorgangs geschehen (vgl. Kapitel E 3.4.2). U. U. gilt die Pflicht zur Datenschutzerklärung auch für soziale Netzwerke.

Nachweise und weiterführende Praxistipps
- Inhalte der Datenschutzerklärung: www.datenschutzbeauftragter-info.de/fachbeitraege/ datenschutzerklaerung-was-muss-drin-sein (Linkzugriff im März 2018)
- Datenschutzgenerator: www.datenschutz-generator.de (Linkzugriff im März 2018)

3.10.1.2 Einsatz von Cookies

Sehr viele Websites verwenden sogenannte Cookies. Hierbei handelt es sich um digitale Textinformationen über die besuchte Seite, die auf dem Rechner des Nutzers gespeichert werden. Sie helfen ihm, sich schnell auf dieser Seite bewegen (surfen) zu können, da sie den Nutzer quasi „wiedererkennt". Sie helfen aber auch dem Anbieter der Website, Daten über die Nutzung der Seite zu sammeln. Wenn diese Cookies personenbezogene Daten wie Zugangsdaten oder IP-Adresse enthalten, muss der Anbieter den Nutzer über die Verwendung der Cookies informieren. Dies kann z. B. im Rahmen der Datenschutzerklärung geschehen. Aktuell muss dies nicht im Rahmen einer Opt-In-Lösung (also einer Einwilligung des Nutzers) geschehen, wie es eine europäische Cookie-Richtlinie vorschreibt. Da diese nicht in nationales Recht umgesetzt wurde, genügt in Anwendung des in Deutschland einschlägigen § 15 Abs. 3 TMG die Einräumung einer Widerspruchsmöglichkeit (= Opt-Out-Lösung). Diese ist jedoch wiederum Pflicht. Wer kein Risiko eingehen möchte, informiert den Webbesucher beim ersten Seitenaufruf über das Verwenden von Cookies und seinem Widerspruchsrecht, verzichtet aber auf eine Einwilligung.

Wichtig: Das Europäische Parlament hat dem Entwurf einer neuen ePrivacy-Verordnung bereits zugestimmt (19.10.2017). Geplant ist, dass diese Verordnung im Jahr 2019 inkrafttritt (Näheres unter www.bvdw.org/themen/recht/eprivacy-verordnung (Linkzugriff im März 2018)). Bei Inkrafttreten der ePrivacy-Verordnung wird vermutlich z. B. die Opt-In-Lösung für Cookies neu geregelt.

3.10.1.3 Einsatz von Tools zur Webanalyse
Wer seine Kinder- und Jugendarbeit über das Internet bewirbt, darüber berichtet, informiert und gegebenenfalls auch geschäftsmäßig damit arbeitet (um z. B. kostenpflichtige Seminare und Freizeiten anzubieten), will wissen, ob der Internetauftritt erfolgreich ist, welche Seiten angeklickt werden usw. Zur Auswertung des Nutzerverhaltens werden sog. Web Analytic Tools oder Tracking Tools verwendet, am bekanntesten sind Google Analytics und Matomo (früher: Piwik). Der Einsatz dieser Tools ist datenschutzrechtlich nicht unbedenklich.

Google Analytics
Google Analytics (www.google.com/intl/de_de/analytics) ist das am weitesten verbreitete Werkzeug für die Analyse der Nutzung einer Website. Es sammelt Nutzerdaten, verarbeitet und wertet sie aus. Früher war Google Analytics insofern umstritten, als es die IP-Adresse von Nutzern (also persönliche Daten) an einen Dritten (Google) übermittelte. Mittlerweile kann die IP-Adresse pseudonymisiert werden.

Matomo (früher: Piwik)
Matomo (www.matomo.org) ist ein kostenloses Tool, mit dem detaillierte Statistiken zum Verhalten der Besucher einer Website erstellt werden können. Im Gegensatz zu Google Analytics wird bei Matomo die Software auf dem eigenen Webserver installiert, sodass keine Daten an externe Server versendet werden müssen, sondern die Auswertung und Speicherung lokal erfolgt. Die IP-Adresse kann auch hier pseudonymisiert werden. Weitere Einstellungen zur Steigerung der Sicherheit des Datenschutzes sind möglich.

Rechtliche Bewertung

Das LG Frankfurt hat mit Urteil vom 18.02.2014 (Az. 3-10 O 86/12) für Recht erkannt, dass die Aufzeichnung von Benutzeraktivitäten im Internet (Tracking) nur zulässig ist, wenn der Seitenbetreiber ausdrücklich erklärt, dass und wie der Nutzung der so gewonnenen Daten widersprochen werden kann. Auch wenn diese Entscheidung (zumindest im Hinblick auf Matomo) unter Fachleuten umstritten ist, so ist es im Ergebnis dennoch hilfreich, Verwender und Nutzer für solche Analysetools zu sensibilisieren. Insbesondere den Seitenbetreibern, die z. B. Matomo (bzw. Piwik, um das es im Frankfurter Urteil ging) verwenden, muss also dringend geraten werden, nicht nur im Impressum, sondern auf jeder Seite einen Link mit der Bezeichnung „Datenschutz" bzw. „Datenschutzerklärung" anzubringen.

Nachweise und weiterführende Praxistipps

- Hinweise zur datenschutzkonformen Nutzung von Matomo/Piwik: www.rechtsanwalt-schwenke.de/piwik-als-alternative-zu-google-analytics-mit-datenschutzmuster (Linkzugriff im März 2018)

3.10.1.4 Nutzung von E-Mail-Adressen für Newsletter

Newsletter per E-Mail sind nicht nur für Gewerbetreibende eine beliebte Möglichkeit der Kundenakquise und Kundenbindung. Auch Vereine, Verbände und Kirchengemeinden wollen dadurch mit der jeweiligen Klientel in Kontakt bleiben, informieren und ggf. für eigene (kommerzielle wie nicht-kommerzielle) Angebote werben. Ist man im Besitz der E-Mail-Adresse eines (potenziellen) „Kunden", ist es technisch ohne Weiteres möglich, ihn in den Verteiler für ein solches elektronisches Rundschreiben einzubinden. Nun statuiert jedoch Art. 6 Abs. 1a DSGVO den sog. „Einwilligungsvorbehalt", wonach die Erhebung, Verarbeitung und Nutzung personenbezogener Daten nur zulässig ist, wenn eine Rechtsvorschrift dies erlaubt oder eine individuelle Einwilligung vorliegt (siehe Kapitel E 3.5.4). Auch § 7 UWG erfordert grundsätzlich die Einwilligung für den Empfang von elektronischer Post. Darum sind rechtswidrig (unerwünscht, unverlangt) versandte Werbe-E-Mails nicht nur eine abmahnfähige unzumutbare Belästigung im Sinne des Gesetzes gegen den unlauteren Wettbewerb (UWG), sondern auch ein unzulässiger Eingriff in die Privatsphäre oder den gewerblichen Betrieb. Sie können daher also auch zu Schadensersatz- und Unterlassungsansprüchen nach §§ 823 Abs. 1 und 1004 Abs. 1 S. 2 BGB (analog) führen. Unproblematisch sind E-Mails, die rein informativen Charakter haben, wie z. B. der Gemeindebrief oder der Vereinsnewsletter. Es ist allerdings streng darauf zu achten, dass diese Newsletter keinen versteckten werblichen Charakter haben, also nicht der Absatzförderung von Waren und Dienstleistungen dienen sollen. Bereits der Hinweis auf eine (kostenpflichtige) Freizeit oder auf einen Kleiderbasar kann als Werbung verstanden werden (siehe Kapitel C 2.2).

Wer rechtssicher Werbe-E-Mails oder regelmäßige Newsletter versenden will, muss sich des Double-Opt-In-Verfahrens bedienen. Der Anbieter ist verpflichtet, die Bestellung sowie die Bestätigung mit IP-Adresse und Datum sowie Uhrzeit zu dokumentieren, um ggf. einen Nachweis darüber erbringen zu können. Abmeldungen müssen unverzüglich berücksichtigt werden.

3.10.1.5 Einsatz von Social Plugins

Der Einsatz von Like-Buttons und Social Plugins muss datenschutzkonform auf der Website erfolgen. Durch das Anklicken z. B. des Facebook-„Gefällt mir"-Buttons sendet der Browser über das Internet persönliche Daten wie die IP-Adresse an Facebook. Der Betreiber der Website hat keinen Einfluss darauf, was mit diesen Daten geschieht. Nach einem Urteil des LG Düsseldorf (Urteil vom 09.03.2016, Az. 12 O 151/15) muss der Nutzer eines Like-Buttons der Datenübermittlung zustimmen. Diese Abfrage fehlt. Damit die Datenweitergabe unterbunden wird, gibt es die Zwei-Klick-Lösung (der Button muss vor der Nutzung zunächst aktiviert werden, dabei erfolgt ein Hinweis zur Datennutzung). Der Nachfolger der Zwei-Klick-Lösung ist der Social-Media-Button Shariff, der vom Computermagazin c't (Heise-Verlag) entwickelt wurde. Der Beklagte des genannten Urteils ist mit Unterstützung von Facebook in Berufung gegangen. Das LG Düsseldorf hat das Verfahren ausgesetzt und den Europäischen Gerichtshof im Januar 2017 mit der Frage konsultiert, ob der Einsatz von Social Plugins gegen das geltende Datenschutzrecht verstößt oder nicht. Das Ergebnis steht noch aus.

Nachweise und weiterführende Praxistipps
- Informationen zum o. g. Urteil: www.verbraucherzentrale.nrw/likebutton (Linkzugriff im März 2018)
- Datenschutzfreundliche Social Plugins: www.heise.de/ct/ausgabe/2014-26-Social-Media-Buttons-datenschutzkonform-nutzen-2463330.html (Linkzugriff im März 2018)

3.10.2 Foto- und Filmaufnahmen von Kindern und Jugendlichen

Im jeweiligen Verwendungszusammenhang kann sich auch aus Fotos oder Filmaufnahmen eine Angabe über persönliche Daten ergeben, die über den reinen, vordergründigen Informationsgehalt des Bildes hinausgehen. Selbst wenn es (z. B. seitens der gesetzlichen Vertreter) eine grundsätzliche Erlaubnis zur Veröffentlichung eines Bildes im Internet gibt, so darf dieses Bild nicht in einem Zusammenhang veröffentlicht werden, der weitergehende Rückschlüsse auf persönliche Verhältnisse des Abgebildeten zulässt.

Beispiel: Anlässlich der Freizeit wird ein Kind beim Mittagessen fotografiert. Es ist ein gelungenes Bild, die Eltern genehmigen, das Bild auf der Website der Kirchengemeinde zu veröffentlichen. Nach einigen Tagen entdecken sie das Bild auch, allerdings im Zusammenhang mit einem Artikel über die Förderung finanziell Schwacher. Tatsächlich sind die Eltern arbeitslos. Selbst wenn in so einem Fall das Recht am eigenen Bild nicht direkt tangiert ist, so ist doch das Persönlichkeitsrecht in Form des Datengeheimnisses verletzt worden.

Siehe auch Kapitel E 2.4.

3.11 Datenschutzbeauftragte in der Organisation

Werden in einer verantwortlichen Stelle personenbezogene Daten verarbeitet, so muss gemäß Art. 37 Abs. 1 DS-GVO in bestimmten Fällen zwingend eine fachkundliche und zuverlässige Person bestellt werden, die sich mit datenschutzrechtlichen Fragen auseinandersetzt. Dies gilt insbesondere für solche, die „besondere Kategorien personenbezogener Daten" (siehe Kapitel E 3.2) verarbeiten müssen (z. B. Krankenhäuser). Dieser Grundsatz wurde im BDSG dahingehend erweitert, dass ein Datenschutzbeauftragter (DSB) zu benennen ist, wenn *„... in der Regel mindestens zehn Personen ständig mit der automatisierten Verarbeitung personenbezogener Daten ..."* beschäftigt werden (§ 38 Abs. 1 BDSG). Unter „ständig" wird keine dauerhafte Beschäftigung mit der Datenverabeitung verstanden, sondern eine gewisse Kontinuität, bei der dieselben ehrenamtlichen oder hauptamtlichen Personen tätig werden. Diese Stellen sind auch verpflichtet, Angaben zur Erreichbarkeit des DSB zu veröffentlichen (Art. 13 Abs. 1b, Art. 14 Abs. 1b DS-GVO).

In Art. 39 DS-GVO werden die Aufgaben des DSB beschrieben, z. B. die Unterrichtung und Beratung der Verantwortlichen sowie Beschäftigten einer Organisation, die mit Datenverarbeitung zu tun haben; die Überwachung der Einhaltung der Datenschutzvorschriften; die Sensibilisierung, Schulung und ggf. Überprüfung der Mitarbeitenden im Datenschutz; Anlaufstelle bei Datenschutzproblemen.

Nachweise und weiterführende Praxistipps
- Kurzpapier der Datenschutzbehörden: www.baden-wuerttemberg.datenschutz.de/wp-content/uploads/2018/01/DSK_KPNr_12_Datenschutzbeauftragter.pdf (Linkzugriff im März 2018)

3.12 Datenschutz in der Berichterstattung

Im Internet oder in der Vereinszeitung wird gern von eigenen Veranstaltungen oder Versammlungen berichtet. I. d. R. ist eine bestimmte Person für die Veröffentlichung verantwortlich, die die Berichte selbst schreibt. Häufig kommt es dabei leider zur Übermittlung von Daten, die den datenschutzrechtlichen Grundsätzen widerspricht.

Beispiel: Der Presseverantwortliche des Vereins berichtet auf der Internetseite des Vereins: „Die Mitgliederversammlung wurde von der Stellvertretenden Vorsitzenden, Sonja Muster geleitet, die ihre wenige Wochen alte Tochter daheim ließ, um den kranken Vorsitzenden Franz Wunderlich zu vertreten, der wegen eines Bandscheibenvorfalls zu Hause bleiben musste." Mit dieser Nachricht werden personenbezogene Daten übermittelt, indem sie einem Dritten, nämlich dem Leser des Artikels, als Information bereitgestellt werden. Es werden sogar sehr sensible Daten übermittelt, die auf den Gesundheitszustand des Vorsitzenden und die familiären Verhältnisse der Stellvertreterin schließen lassen.

Nach dem Datenschutzrecht müssen solche Informationen durch die Einwilligung der Betroffenen gedeckt sein; sonst ist diese Berichterstattung unzulässig (Art. 6 DS-GVO).

3.13 Tipps für den Umgang mit Daten in einer Organisation

- Hauptamtliche müssen generell auf das Datenschutzgesetz verpflichtet werden.
- Ehrenamtlich Mitarbeitende sind im Besonderen darauf hinzuweisen, wie der Umgang mit Daten Dritter zu geschehen hat und ggf. auf das Datenschutzgesetz zu verpflichten, wenn es sich um personenbezogene Daten handelt (s. weiterführende Praxistipps).
- Werden personenbezogene Daten auf privaten PCs oder Notebooks verarbeitet, gespeichert und ggf. auch gelöscht oder gesperrt (z. B. persönliche Angaben zu Vorstandsmitgliedern, dem Vereinskassier, der Freizeitleitung), dann ist mit diesen Personen eine Vereinbarung über den Umgang mit diesen Daten zu treffen (siehe Kapitel E 3.8.1.2). Beim Beenden ihrer Aufgaben sollten diese Personen schriftlich (und natürlich wahrheitsgemäß) erklären, dass alle überlassenen Dateien an den jeweils Verantwortlichen in der Organisation (z. B. den Vereinsvorstand) zurückgegeben wurden und keine Kopien mehr auf den privaten Datenträgern (PCs oder Notebooks) verblieben sind.
- Ein besonderes Problem stellt das Aufbewahren von personenbezogenen Informationen auf Papier dar. Die Unterlagen müssen gut geschützt vor Unberechtigten aufbewahrt und ggf. mit dem vorgesehenen Datum der Vernichtung versehen werden (z. B. in einem Ordner oder Umschlag). Nach Ablauf der Aufbewahrungsfrist sind diese Unterlagen restlos zu vernichten oder den Teilnehmenden physisch zurückzugeben (vgl. Kapitel C 2.4). Der Erforderlichkeits- und Zweckbindungsgrundsatz, wonach evtl. Informationen und Listen nicht länger als unbedingt notwendig aufbewahrt werden sollen, bedeutet umgekehrt, dass die Unterlagen, deren Aufbewahrung tatsächlich erforderlich ist (z. B. weil es sich um laufende Verträge oder Unterlagen für das Finanzamt handelt, um wichtige Zugangsdaten oder um historisch bedeutende Unterlagen fürs Archiv) sorgfältig und wiederauffindbar abgelegt werden.
- Vernetzte Datenbanken sind möglichst nur insoweit zu erstellen, als diese unbedingt notwendig sind. Nicht jede Mitarbeitende oder jeder Mitarbeitender benötigt alle Informationen. So können z. B. auf Freizeiten drei bis vier verschiedene Listen verwendet werden. Auf einer Liste sind die Gruppenmitglieder mit Namen und Anschrift aufgeführt, auf anderen Listen Informationen über Geburtstage, Taschengeldverwaltung und Mitfahrgelegenheiten. Jeder/jede Mitarbeitende soll nur Zugang zu solchen Datensammlungen haben, die er/sie für seine/ihre Tätigkeit benötigt.
- Es muss davor gewarnt werden, zu viele Details und Informationen, die nicht der Zweckbestimmung dienen, EDV-mäßig zu erfassen. Z. B. ist es Unsinn, Informationen, die im Freizeitpass (siehe Kapitel C 2.4) stehen, EDV-mäßig zu erfassen. Diese sind für den Notfall da, um Freizeitleitung und Arzt umfassend zu informieren.

- Daten und Datenträger (z. B. Belege, Karteikarten, Datensticks) sind sicher und verschlossen zu verwahren und vor jeder fremden Einsicht oder sonstigen Nutzung durch Unbefugte zu schützen. Der Zugriff zu Dateien im PC/Notebook muss besonders erschwert werden. Entsprechende Sicherheits-Programme müssen installiert sein.
- Auskünfte über Daten dürfen an Dritte nur erteilt werden, wenn diese die Daten nicht nur benötigen, sondern auch aufgrund einer gesetzlichen oder vertraglichen Grundlage Anspruch auf deren Mitteilung haben.
- Teilnehmerlisten von Freizeiten dürfen (z. B. an die Teilnehmenden, Gruppenmitglieder) nur herausgegeben werden, wenn die Betroffenen (also diejenigen, deren Daten auf den Listen stehen) zugestimmt haben.
- Listen zwecks Fahrgemeinschaften der Teilnehmenden unter diesen zu verteilen ist nur zulässig, wenn dies den Teilnehmenden vor deren Anmeldung bekannt gemacht wurde (bei Freizeiten z. B. im Rahmen der „Wichtigen Hinweise") und ihnen auch die Möglichkeit eingeräumt wird, dieser Regelung zu widersprechen. Durch solche Listen erfahren die anderen Teilnehmenden Namen, die Anschrift, die Telefonnummer, die E-Mailadresse und somit personenbezogene Daten.
- Bei Vereinen kommt es vor, dass in Publikationen (z. B. Vereinszeitungen) Mitgliederdaten, z. B. Geburtstaglisten, veröffentlicht werden. Hier müssen sich die Verantwortlichen bei den Vereinsmitgliedern rückversichern, ob einer solchen Veröffentlichung zugestimmt wird.
- Spenderlisten z. B. im Vereinsheft oder Internet zu veröffentlichen, ist ohne vorherige Einwilligung der Spender nur dann möglich, wenn weder die genaue Höhe des Betrages noch die komplette Adresse genannt wird. Der ausdrückliche Wunsch eines Spenders, gar nicht oder nur anonym genannt zu werden, muss natürlich respektiert werden, solange dadurch keine illegalen Geldflüsse verschleiert werden sollen.
- Wollen Vereinsmitglieder im Rahmen eines Minderheitenverlangens und entsprechender Meinungsbildung den Mitgliederbestand feststellen, dann ist die Weitergabe an die Vereinsmitglieder von (ausschließlich) Name und Anschrift zulässig.
- Der Verkauf von Mitglieder- oder Teilnehmeradressen ist untersagt.

Nachweise und weiterführende Praxistipps
- Synopse DS-GVO/BDSG: www.dsgvo.expert/materialien/synopse-zur-dsgvo (Linkzugriff im März 2018)
- DSG-EKD: www.datenschutz.ekd.de und www.datenschutz-kirche.de (Linkzugriff imMärz 2018)
- Bundesbeauftragte für den Datenschutz und die Informationsfreiheit: www.bfdi.bund.de (Linkzugriff im März 2018)
- Leitfaden „Datenschutz im Verein nach der Datenschutzgrundverordnung (DS-GVO)", herausgegeben vom Landesbeauftragten für den Datenschutz und die Informationsfreiheit Baden-Württemberg: www.baden-wuerttemberg.datenschutz.de/wp-content/uploads/2018/03/OH-Datenschutz-im-Verein-nach-der-DSGVO.pdf (Linkzugriff im März 2018)
- Broschüre „Erste Hilfe zur Datenschutz-Grundverordnung für Unternehmen und Vereine", herausgegeben vom Bayerischen Landesamt für Datenschutzaufsicht, C.H.Beck, München 2017

ANHANG

STICHWORTVERZEICHNIS

AUTOREN

STICHWORTVERZEICHNIS

Das Buch besteht aus den Kapiteln A bis E. Im Stichwortverzeichnis stehen die Buchstaben für das entsprechende Kapitel. Die fett gedruckten Zahlen beziehen sich jeweils auf den Abschnitt mit seinen Unterabschnitten in diesem Kapitel. Die normal gedruckten Zahlen geben die Seitenzahl im Buch an, wo ein Abschnitt mit seinen Unterabschnitten beginnt.

Beispiel: **A 1.1** 18 meint Abschnitt 1.1 mit den Unterabschnitten 1.1.1 bis 1.1.4 in Kapitel A ab Seite 18.

AUTOR WOLFGANG WILKA

Jahrgang 1948, Jugendreferent, Diakon und Betriebswirt (VWA). Im CVJM Ulm von 1972 bis 1986 in der Kinder-, Jugend- und Familienarbeit tätig, außerdem für das gesamte Spektrum der Mitarbeitendenbildung. In dieser Zeit ehrenamtliches Engagement im Stadtjugendring Ulm e. V., u. a. als Vorsitzender, sowie Mitglied im Jugendhilfeausschuss der Stadt Ulm. Von 1986 bis Dienstende im Jahr 2011 Verwaltungsreferent im Ev. Jugendwerk in Württemberg (EJW) und verantwortlich für das Referat „Rechtsberatung, Versicherungen, Zuschüsse", gleichzeitig IT-Verantwortlicher. Beratung der Mitarbeitenden im EJW und der Mitglieder der Arbeitsgemeinschaft der Ev. Jugend in Württemberg (AEJW) in Rechts-, Ordnungs- und Satzungsfragen. Zu diesen Themen auch Durchführung von Seminaren und Mitarbeiterschulungen in den Vereinen, Jugendwerken und Verbänden. Mitarbeit in verschiedenen jugendpolitischen Gremien, insbesondere als Vertreter der Arbeitsgemeinschaft der Ev. Jugend in Baden und Württemberg im Landesjugendring Baden-Württemberg e. V. Von 2012 bis 2016 ehrenamtlicher Geschäftsführer des Projektes „Jugend zählt" und der Vertiefungsstudie zu diesem Projekt „Jugend gefragt!" (www.statistik-ev-bw.de). Wolfgang Wilka ist Verfasser zahlreicher Artikel und Arbeitshilfen und war bis 2016 Lehrbeauftragter an der Ev. Hochschule Ludwigsburg.

AUTOR PETER L. SCHMIDT

Jahrgang 1967, Rechtsassessor. Großgeworden in der gemeindlichen Kinder- und Jugendarbeit, Erfahrungen in Kinderkirche, Jungschar, Jungenschaft, diversen Jugendkreisen und als Bläser im Posaunenchor. Mitglied im Bezirksarbeitskreis eines Bezirksjugendwerkes. Nach dem Grundwehrdienst und anschließender Anerkennung als Kriegsdienstverweigerer Jura-Studium in Tübingen und Referendariat im Oberlandesgerichtsbezirk Stuttgart. Peter L. Schmidt arbeitete zunächst als Rechtsanwalt und ist seit 2002 im Ev. Jugendwerk in Württemberg (EJW) im Bereich Versicherungen und Rechtsfragen tätig, acht Jahre davon als Mitglied der Mitarbeitervertretung. Seit 2014 ist er außerdem Mitglied im Rechtsausschuss der Württembergischen Landessynode.

REISEN

VERÄNDERT. VERBINDET. BEGLÜCKT.

Freizeiten finden und buchen, einstellen und bewerben auf

www.ejw-reisen.de

ejw REISEN ▶